해방이후 재일한인 외교문서 해제집

▌제4권▐

(1970~1974)

동의대학교 동아시아연구소 편저

이경규 임상민 이수경 소명선 박희영
엄기권 이행화 이재훈 한정균 공저

박문사

머리말

　본 해제집은 동의대학교 동아시아연구소 인문사회연구소 지원사업(2020년 선정, 과제명 「해방이후 재일조선인 관련 외교문서의 수집 해제 및 DB구축」)의 3차년도 성과물이며, 해방이후 재일한인에 관련된 대표적인 사건을 이해하는데 중요하다고 생각되는 외교문서를 선별하여 해제한 것이다. 본 해제집『재일한인 관련 외교문서 해제집』은 1970년부터 1974년까지 한국정부 생산 재일한인 관련 외교문서를 대상으로, 한국정부의 재일한인 정책을 비판적이고 상대적인 관점에서 통합적인 연구를 추진하는 것을 목적으로 간행된 것이다. 제4권에서는 「재일한인의 유골봉환」, 「재일한인 교육재단 설립 및 교육정책」, 「사할린 동포 귀환문제」, 「재일교민 김희로 사건」 등에 관련된 외교문서를 다루었다.

　현재, 재일한인 사회는 탈식민과 분단의 재일 70년을 지나면서 한일 관계사의 핵으로 남아 있으며, 그만큼 한일과 남북 관계에서 이들 재일한인 사회가 갖는 의미는 강력하다고 할 수 있다. 바꾸어 말하면, 재일한인 사회를 한국과 일본 사이에 낀 지점에서 정치적이고 민족적인 이데올로기를 주입하여 부정적인 이미지로 읽어온 관점은 더 이상 유효하지 않다. 재일한인 사회는 한국과 일본을 상대화시키며 복합적인 의미망을 만들어내고 있기 때문에 오히려 한국과 일본, 그리고 남북 분단의 문제를 새롭게 재조명할 수 있는 위치로 자리매김할 필요가 있다. 특히, 현재 동아시아의 지형도가 급속도로 변화하고 있다는 점에서 남북의 역사적 관계사를 통합적으로 상대화할 수 있는 이른바 중간자로서의 재일한인 연구는 반드시 필요하다. 이에 본 연구팀은 재일한인 사회와 문화가 갖는 차이와 공존의 역학이 한국과 일본, 그리고 북한을 둘러싼 역동적인 관계망 속에서 어떠한 기제로 작동하고 있는지, 한일 양국의 외교문서를 통해서 살펴보고자 하는 것이다.

지금까지 재일한인 관련 외교문서에 대한 선행연구는 한일회담 관련 외교문서를 연구하는 과정 속에서 일부 재일한인의 북한송환사업 및 법적지위협정 문제를 다루고 있을 뿐, 해방이후부터 현재까지의 전체상을 파악할 수 있는 연구는 전무한 상태이다. 특히, 한국인 연구자는 재일한인 연구를 통해 일본의 내셔널리즘을 점검·수정하는 것에 집중한 나머지, 재일한인 사회와 문화에 한국이 어떠한 형태로 개입해 왔는지에 대해서는 그다지 관심을 두지 않았다. 따라서 본 연구팀에서는 한국정부의 재일한인 정책을 비판적이고 상대적인 관점에서 통합적 연구를 추진하기 위해, 한국정부의 재일한인 관련 외교문서는 물론이고 민단을 비롯한 재일한인단체가 발행한 자료를 수집하여 심화연구의 기초적인 자료로 활용할 계획이다. 이를 통해, 재일한인을 연구하는 한국인 연구자의 중립적인 포지션을 비판적으로 사유하고, 한국인의 내셔널리즘까지 포괄적으로 점검·수정할 수 있는 획기적인 토대자료 구축 및 새로운 연구방법론을 모색·제시하고자 한다.

　　본 해제집 제4권에서 다루게 될 외교문서에 대해서 간략히 소개한다. 「재일한인 유골봉환」 관련 문서에서는 기존의 민간단체의 레벨이 아닌 한국정부가 주도하여 일본정부와 유골봉환 건을 교섭하면서 이 문제를 조속히 마무리 지으려 했던 양상을 살펴볼 수 있다. 유골봉환에 관련된 문서에서는 전후 오랫동안 해결되지 못했던 유골봉환 문제를 한국정부가 어떻게 인식하고 있었는지를 잘 보여주는 귀중한 자료라 할 수 있다. 그리고 「재일한인 교육재단 설립 및 교육정책」에 관련한 문서는 조총련과의 대립과 갈등 속에서 전개되는 다양한 교육 관련의 움직임을 기록한 내용으로 이루어져 있다. 일본 각지에 세력을 확대하여 나가던 조총련과 민단계 재일한인 사회의 갈등 그리고 한국정부의 재일한인 교육정책에 대한 기록을 살필 수 있는 자료이다.

　　「사할린 교포 귀환 문제」에 관련한 문서에서는 1970년대 사할린 한인의 귀환 문제에 대해 한국정부와 일본정부의 태도 그리고 소련의 입장을 확인할 수 있는 외교문서이다. 특히, 귀환자의 정착지와 정착비 부담 의무를 둘러싸고 한국정부와 일본정부의 마찰이 계속되는 가운데 실질적인 결실이 이루어지지 못하고 지지부진한 상황이 계속되는 과정을 살펴볼 수 있는 자료이다.

　　그리고 「재일교민 김희로 사건」에 관련한 문서에서는 마이너리티로서의 재일한인 김희로 사건을 통해서 가해자이자 피해자이기도 한 전후 일본의 이중적인 내면 구조를 부각시키는 일본 미디어의 취재 내용을 살필 수 있다. 특히, 김희로 사건에 대한 한일 미디어의 보도방식과 한국정부의 재일한인 인식의 한 단면을 엿볼 수 있는 귀중한 자료이다.

본 해제 작업은 1년이라는 짧은 기간 동안에 1970년 1월부터 1974년 12월 사이에 한국정부 생산 재일한인 외교문서를 수집·DB 구축해야 했고, 이 시기에는 상태가 양호하지 못한 문서들이 많았다는 점에서 해제 작업 수행에 어려움이 많았던 것도 사실이다. 그러나 동아시아연구소의 인문사회연구소 지원사업 연구팀 멤버들은 끊임없이 방대한 자료들을 조사·수집했고, 정기적인 회의 및 세미나를 통해서 서로의 분담 내용들을 공유·체크하면서 해제집 내용의 완성도를 높이는 데 힘을 보탰다.

마지막으로, 관련 자료 수집에 적극적으로 협조해주신 외교부 외교사료관 담당자 선생님들께 진심으로 감사드리며, 방대한 분량의 자료수집과 해제작업의 악전고투를 마다하지 않고 적극적으로 집필에 임해주신 인문사회연구소지원사업 연구팀 멤버들께도 이 자리를 빌려 다시 한번 깊이 감사드린다. 끝으로 이번 해제집 출판에 아낌없는 후원을 해주신 도서출판 박문사에 감사를 드리는 바이다.

2023년 6월
동의대학교 동아시아연구소
소장 이경규

5

목차

제3부

사할린 교포 귀환 문제

제4부

재일교민 김희로 사건, 1970~1972

해제집 이해를 위한 부가 설명

본 해제집은 해방 이후인 1970년부터 1974년(일부 문서는 사안의 연속성으로 인해 범주를 넘어가기도 함)까지 생산된 대한민국 외교문서 중 공개된 재일코리안 관련 사안들을 모아 해제한 것이다. 외무부 파일은 시기와 주제에 따라 분류되어 있으므로 본 해제집에 수록 파일들도 그 기준에 의해 정리된 것이다. 본 해제집은 아래와 같은 기준에 의해 작성되었다.

1. 각 해제문은 제목, 해제 본문 이하 관련 문서를 수록하였다.

2. 관련 문서는 동일 내용의 중복, 재타자본, 문서상태 불량으로 인한 판독 불가, 여러 사안을 모은 문서철 안에서 상호 맥락이 연결되지 않거나 상대적으로 중요도가 덜한 부분은 채택하지 않았다.

3. 관련 문서는 생산 연도순으로 일련번호를 매겼고, 각 문서철의 기능명칭, 분류번호, 등록번호, 생산과, 생산 연도, 필름 번호, 파일 번호(사안에 따라서는 존재하지 않는 것도 있음), 프레임 번호 등 외교부의 분류 기준을 그대로 사용하였다.

4. 문서의 제목은 생산문서의 원문대로 인용하였으나 제목이 작성되지 않은 경우는 공란으로 두었다.

5. 문서번호는 전술한 이유로 인해 미채택 문서가 있으므로 편집진의 기준대로 일련번호를 부여하였다.

6. 발신처, 수신처, 작성자, 작성일은 편집부의 형식을 따라 재배치하였다.

7. 인쇄 번짐, 원본 필름의 촬영불량, 판독 불가의 경우 □의 형태로 처리하였으나, 원문에서 판독하기 어렵더라도 동일 사안에서 여러 차례 반복된 단체, 지명, 인명 등은 표기가 명백한 부분을 기준으로 통일성을 기하였고, 오타, 오기 등으로 각기 다르게 표기되었을 경우에는 각주로 이를 처리하였다.

8. 원문의 오기가 있더라도 표기를 그대로 따르는 것을 원칙으로 하였으나, 경우에 따라 임의로 띄어쓰기를 한 곳도 있다.

제1부

재일본 한국인 유골봉환 건

해방이후 재일한인 외교문서 해제집

| 제4권 | (1970~1974)

1970년도 문서철에는 1969년에 미디어를 통해 보도된 고 김성남의 유골을 개별 인수하는 건에 관한 한일 정부 간의 교섭 상황을 볼 수 있다. 일본정부는 고 김성남의 유골 봉환을 위해 고인과 유족의 관계를 증명할 수 있는 호적 관계 서류와 유족의 거주 증명서를 요구하며 한국대사관이 일본정부를 대신해 유족에게 유골을 전해주는 방식을 제의했다. 이에 외무부는 동 유골은 일본을 위해 목숨을 잃은 고인과 유족의 문제로 다루어져야 하며, 유골봉환 또한 일본정부가 자국민의 경우와 마찬가지로 정중하게 예우하여 직접 책임을 져야하는 것이 마땅하다고 판단했다. 즉, 개별인도의 경우 한국정부가 일본정부를 대신해 유골인도를 담당할 이유가 없기 때문에 일본정부에 ①유골의 인도는 일본정부나 주한일본공관이 유족에게 직접 전달할 것, ②인도 시 한국정부의 입회가 필요할 경우 도쿄에서는 주일한국대사관의 직원, 서울에서는 외무부 직원이 입회할 수 있다고 제의했다.

1971년도 문서철에는 재단법인 부산영원의 유골봉환사업이 눈에 띈다. 5월 4일에 재단법인 부산영원의 이사장 정기영은 외무부 장관에게 「태평양전쟁 한국인 전몰자 유골봉환에 대한 협조의뢰」 문서를 제출한다. 태평양전쟁 유족회의 총회 의결에 따라 부산영원이 태평양전쟁 한국인 전몰자 유골봉환 및 봉환사업을 위임받아 일본 후생성 창고에 안치 중인 2,331기의 유골을 봉환하고자 한다는 내용이었다. 이미 3월 13일에 보건사회부에 본건에 대한 사업승인을 요청하였기 때문에 승인이 되는 대로 유골 봉환에 대한 정부의 지원을 요청한다는 것이었다. 8월 21일 보건사회부 장관은 재단법인 부산영원의 유골송환 및 봉환사업을 승인하는데 승인조건은 다음과 같았다. ①본 사업을 빙자하여 금품 수집이나 영리행위를 하지 말 것, 반드시 보건사회부장관이 지정하는 공무원의 입회하에 유골수집 및 본국 송환 작업을 실시할 것, ②유골의 인수절차는 관계당국의 사전승인을 얻어 주일한국대사관과 사전 협의하에 추진할 것, ③유골송환 후 봉안과정에서 매장 및 묘지 등에 관한 법령을 위반하지 않을 것, ④위령제 및 기타 의식 절차는 최선의 예를 다해 가정의례준칙에 따라 실시할 것, ⑤납골당 및 위령탑 건립은 제1차 사업완료 후에 관계당국의 사전 허가를 얻어 실시할 것, ⑥이상의 조건을 위반하여 사업 추진과정에서 사회적 물의를 야기하지 않을 것 등이었다. 유골봉환 사업 승인을 받은 부산영원의 정기영 이사장은 9월 6일 일본으로 떠나 일본정부와 본격적인 유골송환에 관한 교섭 및 인수 작업에 착수한다. 외무부는 주일대사에게 정기영 이사장의 유골봉환 사업에 협력할 것을 지시하면서 유골 봉환은 ①서울에서 유족회에게 인도될 때까지 일본 정부의 책임 하에 이루어질 것과 ②유골 봉환에 소요되는 비용은 일본 정부가 부담한다는 것을 강조했다. 한 차례 봉환 일정이 연기되고 최종적으로 11월 20일 유족이 확인된 246주의 유골이 봉환됐다. 유골은 배편을 통해 부산항에 도착 후 동래구에 위치한 범어사에서 유골의 인수인계가 이루어졌다. 일본 정부는 주한일본대사 명의로 유골 1주당 향전금으로 만원을 지급했고, 한국정부도 조의금 성격으로 위령제 때 유족들에게 만원을 지급했다.

이듬해인 1972년에도 부산영원은 6월 11일에 부산시 공원묘지에 유골안치소 건립을 착공하여 9월 중으로 준공을 목표로 하는 등 유골봉환 사업을 지속적으로 이어 갔다. 6월 15일에는 외무부장관에게 보내는 「재일한국인 유골봉환문제」문서에서 오는 6월 26일 도일하여 지난해에 이어 일본정부와 제2차 유골봉환 교섭에 착수할 계획을 밝힌다. 동시에 외무부에 민간 베이스에 의한 유골봉환에 있어서 주일공관의 적극적인 협조를 요청하며, 유골의 연고자를 찾는 문제는 고국으로 봉환된 뒤 한국 국민들이 해야 할 일로 일본정부가 할 일이 아님을 일본정부에 인식시켜주길 바란다는 요청사항도 덧붙였다. 9월 28일 보건사회부장관에게 보내는 문서에서 부산영원은 일본 측과 교섭 끝에 재일한국인 전몰자 잔여 유골 중 우선 남한 출신 약 1,700위를 일괄 봉환하는 데에 원칙적으로 합의했다고 보고했다. 일본 민간 측에서도 '태평양 전쟁 전몰 한국인 위령사업 협찬회'를 9월 15일 발족하여 본 사업에 협조하기로 했다. 하지만 유골인수시기를 1972년 연내로 계획했던 2차 유골봉환 사업은 정확한 이유를 알 수는 없지만 1972년 이후의 외교문서에서 관련 사항의 언급이 없는 것으로 보아 끝내 봉환이 이루어지지 않은 것으로 보인다.

1974년 문서철은 총 374페이지에 달하는데 다른 시기의 문서철에 비해 분량이 매우 많음을 확인할 수 있다. 1974년의 문서철은 1월에 보건사회부 장관 고재필이 제출한 '재일본 한국인 유골봉환 계획 보고'로 시작한다. 이 보고서는 전년도인 1973년 12월 11일에 국무총리가 유골봉환에 관한 구체적인 해결 방안의 수립을 지시한 것에 대해 보고서를 제출한 것이었다. 보고서에는 현재 일본 후생성에 보관되어 있는 태평양 전쟁 때 사망한 남한 출신자 유골 1,614주와 북한 출신자 유골 469주의 총 2,083주 중에서 유족이 남한에 있는 유골을 한국정부에서 일괄 인수하여 부산의 금정산에 있는 범어사에 봉안한 후 유족에게 인도한다는 계획이 기재되어 있다. 보건사회부는 봉환 지연에 따른 국위 실추, 유족의 진정, 비 유가족 사회단체를 봉환 사업 추진에 있어서 문제가 될 가능성이 있음을 지적하며 3월 초순까지 유골봉환문제를 조속히 매듭지을 필요가 있다고 강조했다.

유골봉환 세부계획 중 눈에 띄는 것은 유가족 확인 공고 및 신고 접수에 관한 항목으로, 유골봉환 계획이 국무회의에 보고됨과 동시에 7개 주요 일간 신문과 라디오, 텔레비전을 통해 고지하려고 했다. 유가족 신고기간은 2월 1일부터 2월 15일로 하고 보건사회부에서 신고 접수를 담당했다. 또한 접수를 완료한 유가족들에게 사회단체를 구성하게 하여 2월 16일과 28일 사이에 보건사회부에 등록을 하게 할 계획이었다. 이는 보건사회부에 등록된 단체만을 정부가 인정하고 기존의 6개의 유골봉환관련 단체의 '난립'을 정리 및 관리하려는 의도였다. 유골봉환 예정일은 3월 10일로 설정하고 외무부가 유골봉환 일괄인수 교섭을 주관하고, 일본정부로부터 한국 내의 지정된 곳에서 유골을 인수한 후에는 보건사회부가 업무를 담당하기로 했다.

유골봉환에 관해 한국정부는 1964년 이래 남북한 출신의 구별이 없는 일괄인수를 방침으로 정해서 일본정부에 유골봉환을 요구해 왔으나, 일본정부는 북한 출신 유골을 한국 정부에 인수할 경우 법적 문제가 발생할 수 있다는 이유로 거부해 왔다. 1969년 제3차 한·일 각료회의에서 유골 문제의 인도적인 측면을 고려해 유족의 요청이 있을 경우 개별적으로 인도할 수 있다고 협의하여 민간레벨에서 246주를 봉환했다. 이와 같은 민간레벨의 유골봉환 이후, 1974년에 와서 한국 정부는 정부 차원의 유골봉환 사업으로서 남한 출신 유골 전부와 북한 출신 유골 중 남한에 연고자가 있는 유골의 봉환을 위해 일본정부와 교섭을 재개한 것이었다. 하지만 일본정부는 남북한 출신의 구별 없이 민법 777조에 규정된 유족 내지 연고자 또는 연고자에게 위임을 받은 자가 관계 서류를 제출하는 경우에만 유골을 인도하기로 방침을 정했다. 이러한 일본정부의 방침에 대해 한국정부는 일본정부가 남한 출신 전몰자에 관한 기록을 전부 보관하고 있으면서 증빙 서류를 요구하는 것은 ①유골봉환 문제와 같은 중요한 전후 처리문제를 일본의 국내법 문제로 취급하는 것의 부당함, ②유골봉환 문제의 해결을 상당히 지연시키고 있다는 점, ③전후 30년이 지난 오늘 연고자를 전부 찾는 것은 불가능하다는 점, ④인도적인 입장에서 일본정부가 유골봉환 문제를 지연시키는 것을 더는 용납할 수 없다는 점을 들며 유골봉환 문제에 대한 일본정부의 재고를 촉구했다. 동시에 한국정부는 전몰자 유골의 일괄 인수 방침을 고수하면서도 일본정부가 끝까지 거부할 경우 일본정부가 요청한 증빙자료를 준비하여 인수 가능한 유골부터 우선적으로 인수할 계획도 세웠다.

2월 26일에는 외무부의 박수길 동북아 1과장과 조원일 사무관이 가와시마 주한 일본대사관 1등 서기관과 면담을 하게 된다. 면담 자리에서 박수길 과장은 앞서 언급한 증빙서류 요청에 대한 한국정부의 네 가지 견해와 함께 1973년 6월 23일에 야마구치 후생성 차관이 중국인 유골 11주를 봉환한 것을 언급하며 당시에도 중국

정부에 유가족의 증빙서류를 요청했는지 묻고 일본정부가 전몰자의 증빙서류를 요구하는 것에 대한 부당함을 재차 지적했다. 또한, 1970년부터 1972년 12월까지 한국에서 발견된 일본인 유골을 일본정부가 일괄인수하도록 한국정부가 동의한 사실도 비공식적으로 주지시켰다. 이와 같은 한국정부의 질문에 세오 마사키 북동아과장은 3월 8일 밤 우문기 정무과장을 외무성으로 초치하여 유골봉환 문제에 관해 다음과 같이 해명했다. ①한국정부가 지적한대로 일본 측에서 과거 남한출신 유골을 일괄 인도하겠다고 발언한 적은 있으나 그것은 정부의 공식 결정이 아니라, 실무자의 견해였다. ②1948년에 6,000주를 봉환할 때 GHQ(연합국최고사령부)도 북위 38도선 이남에 거주하는 유족을 봉환 대상으로 하는 유족주의를 취했다. ③중국인 유골 11주를 중국의 적십자를 통해 일본정부가 중국정부에 일괄인도 가능했던 것은 유족이 중국 내에 거주하고 있음이 확실했기 때문이다. 하지만 한국인 유골의 경우 유족이 전원 남한에 거주한다고 확신할 수 없기 때문에 차후 법률문제가 제기될 소지가 있다. ④또한, 북한과는 법률관계가 확립되어 있지 않기 때문에 한국정부에 유골을 일괄인도할 경우 북한의 청구권에 대해 일본정부가 불리한 입장에 처하게 된다. 특히, 북한 출신 유골봉환 건이 세간의 주목을 받게 되면 친북 성향의 국회의원들로부터 유골 미봉환에 대한 추궁은 물론 나아가서는 북한과의 국교수립을 촉구받을 수 있다며 한국인 유골봉환에 대한 일본정부의 종래의 방식을 고수할 것임을 한국정부에 전달했다. 이런 가운데 유골봉안장소는 부산시 동래구 청룡동에 위치한 '부산시립공원묘원(부산영원)'[1] 으로 정해졌다. 유골봉환 예정일이었던 3월 10일을 지나 4월에 들어가 한국정부는 일본정부가 유가족 확인을 위해 요구한 호적등본, 현거주지증명서 및 위임장 각 한 통 대신 이미 신고가 접수된 유족명단을 일본정부가 확인하는 것으로 대체할 수 있도록 요구했다.

유골 봉환교섭이 지지부진하게 진행되던 5월 22일에는 평양방송에서 전몰자 유골봉환 문제에 대하여 다음과 같은 취지로 방송을 하였다는 보고서가 제출된다. ① 현재 일본 측이 보관하고 있는 유골 중 수백 주는 북한 거주 가족의 유골이다. ②한일 유골봉환 교섭을 즉각 중단하고 북한과 교섭해야 한다. ③유골봉환에 관한 일본의 태도는 북한적대시의 일환이다. 5월 23일자 중앙일보기사에 의하면 조선 적십자회 중앙위원회가 한국으로 유골 2,081주를 송환하려는 일본정부에 대해 일방적으로 남한과 유골봉환을 처리하려는 것은 북한에 대한 새로운 적대행위라고 강력히

---

1) 1974년 4월 8일 현재, 한 달 후 완공을 목표로 납골당을 건설 중으로 수용능력은 2,045주. 1주당 관리비(영구관리비)는 11,500원이었다.

비난했다고 한다. 이에 대해 5월 24일 이동익 1등 서기관이 세오 북동아과장을 방문하여 유골봉환 추진 상황과 북한의 23일자 방송에 대해 묻자, 세오 과장은 외무성의 검토가 당초 예상했던 것보다 지연되고 있는 것에 양해를 구하며, 외무성은 북한의 방송을 새로운 요소를 파악하고 검토하지 않을 수 없다는 견해를 보였다. 하지만 이후 1974년 문서철에서 북한방송과 관련된 문서 및 기록은 보이지 않는다.

5월 24일에는 '민원 조회'라는 제목으로 외무부가 주일대사에게 보내는 문서를 볼 수 있다. 문서에는 일제 강점기에 일본 외무성 및 동아성에서 1928년 3월 15일부터 1945년 12월 31일까지 근무하다 퇴직한 조용묵(일본명 宇田川龍治) 씨가 일본정부로부터 지급받지 못한 '은급금(퇴직금)'을 한국정부가 일본정부에 청구해 줄 것을 요구하는 탄원서가 기재되어 있다. 이에 대해 외무부는 주일대사에게 받은 사실이 없는 일시 은급금이 당시 엔화로 얼마이며 현재 엔화로 환산하면 얼마의 가치가 있는지 파악할 것과 조용묵 씨가 일본정부를 상대로 은급금 지불 청구권을 현재도 행사할 수 있는지 여부와 청구권이 소멸됐다면 그 이유를 조회할 것을 지시했다. 주일대사관이 외무성 인사과 차석에게 조회한 결과, ①조용묵 씨가 당시 받을 수 있었던 은급금은 12년 이하 근무자가 퇴직 시에 일시 지급받는 434엔으로, 12년 이상 근무자가 퇴직 시에 연차적으로 화폐가치의 변동에 따라 증감하는 은급금과는 다르기 때문에 현재의 가치로 환산할 수 없다고 했다. 따라서 은급금을 지급받더라도 당시의 액수대로 434엔밖에 받을 수 없다고 통보했다. ②일시 은급금의 지불 청구권도 실효 은급 규정 제5조 은급권의 소멸시효(은급금 지급 사유가 생긴 날로부터 7년) 및 제9조 은급권의 상실사유(국적의 상실)에 해당하기 때문에 현재 은급금 지불 청구권은 행사할 수 없다고 덧붙였다.

한편, 전몰자 유골봉환에 대한 일본정부와의 교섭은 10월에 들어가 새로운 국면을 맞이하게 된다. 10월 15일에 후생성은 한국정부로부터 8월초 서울에서 전달받은 988명의 유족 명단을 검토한 결과, 이 중 850명이 유족으로 확인됐고 나머지 138명은 성명 착오 등으로 계속 검토 중이라고 통보했다.[2] 10월 26일에는 세오 북동아과장이 외무성으로 이동익 1등서기관을 초치하여 한국정부가 제시한 유족 명단과 후생성의 전몰자 명부와 성명, 본적지 및 유족 관계가 일치하는 것은 835주이고, 미확인 유골이 113건, 그리고 이중 신고나 후생성의 전몰자 명부에 없는 이유 등으로 인도가 불가능한 것이 40건이라고 검토 결과를 전달했다. 그러면서 한국정부의 요

---

2) 외무부는 일본정부에 제시한 유족 명단의 수를 1974년 10월 18일 현재 총 969주로 파악하고 있었다.

구를 수용하여 종래의 일본정부의 인도방침인 유족주의의 입장을 바꾸어 835주를 한국 정부의 책임 하에 유족에게 인도한다는 조건으로 한국정부에 유골을 인도하겠다고 밝혔다. 따라서 유골 인도 후에 발생하는 문제에 대해서도 한국정부가 모든 책임을 져야 한다는 것이었다. 미확인 유골 113주도 한국정부가 본적지와 성명 및 유족 관계를 확인해 주면 상기의 835주와 같은 방식으로 인도할 계획이라고 덧붙였다. 이와 같은 일본정부의 통보에 한국정부는 기존의 방침대로 835주와 113주를 우선 인수하고 잔여 유골 처리에 선례가 되지 않는다는 것을 전제로 하여 잔여 유골에 대해서도 '대한민국 정부 책임 하 전 유골 일괄인수'라는 입장을 일본정부에 전달했다.

　11월에 들어가 외무부는 구체적인 유골 인수 작업에 착수하게 되고 국무총리에게 유골인수에 관한 보고서를 제출한다.[3] 보고서에 따르면 봉환시기는 관계부처가 협의하고 일본정부에는 한국정부가 사전준비를 할 수 있도록 최소한 5일 전에 봉환시기를 통보하도록 했다. 미확인 유골 113주 중에 835주의 봉환 5일 전까지 전몰자 명부의 동일인임이 확인되면 835주와 함께 봉환할 것도 요청했다. 봉환절차에 관해서는 일본에서 국내 지정 장소까지 일본 정부의 책임 아래에 봉환을 하되, 호송 책임자는 일본의 고위 관계자로 하고 유골 봉환에 있어서 정중한 예의를 갖추도록 했다. 최종적으로 봉환 수송은 특별기편으로 하고 착륙지는 부산의 수영공항으로 결정됐다. 봉환 전에 일본 정부가 주관하여 일본에서 위령제를 거행하는 것도 교섭사항에 포함했다. 또한 1971년 11월에 246주를 봉환했을 때 일본 측이 1주당 향전금(부조금)으로 만원씩을 지급하여 국내에서 비판을 받았기 때문에 이번 유골 봉환 시에는 일본정부에 향전금 및 매장비로 1주당 12만원을 지급하도록 했다.[4] 이는 서울 근교의 공원묘지의 1기당 가격이 10-12만원인 것을 참고한 것이었다.[5]

---

3) 외무부「제2차 대전 중 전몰 한국인 유골 봉환 교섭」(수신: 국무총리각하 1974.11.8.)

4) 향전금에 관해서 세오 북동아과장은 이동익 1등 서기관을 만난 자리에서 1971년 봉환 시와 같은 금액으로 이미 후생성에서 결정이 났지만, 외무성으로서는 성의의 표시로 외무성의 예산으로 1주당 2만원을 주한대사의 촌지라는 명칭으로 지불하기로 하였다고 전했다. 따라서, 유족은 한국 정부로부터 2만원과 일본정부로부터 2만원을 받아 총 4만원 정도의 향전금을 받게 됐다.

5) 동 문서철에는 수록되어 있는 「한・일간 장기 미제 현안 처리」에는 태평양 전쟁 전몰 한국인 유골 봉환 건에 대한 조기 인수의 부정적인 면에 대해 일부 유족이 유골봉환에는 보상금이 지급되어야 한다고 주장하고 있으나 한・일간 청구권 협정에 따라 보상금이 지급받을 수가 없기 때문에 이에 따른 사회적 물의를 야기할 가능성이 있다고 판단했다.(p.252) 이와 같은 한국정부의 인식은 외무부 장관이 주일대사에게 보내는 11월 14일자 문서에서도 엿볼 수 있다. 유골봉환 건에 관해 국내에서 최우선적으로 고려할 사항은 보상금 문제에 의한 유족의 난동을 최소화하는 것이기 때문에 유골봉환에 대한 공지를 최대한 지연시키되 최소한 5일 전에 통보할 것을 일본정부에 제안한 것

12월 2일자 「전언통신문」에서 외무부 장관은 보건사회부 장관에게 보건사회부에서 작성하여 일본정부에 제시한 유족명단 중 본적지, 성명 등의 착오로 미확인된 113건의 명부를 송부하여 재확인 할 것을 요청한다.[6] 그 결과 75주의 유골이 재확인 되어 이미 확인된 835주와 함께 봉환되도록 일본정부에 요청했다. 하지만 12월 11일 외무성은 행정상의 착오로 이미 확인된 유골 수는 910주가 아니라 911주였다고 한국정부에 통보해 왔다. 그리하여 최종적으로 총 911주의 유골이 12월 20일에 한국으로 봉환되는 것이 결정됐다.

교섭에서 결정된 대로 봉환 전날인 19일 오후 2시에 동경의 유텐지(祐天寺)에서 위령제가 거행됐다. 일본 측은 후생성 정무차관, 외무성 정무차관 등이 참석했고, 한국 측은 김영석 보건사회부 환경위생과장과 관련 민간단체대표들이 함께했다. 일본 정부는 조총련계의 방해 등을 걱정했지만 위령제는 약 30분 정도로 무사히 끝났고 뒤이어 유텐지 주최의 위령제가 1시간 정도 이어졌다. 유골은 이튿날 20일 오전 11시경 후생성 정무차관 등의 호송 아래에 일본항공(JAL) 특별전세기편으로 부산 수영공항을 통해 광복 29년 만에 고국으로 돌아왔다. 유골은 50여 명의 부산시청직원들에게 인계되어 군용차 3대에 실려 동래구 시립공원묘지 안에 있는 납골당으로 임시 안치됐다.[7] 21일 오전 10시에는 부산 동래구의 범어사 입구에 위치한 금정중학교에서 보건사회부 주최의 위령제가 거행됐다. 위령제가 끝난 후에는 유골인수인계를 둘러싸고 유족들의 항의가 있기도 했다. 23일자 『동아일보』 기사에 따르면, 위령제를 마친 유족들이 시립공원묘지의 납골당으로 이동해 유골을 찾아가려 했으나 보건사회부 직원이 유골은 개별인도가 아니라 시도별로 집단인도로 바뀌었다고 설명하자 유족들이 납골당 문을 부수는 등 한 시간가량의 소란이 있었다고 한다. 결국 유족대표 최종수 씨가 보건사회부와 협의한 끝에 2월 10일 이전에 유골을 각 시군별로 인수해 가는 것으로 결정되어 유골의 인수인계를 둘러싼 소란은 일단락 됐다.[8]

마지막으로 1974년도 문서철에서 특기할 만한 사항으로 태평양전쟁 전몰자 유골 봉환회장 강위종 씨에 대한 표창장 수여에 관한 수훈 추천을 들 수 있다. 1974년

이었다. 따라서 국내의 유족에게는 봉환 3일 전에 통지를 하고 일본정부에도 그 전에 유골봉환에 관련된 내용이 미디어에 보도가 되지 않도록 할 것과 일본정부 주최의 위령제도 봉환 3일 전부터 봉환일 사이에 거행할 것을 요청했다.

6) 외무부 「전언통신문」(송화자: 진관섭, 수화자: 이기하, 1974.12.2.)

7) (1974.12.20.)『동아일보』

8) (1974.12.23.)『동아일보』

1월에 외무부는 유골봉환 계획을 세우며 계획대로 유골봉환이 실현되면 유골관련 문제는 일단락될 것이라고 판단하고 그동안 유골봉환 문제에 힘써 온 민간인들을 표창할 것을 검토한다.[9] 이에 주일대사관은 강위종 회장을 ①1956년 11월에 태평양전쟁 한국인 전몰자 유골봉환회를 창설하여 현재까지 회장으로 재직하며 유골 봉환의 조속한 실현을 위하여 일본 내에서의 여론을 환기하여 온 점, ②동 봉환회가 1957년부터 1973년까지 매년 빠짐없이 위령제를 거행해 온 점, ③이와 같은 노력으로 인해 일본 측 관계자가 유골보전에 성의를 가지게 되었고, 일본 각계에 있는 한국인이 고인을 추모하고 동포애의 정을 깊게 한 점을 들어 강위종 회장의 표창을 천거했다.[10] 외무부는 위의 추천 이유와 함께 강위종 회장이 1945년 광복과 더불어 일본에서 한국건설동맹 준비위원으로 활약하며 같은 해 12월에 한국순국열사 유골 봉환회를 결성하여 윤봉길, 이봉창, 백정기 3열사의 유골을 한국에 봉환한 공적을 추가로 기재하여 공적조서와 이력서를 첨부해 총무처에 국민훈장 동백장을 수여하도록 추천했다.[11]

이처럼 『재일본 한국인 유골봉환 1974년』 문서철을 통해 기존의 민간단체의 레벨이 아닌 한국정부가 주도하여 일본정부와 유골봉환 건을 교섭하면서 동 문제를 조속히 마무리 지으려 했던 양상을 살펴 볼 수 있었다. 하지만 유골봉환을 둘러싼 양국 정부 간의 협상에서 유족들의 보상금과 같은 사후 처리 문제와 유족들의 의견 등은 철저하게 배제되었다. 본 문서철은 한국정부가 전후 오랫동안 해결되지 않았던 유골 봉환 문제를 어떻게 인식하고 있었는지를 잘 보여주는 귀중한 자료라 할 수 있다.

┃관련 문서┃

> ① 재일한인 유골봉환, 1970
>
> ② 재일본국민 유골봉환, 1971
>
> ③ 재일국민 유골봉환, 1972
>
> ④ 재일본 한국인 유골봉환,

---

9) 외무부 「전몰 한국인 유골봉환 교섭」(기안책임자: 동북아1과 조원일, 수신: 주일대사, 1974.1.21.)
10) 주일대사관 「유골 봉환에 관련한 민간인 표창」(수신: 외무부장관, 1974.2.29.)
11) 외무부 「한국인 전몰자 유골봉환과 관련한 유공자 서훈 추천」(수신: 총무처 장관, 1974.12.20.)

① 재일한인 유골봉환, 1970

○ ● ○

기능명칭: 재일한인 유골봉환 1970

분류번호: 791.41 1970

등록번호: 3964

생산과: 동북아주과

생산연도: 1979

필름번호: P-0008

파일번호: 11

프레임 번호: 0001-0107

1. 기안-전몰 한인 유골의 개별 인수 절차 문제

분류기호 문서번호 아북700
시행일자 1970.5.2□.
기안자 동북아과 김은□
경유 수신 참조 건의
제목 전몰 한인 유골의 개별 인수 절차 문제

　　1. 고 김성남의 유골 봉환 문제와 관련하여, 일본 정부측은 유족과 고인과의 관계를 표시하는 호적관계서 □ 동 유족의 거주 증명서를 제출할 것을 요구하는 한편, 유골의 인도에 있어서는 일본 정부(후생성)가 유족에게 직접 인도하지 않고 우선 한국 대사관에 인도한 다음, 한국 대사관이 유족에게 유골을 전달하는 방식을 취할 것을 제의하고 있습니다.

　　2. 개별 인도인 이상, 유족이 상기 2가지의 서류를 제출하는데 대하여는 이의가 없으나, 한국 대사관을 경유한 인도방식에 대하여는, 동 유골의 봉환이 일본 정부와, 일본국을 위하여 목숨을 잃은 고인 내지 그 유족 간의 문제로서 다루어져야 하며, 유골의 봉환에 있어서는 일본 정부가 동일한 자국민의 경우에 못지 않는 모든 예를 가추어 정중하게 직접 행함이 마땅한 일이며, 이렇게 하는 것이 전몰자의 영이나 유족에 대한 예일 것입니다. 모든 유골을 일괄 인수하는 경우라면 모르되, 개별 인도의 경우에 우리 정부가 일본 정부 대신 유골을 인도하는 역할을 담당할 이유가 없습니다.

　　3. 따라서 다음과 같은 인도 방식을 일본측에게 제의하고저 합니다.
　　　　가. 유골의 인도는 일본 정부나 주한 일본 공관이 유족에게 직접 정중하게 인도하도록 함.
　　　　나. 이때 아측의 입회가 필요할 경우, 동경에서는 주일 한국 대사관 직원, 서울에서는 외무부 직원이 입회할 수는 있음. 끝.

별첨-편지

別添 1

45年5月29日

外務省北東アジア課　竹内様

　　　拝啓
　　　　過日、外務大臣の秘書の方を通じまして時に御願い申し上げました旧朝鮮京城府の浄土宗開教院の遺骨取引の件で御座ますが、其後御許可いた゛けるような状況に到ってをりませんでしょうか？
　　　　私共の方は韓国の□□担当者[華渓寺信徒会大韓仏教達磨会。総ム部長韓大□代]及び東京の在日弘法院大韓仏教曹渓宗の李行願師、方共の方として京都の浄土宗知恩院と夫々連絡を致し、相互の計画意志の確認を致しました。この法集□□場は□□が御座ました。
　　　　そこで誠に勝手では御座ますが、何□外□者の方で、本計画を許可していた゛けるよう御願い申し上げます。
　　　　知恩院の北川一有様(現在は本件からう施□しとられます)の次法では外ム省の方では色々と政府間の問題もあり民間ペースでやれとの御意向であったと承ってをります。それは□□□のですが、遺骨の引取、韓国からの□出、日本の入国などにつきまして、通関などの手続もどうなるのか心配してをります。
　　　　この場合、外ム省で何か御許可、或は御証明書でもいた゛ければ、私共も無事遺骨の持帰りができると信じてをります。
　　　　現地での日本大使館の方へ御紹介状でもいた゛く訳には参りませんでしょうか。
　　　　出発は別添資料のように7/1～7/10位迄をみてをります。本件御多忙中のところ私共民間の勝手な願出で、誠に申訳なく存じてをりますが、何卒御慈悲をもちまして御願い御聞届けいた゛けますよう御願致します
　　　　直接参上して御願致すべきところ、一応書状で失礼し、□□後日当件をもって御願いに上ります。なお、遺骨引取に関する私共の計画及び、長□の資料を下記及び添附致しまいた。
　　　　　　　敬具
　　　　　　　東京都町田市つくし野3丁目23の6
　　　　　　　下田　靖雄拝

記

1. 現在遺骨の保安場所

   大韓民国서울特別市城北区水踰洞

   　　華溪寺

2. 遺骨発見場所

   旧 朝鮮京城府本町3丁目50番地　浄土宗開教院　納骨堂跡

   現 大韓民国서울特別市中区忠武路三街50番地　久林学園□園　校庭

3. 推定遺骨数

   約1000体？　約30cm×30cm×30cm　木箱に50ケ

4. 韓国側本件の担当者

   大韓民国서울特別市鍾路区觀水洞の1

   大韓仏教達磨会総ム部長　韓大錫(華溪寺の信徒会)

5. 日本側　本件の担当者

   　　京都市東山区林下町浄土宗熱総本山知恩院　鶏飼執事長

   　　東京都台東区花川戸2丁目浄土宗九品寺　萩野正□□

   　　東京都町田市つくし野3丁目23-6　　下田靖雄

   　在日韓国側

   　　東京都文京区春日町2丁目23-5

   　　　在日弘法院　李行願師(華溪寺住職　在日中)

6. 引取日程

   45.6.30. 下田、羽田発、ソウル着 華溪寺連居

   　　　7.1.　　　　〃　　　　華溪寺遺骨確認、打合せ、達磨方と打合せ

   　　　　2.　　　　〃　　　　準備確認→知恩院□□

   　　　　3.　　　　〃　　　　知恩院 鶏飼、萩野様、羽田発→ソウル着、

   　　　　4.　　　　〃　　　　日本側　各所あいさつ(□□)

   　　　　5.　　　　〃　　　　華溪寺にて慰霊祭→□□□□4507□釜山行

   　　　　6.　　　　〃　　　　釜山出発　船便

   　　　　7.　　　　〃　　　　神戸到着→知恩院へ遺骨安置, 解散

   以上が予定で御座ますが、□□には手続などで2～3日の余有をみておく
   ようにとの韓国側の意見もあり、大体、6/30~7/10位迄と考えておりま
   す。

7. 其他資料

　　最近の連絡書状のコピーを御参考までに同封致しました。

　　以上

　大韓仏教達磨会

　韓大錫 様

其後御□健にて仏教活動に御活躍の事と存じます。

　　東京はまだどうかすると寒い日が続く公園の花も遅く咲きそうです。さ
て、華溪寺に安置していたゞきました旧開教院納骨の遺骨引取に関する件。実
宗の在日弘法院李行願禅師様とも下打合せが終りました。あとは実際に引取に
貴地に参上することになると思いますが、日程も短く変更することも困難と思
われますので、貴地に到着後、計画を円滑にするため事前に鮮細と御打合せさ
せていたゞき□方で確認致しておきたいと考えます。

　　そこで、下記のように予定致したく、また勝手では御座ますが、何卒達磨
会におきましても御力添いたゞきたく御願申し上げます。

　　　　　　　　　記

1. 本計画についての貴会での、御確認の御返事をいたゞく、その後、実際の
　出発日と改めて決めて連絡申し上げます。

2. 引取者
　　淨土宗總本山 知恩院 代表 1~2名(萩野□師他1名)及び私(場合により知恩院
　　1名、私1名　計2名)

3. 日程
　第1日)　知恩院で集まり準備をして、大阪又は羽田空港発一서울着
　　　　　同日　夕刻　華溪寺訪問　あいさつ
　　　　　　　遺骨の確認及び以下日程御打合せ
　　　　　華溪寺住職及び貴の方に御立会願い上げます。
　　　　　夜　Hotel着

第2日）　Hotel　発　あいさつ廻り

東国大学□望庵禅師、久林学園、法施舎□喜益師、達磨会、華溪寺、Hotel　帰着

第3日）　予備日

第4日）　華溪寺において慰霊祭を行う、午前中

午後、遺骨引取—積荷—　追悼人はトラックによる釜山港送り

第5日・約6日）　釜山港発—神戸港着、知恩院着

以上の日程と設したく存じます

4. 其他

上記日程、約1日目で華溪寺に韓大錫様御出いたゞき度く色々と御打合せしたいと思います。

(1) 3月31日は貴殿による遺骨発掘、納骨のための木箱製作費その他　諸費用の精算　₩465,100,−の支払

(2) 達磨会の方々への知恩院よりの記念品贈呈

(3) 日本、万国博覧会への招請状の件　連絡

(4) 華溪寺御住職への遺骨安置御礼以上と致すつもりです。

こゝで、華溪寺に於ける慰霊祭の件ですが、之は今週の遺骨引取があくまで私個人の、たっての望みから出たことであり、前例として□□及人でをります西本願寺の場合のような政府、仏教会同志の派手なものでなく関係者同志間の□輪の供養と云うことにしていたゞきたく、この□時に御願い申し上げます

そこでこの慰霊祭の貴国として一切を含めて200,000,−と致し□く何卒宜敷御取計い下さい。

たゞし、武の参列者には知恩院から記念品を差上げる予定と致してをります。この出席者は私の方では本件で時に私が貴地で御世話になりました下記の方々を加えていたゞきます

　　　　□碧庵禅師　　東国大学理事長.?

　　　　□徳修　　〃　　開□寺　서울特別市城北区安岩洞5街8　TEL(21)2014

　　　　李喜益　〃　　法施舎　서울特別市中区乙支路街3/5のR同指ビル

　　　　久林学園　　朴大雄氏　서울特別市中区忠武路三街50

　　　　宋蓮玉氏　　　서울特別市龍山区青坡洞2街71-28

したがって貴方でどなたを出席していたゞくか当方では判りませんので、□教御願い致します。人数、御氏名、職業につき御面倒でも一応事前に御通知下さい。

遺骨の国外持出、その他の便宣のため貴国、外ム省担当官及び日本大使館の方を夫々1名御招きした方がよいと思います。

よく判りませんが20~30名位で如何でしょうか？

また、遺骨の積出し、釜山港までの輸送方法、費用、など併せて御教え願えれば幸いです。

釜山港いく後は船便なので当方で旅行社に依頼致します。

以上長々と書きましたが、でき得る限り詳細を予め決めておき、現在で困らないようにしたいと思いますので何卒□教□し御返事下さいますよう御願い申し上げます。

これをまた一つの機会と致しまして吾国と貴国が一層の親善を増すことを心から念ずると共にそれを個く信じてをります。

また、主□と□申しますが、過日の日本航空「よど」号事件につきまして貴国の政府並びに国民皆様の国境を越えた温かい友情に関しまして、私も日本人の一人としてこの手紙を利用させていたゞき、心から厚く御礼申し上げます

遺骨が無事帰国しました後、万国博で再び御会いできる日を楽しみにしてをります。

以上とり急き要件御願まで

敬具

1970. 4. 28

下旧 靖雄　拝

2. 외무부 공문(발신전보)

외무부

번호 WJA-0636

일시 031800
발신 장관
수신 주일대사

　　대: JAW-04512
　　대호 유골 봉환 □□에 관하여, 금 6.3. 일본 대사관 "노다" 참사관에게 아래
와 같이 우리 입장을 전달하였으니 참고 바람.
　　1. 우선 개별 인도인 이상 호적 서류와 거주 증명을 유족이 제출하는데 대
하여는 이의가 없으나,
　　2. 한국 대사관을 경유한 인도 방식에 대하여는 "동 유골의 봉환이 일본 정
부와, 일본국을 위하여 목숨을 잃은 고인 내지 그 유족 간의 문제로서 다루어
져야 하며 유골의 봉환에 있어서는, 일본 정부가 동일한 자국민의 경우에 못지
않는 모든 예를 가추어 정중하게 직접 행함이 마땅한 일이며, 이렇게 하는 것
이 전몰자의 영이나 유족에 대한 예일 것임. 모든 유골을 일괄 인수하는 경우
라면 모르되, 개별 인도의 경우에 우리 정부가 일본 정부 대신 유골을 인도하
는 역할을 담당할 이유가 없다" 라는 입장에서
　　　　가) 유골의 인도는 일본 정부나 주한 일본 공관이 유족에게 직접 정중하
게 인도하며,
　　　　나) 이때 동경에서는 한국 대사관 직원, 서울에서는 외무부 직원이 필요
에 따라 입회할 수 있음. (아북)

3. 주일대사관 공문–한국인 전몰자의 유골봉환문제

주일대사관
번호 일정 700-2188
일시 70.6.9.
발신 주일대사
수신 외무부 장관
참조 아주국장

제목 한국인 전몰자의 유골 봉환 문제

　　당지 "태평양전쟁 한국인 전몰자 유골 봉환회"로부터, 유골 봉환 문제에 관해 별첨과 같은 요구서가 당관으로 제출되어왔아옵기 동 사본을 송부합니다.
유첨: 상동. 끝.

주일대사

유첨－태평양전쟁 한국인 전몰자 유골봉환회 요구서

　　日本厚生省に保管してある韓国人戦没者の遺骨引渡し要求
　　一九四五年八月十五日、日本の降伏に依って太平洋戦争が終りを告げた時、復員軍人達は戦場からぞくぞくと帰還し数多くの戦没者の遺骨も無言の帰国をした。一九四八年二月頃、復員軍人が全員引揚げを終了した時、日本本土に送られて来た韓国人の遺骨は如何なる理由に依ってか朝鮮本土には送られず陸軍関係は九州の佐世保の復員局に、又海軍関係は広島縣、呉復員局に放置されたままの状態であった。
　　その後昭和三十一年に至り、これらの復員局は廃止され建造物を取り毀す事となり日本厚生省は佐世保復員局にあった陸軍関係に遺骨一、四七〇柱、呉復員局の海軍関係八〇三柱、合計二、三三三柱を日本厚生省に移し現在迄放置されたままの状態であります。故郷の韓国に居る遺族達は今以って肉親達の遺骨がこの様な状態で日本に放置されて居る事実を知る由も無いのであります。日本政府当局も又、如何なる理由によるものなのか、その所以を明らかにする事もなく、又知らしめる事もしなかった。日本人戦没者の場合は、その後遺族会が組織され、それらの人々が政府当局或いは国会に戦没者問題を陳情する等の協力な働きかけに依り遺族に対する補償問題を立法化し円満に解決を見たのであります。
　　然るに日本政府当局は韓国人戦没者の遺骨奉還に関しては韓日両国の諸懸案及び補償問題を日本側に有利に解決せんが為か戦地より日本本土に送られて

来た、二、三三三柱の韓国人戦没者の遺骨に関しては公表しようともしなかった。それが故に韓国政府当局並びに遺家族達は遺骨に関して知る由も無く又当時の南北朝鮮戦争に依る混乱期を迎え遺族会を組織する事も出来ずにいた。日本政府当局は、その事を幸いに本奉還会が発足し問題化する迄、沈黙の中に伏せて来たのは偽らざる事実である。

　本遺骨奉還会は朝鮮戦争後、一九五五年月十一月に韓日両国の憂士を以って遺骨問題を解決せんとして発足した。そして日本政府当局に対して日本軍人として戦没した韓国人の遺骨をその遺族の下に直ちに送還する事と、補償問題を日本人並に取り計らう事を再三に渉り要請し続けて来たが言を左右にして確答を避けて来たのである。

　本会は韓国の李政権時代、政府当局に駐日代表部を通じ、又は本会の役員を本国に派遣し韓国人戦没者の実態を政府当局に訴えた。しかし本国政府としては朝鮮動乱の直後にして、この問題解決に心を配る余裕すら無かった関係上、直ちに取り上げようとはしなかった。が、その後韓日両国のは、この問題を両国の諸懸案と共に韓日会談に於いて解決を計ると約して来たので本奉還会としては、韓日会談の完結に期待を寄せて来たが、その会談が妥結するに至っても、この問題のみが依然として残されて来たのである。

　本会は

(판독 불가)

せしめたのではないが、しかも日本政府当局は人道主義の美名の下に□□□□の在日同胞を韓国の猛反対にも拘らず九万人近くも彼等の故郷ではない北韓に送還した事実に対し目を覆うとして居るのである。人道主義を云々する日本が日本の軍人として狩りたてた韓国人戦没者の遺骨を戦後二五年達せんとする今日迄まして老化した日本厚生省の倉庫同然の建物の一室に放置されたままの状態に無責任にも放置しておく日本政府当局者の行為を思う時、実に痛種、これに過ぐるものが無い次第である。しかしながら日本の一部の良心的な為政者の中には、あの不幸な戦争当時の韓国人の遺骨問題が未だに未解決のままに、しかも日本厚生省の一室に放置されて居る事は甚だ心外であり且つ又、日本の責任当局者の怠慢であると同時に日本の恥ずべき事である、道義的にも一刻も早

く韓国側に引渡して然るべきであると力説して居ります。

　本会は周知の通り韓日両国の平和と繁栄のために過去の不幸な時代を忘れさせる為にも日本国軍人として悲惨な戦死を遂げた同胞や戦友の遺骨を一日千秋の想いで待ち侘びている故国の遺家族に引渡すよう韓国政府を通じ日本国政府当局に要求し同時に戦没者に対する待遇も日本人と同等に取り計らう事も別紙の要項通り要望します。

　一九七〇年六月八日

太平洋戦争韓国人戦没者遺骨奉
会長　姜渭鍾

駐日大韓民国大使

李厚洛　貴下

　　　　韓国人戦没者遺骨問題

　提案一

遺骨收集は日本政府の責任に於いて遂行することを原則とし、本会はその遺骨を受入れる体制を確立する事。

　理由

太平洋戦争当時、日本帝国の出先機関である朝鮮総督府が一九四二年の日本本土同様に国民総動員令に依り韓国人(朝鮮人)を軍人軍属として動員し中南支及び南方各戦線に於いて戦没した遺骨であるから、その遺骨の収集は日本側が責任を持ってあたる事が当然である。

　提案二

日本厚生省にある二、三三三柱の遺骨を韓国側に一括して引渡す事を原則とするが、その場合、韓国側はその遺骨を確認の上一括して引取り、遺族の有無を調査し遺族のある者は遺族に渡し埋葬する。遺族の無い遺骨は韓国政府或いは遺族会が国内の霊園に埋葬するか又は納骨堂を建てて安置する事。そして将来遺族が現われた場合は遺族会及び政府当局が責任を持ってその遺族に引渡す事。その費用は日本政府の負担金で充当する事。

　提案三、弔慰料、埋葬費、法要費要求の件

現在日本厚生省に保管してある韓国人の陸海軍人、軍属の遺骨を韓国の彼等の出生地に輸送する一切の費用及び弔慰金、埋葬費と法要に関する費用を日本政

府に要求する。

　理由

現在日本人の場合、太平洋戦争当時の戦没者並びに帰還兵に対し、恩給制度が確立し、毎年遺家族に十三万円程度が支払われている。韓国人の場合もそれに同等の待遇が与えられて然るべきである。何故ならば、これらの遺骨は周知の通り、太平洋戦争中、日本政府が戦争を遂行する目的で、韓国人（朝鮮人）を強制的に戦場に狩り立てて、数多くの戦死者を出したその一部の遺骨である。故に日本政府はその遺骨引渡しに際し、輸送に関する責任は勿論の事、弔慰料及び埋葬費等、また毎年遺家族達の行う法要の費用一切を負担しなければならない。

　提案四

遺骨問題につき、一九六九年十一月二十六日、定例韓国閣僚会議の席上に於て、両当局がこの問題を正式の議題として取り挙げるべきであるにも拘らず、この重大な問題を軽視し、単なる事務的な問題として処理するという事について合意を見たというが、その合意の内容が遺族側の立場を全く無視したものであり、本会としては認める事が出来ないので、この問題の円満な解決策としてここに具体的な案を提している。その案を実践化するに於て、日本政府当局側と韓国政府当局と遺族側を代表する本遺骨奉還会の三者が、正式に共同会議を聞き、戦没者名単と遺族名単を中心に具体的な対策を講じ、あくまでもこの問題を遺族側の立場に立って道義的に速やかに解決する事を望む。

　ただし、本会が提案した具体的な問題を軽視し、これ以上問題解決を遅延させた場合は、その責任は日本側にあり、韓国両国の国民感情を悪化させる事にもなり、益々解決が複雑化するのは明らかである。

　遺骨問題をこのまま放置しておく事は、人道上から見ても許されない事であり、早急に解決しなくてはならないものである。要は、当局者が大局的見地に立って、来る七月二十二日の定例韓日閣僚会議迄に円満解決を望むが、万一それが意見の相違に依って解決に至らなかった場合は、本会としては目的を貫徹する為にその閣僚会議にこの遺骨問題を提案するつもりである。

以上

태평양전쟁한국인전몰자유골봉환회(정관)

◎太平洋戦争韓国人戦没者遺骨奉還会(定款)

第一条　本会は太平洋戦争韓国人戦没者遺骨奉還会と称す

第二条　本会事務所は東京に置き、又必要に応じ日本国内各地及び大韓民国に支部を設置するものとす

第三条　本会の構成委員は各団体より選出された者によつて構成する

第四条　本会の目的は日帝時代我が韓国人同胞が朝鮮総督府総動令に依り出征し戦没された陸海軍人の遺骨を収集し、韓国に奉還することを目的とす

第五条　本会は前条目的を達成するため日本政府当局に強力に働きかけ、本国における受入体制の確立を期する

第六条　本会の役員は次の通りとする

　　　　会長一名　副会長二名　理事長一名　専務理事一名　常任理事・理事＝若干名

第七条　本会の役員任期は三年とする

第八条　本会は日本各地域及び韓国に支部を設置する場合は役員会の決意によるものとす

第九条　本会の決議機関は定期総会並に役員理事会とす

第十条　本会の総会と役員会は会長が召集することを原則とし、理事会は理事長が召集する

第十一条　本会の財源は役員の賛助金とその他の収入を以って充当す

第十二条　本会の会則に対する附則は役員会に於て規定する事

　　　　　　　以上

　　　◎後援団体

　　　一、駐日大韓民国大使館

　　　一、大韓民国居留民団中央本部

　　　一、在日大韓民国婦人会中央本部

　　　一、財団法人　亜細亜友之会

　　　一、日韓親和会

　　　一、社会福祉法人春陽会

実践要項

1. 遺骨収集は日本政府の責任に於いて遂行することを原則とし本会は
   その遺骨の受入体制を確立すること
2. 現在日本厚生省に保管されている二千三百三十三柱の遺骨送還につ
   いては日本政府が責任を以つて本会の指定した場所まで誠意を以つ
   て輸送すること
3. 陸海軍人軍属の遺骨の輸送に関する一切の費用及埋葬に関する費用
   は日本政府が負担すること
4. 陸海軍人並に一般戦没災者の慰霊祭を毎年行うこと
5. 日本政府は韓国側の陸海軍人の名単を公表すること
6. 韓国政府当局は戦没者の戸籍を整理し出征兵の生死を確認すること
   以上

本会所在地・東京都墨田区太平町一ノ二二　電話　六一二―〇五〇八　六二二―
九四四二

② 재일본국민 유골봉환, 1971

○ ● ○

기능명칭: 재일국민 유골봉환 1971

분류번호: 791.41 1971

등록번호: 4746

생산과: 동북아과

생산연도: 1971

필름번호: P-0009

파일번호: 17

프레임 번호: 0001-0122

1. 재단법인 부산영원 공문–태평양전쟁 한국인 전몰자 유골 봉환에 대한 협조 의뢰

재단법인 부산영원
번호 부산영원 제5호(전화 27-1358)
일시 1971.5.4
발신 정기영
수신 외무부 장관
참조 아주국장
제목 태평양전쟁 한국인 전몰자 유골 봉환에 대한 협조 의뢰

　　　본 부산영원은 태평양전쟁 한국인 전몰자 유골봉환 및 봉안 사업에 대하여
태평양전쟁 유족회의 총회결의에 따라 위임받고 첫 사업으로 현재 일본 후생
성창고에 안치되어 있는 2,331기의 유골을 봉환코저 합니다.
지난 3월 13일 보건사회부에 본건 사업승인을 요청한 바 귀부는 아래와 같은
사항에 대하여 협조해 주시기 바랍니다.
　　　　　　　　　기
1. 보건사회부의 사업승인이 되는 즉시 귀부는 유골인수차 도일코저하는 3명
　의 대표에 대하여 여권 발급에 협조해 주시기 바랍니다.
2. 귀부는 외교적 첸넬을 통하여 일본정부에 대하여 보건사회부에서 승인된 사
　업승인 내용대로 민간단체가 본건 유골인수에 따른 제반 문제를 협조토록
　절충해 주시기 바랍니다.

유첨: 1. 유족회 총회에서 채택된 대정부 멧세지 및 결의문 1부
　　　 2. 위임절차를 갖춘 유족명단 1부. 끝.
　　　 3. 위임장(재일태평양전쟁 한국인 유골 봉환회 회장 강위종) 1부
　　　 4. 1.20동지회 회보 1부.

　　　　　　　　　　　서울특별시 수표동 27-1 청소년회관 209호
　　　　　　　　　　　(서울 열락사무소)
　　　　　　　　　　　재단법인 부산영원
　　　　　　　　　　　이사장 정기영

유첨 - 위임장

委任狀

本人은 財團法人釜山靈園理事長鄭琪永

太平洋戰爭韓國人戰沒者遺骨奉安會理事長鄭琪永(韓國所在)

太平洋戰爭韓國人戰沒者遺骨奉還会理事長鄭琪永(日本所在)

에게 下記事項을 委任함.

記

1. 遺骨奉安에 隨伴되는 國內의 一切許可手續 및 交涉에 対한 權限

2. 遺族会組織에 関한 權限

西紀壹九七○年八月貳拾九日

太平洋戦争韓国人戦没者遺骨奉還会

　　会長　姜渭鍾

　　立会人　錢鎭漢

2. 재단법인 부산 영원 공문―日本厚生省에 保管中인 太平洋戰爭 韓国人 戰没者 遺骨引渡要請 및 協助依賴

財団法人釜山靈園

번호 釜霊 第34号

일시 1971.5.14.

발신 鄭琪永

수신 日本国厚生大臣

참조 駐韓日本国大使

제목 日本厚生省에 保管中인 太平洋戰爭 韓国人 戰没者 遺骨引渡要請 및 協助依賴

　1. 本釜山靈園의 代表者는 1971年 3月 31日 本件에 関하여 貴下에게 이미 公文을 発送한 바 있읍니다.

2. 貴厚生省에 安置되어 있는 遺骨 2,331柱中 300柱(名單別添)에 対하여 遺族
   으로부터 引受에 関한 모든 権限을 委任받고 本件遺骨引受次 渡日 予定입
   니다.

3. 本件遺骨에 対하여는 遺族임을 確認할 수 있는 (1)戸籍謄本 (2)住民登錄票
   (3)委任状等 一切 書類가 具備되었읍니다.

4. 貴省에서 本件遺骨引受次 渡日코저하는 本人에 對한 招請状을 発給해 주시
   기 바랍니다.

有添: 1. 遺骨名單一部
      2. 遺族會委任状 一部
      3. 本人 履歷書 一部 -끝-

서울特別市中區水標洞27의1 靑少年會館209号
財団法人 釜山霊園
理事長 鄭琪永

3. 요망서

우선 유족 확인차 내무부 □□ 제주도지사에게 조회할 것

要望書

太平洋戦争韓国人戦没者遺骨二,三三一柱을 本会가 日本厚生省으로 받아드
리는데 依하여 別紙 要請의 条件을 日本外務省과 厚生省에 提出한 바 그에 対
하여 日本厚生省当局의 見解는 遺骨問題만은 勿論 日本国内法에 依하여, 遺家
族의게 引渡하는 것이 原則이라고 말하며 本会가 提出한 公文을 検討中이라고
합니다.

特히 本会가 要請하고 있는 濟州道出身戦没者 四十二柱에 対하여, 遺家族
名單이 具備되여있음으로, 埋葬費等問題에 対하여 被此間에 合意만 되면 貴国
駐日大使館当局担当官立合下에 今年十月内로 遺族들이 指定하는 濟州道까지
直接 送還드릴 予定이라고 言明하고 따라서 貴政府側 大韓民国駐日大使館으로

부터 日本厚生省当局宛로 遺骨引受에 対한 公文을 빨리 提出하여주어야만 実施하겠다고 합니다.

　그럼으러 本国政府当局으러서 駐日大使館에 遺骨引受에 対한 指令의 公文을 내주심을 長官任에게 要請하는 바입니다.

一九七一年 五月 三日

太平洋戦争韓国人戦没者遺骨奉還会

会長　姜渭鍾

外務長官　崔圭夏　貴下

4. 태평양 전쟁 전몰자 유골인도 요구

　　太平洋戦争戦没者遺骨引度要求

　　1971年 4月 21日

　　駐日韓國大使　殿

　　太平洋戦争韓国人戦没者遺骨奉還会　会長　姜渭鍾

　　記

◎ 厚生省に保管してある2331柱の韓国　　道出身者の遺骨引渡しに関する件

1. 　道出身戦没者　　柱(名単は別紙の通り)

2. 　遺骨引渡しに際して日本政府は戦没者1柱につき葬儀費、埋葬費、弔慰金、法要費等を一時金として遺族に支払うことを本会が遺族を代表して要請致します。

　　記

　(イ)葬儀費　1柱につき　金２０万円(日本円)

　(ロ)埋葬費　1柱につき　金３０万円(日本円)

　(ハ)弔慰金　1柱につき　金３０万円(日本円)

　(ニ)法要費　1柱につき　金２０万円(日本円)

　　　　　合計金１００万円

　上記要請は遺族側の切なる要望である故御審議の上御裁下願たく存じます。

　　　　理由

現在日本人の場合、太平洋戦争当時の戦没者並びに帰還兵に対しては、恩給制度が確立して毎年遺族に平均１３万円程度が支給されています。よって、朝鮮出身戦没者の場合もそれ同等の待遇がなされて然るべきであります。何故ならば厚生省に保管してある２，３３１柱の遺骨は、太平洋戦争当時日本政府の発令した国家総動員法によって日本軍人、軍属として日本のために戦ったものであります。

　今日の韓国人という観念と当時のいわゆる朝鮮人という観念が異るのは言うまでもありません。すなわち、当時の朝鮮人は日本国憲法によって皇国臣民として日本国籍の上に立って犠牲になったのであります。

　故にこの遺骨引渡し対しても日本人と同等の待遇がなされることが、法理的にも又道義的にも当然であります。日本政府はその責任を他に転嫁するため韓日条約を盾にとってその責任を回避するような言辞がなされることがありますが遺骨処理はあくまでも日本政府の責任であり韓日条約とは全く関係のないものであります。要は日本国内法に準じ道義的に早急に問題解決すべきであります。

　　要望書

　本会は周知の通り戦後17年間にわたってこの遺骨問題に取組み、当時の朝鮮出身戦没者の調査および慰霊の法要を行いながら、本国の留守家族の状況および実態把握に専念してきたのであります。現在これら遺族達の生活は想像以上に悲惨なものであります。又生死がわからないままになっているため戸籍もほとんど整理されていない状態です。朝鮮が解放され韓国が独立したからといっても遺骨問題に対する責任は飽くまでも日本側にあるのです。戦後25年以上も経っているにも拘らず問題がそのまま放置されているということは、如何なる理由があるにせよ道義的に許容できることではありません。まして今になって遺骨のみを遺族に渡すということはできません。

　日本政府当局は埋葬費・法要費等諸費用を特別考慮し遺族に納得のいく取計らいをすべきであります。

　ここに本会は人道的見地に立って政府に要望する次第であります。

　　東京都墨田区太平1丁目4番8号(韓僑会館)
　　太平洋戦争韓国人戦没者遺骨奉還会
　　会長　姜渭鍾

電話 (612)0508(專用)

((622)9442

5. 보건사회부 공문—유골송환 및 봉환사업 승인

보건사회부

번호 환경1435-

일시 1971.8.21.

발신 보건사회부 장관

수신 부산시 동래구 청용동 30번지 재단법인 부산영원 대표

제목 유골송환 및 봉환사업 승인

    1. 환경1435-140444(71.7.16)호 및 부영 제65(71.7.19)호와 관련임.

    2. 귀하가 제출한 태평양 전쟁 시 한국인 전몰자 유골 송환 및 봉안 사업은 다음과 같이 조건을 붙여 승인하니 시행에 착오 없기 바라며 본 조건을 준수하지 않을 때에는 사업승인을 취소함과 동시 관계법에 따라 고발할 것임.

    3. 승인조건

        가. 유골수집과 본국 송환 및 봉안 과정에서 본 사업을 빙자하여 여하한 명목으로도 금품 수집 또는 영리행위를 하지 말 것이며 반드시 보건사회부장관이 지정하는 공무원의 입회하에 유골 수집 및 본국 송환 작업을 실시할 것.

        나. 동 유골의 인수절차는 관계 당국의 사전승인을 득할 것이며 주일한국대사관과 사전 협의하에 추진할 것.

        다. 유골 송환 후 봉안 과정에 있어서는 매장 및 묘지 등에 관한 법령에 위배되지 않는 범위내에서 봉안할 것.

        라. 위령제 및 기타 의식의 절차는 최선의 예절을 다하고 가정의례준칙에 의하여 행할 것.

        마. 납골당 및 위령탑의 건립은 제1차 사업 완료 후에 관계당국의 사전 허가를 득하여 실시할 것.

        바. 이상의 조건을 위반하여 이 사업 추진과정에 있어서 사회적 물의가

야기되지 않도록 할 것. 끝.

보건사회부 장관

6. 보건사회부 공문—태평양전쟁 유골 봉안 사업승인 통보

보건사회부
번호 환경1435-107844
일시 1971.8.21.
발신 보건사회부 장관
수신 외무부 장관
제목 태평양전쟁 유골 봉안 사업승인 통보

　　1. 아북700-9138(71.5.22)호와 관련입니다.
　　2. 대호의 의견에 따라 태평양 전쟁시 한국인 전몰자 유골 송환 및 봉인 별
첨 공문사본과 같이 승인하였음을 알려드립니다.
　　첨부: 사업승인 공문사본 1부 끝.

7. 민원—전사확인

민원
일시 1971.8.17.
발신 사망자의 종제
수신 외무부 장관
제목 전사확인

　　귀하로부터 아북700-12830호 1971.7.12자 회신에 대한 관계서류를 별첨하여

제출하오니 급속 인수토록 적극 노력하여 주시옵기 바랍니다.

추신: 본건 해당자 성명은 창씨명 고분응석을 고응석으로 성명 복구하였으니 그리 참조하여 선처하여 주심 진전 하나이다.

전남 광주시 산수동 2동 398

사망자의 종제 고종석 댁

71.9.3. "부산영원" 정기영씨에 전달

8. 기안-태평양전쟁 유골 봉안 사업 승인 통보

분류기호 문서번호 아북700-

시행일자 71.8.27.

기안책임자 동북아과 함명철

경유수신참조 주일대사

제목 태평양전쟁 유골 봉안 사업 승인 통보

　　보건사회부 장관으로부터 별첨 공문사본과 같이 태평양전쟁시 한국인 전몰자 유골 송환 및 봉안 사업을 승인하였음을 통보하여 왔으므로 이를 알립니다.

첨부: 보건사회부 장관의 사업승인 공문 1부. 끝.

9. 주일대사관 공문-한국인 전몰자 유골이관

주일대사관

번호 일정700-9662

일시 1971.9.3.

발신 주일대사

수신 장관
참조 아주국장
제목 한국인 전몰자 유골이관

　　한국인 전몰자 유골 2,329주를 후생성에서 "유덴지"로 이관하였다 하는 별
첨, 서한을 송부하오니 참고하시기 바랍니다.
　　첨부: 상동 1부. 끝.

　　주일대사

첨부 – 한국인전몰자유골2,329주 이관의 건

一九七一年八月二十八日
駐日本國　大韓民國大使館
大使　李澔　貴下
　　　　　　　　　　　　　　　太平洋戦争韓國人戦没者遺骨奉還会
　　　　　　　　　　　　　　　　　会長　姜渭鍾
　　韓国人戦没者遺骨二,三二九柱　移管의　件
　　首題의　件에　対하여, 報告가　遅延되여　罪悚합니다. 就白은　去　六月　二十九日에
厚生省内에　安置하여있는　遺骨을　移轉하였음으러　報告하겠습니다.
　　移轉場所: 祐天寺
　　住所: 東京都港区中目黒五-二四番地
　　電話: 七一二-○八一九

10. 외무부 공문–재일 한국인 전몰자 유골 봉환 문제

외무부

번호 아북700-
일시 1971.9.13
발신 외무부 장관
수신 주일대사
제목 재일 한국인 전몰자 유골 봉환 문제

　　1. 일본 정부가 보관하고 있는 재일 한국인 전몰자 유골의 봉환 문제에 관하여는, 그간 연고 관계가 확실한 유족이 봉환을 요청할 경우 일본 정부로부터 유골을 개별적으로 인도 받을 수 있도록 잠정조치를 마련, 시행하고 있었으나, 근자에 유족회가 결성되고, 재단법인 부산영원(釜山靈園)(대표 정기영, 鄭琪永)이 동 유족회의 위임을 받아 유골 인수 업무를 담당하도록 1971. 8.21. 보건사회부 장관의 승인(별첨 참조)을 받은 바 있읍니다.

　　2. 동 승인에 앞서 본부는, 당해 유족회가 봉환을 희망하는 진정한 유족의 대표로서 일본 정부로부터 당해 유골을 직접 인수하기 위하여는 보건사회부 주관하에 아래 사항이 만족스럽게 처리되어야함을 보건사회부에 통보한 바 있읍니다.

　　　　가. 봉환 희망 유족에 대한 조사
　　　　나. 유족이 틀림없다는 사실의 확인(유족이 복수일 경우에는 유골을 위요하여 분쟁이 있을 수 있음)
　　　　다. 일본 정부로부터 인수후 유족에게 직접 인도될 때까지의 유골 봉환 과정의 관장
　　　　라. 상기 유족회에 대한 지도와 감독

　　3. 상기한 바에 따라 부산 영원 대표 정기영씨가 유족 304명의 연고 관계 증명 서류를 구비, 당해 유골의 인도를 일본 정부에 요청하기 위하여 곧 귀지로 향발, 귀공관에 출두할 것 인 바, 조속 인도가 이루어지도록 일본 정부와의 교섭에 있어 동 정씨에게 협조하여 주시기 바랍니다. 인도를 이루는데에 있어서는 특히 아래 사항에 유의하시기 바랍니다.

　　　　가. 유골 봉환은 서울에서 상기 유족회에게 인도될 때까지 일본 정부의 책임하에 행한다.
　　　　나. 상기 봉환에 소요되는 비용은 일본 정부가 부담한다.
첨부: 보건사회부 장관 사업 승인서(사본). 끝.

외무부 장관

11. 주일대사관 공문-재일한국인 전몰자 유골 봉환 문제

주일대사관
번호 일정700-10152
일시 1971.10.1.
발신 주일대사
수신 장관
참조 아주국장
제목 재일한국인 전몰자 유골 봉환 문제.

　　대: 아북 700-12101(71.9.13.자)
　　1. 대호지시에 따라 당관 김영섭 1등 서기관은 나까히라 북동아과장을 방문하여 연고자가 확실한 304주의 유골을 인수하기 위하여 보사부의 승인을 받은 바 있는 부산 영원의 정기영 대표가 이미 내일하였음을 알리고 동 대표가 후생성 실무자와 구체적인 인수절차를 협의하는데 편의를 제공해 주도록 요청하였으며, 동 유골 봉환은 경비 문제를 포함하여 일본 정부의 전 책임하에 유족회에 인도되어야 한다는 우리 정부의 입장을 전달하였음.
　　2. 나까히라 과장은 상황을 잘 이해하였다고 말하고 그 자리에서 이를 후생성에 알리는 동시에 유골 봉환에 관한 정기영 대표의 임무에 후생성이 적극 협조해 줄 것을 당부하였음.
　　3. 정 대표는 상금 동 문제에 관하여 후생성 측과 접촉중임을 참고로 첨언함. 끝.

주일대사

12. 외무부공문(발신전보)—유골 200여구 위령제 서울개최에 대한 확인 지시

외무부
종별 지급
번호 WJA-10233
일시 201800
발신 장관
수신 주일대사

연: 아북1210/71.9.13. 공문
1. 당지에서 비공식 입수한 정보에 의하면 200여주의 재일한국인 유골이 10.28 김포로 공수되어, 곧이어 서울서 대규모 위령제를 거행한다는 바, 본부나 관계부처에서 이에 대하여 아는 바가 전혀 없어 동 행사 준비에 차질이 빚어질 우려가 있으니 동 정보의 사실 여부와 연호 훈령의 기타 진전 상황을 긴급 보고 바람.
2. 유골 인수지(연호 3.가)는 반드시 서울이어야 할 필요가 없으며, 봉안, 유족에의 인도 등 제반 사정으로 보아, 부산이 가할 것임(아북)

13. 외무부공문(착신전보)—유골246주 봉환예정 보고

외무부
종별 긴급
번호 JAW-10341
일시 201750
수신시간 71.10.21. 7:28
발신 주일대사
수신 장관

금 10.20 당관 관계관이 일외무성 나까히라 북동아과장을 통하여 유골 봉환 관계에 관하여 문의 확인한 내용을 아래와 같이 보고함.

1. 거반 부산영원에서 내일한 정기영씨를 통하여 유족이 확인된 유골 246주를 오는 10.28(목) 당지발 JAW-951편으로 09:50 한국에 봉환할 예정임.

2. 동 유골봉환에는 일본외무성 직원 1,2명이 호송한다고 함.

3. 부산영원의 정기영씨의 말에 의하면 10:30 시민회관에서 위령제가 있은 후에 한국측에서 인수받을 예정이라 하며 일본외무성으로서는 위령제 문제는 한국당국이 결정하는 대로 따르겠다고 하고 있음.

(일정-아북)

14. 외무부공문(착신전보)—유골인수 연기 요청 보고

외무부

종별 긴급, 대외비

번호 JAW-10349

일시 211140

수신시간 71.10.21. 15:19

발신 주일대사

수신 장관

연: JAW-10341

대: WJA-10233

금 10.21. 10:30 당관 관계관은 외무성 나까히라 북동아과장을 통하여 유골봉환문제에 관하여,

　　1. 현재 제반 사정으로 이 시기에 유골이 봉환되어 이로 인하여 예기치 않은 잡음이라도 일어날 가능성을 들어 봉환 시기를 당분간 연기해줄 것을 요청하고, 또

　　2. 이번에 봉환되는 유골은 체반 편의를 고려할 때, 부산에서 인도되도록 함이 적합한 것으로 생각되니 그렇게 해줄 것을 요청하였음.

　　3. 이에 대하여 나까히라 과장은 잘 알겠다고 말하면서 후생성과 협의하여,

연기하는 방향으로 노력하겠다고 말하였음.

　　4. 나까히라 과장은 부산으로 봉환되는 경우, 주관부인 보사부 등 관계부처에서 인수하기가 곤란하지 않을가 우려를 표명하였으며, 당관 관계관은 그렇고 될 경우에도 정부관계부처에서 관계관이 부산으로 파견되어 인수하게 될 것으로 생각한다고 사견을 말하였음.

(일정-아북)

15. 외무부장관(착신전보)-송환 유골 출항 정황 보고

외무부
번호 SIW-1105
일시 191710
수신시간 71.11.20. 12:35
발신 주시모노세끼 영사
수신 장관
참조(사본) 주일대사

　　대: WSI-1101
　　1. 제2차 대전시 한국인 전몰자 유골 246주를 11.19. 12:00시 관부훼리 2개의 1등실에 정중히 안치하였으며 이에는 일본외무성 및 후생성 관계관 당지 민단 간부 및 영사관에서 참석하였음.
　　2. 유골은 외무성 다께우치 사무관이 호송하며 관부훼리는 17:00시 당지를 출항하였음.
　　(아북, 외민)

16. 주한일본대사관 구상서-유골 인도 통고

EMBASSY OF JAPAN SEOUL

No. P-396

NOTE VERBALE

The Embassy of Japan presents its compliments to the Ministry of Foreign Affairs and, referring to the case of the return to the Republic of Korea of the ashes of 246 Korean nationals, which had been in the custody of the Japanese Government, has the honor to inform the Ministry that the ashes in question were brought to Pusan escorted by the officials of the Japanese Government and duly transferred by them to Mr. Chung-Ki Yung, Chief Director of Pusan Yung Won, representing the families of the deceased, at the Keum Soo Sa temple on November 20, 1971.

The Embassy further has the honor to add that, simultaneously with the above-mentioned transfer of the ashes, a total sum of 2,460,000 Wons (10,000 Wons per each deceased person) as a mark of sympathy toward the bereaved families was also handed over to Mr. Chung-Ki Yung.

The Embassy of Japan avails itself of this opportunity to renew to the Ministry of Foreign Affairs the assurances of its highest consideration.

November 20, 1971.

17. 외무부 구상서—송환 유골 수령 통고

OAT-53

Note Verbale

The Ministry of Foreign Affairs presents its compliments to the Embassy of Japan and has the honour to acknowledge the receipt of the latter's Note Verbale No. P-396, dated November 20, 1971 and to confirm the return to Korea and transfer at Pusan on November 20, 1971 to representatives of the bereaved families of the ashes of 246 Korean nationals which had been in the custody of the Japanese Government.

The Foreign Ministry avails itself of this opportunity to renew to the Japanese Embassy the assurances of its highest consideration.

Seoul, November 24, 1971

18. 구상서–송환 유골 수령 통지

*Retype
OAT-

Note Verbale

The Ministry of Foreign Affairs presents its compliments to the Embassy of Japan and has the honour to acknowledge the receipt of the latter's Note Verbale No. P-396, dated November 20, 1971, regarding the return to Korea and transfer on November 20, 1971, to representatives of the bereaved families of the ashes of 246 Korean nationals who had fallen during World War II.

The Foreign Ministry avails itself of this opportunity to renew to the Japanese Embassy the assurances of its highest consideration.

Seoul, November 22, 1971

19. 태평양 전쟁 시 전몰한 한국인 유골 국내 봉안에 따른 관계부처 회의자료

태평양 전쟁시 전몰한 한국인 유골 국내 봉안에 따른 관계부처 회의자료

1971.11. 26

보건사회부

*11/26 국무총리 비서실에서의 회의시 제출된 資料
과장

태평양 전쟁 시 전몰한 한국인 유골 국내 봉안에 따른 관계부처 회의자료

1. 소집 목적

   일본국 후생성에 보관되어 있는 태평양전쟁시 전몰한 한국인 유골 2,329주
   중 금반 유족이 확인되어 1971.11.20 송환된 유골 246주에 대한 위령제를
   오는 11.28 부산시 초량동 소재 금수사에서 거행하게 됨에 따라 다음과 같
   은 문제점이 있어 그 해결방안을 모색코저 함에 있음.

2. 문제점

   가. 유족들이 요망하는 내용

       1) 위령제 거행에 따른 경비지급 요망

       2) 보상금 지급요망

       3) 위령탑 건립요망

       4) 잔여유골 송환에 따른 정부의 대책

       5) 전사 통지서는 있으나 유골 명단이 없는 유족들의 항의

3. 그간 조치내용

   가. 일본 정부는 주한 일본대사의 명의로 유골 인수시 유골 1주당 10,000원
       씩 계 2,460,000원을 향전금조로 유족대표에게 지급(1971.11.20)

   나. 보건사회부 소관 예산에서 유족에 대한 조의금조로 유골 1주당 10,000
       원씩 계 2,460,000원을 오는 11.28 위령제 개최시에 전달 예정임.

   다. 이 조의금 지급에 따른 예산 조치는 기히 보사부에서 경제기획원에 승
       인 신청중임.

   라. 1971.11.25 재단법인 부산영원 이사장 정기영씨에게 위령제 경비조로
       500,000원을 지불하였음.

4. 금후조치 계획

    가. 위령제 개최주선

        재단법인 부산영원과 유족회 주최하에 위령제를 거행하되 정부로서는 보건사회부가 이를 후원한다.

    나. 신고법 개정 및 보상법 재정 요망(재무부)

    다. 위령제 개최시에 일부 불순분자들의 선동으로 난동우려에 관하여는 내무부에서 사전방지 대책 요망.

    라. 위령탑 건립비 5천만원 요구에 관하여는 서울시의 일본인 유골 합사대 건립비 2천만원을 감안하여 3천만원의 언질이 있어야 할 것임.

5. 위령탑 건립계획

    위령탑 건립에 소요되는 예산 확보 약 3천만원

6. 잔여 유골 송환에 따른 정부로서의 대책

    가. 국무총리실

    나. 외무부

    다. 보건사회부

    라. 경제기획원

    마. 재무부 등 관계부처는 보사부가 앞으로 제시하는 송환계획에 적극 협조 요망

7. 잔여유골 송환에 따른 구체적 계획에 관한 문제점

    가. 잔여유골 일괄 송환 여부에 대한 정부로서 방침 결정

    나. 현안과 같이 민간인 위주로 하여 유족이 확인된 유골만 인수토록 할 시의 경비문제

    다. 이상과 같은 방침결정에 따른 인수시기와 절차 및 방법 모색

8. 당부의 의견

    가. 유골의 송환과정에 따른 협조는 외무부 소관으로 사료됨. 외무부 공문 (아북700-9138)참조

    나. 신고법 개정 및 보상법에 제정 촉구에 관하여는 재무부 소관으로 사료됨.

    다. 위령탑 건립비 및 매장비용 지급요청에 관하여는 관계부처가 협의하여야 할 것임.

    라. 위령제 개최당시 일부 불순분자들의 난동이 사전방지 대책을 내무부에

서 마련하셔야 할 것으로 사료됨.

마. 송환 인수된 유골을 관계법령에 의거 합법적으로 매장 또는 납골당 안치 등 사후관리는 보사부의 소관으로 사료됨. (매장 및 묘지 등에 관한 법률 제 8조의 2)

바. 1970년도에 서울시가 건립한 일본인 유골 합사대 건립비 2천만원 지출에 관한 신문보도를 보고 유족들이 흥분상태에 있으니 이에 대한 대책

③ 재일국민 유골봉환, 1972

○ ● ○

기능명칭: 재일국민 유골봉환, 1972

분류번호: 791.41 1972

등록번호: 5630

생산과: 동북아1과

생산연도: 1972

필름번호: P-0011

파일번호: 12

프레임 번호: 0001-0196

1. 재단법인 부산영원 공문-재일한국인 유골봉환문제

재단법인 부산영원
번호 부영제11호
일자 1972.6.15.
발신 재단법인 부산영원
수신 외무부 장관
참조 아주국장
제목 재일한국인 유골봉환문제

　　1. 본 영원은 재일한국인 유골봉환을 위해 지난6월11일 본 영원이 관리하는 부산시 공원묘지에 유골안치소 건립을 착공하고 5월중으로 준공하여 명실공히 우리민족의 염원을 성취시키고저 만반의 준비를 갖추었습니다.

　　2. 오는6월26일 본 영원대표 정기영과 1.20동지회 부산지부 총무이며 유족회 이사인 주대진씨가 제2차 유골봉환 교섭차 도일할 예정입니다.

　　3. 재일한국인 유골봉환은 오랫동안 한일간의 현안문제로 정부의 기본방침에 본 영원은 순응하고 있으나 이 사업은 정부 베이스에 의한 해결에 앞서 민족 정기문제로 보아 오히려 민간 베이스에 의함이 자연스러운 방법인줄 생각됩니다. 따라서 정부가 본 영원에 이 사업을 승인하여 71.11.20. 264위를 이미 봉환한바 있습니다.

　　4. 일본인의 한국내 유골도 정부 베이스 아닌 민간인에 의하여 귀환시킨바 있읍니다.

　　5. 일본 정부측도 본 영원이 지난번 무사봉환과 유족에게 인도한 사실에 따라 본 영원 사업추진을 절대적으로 한점, 감사히 느끼고 있읍니다.

　　6. 본 영원은 1.20 동지회 및 유족회의 위임에 의하여 합법적인 정부사업 승인 아래 유골봉환사업에 유종의 미를 거두기 위해 최선을 다할것이오니 아래 사항을 협조해 주시기 바랍니다.

　　　　　　　　　아래

요망사항

　　1. 귀부에서 민간 베이스에 의한 유골봉환에 있어 주일공관에 대하여 적극
　　　협조토록 운영해 주시기 바랍니다.

　　2. 연고자를 찾는 문제는 한국에 봉환된 뒤 정중히 모시고 오랫동안 계속

우리국민이 해야할 일로서 일본측이 할일이 아님을 일본정부에 인식시
키도록 해주시기 바랍니다.

　　　　　부산시 동래구 청룡동 산30
　　　　　재단법인 부산영원
　　　　　이사장 정기영
　　　서울연락처: 서울특별시 중구 태평로2가69 태평빌딩 905호 23-1204

유첨: 1. 유골안치소 기공식 사진3매
　　　2. 1.20 동지회 결의문 1부
　　　3. 유족회 위임장 1부
　　　4. 보건사회부 사업승인 1부

유첨－유골안치소 기공식 사진

1972.6.8.
　　　　　貴下

　　　　　　　案內말씀
　　時下 綠陰의 季節을 맞아 尊體淸安하심을 仰祝하나이다.
就而 弊財團에서는 釜山市民의 便宜와 無緣亡靈을 위한 遺骨安置所를 倂設하
는 靈園寺를 建立코저 다음과 같이 開基祭(起工式)을 擧行하오니 公私多忙하
실줄로 思料되오나 부디 參席하시어 聲援을 惠賜하여 주시옵기 바라나이다.
　　　　　　-다음-
1. 日時: 1972.6.11(日) 午後2時
1. 場所: 釜山市公園墓地構內(팔송동)

　　財團法人 釜山靈園
　　理事長 鄭琪永

後援: 1.20 同志會

유첨-1.20동지회 결의문

太平洋戰爭戰歿者 遺骨奉還 決議(案)文

　　우리 1.20은, 同志회創立以來 宿願으로 되어오던 太平洋戰爭 戰歿者遺骨奉
還을 一次的으로 昨年11月에 246位의 奉還과 慰靈祭執行으로 歷史的인 課業의
실마리를 우리손으로 풀었다.

　　이는 오로지 우리同志總意로 이룩된 첫 試圖였고, 앞으로 이 問題의 解決도
우리의 總和만이 期必成就 시킬 수 있다는 굳은 決議를 다짐하였다.

　　이에 72年을 맞이하여 올해에는 이 事業을 꼭 마무리 지워야 하겠고, 따라
서 우리는 다음과 같은 事業이 早速히 實現되겠금 積極 後援키로 決議한다.

　　1. 遺族찾기運動의 繼續推進

　　2. 南韓出身遺骨의 一括引受

　　3. 納骨堂 및 慰靈塔建立

1972年1月23日
第10回 定期總會

1.20 同志會
會長 張坰淳
議長 其□會

嚴重審査란 왠말, 그들은 無規制自由歸還

유첨-표창장

表彰狀

鄭琪永

위의 者는 太平洋戰爭 戰歿자 遺骨奉還에 있어 兩內外의 어려운 事情을 克服하고 獻身的인 努力을 傾注한 結果 一次的으로 1971年 11月20日246位의 奉還과 慰靈祭執行으로 歷史的인 課業의 실마리를 풀고 民族的矜持를 宣揚한 功勞를 높이 評價하여 이에 表彰함.

1972年1月23日

1.20同志會 中央會

會長 張炯淳

유첨-위임장

委任狀

釜山市東래區靑竜洞山30番地

財團法人 釜山靈園

理事長 鄭琪永

上記者에게 西紀1971年 2月 7日 太平洋戰爭遺族會 總會에서 委任키로 決定된 事項에 對하여 本會를 代表하여 本委任狀을 作成하고 受任者와 雙方公認하나이다.

委任事項

一, 厚生省倉庫에 安置되어 있는 太平洋戰爭 韓國人戰歿者 遺骨 2,331位에 對하여 緣故者有無를 莫論하고 一括 又는 部分的으로 引受奉安하는 事項

二, 前項外에도 日本內에 散在하고 있는 韓國人遺骨의 收集奉還하는 事項

三, 本事業을 爲하여 墓地助成, 納骨堂慰靈塔 및 寺院의 建立과 이에 따른 附帶施設을 하여 同永久管理 및 供養資金確保를 爲한 附帶事業을 하는 事項

四, 本事業을 爲하여 日本政府 및 民間有志로부터 財政的 支援 및 協力에 對한
　　一切의 交涉과 執行의 事項

　　　　　　　　　　　　　　　　　　　　　　西紀 1971年4月16日
　　　　　　　　　　　　　　　　　　　　　　서울特別市中區水標洞27-1
　　　　　　　　　　　　　　　　　　　　　　太平洋戰爭韓遺族會
　　　　　　　　　　　　　　　　　　　　　　　　會長 朴湘在

受任者
釜山市東래區靑竜洞山30番地
財団法人 釜山靈園
理事長 鄭琪永

유첨－공증

등부 제壹貳貳九호
이 문서를 내놓은 太平洋戰爭遺族會 會長 朴湘在 그것을 꾸미고 거기에 서명
날인한 이가 자기임에 틀림없다고 진술하다.
본직은 여기 이를 확인 인증한다.
서기 壹九七壹년 四월 拾七일

　　　　　　　　　　　　　　　　　서울특별시 중구 을지로 壹가 參貳번지
　　　　　　　　　　　　　　　　　공증인가 동양합동법률사무소
　　　　　　　　　　　　　　　　　　　대표자 변호사 김남이
　　　　　　　　　　　　　　　　　　　　　변호사 민병훈
　　　　　　　　　　　　　　　　　　　　　변호사 김한영

유첨－유골송환 및 봉환사업승인 공문

보건사회부

번호 환경1435-107844

일시 1971.8.21.

발신 보건사회부장관

수신 부산시 동래구 청용동 30번지 재단법인 부산영원 대표

제목 유골송환 및 봉환사업 승인

    1. 환경1435-140444(71.7.16)호 및 부영 제65(71.7.19)호와 관련임.

    2. 귀하가 제출한 태평양 전쟁 시 한국인 전몰자 유골 송환 및 봉안 사업은 다음과 같이 조건을 붙여 승인하니 시행에 착오 없기 바라며 본 조건을 준수하지 않을 □에는 사업승인을 취소함과 동시 관계법에 따라 고발할 것임.

    3. 승인조건

        가. 유골수집과 본국 송환 및 봉안 과정에서 본 사업을 빙자하여 여하한 명목으로도 금품 수집 또는 영리행위를 하지 말 것이며 반드시 보건사회부장관이 지정하는 공무원의 입회하에 유골 수집 및 본국 송환 작업을 실시할 것.

        나. 동 유골의 인수절차는 관계 당국의 사전승인을 득할 것이며 주일한국대사관과 사전 협의하에 추진할 것.

        다. 유골 송환 후 봉안 과정에 있어서는 매장 및 묘지 등에 관한 법령에 위배되지 않는 범위내에서 봉안할 것.

        라. 위령제 및 기타 의식의 절차는 최선의 예절을 다하고 가정의례준칙에 의하여 행할 것.

        마. 납골당 및 위령탑의 건립은 제1차 사업 완료 후에 관계당국의 사전 허가를 득하여 실시할 것.

        바. 이상의 조건을 위반하여 이 사업 추진과정에 있어서 사회적 물의가 야기되지 않도록 할 것. 끝.

보건사회부 장관

첨부−재단법인 부산영원 공문-재일한국인 전몰유골 봉환에 관한 일

재단법인 부산영원
번호 부영 제15호
일자 1972.9.28.
발신 부산영원
수신 보건사회부장관
참조 위생담당관
제목 재일한국인 전몰 유골 봉환에 관한 일

　　1. 본 영원은 1971.8.21. 귀부의 사업 승인을 얻어 재일한국인 전몰자 유골 봉환 사업을 추진하고 제1차로 246위를 귀부의 협찬 아래 봉환한 바 있음.
　　2. 그 뒤 잔여 유골의 봉환을 위해 본 영원 대표가 지난6월27일 도일하여 일본측과 교섭 결과 잔여 유골 중 우선 남한출신 약1,700위를 일괄 봉환하는데 원칙적인 양해가 되었음.
　　3. 일본 민간측에서도 이를 협찬키 위해 "태평양 전쟁 전몰 한국일 위령사업 협찬회"를 9월15일 발족하고 적극 협찬 태세를 갖추었음.
　　4. 외무부에서도 지난7월14일 연고지 중심 송환에 대한 방침을 세우고 남한 출신분의 일괄 인수태세를 갖추었음을 밝혔음.
　　5. 본 영원은 이의 인수를 위해 유골안치소를 마련하여 10월말까지는 준공될 예정임
　　6. 본 영원은 다음과 같은 계획으로 잔여 유골을 인수코저 하오니 귀부의 적극적인 협조를 바랍니다.
　　　　가) 유골인수시기: 1972.12.31.까지
　　　　나) 유골인수장소: 부산시 공원묘지내 유골안치소
　　　　다) 송환책임: 제1차와 같음.(부산 도착시까지 일본정부의 책임)
　　　　라) 인수책임: 부산영원 대표
　　7. 귀부에서 제6항과 같은 본 영원의 계획에 대하여 외무부에 협조 의뢰해 주시기 바랍니다.

　　유첨: 가) 일본측 협찬사업 계획서 1부.

나) 일본서 발행하는 신문기사 1부.   끝.

부산직할시 동래구 청용동 산30
재단법인 부산영원
이사장 정기영

유첨－태평양전쟁 전몰한국인 위령사업계획서

太平洋戦争戦没韓国人
慰靈事業計劃書

太平洋戰爭 戰歿韓國人
慰靈事業協贊會

東京都杉並区高井戸東3-2-23
日韓文化協會 內
電話 03(304)3323

目次
あいさつ…1
趣意書…3
規約…5
事業計画書… 8
役員名簿10

表紙カットは慰霊塔完成図

あいさつ

拝啓　時下益々御清祥の趣、大慶の至りに存じます。

　　さて、日韓国交正常化以来、両国間の提携協力関係は、政治、経済、文化等の諸分野に亘り、年と共に緊密の度を深くし、正に善隣友好の実を挙げつつあるやに認められるのでありますが、永遠に運命を共にすべき日韓両民族の宿縁に思いを致しますするとき、この両国々民の結びは、精神的、道義的要素による裏付けがなされてこそ、真にあるべき本来の姿が顕現されると確信するのであります。

　　このような現地に立って両国関係の現状を眺めまするに、吾々日本国民として、更に一層の努力を傾注して解決を図らなければならぬ道義的問題が少くないのでありまして、先の太平洋戦争に際し、わが日本国軍人として戦陳に斃れた人々を初めとする数多くの韓国人戦没者の遺骨にして、今尚わが国に安置中のものの祖国奉還並びにこれら戦没者慰霊の事は、その第一に挙ぐべきものであり、この問題の解決なくしては、日韓両国の真の善隣友好関係は成立し得ないと言って過言であはありません。

　　茲に於て、吾々有志相計り、太平洋戦争戦没者韓国人慰霊事業協賛会を設立し、これと目的を同じくする韓国側『平和寺建立委員会』の滋養を協賛する方針を決定いたしました。何卒「趣意書」「規約」等御高覧の上、御協力を賜わりたく、篤と御願い申し上げる次第であります。

日韓文化協会会長　石井光次郎

趣意書

　　太平洋戦争に際し戦没された韓国出身将兵は、その数21,919柱に達すると言われるが、戦後に於ける諸種の複雑なる事情により、戦後四半世紀余の歳月を経過しながらも、なお父祖の地に奉還されぬままわが国に安置されていたその遺骨は、2,329柱の多きを数える有様であった。然るところ、韓国遺族会並びに当時の学徒兵出身者の集いである一・二〇同志会関係者の撓まざる努力により、昨年十一月末二十七年振にして246柱の奉還が実現し、その他の遺骨もまた、北韓地方出身者の一部約400柱を除き、本年中に奉還完了の運びとなったのである。

抑々これら戦没将兵は、当時わが日本国軍人として勇躍死地に赴かれた人々であるから、その英霊は当然吾々国民を挙げての崇敬と祭祀を受くべきものである。従って既に靖国神社合祀の事も行われたのではあるが、これら将兵が韓国の出身者であることを思うとき、吾々日本人の良心として、その慰霊については更に何らか特別の配慮が加えられるべきであるとの感を深くせざるを得ない。日韓国交正常化以来、両国の関係は日を逐うて親密の度を増しつつあるものの、これら英霊に対するかかる配慮なくしては、真の善隣友好関係の樹立は望むべくもないと言って決して過言ではないのである。

　　吾々日本人たる者は、このたびの遺骨奉還の機会こそが、わが国民の誠心を披瀝して、これら戦没将兵に対する慰霊の実を挙げ、日韓両民族の真に友好関係と世界人類の平和とに寄与するための絶好の機会であることに思いを致し、日本人の真面目を発揮するところがなくてはならない。

　　茲に於て、吾々有志相計り、これら戦没韓国人将兵の慰霊につき具体案を検討中のところ、時偶々韓国遺族会、一・二〇同志会等の願望により結成された平和寺建立委員会に於て、同じくこれら将兵の慰霊並びに世界平和祈願の目的を以て、わが日本に最も近接した釜山に清浄の地を選び、納骨堂、慰霊塔、寺院(平和寺)等を建立する計画があり、既に着工段階に達したので、わが方に対しても協力方を求めて来たのである。

　　依って、関係者鳩首熟議の結果、吾々独自に事を進めんよりは、寧ろ韓国側の計画に合流し、日韓双方の合作により事を成就せしめることこそが、これら戦没将兵の意志に添い、日韓領民族の親善友好関係の強化に役立つものであるとの結論に到達したのである。

　　就いては、別紙計画に基づき、広く各界に訴えて浄財を募り、平和寺建立委員会の計画実現に協力せんとするものであるが、日韓の親善と世界の平和とに深い関心を抱かれる各位の御協賛あらんことを切望して止まない次第である。

規約

　　第一章　総則

　第一条　本会は太平洋戦争戦没韓国人慰霊事業協賛会と称する。

　第二条　本会の事務所は東京都杉並区高井戸東三丁目2番23号　財団法人日
　　　　　韓文化協会内に置く

第二章　目的及び事業

第三条　本会は東京都目黒区祐天寺に安置中の遺骨その他太平洋戦争戦没韓国人の遺骨奉還並びにその慰霊事業に協力して、日韓領民族間の親善友好の実を挙げ、併せて世界人類の平和に寄与することを目的とする。

第四条　前条の目的を達成するため次の事業を行う。

　　1．日韓両国政府間の外交々渉と併行して遺骨奉還に必要な民間的協力を行うこと。

　　2．わが国各界に訴えて浄財を募り、韓国釜山に計画中の慰霊塔、納骨堂及び寺院(平和寺)の建立に協力すること。

　　3．その他本会の目的達成のため必要と認める事業。

第三章　会計

第五条　本会の運営に必要な経費は寄付金をもって支弁する。

第六条　事業計画及びこれに伴う収支予算は会計年度開始前に理事会がこれを定める。

第七条　収支決算は会計年度終了後1ヶ月以内に監事の監査に付し、その承認を受けるものとする。

第八条　会計年度は毎年9月1日に始まり翌年8月31日に終る。

第四章　役員及び職員

第九条　本会には次の役員を置く。

会長　　　1名

副会長　　若干名

理事　　　若干名(うち理事著1名、常務理事若干名)

監事　　　2名

第十条　1．会長及び副会長は、理事会が推薦する。

　　2．理事及び監事は理事会で選出する。

　　　但し、本会設立当初の理事及び監事は発起人会で選出する。

　　3．理事長は理事のうちから、理事会の推薦により会長が委嘱する。

　　4．常務理事は、理事の互選により、理事長が委嘱する。

第十一条　1．会長は、会務を総轄する。

　　副会長は会長を補佐し、会長が欠けたとき、または会長に事故があるときは、その職務を代理する。

２．理事長、本会を代表し、会務の執行を統轄する。

　　会長、副会長がともに欠けたときは、理事長が、その職務を行う。

３．常務理事は、理事長を補佐して本会の常務を処理する。

４．事務局長は理事長を補佐して本会の事務執行を統轄する。

５．理事は、理事会を組織し、会務の執行を決定する。

６．監事は、民法第59条の職務を行う。

第十二条　役員の任期は、本会の目的を達成し、解散するときまでとする。

第十三条　１．本会に、顧問若干名を置く。

２．顧問は理事会の推薦により、会長が委嘱する。

３．顧問は、重要な会務について、会長および理事長の諸問に応ずる。

第十四条　１．本会に事務局を設け、事務局長及び必要な職人を置く。

２．事務局長は、常務理事の互選により、理事長が委嘱する。

３．職員は有給とする。

　第五章　会議

第十五条　会議は、理事会および常務理事とする。

第十六条　１．各会議は、必要により、理事長がこれを招集し、それぞれの議長となる。

２．会議を構成する役員2分の1以上または監事から会議の目的となる事項を示して請求があったときは、会議を招集しなければならない。

第十七条　各会議は構成員現在数の2分の1以上の出席がなければ、開会することができない。

第十八条　会議の議事は、出席役員の過半数の同意をもって決定する。可否同数のときは、議長が決定する。

第十九条　やむを得ない理由のため会議に出席できない役員は、あらかじめ通知された事項についてのみ、書面をもぃうて票決し、または出席役員に評決を委任することが出来る。

第二十条　簡単な事項または緊急を要する事項については、書面を送付して賛否を求め、会議に代えることが出来る。

　第六章　附則

第二十一条　本会は規約第四条に示された事業の完了と共に解散するものとする。

第二十二条　本規約は昭和47年9月1日から施行する。

事業計画書

　　わが国に安置する太平洋戦争戦没韓国人の遺骨の祖国奉還、並びにその慰霊事業に協力して、日韓両民族間の親善友好の実を挙げ、併せて、世界人類の平和に寄与する目的を以て次の事業を行う。

　　第一、日韓両国政府間の外交々渉と併行して遺骨奉還に必要な民間的協力を行うこと。

　　第二、わが国各界に訴えて浄財を募り、韓国平和寺建立委員会の手により釜山に着工中の納骨堂、慰霊塔及び平和寺の建立に協力すること。

　　これに要する資金総額1億3千万円の中6千5百万円を目標とし、概ね次の計画を以て募金するものとす。

	募金総額	内訳	
第一次	3,800万円	納骨堂	2,000万円
		慰霊塔	1,500万円
		事務費	300万円
第二次	2,700万円	平和寺	2,500万円
		事務費	200万円
計	6,500万円		6,500万円

　　第三、その他本会の目的を達成するために必要な事業を行うこと。

納骨堂、慰霊塔、平和寺

建立計画概要

建立地：釜山直轄市東莱区社丘洞山83番地

着工　：昭和47年6月

竣工　：昭和48年10月

総工事費：1億3千万円

設計：納骨堂、慰霊塔(大林土建株式会社)

　　　　平和寺(大亜建築設計事務所)

細部計画(単位：日本円)

項目	内訳	予算
敷地	10,000坪×1,000円	1,000万円
納骨堂	4層(地上3，地下1)延健抃120抃、鉄筋コンクリート	2,000万円
慰霊塔	地上20M、楚香台、"碑面"烏石	1,500万円
平和寺	法堂74抃、寮舎37抃、在来式構造	2,500万円
平和寺付属建物	仏教会館、鐘閣、山神閣等	2,500万円
設計工事監督	設計250万円、監督90万円	340万円
遺牌製作費	全戦没者　22,000名×300円	660万円
付帯工事費	敷地整地、道路、美化、電気、水道	1,500万円
事務費	募金、通信、事務、旅費等	1,000万円
計		13,000万円

但し日本側募金の韓国側受取先は"平和寺建立委員会"であり、工事完了後は宗教法人平和寺に基本財産として寄附□入するものとする。役員

会長　石井光次郎(衆議院議員・元衆議院議長・日韓文化協会会長)

副会長　麻生照海(全日本仏教会事務総長) ◎

〃　　大西　一(日本郷友連盟理事長) ◎

〃　　笹川良一(日本傷痍軍人会会長)

〃　　佐藤　信(日本遺族会専務理事) ◎

〃　　鈴木　一(日韓新和会会長) ◎

理事長　八木信雄(日韓文化協会理事長・季退溪研究会理事長)

常務理事　飯野重作(仏教タイムス事務取締役)

〃　　石原正一郎(全国戦友会連合会常任理事)

〃　　板垣　正(日本遺族会事務局長)

〃　　稲垣菊太郎(全国交通安全協会専務理事)

〃　　厳谷勝雄(国際仏教興隆協会理事長)

〃　　大山量士(亜細亜友之会理事長)

〃　　黒川孝樹(全日本仏教会国際部長) ◎

〃　　田中香浦(国柱会主幹)

〃　　長沼基之(立正校成会理事長) ◎

　　　〃　　船口□子(全日本仏教婦人会事務総長) ◎

　　　〃　　三谷静夫(日韓想和会専務理事) ◎

　　　〃　　村井喜一(水交会専務局長) ◎

　　　〃　　保智平八郎(日本郷友連盟常務理事) ◎

　　　〃　　山口英治(日韓経済協会専務理事) ◎

　　　〃　　山城拓尊(大行寺住職)

　　　〃　　柚原　久(□行社事務局長)

　理事　　岩崎武雄(東京大学教授・文学博士)

　　　〃　　恵谷陸戒(京都仏教大学教授・文学博士)

　　　〃　　大偶実山(真域寺住職)

　　　〃　　甲斐田慎二(新日本協議会常務理事)

　　　〃　　鎌田信子(日韓新和会)

　　　〃　　柴田全乗(光台寺住職)

　　　〃　　柴田哲男(国之礎本部常務理事)

　　　〃　　末広　栄(戦没者遺骨収集促進団体協議会事務局長)

　　　〃　　高井房子(仏教徒婦人会会長)

　　　〃　　竹谷内三郎(写真家)

　　　〃　　戸田秀一(日本慈行会常務理事)

　　　〃　　西田　将(全国戦友会連合会常任理事)

　　　〃　　林　忠明(全国戦友会連合会顧問・野重一会会長)

　　　〃　　林田大土坊(妙見宗大僧師)

　　　〃　　山口　賢(仏教タイムス編輯局長)

　監事　　鶴川武久(日韓文化協会常務理事・経済学博士)

　　　　　山本光利(中央日韓協会事務局長)

事務局長　石原正一郎(本協賛会常務理事)

　主事　　鄭琪永(日本文化協会学生寮寮長)

(五十音順、◎印は未機関決定)

顧問

安倍源基(新日本協議会代表理事)

有末精三(日本郷友連盟会長) ◎

泉園子(日本慈行会会長)

上村健太郎(日韓親和会副会長) ◎

植村甲午郎(日韓経済協力会会長・経団連会長) ◎

賀屋興宣(衆議院議員・日本遺族会会長)

金正柱(在日本大韓民国居留民団中央本部団長)

白石宗城(中央日韓協会会長) ◎

鈴木　悟(全日本仏教会理事長) ◎

鈴木善幸(衆議院議員・戦没者遺骨収集促進団体協議会会長) ◎

高杉骨一(海外経済協力基金総裁) ◎

戸松慶議(国之礎本部会長)

中林政吉(生長の家理事長) ◎

庭野日敬(立正校成会会長) ◎

沼田恵筋(仏教タイムス社長)

朴春　琴(日韓文化協会常務理事)

御手洗辰雄(評論家) ◎

安岡正篤(全国師友教会会長)

山本スギ(全日本仏教婦人会理事長)

山本茂一郎(軍恩連盟全国連合会会長) ◎

吉田留次郎(中外日報社長) ◎

(五十音順、◎印は未機関決定)

민단기관지(한국신문)

불교타임즈 昭和47.7.22. 釜山에 『靈園寺』 建立

한국신문 72.10.20. 韓人유골 48位 還國, 太平洋戰爭 전사자

④ 재일본 한국인 유골봉환, 1974

○ ● ○

기능명칭: 재일본 한국인 유골봉환, 1974

분류번호: 791.28, 1974

등록번호: 7737

생산과: 동북아1과

생산연도: 1974

필름번호: P-0013

파일번호: 07

프레임 번호: 0001-0374

1. 기안–전몰 한국인 유골봉환 교섭

관리번호 74-29
분류기호 문서번호 북일700-64
기안일시 74.1.21.
기안자 동북아1과 조원일
경유수신참조 주일대사
제목 전몰 한국인 유골봉환 교섭

　　정부에서는 일본정부 보관 전몰한국인 유골을 앞으로 수개월 내에 조속히 봉환해옴으로써 동 문제를 조기에 해결토록 할 방침입니다.
　　1. 구체적 대일교섭 방안
　　　　가. 인수범위
　　　　　　1) 남한출신자 유골 전부와 북한출신자 유골 중 유족이 남한에 있는 것부터 우선 정부에서 일괄 인수함
　　　　　　2) 잔여 북한출신자 유골은 상기 유골봉환후 다시 일본정부와 교섭 토록 함.
　　　　나. 봉환책임
　　　　　　1) 아국정부가 지정하는 장소(부산항)까지 일본정부 책임하에 봉환 토록 함.
　　　　　　2) 봉환시 일본정부에서 정중한 예의를 표시하도록 교섭함.
　　　　　　　* 일본정부 고위관계자가 봉환토록함.
　　　　다. 유족에 대한 위로금 지급 교섭
　　　　　　* 일본측은 종전 개별인도시 유족에게 향촉대조로, 10,000원씩 지급 한 바 있음.
　　2. 이상 교섭방안을 고려하여 다음사항에 관하여 조속 보고하여 주시기 바랍니다.
　　　　가. 일본정부로서는 동 유골 인도를 위하여 준비기간이 얼마나 필요하며, 어느시기에 인도하는 것이 편리한지?
　　　　나. 북한출신자 유골봉환문제에 관한 그간의 한일간 합의내용은, "관계가 분명한 유족의 신청이 있는 경우 인도키로"한 것이었는바, 금번 일괄 인수

시 동 유골연고자의 범위를 어느정도 확대토록 교섭가능한지 여부와 그 범위 확정.

　　　다. 봉환시 일본정부에서 정중한 예의를 표시하여야 할 것인바, 다음사항에 관한 일본정부의 태도는 여하한지?

　　　　　1) 유골봉환전에 일본정부에서 위령제를 거행할 것인지 여부

　　　　　2) 어느정도 고위층 인사가 유골을 봉환해 올 것인지?

　　　　　　* 지난 73.6.23. 11주의 유골을 중공에 봉환시는 일본후생성 야마구찌 정무차관이 봉환해 간 바 있음.

　　　　　　* 아국정부의 고위층 인사가 일본까지 출장할지 여부는 검토중임.

　　　라. 일본정부는 유족에게 어느정도의 위로금을 지급할것인지?

　　　마. 금반의 유골봉환이 실현되면 동 문제는 일단락된다고 볼수 있는바, 그간 이문제와 관련되었던 민간인(태병양전쟁 전몰자 유골 봉환회장 강위종씨 등)의 표창 여부에 관한 귀관의 의견.

　　　바. 동 문제와 관련하여 귀관에서 어느정도의 경비가 소요되는지 여부와 그러할 경우 그 상세 내역. 끝.

2. 외무부 공문(착신전보)–유골 봉환문제 일측입장 제시 예정 보고

외무부
번호 JAW-02272
일시 151519
수신시간 FEB.15. PM4:29
발신 주일대사
수신 외무부 장관

　연: JAW-02210, 01390
금2.15 우문기 정무과장은 외무성 세오 북동아 과장과 접촉하여 유골 봉환문제에 관한 일측 입장의 조속한 제시를 촉구하고 또한 사법공조관계 수립에 관한 일측 제안 전망을 타진한 바, 일측으로서는 상기 양자 공히 내주중에 제

시할 수 있도록 전력을 다해 작업중이라는 답이었음을 참고로 보고함. (일정, 북일)

3. 주일대사관 공문(대외비)—유골 봉환에 관한 민간인 표창

외무부
번호 일정700-944
일자 1974.2.19.
발신 주일대사
수신 외무부 장관
참조 아주국장
제목 유골 봉환에 관련한 민간인 표창

　　대: 북일700-64(74.1.22.)
　　1. 대호 "2.마"항으로 지시하신 바에 따라, 당관은 "태평양전쟁, 한국인 전몰 유골 봉환회" 강위종 회장을 표창토록 천거하오며 천거 이유는 다음과 같읍니다.
　　　　가. 1956.11. 태평양전쟁 한국인 전몰자 유골 봉환회를 창설하여 현재에 이르기까지 회장으로 재직하면서 유골봉환의 조속한 실현을 위하여 일본내에서의 여론 환기에 진력하여 왔으며,
　　　　나. 유골 봉환회가 주최하는 위령제를 1957, 1958, 1966, 1969, 1970, 1971, 1972, 1973년의 8회에 걸쳐 동경 즈끼지 소재 "본원사" 또는 유골이 보존되고 있는 "유우덴지"등에서 거행하였고, 사정으로(주로 재정상) 위령제를 거행하지 못한 년도에도 간소한 위령행사를 가지므로써 매년 빠짐없이 아국민 전몰자를 아국인 주최하에 위령하여 올 수 있었으며,
　　　　다. 이와 같은 노력을 보이므로써 일측 관계자로 하여금 유골보존에 성의를 가지게 하였고 또한 일본 각계에 한국인의 고인 추모와 동포애의 정이 깊음을 인식시켰음.
　　2. 강위종씨 외에 아국인 홍현기씨와 일본인 "잇쪼오 히데미"의 양씨도 표

창 대상자로 천거할만한 업적이 있으나 양인 공히 서거하였으며, 유족을 대신 표창할것까지는 되지 못하는 것으로 사료되어 강위종씨만을 표창 천거하는 것임을 첨언합니다.

    3. 강위종씨의 약력서와 동씨를 표창토록 천거함에 이른 관련자료를 별첨 송부합니다.

별첨: 강위종씨 표창 천거자료. 끝.

(一般文件file에 綴함)

주일대사

4. 외무부 공문(발신전보)일측의 입장 조속 보고 지시

외무부

번호 WJA-02274

일시 221135

발신 장관

수신 주일대사

    대: JAW-02101, JAW-02210.

    연: WJA-02102.

    연호에 대한 일측의 입장을 조속히 타진 긴급 보고하시기 바람. (북일-)

    예고문: 봉환시 일반문서로

5. 기안-재일한국인 전몰자 유골봉환 교섭

분류기호 문서번호 북일700-222

기안일시 74.2.23.

기안자 동북아1과 조원일

경유수신참조 보사부 장관

제목 재일한국인 전몰자 유골봉환 교섭

1. 재일한국인 전몰자 유골봉환 문제에 관한 아측 제의에 대하여 일본측은 별첨과 같은 입장을 밝혀 왔읍니다.

2. 당부로서는 종전의 정부 방침에 따라 남한출신자 유골의 일괄 인수, 북한출신자분은 유족이 확인되는 것부터 인수토록 계속 강력히 교섭을 하겠으나 일측이 불응할 경우에 대비하여 일본측의 요청에 따라 필요 서류를 준비하여 주시기 바랍니다.

첨부: 주일대사 보고전문 사본1부.   끝.

6. 외무부 공문–재일한국인 전몰자 유골봉환 교섭

외무부

번호 북일700-

일자 1974.2.23.

발신 외무부 장관

수신 보사부 장관

제목 재일한국인 전몰자 유골봉환 교섭

1. 재일한국인 전몰자 유골봉환 문제에 관한 아측 제의에 대하여 일본측은 별첨과 같은 입장을 밝혀 왔읍니다.

2. 당부로서는 종전의 정부 방침에 따라 남한출신자 유골의 일괄 인수, 북한출신자분은 유족이 확인되는 것부터 인수토록 계속 강력히 교섭을 하겠으나, 일측이 불응할 경우에 대비하여 일본측의 요청에 따라 필요 서류를 준비하여 주시기 바랍니다.

첨부: 주일대사 보고 전문 사본 1부.   끝.

외무부 장관

첨부 – 외무부 공문(착신전보)-유골 봉환문제에 대한 일측 입장

외무부
번호 JAW-02428
일시 222004
수신시간 2.23. AM10:17
발신 주일대사
수신 장관

대: 북일 700-64 연: JAW-01389

1. 금2.22 1630시에 세오 북동아과장은 우문기1등서기관을 외무성으로 초치하여 유골봉환문제에 관한 대호 아측 입장에 대한 일측 입장을 다음과 같이 밝혔음.

"종래의 방식대로 남북한 출신을 불문하고 한국민법 777조에 규정된 유족 내지 연고자 또는 그로부터 위임을 받은자에게 인도하며, 인도절차는 유족이 인도 요청, 전몰자와 신분관계를 밝힐 수 있는 호적등본 및 현거주지 증징서를 첨부토록하고 이들 서류를 확인후 인도한다."

2. 이에 대하여 우서기관은 일측 입장은 곧 본국정부에 보고하겠으나 다음과 같은 점을 특히 지적하지 않을 수 없다고 하였음.

　　가. 종전의 일측 SUGGESTION(66.10.15. JAW-10306, 66.10.19자 WJA-10327, 66.10.21자 JAW-10452등)이 완전히 무시되어 있는점.

　　나. 남한 출신자분을 한국정부 책임하에 인수하겠다는 것을 일측이 거부하는 점.

3. 일측은 금번 한국측 제안을 검토하는 과정에서 상기 SUGGESTION의 당사자인 노다과장이 마침 국련국 참사관으로 본국에 있어 그에게 확인하였고 또한 일측 기록도 면밀히 검토하였으나 우과장이 지적하는 바와 같은 노다 발언은 기록되어 있지 않았고, 일측으로서도 유골을 조속히 봉환하고 싶은 것은 물

론이나 일본관계법이 유족주의의 법이론에 입각해있고 한국제안에 따르는 경우 조총련등이 소송을 제기하면 일본정부가 승소할 가능성이 전무하며, 뿐만 아니라 친북한파 국회의원이 이 문제를 가지고 일본정부의 대북한 자세를 비난하게 될 것은 필연적인 것이기 때문에 금번과 같은 결론을 내리지 않을 수 없으며 한국측 제안을 받아드릴수 있을려면 사전에 북한측의 양해를 일본이거나 한국이 받아야 한다는 점이 부각되었다는 답변이었음.

4. 우과장은 전혀 사견이며 일측에서 제안하더라도 한국정부가 수락할지조차도 모르겠으나, 남북한 출신을 불문하고 전 유골을 한국정부에 일괄 인도하되 한국정부는 유족이 북한에 거주하고 있는 분은 북한에 인도한다는 조건부의 제안은 가능한가고 문의하였던 바 일측은 전혀 검토해 본 일조차 없는 FORMULA 에서 무어라 말할 수 없으나 남북대화의 현황이 좋치못함으로 관계자 설득이 어려울 것으로 보이며 만약 남북한이 그와 같이 합의한다면 일측으로서는 말할것도 없이 그에 따를 수 있겠다고 하였기 참고로 보고함.

5. 90분간에 걸친 논쟁끝에 일측은 재조사하여 보아도 결론이 바뀔 가능성은 거의 없으나 과거의 기록을 재검토하여 보겠으니 내주 수요일(2.27)에 다시 만나자고 제안하였으며 아측은 이에 동의하고 일측 결론이 아측 제안에 가까운 것이 되기를 희망하여 두었음. 감촉으로는 결론이 달라질 가능성은 희박한 것으로 보임. 따라서 3.10 봉환은 불가능시됨(일정-북일)

7. 외무부 공문(발신전보)–유골 봉환문제에 대한 일측 입장에 대한 재교섭 지시

외무부
번호 WJA-02302
일자 231300
발신 장관
수신 주일대사

　　대: JAW-02428
　　대호 일본측의 입장에 대하여 다음점을 들어 그 부당성을 지적하시고 동건 조속 교섭 타결바람.

　1. 본건과 같이 중대한 전후 처리 문제를 일본 국내법 문제로 처리코저함은 극히 부당하며 이 문제는 어디까지나 인도력 차원에서 처리될 문제임.

　2. 남한출신자 유골이라 할지라도 이들이 사망한지 30년이 경과하였으므로 대부분 유족을 확인하기가 어려운 형편인바, 일본 후생성 기록에 분명히 남한 출신으로 기록된 것은 당연히 한국에 인도하여야 할 것임.

　3. 재일한인 유골봉환시 아국은 일본 정부에 일괄 인도하였으며, 최대의 협력과 지원을 아끼지 않았음.

　4. 본건과 같은 과거 불행한 역사의 잔재를 하루빠리 처리, 해결하는 것이 한·일 양국의 진정한 우호관계 발전에 도움이 됨.

　5. 본건의 교섭 경위는 대략 다음과 같음.

　　가. 아측은 남·북한 출신 구별없이 일괄 인수주장

　　* 1966.2. 아측은 일시적으로 무연고자 유골의 일본내 항구적 매장을 일측에 제안한 바 있으나 일측 거부로 철회

　　나. 일본측은:

　　(1) 64.11.12. 마에다 당시 북동아 과장은 "군사 분계선 이남 출신자에 한하여 일괄 인도하는데 이의가 없다"고 함.

　　(2) 66.2.21. 구로다 당시 북동아과장은 무연고 유골 일본내 매장이 어려우므로 연고자 유무에 관계 없이 한국정부에서 일괄 인수후 무연고 유골을 한국에 매장토록 제의

　　　* 당시는 경비부담 문제가 쟁점이 되어 미합의

　　(3) 66.11.23. 노다 당시 북동아과장은 적당한 명분만 있으면 유골 일체를 한국 정부에 인도하고저 하는 입장이라고 말함.

　　(4) 66.11.4. 일측의 유족범위 확대 suggestion에 따라 아측이 남한출신은 일괄인수, 북한출신은 연고자 범위를 친족, 특수관계자, 종친회 대표자, 친목단체대표자, 지역별 행정책임자까지 확대 제의하자 노다 북동아과장은 67.5.8. 상기 내역만으로 북한출신자 유골을 인도하기에는 난점이 있다고 함.

　　(5) 69년 제3차 각료회의시 아측은 문제의 인도적 성격을 고려하여 잠정적으로 유족의 개별인도 요청이 있을 경우 일정부가 유골을 인도해 주도록 합의함. (북일-)

8. 외무부 공문(착신전보)—재교섭에 따른 북동아과장 반응 보고

외무부
번호 JAW-02463
일시 251930
수신시간 2.25. PM8:40
발신 주일대사
수신 장관

    대: WJA-02302   연: JAW-02428
    1. 금2.25 오후 우문기 1등서기관은 외무성으로 세오 북동아과장을 방문하고 대호에 따라 연호 일측 입장의 부당성을 지적하고 본건의 조속한 타결을 촉구하였음.
    2. 이에 대하여 세오 과장은 한국측이 지적한 바를 상사에게 보고 검토하겠으며 또한 과거 교섭경위의 재조사가 현재 진행중임으로 그 결과와 아울러 금일 한국측이 지적한데 대한 회답을 2.27.(수)에는 할수 있도록 노력하겠다고 하면서 "불행한 과거 역사의 잔재는 하루속히 해결하는 것이 한일양국의 진정한 우호관계에 도움이 된다"는 한국측 의견에 대하여 일측의 누구도 이의가 있을 수 없다고 답변하였음을 보고함. (일정 북일)

9. 외무부 보고사항(3급비밀)— 재일 전몰 한국인 유골봉환 교섭

외무부 보고사항
번호 북일700-234
일자 1974.2.25.
발신 외무부 장관
수신 국부총리각하
제목 재일 전몰한국인 유골봉환 교섭

다음과 같이 보고합니다.

1. 1973.12.11.자 국행이1400-1557지시와 관련된 사항입니다.

2. 1964년 이래 본건에 관한 한국 정부의 교섭 방침을 남북한 출신 구별없이 일괄 인수한다는 입장이었으나 일본은 북한 출신 유골을 남한에 인도할 경우에는 복잡한 법적 문제가 야기될 수 있다는 이유를 들어 이에 반대했습니다.

3. 그러나 본 문제의 인도적 성격에 비추어 1969년 제3차 한일 각료회의에서 양국간에 유족의 신청이 있을 경우에는 개별적으로 인도한다는 양해를 성립시켜 민간 레벨에서 248주를 봉환해 온 바 있습니다.

4. 당부는 1974.1.25.자 "재일본 한국인 유골봉환 계획 보고"에 따라 동일부터 대일교섭을 재개하여 우선 남한 출신 유골 전부 및 북한출신 유골중 남한에 연고자가 있는 유골의 봉환을 요청하였읍니다.

5. 이에 대하여 일본측은 1974.2.22. 남북한 출신의 구별없이 민법777조에 규정된 유족 내지 연고자 또는 그로부터 위임을 받은자가 관계 서류를 제출하는 분만을 인도할 것을 제의해 왔읍니다.

6. 당부는 이에 대하여 2.23. 일측이 남한 출신 전몰자 유골에 관한 기록을 전부 보지하고 있음에도 불구하고 연고자의 증빙서류를 요청함은 첫째, 본건과 같은 중요한 전후 처리문제를 일본 국내법 문제로 부당하게 취급하려는 것이며, 둘째, 문제의 해결을 심히 지연시키고, 셋째, 전후 30년이 경과한 오늘 연고자 전부를 찾기가 심히 어려울 뿐 아니라 경우에 따라서는 불가능하다는 점, 넷째, 인도적인 입장에서 일본이 이 문제를 더 지연시킴은 용납할 수 없다는 점을 지적하고 일본 정부의 재고를 촉구토록 주일대사관에 지시하였읍니다.

7. 당부에서는 남한 출신 유골 전부 및 북한 출신 유골의 남한 연고자분의 일괄 인수 방침을 계속 밀고나갈 것이나 일본이 끝내 이에 불응할 경우에는 일본측이 요청한 증빙서류를 구비하여 인수 가능한 것부터 우선 인수토록 할 방침임을 보고합니다. 끝.

외무부 장관

10. 외무부 공문(착신전보)—한국정부의 재교섭 요청에 따른 외무성 아주국장 면담 결과 보고

외무부
번호 JAW-02464
일시 251940
수신시간 2.26. AM9:54
발신 주일대사
수신 외무부 장관

　　연: JAW-02463　　대: WJA-02302
　　금25일 1630 윤공사는 외무성 다까시마 아주국장을(세오과장 동석)을 만나 대
호 우리측 입장에 따라 일괄 해결을 기하도록 촉구하고 특히 과거 한일간 주요
문제가 양정부간의 현명한 판단과 대세에 알맞은 조처로서 해결하였음을 상기
시키고 일본 국내법상의 조그마한 문제를 일본측이 고집한다면 이는 마치 영
원히 이문제를 해결 하지말자는 이야기가 아니겠는가 아국이 제시한 방도에
따른 본문제의 조속한 해결을 요구하였음. 이에 대하여 세오 과장으로부터의
보고에 접하고 외무성으로서도 본건 조기타결에 완전히 한국정부와 입장을 같
이하는 바이나 문제는 관계부처의 이견 조정에 있다하고 이를 위하여 노력하
겠다고 하였음.(일정-북일)

11. 면담요록

면담요록
1. 일시: 1974년2월26일(화요일) 11:20시-11:50시
2. 장소: 외무부 동북아1과
3. 면담자: 박수길 동북아1과장, 조원일 사무관
　　　　　 가와시마 주한일본대사관1등서기관
4. 내용:

박수길 과장: 유골봉환 문제에 관하여 우선 지금까지의 경위를 간단히 설명하고져 한다. 본건에 관한 교섭이 활발화된 1964년에까지 거슬러 올라가 보면, 아국측이 시종 남·북한 출신 구별없이 일괄 인도할 것을 일본측에 요청한데 대하여 일본측은 북한, 조총련등의 문제 제기 가능성을 이유로 들어 북한 출신자의 일괄 인도에는 난점이 있다고 하고 남한 출신자의 일괄 인도에는 이의가 없다는 점을 수차 밝힌 바 있다. (1964.11.12. 마에다 북동아과장이 "남한 출신 유골 일괄인도에는 이의가 없으나 북한 출신 일괄인도에는 난점이 있다"고 말한 것 등을 지적하고 동 기록을 수교함.) 그럼에도 불구하고 일본 정부는 종래 자측의 입장을 무시하는 듯한 태도를 취함은 이해할 수 없으려니와 본 문제를 제2차 대전 종전후 30년이 경과한 지금에도 그 처리를 지연시키는 듯한 인상을 주는 것을 알 수 없다.주일 한국대사관을 통하여 귀 본국정부에 아측 입장을 이미 전한 바 있으나 다시 한번 귀국 정부의 입장은 다음과 같은 점에서 부당함을 지적하고저 한다.

첫째: 본건과 같은 중요한 전후 처리문제를 일본 국내법문제로 취급하려는 일본정부의 의도를 이해할 수 없고,

둘째: 인도적인 입장에서 일본이 이 문제를 더 이상 지연시키려는 듯한 태도를 이해하기 어려우며,

셋째: 전후30년이 경과한 지금 그 유족 또는 연고자를 전부 찾는 것이 극히 어려우며 경우에 따라서는 불가능하다는 점을 지적하지 않을 수 없고,

넷째: 지난 73.6.23. 귀국 야마구찌 후생성 차관이 중국인 유골11주를 봉환해 간 것으로 아는데 그 때에도 귀국에서 중공측에 대하여 유족의 증빙서류 등을 요청하였는지 알고 싶으며,

다섯째: 귀국 후생성 기록에 남한 출신임이 명기된 유골의 일괄 인도를 일본측이 불응한다는 것을 이해하기 어렵다.

가와시마 서기관: 본 문제에 관한 한일 교섭은 주로 본국 정부와 주일 한국대사관간에 진행되었으므로 주한 일본대사관으로서는 종전의 교섭 경위를 자세히 알 수 없으나, 1969년 제3차 한·일 정기 각료회의시 연고자의 신청에 따라 민간 베이스로 개별 인도키로 양해가성립된 것으로 알고 있다. 과거의 교섭 경위에 대하여는 본부에 보고하겠으며, 본 문제의 조속한 해결이 필요하다는 점은 우시로꾸 대사도 잘 알고 있으므로 본국 정부에 조속한 해결을 건의하겠다. 일본 정부내의 사정을 말하자면 후생성에서 강력하게 연고자

가 있는 것만을 인도토록 주장하고 있고, 아울러 일본 정부로서는 남한 출신도 일괄 인도할 경우 혹 북한으로 이주해간 유족이 추후 문제를 제기할 것을 우려하기 때문에 일괄 인도에 난색을 표명하는 것이다.

박수길 과장: 1969년 제3차 한일 정기각료회의에서는 한·일간의 입장이 계속 대립되고 있으므로 우선 본 문제의 인도적 성격에 비추어 잠정적으로 유족의 신청이 있을 경우에는 개별 인도키로 양해가 성립되었던 것이며, 그 전의 일본측 입장을 변경시켰던 것은 아니었다고 본다. 이 점은 귀 본국 정부에서 종래의 교섭 기록을 재검토하여 회보하겠다고 하였으니 우선 그것을 기다리겠다.

남한 출신 자유골의 유족이 북한으로 혹 이주해간 사람이 있는지는 확인할 방법이 없으나 과거에는 남한 출신 일괄인도에는 이의가 없다고 하지 않았는가?

가와시마 서기관: 그 점은 본국 정부에서 주한 일본대사관에 회보할 것으로 안다.

조 사무관: 참고로 종전의 교섭 경위를 설명하자면, 한국정부에서는 1966년2월 본 문제의 조속한 해결을 위하여 일시적으로 유족이 있는 유골만을 아국 정부에서 인수하고 잔여 유골을 일본 정부에서 매장함으로서 본 문제를 해결하자고 제의하였던 바, 일본측이 일본 국민 감정상 일본내 매장이 어려우므로 한국정부에서 일괄 인수하여 처리하는 것이 좋을 것이라고 한데 따라 아국 정부 방침을 재조정 하였다는 점을 지적하고 싶다.

가와시마 서기관: 그러한 사실이 있었는가?

박수길 과장: 이상 아측이 지적한 사실을 검토하여 일본측에서 아국 제의를 수락해 주기 바란다. 본 문제의 중요선을 당신은 잘 알것으로 믿는데 하루 빨리 본 문제를 해결하도록 일본 정부의 협조를 거듭 요청한다.

가와시마 서기관: 주한 일본대사관으로서는 본 문제가 조속히 해결되도록 노력하겠다. 끝.

(박수길 과장은 종래70년부터 72.12.까지 한국에서 발견된 일인 유골을 일본 정부에서 일괄 봉환해 가도록 아국 정부에서 동의한 사실을 비공식적으로 상기시킴.

12. 유골봉환문제

遺骨奉還問題

1. 我側 方針
    가. 南韓 出身者 遺骨(1,614柱) 一括引受
    나. 北韓 出身者 遺骨(469柱)은 緣故者가 있는 것부터 于先 引受

2. 日側 立場
    南·北韓 出身을 不問하고 韓國民法(777条)에 規定된 遺族 乃至 緣故者 또는 그로부터 委任받은 者에게 引渡

3. 日側 立場의 不當性
    가. 本件과 같이 重大한 戰後處理問題를 日本. 國內法問題로 處理코져 함은 不當하고 어디까지나 人道的 次元에서 處理될 問題임
    나. 日本, 厚生省 記錄에 分明히 南韓出身으로 記錄된 것은 當然히 韓國에 引渡하여야 함.
        ※ 南韓出身者, 遺骨이라 할지라도 이들이 死亡한 지 30年이 經過하였으므로 大部分 遺族을 確認하기가 어려움
    다. 我國 政府에서 從來의 南北韓出身 區別없이 全部 一括 引受 方針에서 南韓出身 一括 引受 및 一部 北韓出身 引受 方針으로 讓步하였으므로 日本 政府가 憂慮하는 北韓·朝總聯 等의 問題提起時 充分한 口實이 마련되었다고 봄.
    라. 在韓 日人 遺骨奉還時 我側은 日本政府에 一括 引渡하였으며 奉還을 爲해 積極 協調하였음.

13. 면담요록–일본 요구 위임장에 대한 면제 요청 건의

면담요록
1. 일시: 1974년2월27일(수요일) 13:40-14:00시
2. 장소: 외무부 동북아1과
3. 면담자: 동북아1과 조원일 사무관

보건사회부 환경위생과 윤석호 주사

4. 내용 :

윤주사: 유골봉환 문제에 관하여 일본측 요청대로 필요 서류를 구비코져 하나 지금까지의 신고 접수기간 동안 호적등본, 주민등록초본과 신고서만을 받았는바, 위임장은 추가로 받기가 어려운 사정에 있으므로 그것을 면제토록 했으면 한다.

조사무관: 외무부로서 종전의 방침에 따라 남한 출신자분은 일괄 인수 방침을 계속 강력히 밀고 나갈 방침이나 끝까지 일측이 불응할 경우에 사전대비코져 하는 것이다. 귀부의 의견을 상부에 보고한 후 회보하겠다. 끝.

14. 외무부 공문(착신전보)-유골봉안 문제교섭 협의일정 변경

외무부
번호 JAW-02516
일시 271755
수신시간 74.2.28. 2:31
발신 주일대사
수진 외무부 장관

대: WJA-02302
연: JAW-02428
1. 금2.27. 로 예정되어 있던 유골봉안 문제 교섭은 일측 준비 부족으로 가급적 명28일중으로는 협의할 수 있도록 하기로 변경되었음.
2. 또한 세오과장은 WJA-02328의 서울에서의 접촉에 관해 보고받았다고 동2항의 중공유골봉환에 관한 아측 문의에 대하여도 다음 회합시(명일 예정) 통보하겠다고 하였음을 첨언함. (일정-북일)

15. 보건사회부 공문(3급비밀)-재일본 한국인 전몰자 유골봉환교섭

보건사회부
번호 환위1435-6
일시 1974.2.28.
발신 보건사회부 장관
수신 외무부 장관
제목 재일본한국인 전몰자 유골봉환교섭

    1. 북일700-222호(74.2.23)의 관련입니다.
    2. 재일본 한국인 전몰자 유골봉환은 기히 국무회의에 보고한 바 있는 "재일본 한국인 전몰자 유골봉환계획"에 따라 남한출신 전몰자에 대하여는 유가족 유무를 불문하고 정부에서 일괄 인수하는 것으로 보고되어 1974.2.9부터는 2.28까지 전국에서 유가족 신고접수를 실시하고 있으며 신고시에는 다만 유가족 확인에 필요한 호적등본1부와 주민등록증1부만을 갖추도록 하였기 때문에 신고기간이 거의 지난 현재에 이르러 일본정부에서 필요로하는 서류를 유가족에게 재요구한다면 유가족의 비난과 사회적 여론이 있을것이 예상됩니다.
    3. 그러므로 일본정부와 교섭시 금반 정부에서 확인 접수한 유가족에 대하여는 정부에서 작성한 유가족 확인명단만을 일본정부가 확인하는 것으로 처리될 수 있도록 절충하여 주시기 바랍니다. 끝.

보건사회부 장관

16. 기안-일제시 학병 징병자 명단 요청

분류기호 문서번호 북일700-
기안일자 74.3.4.
기안자 동북아1과 조원일
경유수신참조 주일대사

제목 일제시 학병 징병자 명단 요청

1. 1.20. 동지회(회장 구태희, 학도병 친목단체)에서는 전문학교 이상 재학, 졸업생들로서 학도특별지원병이란 명목으로 44.1.20. 일본군에 입대되었던 4,385명의 한국인 명단을 제공해 줄 것과 아울러 현재 일본정부에서 보관하고 있는 유골중에 이들의 유골이 있는지 여부를 확인해 줄 것을 요청해 왔습니다.

2. 1.20. 동지회의 의견에 의하면 본건은 일본 후생성 원호국 조사과에 비치되어 있는 한국인 관계 유수명부(留守名簿)에 의거하면 판명될 것이라 하오니 가급적 조속히 구득 및 확인후 회보하시기 바랍니다. 끝.

17. 외무부 공문(착신전보)–유골봉환문제 협의 일정 조율

외무부
번호 JAW-03053
일시 041806
수신시간 74.3.5. □□:□□
발신 주일대사
수신 외무부 장관

연: JAW-02516
유골봉환 문제에 관하여 일측은 3.4. 18시 현재까지 준비가 미비하다하며 가급적 2,3일내 협의를 가질 수 있도록 하겠다함을 보고함. (일정-북일)

18. 외무부 공문(착신전보)–7일 한국기사 추보

외무부
번호 JAW-03108

일시 071030
수신시간 74.3.7. 12:01
발신 주일대사
수신 외무부 장관

7일 한국기사 추보
금주 도오꾜오지 보도에 의하면 신민당의 박영록 의원이 전몰한국인 유골 2,083주가 봉환되게 된 데 관하여 성명을 발표하여 일본 정부가 20년간 이 유골을 방치하고 있었던 것을 비난하고 한국인 전몰자 전원에 대하여 보상금을 지불할 것을 요구하였다고 함. (일정, 북일, 정보)

19. 유골봉환에 관한 일측 태도

遺骨奉還에 關한 日側 態度
(3.8. 妹尾 日 北東亞課長)
1. 日側이 南韓出身者 遺骨을 一括引渡하겠다고 한 것은 事務當局者의 試案에 不過하고 68.11. 以後 一括引渡 定式拒否
2. 中共側에는 73.6. 一括引渡(11柱)
    가. 遺族이 中共內에 居住하고 있음이 確實
    나. 法律問題가 提起될 可能性이 없었음.
3. 韓國人遺骨 一括引渡 拒否理由
    가. 遺族이 全員 韓國에 居住한다고 確信 不可能
    나. 一括引渡의 경우 法律問題 提起 可能
    다. 特히 北韓의 請求權에 對해 日本이 弱한 立場에 있음.
3. 결론
    가. 遺族이 있는 것만 引渡
    나. 最終解決方案 檢討後 提示

20. 외무부 공문(착신전보)-유골봉환문제 관련 면담

외무부
번호 JAW-03163
일시 091150
발신 주일대사
수신 외무부 장관

대: WJA-02302
연: JAW-03053

1. 작 3.8. 밤 세오 북동아과장은 우문기 정무과장을 외무성으로 초치하여 유골 봉환문제에 관해 다음과 같이 말하였음.

가. 과거의 교섭경위를 면밀히 재조사하여 본 결과 한국측이 지적하는대로 일측이 남한출신 유골을 일괄 인도하겠다고 발언한 적이 있는 것은 사실이다. 다만 그것은 정부로서의 결정이 아니고 사무당국자의 시안에 불과하였다. 그러나 그후인 68.11.16 다데 북동아과장(당시)이 김태지 정무과장(당시)에게 일측이 남한 출신분 일괄 인도를 정부로서 양승한 적이 없었다는 점을 분명히 하였고 그 이후 이러한 일본입장은 유골 봉환문제가 거론될 때마다 일관하여 취해져 왔으며 69년의 한, 일 각료회의시에도 이러한 유족주의 입장을 설명하였고 따라서 일측으로서는 한국측도 이러한 일측 입장을 이해하여준 것으로 생각하여 왔다.

나. 48년에 6,000주를 봉환함에 있어서도 당시 GHQ는 유족이 북위 38도선 이남에 거주하고 있는 것에 한한다고 하므로서 GHQ(聯合國總司令部)도 유족주의를 취하였다.

다. 중국인 유골11주의 봉환은 중공 적십자를 통해 일본정부가 중공정부에 일괄인도 하였는 바 정부간 일괄 인도가 가능했던 것은

1) 유족이 중공내에서 거주하고 있음이 확실하였고

2) 법률문제가 제기될 가능성이 없었기 때문이었다. 부연한다면 한국인 유골의 경우에 유족이 전원 한국에 거주하고 있다고 확신을 가질 수 없고 따라서 일괄 인도의 경우 후일에 법률문제가 제기될 가능성이 전무하지 않다. 이것이 중공의 경우와는 다른점이다.

라. 북한과는 법률관계가 확립되어 있지 않고 특히 북한의 청구권에 대해 일본이 약한 입장에 있으므로 일괄 인도하는 경우 관계자로부터 소송이 제기되면 유족주의를 취하고 있는 관계법규에 비추어 정부의 패소는 확실하며 본건이 세인의 관심대상이 되면 친북한 국회의원들이 전후29년에 이르기까지 북한출신분의 북한 봉환을 위하여 아무런 노력이 취해지지 않은 이유가 무엇인가고 추궁받을 것이 뻔하며 나아가서는 북한과의 국교수립을 촉구받게 될 것이다.

2. 일측은 상기와 같은 설명에 이어 결론으로서 기본적으로는 종래 방식을 바꿀 수 없다. 다만 일측으로서도 본 건의 조속한 최종적 해결을 바라고 있으므로 앞으로도 가능한 해결방법을 찾기위한 연구를 거듭하겠다고 하였음.

3. 이에 대하여 우과장은 일측의 가능한 해결방법을 찾기위한 노력의 계속을 환영하나 본건은 인도적 차원에서 처리될 문제이며 실제문제로서 일측의 유족주의에 기초하는 종전 방식으로서는 결과적으로 백년후에도 고국에 봉환되지 못하는 유골이 발생할 지도 모르는 것이며 이것은 한국보다도 일본에게 있어서 더욱 곤란한 것임을 감안하여 어떠한 최종 해결 촉진방안이 지금 강구되어야 할것이라는 요지를 강조하였음.

4. 일측은 법률상 난점이 있음은 물론이고 외무성 이외의 관계당국과의 합의, 외무성내에서도 아세아국 외의 다른 국과의 합의등 난관이 많으나 최종해결 촉진책을 검토하여 결론이 나는대로 새로 제안하겠다고 하며 제안 시기는 예측할 수 없고 가능한 최단시일 내에 제안할 수 있도록 노력하겠다고 함.

5. 일측은 한국정부가 최근 실시한 본건 유족조사의 결과를 □□□ 통보하여 주기를 희망하오니 동결과를 하시바람. (북일)

21. 외무부 공문(착신전보)-일제 학병징병자 명단 및 유골소재

외무부
번호 JAW-03164
일시 091150
수신시간 74.3.11. 4:24

발신 주일대사
수신 외무부 장관

대: 북일700-4245(74.3.4.)
대호 일제시 학병징병자 명단 및 유골소재에 관하여 세오 북동아과장은 다음
과 같은 이유 때문에 알 수 없다고 회보하여 왔음을 보고함.
1. 학도 동원병 명부가 따로 작성된 바 없고
2. 유수명부는 부대별로 작성되어 있고 한국인 관계 유수명부가 따로 없으며
총수록 인원수는500만명에 달하는 방대한 자료로서 소속부대를 모르고 어느
특정인을 찾아내기에는 너무나 벅찬 작업이 따라야 하며
3. 총독부 관계자료에서도 찾아보려고 노력하였으며 그러한 노력의 일환으로
본건 학도병 성명이 수록되어 있을 가능성이 큰 1943년 임시 징병검사 규정에
따른 명부를 찾았으나 역시 참고가 되지 않았다.
4. 따라서 현재 일본정부 보관하에 있는 유골중에 본건 학도병 중에서 전사,
전몰한 사람의 유골이 포함되어 있는지의 여부도 알 수 없다. (일정, 북일)

22. 외무부 공문(발신전보)—신고현황 통고

외무부
번호 WJA-03138
일시 121835
발신 주일대사
수신 외무부 장관

대: JAW-03163
금 3.12. 현재879명의 유족이 신고하였으니 참고바람. (북일-)

23. 면담요록

면담요록

1. 일시: 1974년3월12일(화요일) 14:30시~15:30시
2. 장소: 외무부 아주국장실
3. 면담자: 지성구 아주국장

　　　　마에다 주한 일본 대사관 공사
4. 내용:

마에다 공사: 일전 공화당 박준규 정책위 의장이 대륙붕문제에 관하여 일본이 금차 국회 회기중 비준 절차를 취하지 않을 경우, 한국은 일방적으로 단독 개발을 할 것이라고 말한것으로 보도되었는데 그것이 한국 정부의 공식 견해인지 알고 싶다. 일본 정부로서는 현재 자민당내의 양해를 얻기 위하여 노력중인데 일부 의원들이 이에 소극적인 태도를 보이고 있음은 알려진 바와 같다. 사정이 이러한 때에 한국에서 상기와 같은 태도를 보이면 자민당 내의 소극파 의원들의 태도를 더욱 경화시키게 되므로 일본 정부의 입장이 어렵게 된다는 사실을 알아주기 바란다.

지성구 아주국장: 지난 3.9. 보도된 박준규 공화당 정책위 의장의 발언내용은 신문 지상을 통해서 본 것 밖에 없으므로 현재로서 그것에 관해서 무어라 말할 수 없다.

한국정부로서는 예정대로 이전에 국회의 비준 동의를 얻도록 추진하고 있는 바, 일본 정부에서도 예정대로 조속히 비준 절차를 끝낼 수 있도록 노력하여 주기 바란다. 그런데 3.8.자 AFP요미오리의 보도에 의하면 중공이 귀국 정부에 대하여 대륙붕 문제에 관한 관계국 협의를 제의했다고 하는데 동 보도내용은 사실인가?

마에다 공사: 그러한 보도는 사실 무근이며 중공의 반응은 외교부 성명 이후 아무것도 없었다.

지성구 아주국장: 지난 3.9. 일본 각 신문은 일본 정부가 한·일 경제협력 방식을 IECOK를 활용하는 방식으로 변경할 것이라고 보도하였는바 IECOK는 산만한(loose) 다자협의 기구이므로 이를 통하여 쌍무적인 성질의 한·일 경협문제를 결정한다는 것은 전혀 적당치 않다고 생각한다.

내 생각으로는 한·일 경제협력은 반드시 각료회의에서 결정될 필요는 없

지만 종전의 방식을 변경시킨다 하더라도 어디까지나 양국 정부간 협의를 통하여 결정하여야 할 것으로 생각한다. 상기 보도 내용의 진부를 확인해 줄 수 있는가?

마에다 공사: 동 보도내용은 사실과 다르므로 일본 정부에서는 3.11. 공식으로 부인하였다.

최근 호주, 북한 관계에 특별한 진전이 있는가?

지성구 아주국장: 최근 호주, 북한 관계에 특별한 진전은 없다.

그런데 재일한국인 유골 봉환문제에 관하여 일본 정부가 남한출신자의 일괄 인도마저 거부한다는 것은 매우 유감스러운 일이다. 본 건은 전후 처리 문제의 하나이고 또 그 인도적 성격에 비추어 조속히 처리되어야 함에도 일본정부에서는 국내법상의 약간의 문제점을 이유로 아국 요청에 응하지 않는 것은 이해하기 어렵다. 귀하가 본건에 대한 한국 국민의 관심이 어떠한가를 잘 알고 있을 것으로 믿는데 본국 정부에 여사한 사정을 정확히 보고하여 본 건 유골이 조속히 봉환됨으로써 이 문제가 완전히 해결되도록 노력해 주기 바란다.

마에다 공사: 한국인 유골 봉환문제에 관하여는 우시로꾸 대사가 한국 정부의 입장을 잘 이해하고 있으므로 조속히 이 문제가 해결되도록 본국 정부에 건의하겠다.

지성구 아주국장: 호겐 외무성 고문이 차관으로 재직시 윤석헌 전 차관이 방한 초정을 하였는바(72.12.16.) 그동안 동 호겐 고문이 분망한 탓으로 방한치 못했던 것으로 알고 있다. 이 문제에 관하여 윤석헌 전 차관이 임지로 떠날 때 우시로꾸 대사와 이야기가 있은 것으로 알고 있는데 우리로서는 호겐 고문이 지금은 시간적으로 여유가 있을 것 같아 방한 초청 의사를 최근 다시 귀국 정부에 전달한 바 있다. 이 문제에 대하여 공사께서 적극 협력해 주시기 바란다.

마에다 공사: 호겐 외무성 고문의 방한은 매우 유익한 것으로 생각하므로 동인의 방한이 실현되도록 적극 노력하겠다. 끝.

24. 보건사회부 공문-재일본 한국인 전몰자 유가족 명단작성 통보

보건사회부
번호 환위1435-4080
일자 1974.3.28.
발신 보건사회부 장관
수신 외무부 장관
제목 재일본 한국인 전몰자 유가족 명단작성 통보

　　1. 재일본 한국인 전몰자 유가족 명단을 별첨과 같이 작성하여 통보하오니 참고하시기 바랍니다.
　　2. 유골 봉안장소는 부산시 동래구 청룡동 소재 "부산시립공원묘원"으로 결정하였으며, 기타 유령제 시행일시 등은 귀부(외무부)에서 유골 인수일시 등이 통보되는대로 위령제 실시에 세부계획을 수립하여 통보하겠으니 양지하시기 바랍니다.
　　첨부: 유가족 신고자 명단 1부. 끝.

　　보건사회부 장관

25. 보건사회부(3급비밀) 공문-재일한국인 유골봉환 교섭에 따른 협조요청

보건사회부
번호 환위1435-12
일자 1974.4.4.
발신 보건사회부 장관
수신 외무부 장관
제목 재일한국인 유골봉환 교섭에 따른 협조요청

　　1. 북일700-369(74.3.23)호 및 환위 1435-6(74.2.28)호와 관련됩니다.

2. 당부는 재일한국인 유골봉환 당초 계획에 따라 전국 일제히 신고기간을 설정하여 각 시, 군별로 연고자의 신고를 완료하였으며 접수된 유족명단도 이미 작성되었습니다.

3. 따라서 대호로 통보한 바와 같이 일본 정부에서 필요로 하는 서류를 유가족에게 재요구한다면 유가족의 비난과 사회적 여론이 있을 것이므로 대일교섭시 정부에서 작성한 유가족명단을 일본정부가 확인하는 것으로 처리될 수 있도록 절충하여 주시기 바랍니다. 끝.

보건사회부 장관

26. 재일본한국인 유골봉환 계획 추진 현황

在日本韓國人遺骨奉還計劃推進現況

74.4.8.

保健社會部

國際會議報告案件 第52號(74.1.24)에 의한 "在日本韓國人遺骨奉還計劃"에 對한 推進現況을 다음과 같이 報告합니다.

1. 遺家族申告

申告期間은 74.2.5~74.2.20까지였으나 遺族의 便宜를 爲하여 74.2.28까지로 延長하였으며, 그 申告現況은 다음과 같음

(別添1參照)

戰歿者數: 2,082名

申告者數: 957名

申告率: 46%

2. 遺骨安置장소 決定

　　가. 遺骨奉安場所로서 釜山市 所在 梵魚寺, 금수사 釜山市立公園墓園을 對象으로 調査한 結果 釜山市立公園墓園으로 確定하였음.
　　　　(別添2參照)

　　나. 同墓園은 遺骨의 奉安 및 管理 以外에는 一切 關與하지 못하도록 條件附 指定하였음.

3. 遺骨引受時期

　　가. 當初 日本側에서는 南韓出身者 遺骨全部와 北韓出身者 遺骨中 南韓에 遺族이 있는 분은 언제라도 引渡하겠다 하여 74.3.10일경 引渡時期를 豫定하였으나,

　　나. 南北韓을 不問하고 民法第777条의 規定에 依하여 緣故者가 있는 者에 限하여 引渡하겠다고 主張하므로 引渡가 遲延되고 있음.

　　다. 따라서 定式 引渡時期는 이 問題가 解決된 後에 決定될 것으로 보임.

4. 其他 參考事項

　　가. 74.2.6. 7個 主要日刊新聞에 戰歿者의 住所, 姓名 및 遺家族의 姓名을 公告하여 緣故者의 申告에 便宜를 圖謀하였음.

　　나. 日本政府에서는 遺家族 確認에 必要한 戸籍謄本, 現居住地證明書 및 委任狀 各1通의 提示를 要求하고 있으나 申告된 遺族名單을 日本政府가 確認하는 것으로 處理되도록 日本政府와 折衝 協定임.

　　다. 遺家族이 遺骨을 引受해 갈 것인지 또는 政府가 指定한 場所("釜山市立公園墓園")에 奉安할 것인지의 與否를 調査한 바, 74.4.8. 現在의 現況은 아래와 같음.

　　　　引受希望遺家族數: 555名(89%)

　　　　不希望 遺家族數: 71名(11%)

　　　　　　　計: 626名(100%)

添附: (1) 遺家族 申告現況

　　　(2) 遺骨奉還場所別 對比表 各1部 끝.

첨부-유가족 신고현황

遺家族 申告現況(別添1)

市道別	市郡數	戰歿者	申告된 遺家族數	備考
計	182	2,082	957(56)	申告率 46%
서울	1	40	115(42)	
釜山	1	36	37(3)	
京畿	25	179	94(2)	
江原	20	83	28(2)	
忠北	13	144	85	
忠南	18	218	113	
全北	17	142	83	
全南	27	248	133	
慶北	30	318	153(1)	
慶南	26	199	15	
濟州	4	40	32	
本部			9(6)	
以北(5道)		435		

※ ( )의 數字는 北韓에 本籍이 있는 遺骨의 遺族申告事項임.

첨부-유골봉안장소 후보지 유골봉안 관리비 대비표

遺骨奉安場所 候補地 遺骨奉安 管理費 對備표

區分 ＼ 奉安場所候補地	범어사	금수사	부산시립공원묘원(재단법인 부산영원위탁관리)
總計	22,220,000원이상	20,000,000원이상	
1.納骨堂 建築費	20,000,000원	20,000,000원	必要없음

	400,000×50평		(現在 建築中에 있으며
	=20,000,000		1個月后면 完成 受容
			可能: 2,045주)
2.納骨堂 維持費	500,000(年間) 주지가 日本國 出張		必要없음
	中임으로 確認不能		
3.管理人 人件費	720,000원(年間)	〃	必要없음
	30,000×2인×12월		
	=720,000		
4.祭禮費	1,000,000월(年4回)	〃	必要없음
5.委託管理費	政府決定에 따름	〃	1주당 管理費(영구관리)
			11,500원

범어사:

納骨堂 建築費 20,000,000원 이외에 每年 納骨堂 維持費 500,000원과 納骨堂 管理人 人件費 720,000, 祭禮費 1,000,000원, 計 2,220,000원을 補助하여 주어야 하며 遺骨管理費는 別途로 政府에서 計上하여야 한다고 합니다.

부산시립공원묘원(부산영원):

納骨堂을(受容能力 2,045주) 現在 建築中에 있으며 1個月后면 完成된다고 하며, 1주당 管理費는 (영구관리비) 11,500원입니다.

27. 외무부 공문(착신전보)—전몰자 유골봉환 관련 평양방송 내용 보고

외무부
번호 JAW-05432
일시 231156
발신 주일대사
수신 외무부 장관

5.22. 평양방송은 전몰자 유골 봉환 문제에 관하여 다음과 같은 취지의 방송을 하였다고 하니 참고바람.

1. 현재 일본측이 보관하고 있는 유골(2,083주) 중 수백주는 북한 거주 가족의

유골이다.

2. 한일 유골봉환 교섭을 즉각 중지하고 북한과 교섭해야 한다.

3. 유골 봉환에 관한 일본의 태도는 북한 적대시의 일환이다.

(일정, 북일)

28. 외무부 공문(착신전보)– 유골송환 계획 관련 평양방송 인용 석간신문 기사 보고

외무부

번호 JAW-05451

일시 231729

발신 주일대사

수신 외무부 장관

연: JAW-05432

금23일 각 석간은 금일 아침의 평양방송을 인용하여, 조선 적십자회 중앙위원회가 작22일 일본이 한국에 유골 2081주를 송환시키려는 계획에 항의하는 성명을 다음과 같이 발표하였다고 보도함.

"일본정부가 남측에 송환하려는 2081주의 유골중에는 북한에 고향을 가진 유골이 수백주 포함되어 있다.

이를 일본정부가 일방적으로 남한측과 처리하려는 것으로 북한에 대한 새로운 적대정책이며 우리는 이를 규탄하여 송환계획의 중지를 요구한다"

(일정-북일, 정보)

29. 신문자료

중앙일보 74.5.23

2次戰 犧牲者遺骨 韓國送還 計劃 항의

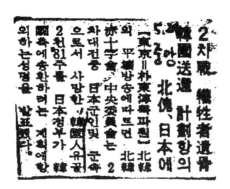

30. 외무부 공문(착신전보)—평양방송 관련 북동아과장 반응 보고

외무부

번호 JAW-05481

일시 241736

발신 주일대사

수신 장관

연: JAW-04508, 05432

5.24 상오 이동익 1등서기관은 세오 북동아과장을 방문, 전몰자 유골문제에 관한 일측의 추진상황과 북괴의 5.23일자 방송에 대한 반응을 타진한 바, 동과장은 다음과 같이 말함.

1. 외무성의 검토가 당초 예정보다는 상당히 지연되고 있으니 양해해달라

2. 유골 문제에 관한 북괴의 방송으로 말미암아 외무성은 이를 새로운 요소로 보고 이에 대하여도 검토하지 않을 수 없다. (금반 북괴의 방송은 최근의 보도에 자극된 것이 아닌가 생각된다고 함)

(일정-북일)

31. 기안-민원 조회

분류기호 문서번호 북일 700-
기안일시 74.5.24.
기안자 동북아1과 함명철
경유수신참조 주일대사
제목 민원조회

    1. 서울시 도봉구 미아3동 476-143에 거주하고 있는 조용묵(일제시 성명: 宇田川龍治)은 1928.3.15.-1945.12.31. 일본 외무성 및 동아성에서 근무를 하다가 퇴직(의원면직) 하였는바, 당시 일본 정부의 혼란상태로 인하여 일본 정부로부터 받을 은급금(퇴직금)을 받지 못하므로써 동 은급금은 자동적으로 일본정부에 기탁되어 있던 중, 73.5.11. 일본정부는 외무성 대신 관방 인사과장발 人恩 제8483호로 일본 외무성과 동아성에 재직한 이력서를 첨부, 人恩 제8484호 증명서에서 조용묵은 퇴직 후 일시 은급금을 받은 사실이 없음을 증명하여 보내왔다고 합니다.

    2. 상기에 대하여 민원인 조용묵은 권리금(은급금) 청구 절차에 필요하다고 하며 아래 사항을 일본 외무성에 조회하여 줄 것을 요청하여 왔는바, 동 사실을 조회하시고 그 결과를 보고하시기 바랍니다.

        -아래-

    가. 조용묵이 퇴직후 받은 사실이 없는 일시 은급금이 퇴직 당시 일화로 얼마이며, 현재 일화로 환산하면 얼마의 가치에 상당하는가?

    나. 조용묵의 일본정부에 대한 은급금 지불 청구권은 현재도 행사할 수 있는가? 만약 청구권이 소멸되었다고 한다면 그 소멸 이유는 무엇인가?
첨부 상기 人恩 제8483호 및 8484호 사본 각1부. 끝.

32. 기안-민원 회신

분류기호 문서번호 북일700-

기안일자 74.5.24.

기안자 동북아1과 함명철

경유수신참조 조용묵(서울. 도봉구 미아3동 476-143)

제목 민원 회신

1. 귀하의 5.3. 자 진정에 대한 회신입니다.

2. 귀하가 요청하신 일본 정부에 대한 귀하의 퇴직금 청구권의 존속 여부 및 퇴직금의 규모에 대해서 주일대사로 하여금 일본 정부에 지급 조회하고 그 결과를 보고토록 지시하였는 바, 동 결과를 접수하는대로 즉시 귀하에게 통보할 예정이오니 양지하시기 바랍니다.

3. 귀하가 요청하신 조회서의 사본은 주일대사로 하여금 일본 정부에 조회토록 한 아래사항을 명시함으로써 동 사본에 대신코저 하오니 양해하시기 바랍니다.

-아래-

가. 조용묵이 퇴직후 받은 사실이 없는 은급금이 퇴직 당시 일화로 얼마이며, 현재 일화로 환산하면 얼마의 가치에 상당하는가?

나. 조용묵의 일본 정부에 대한 은급금 지불 청구권은 현재도 행사할 수 있는가? 만약 동 청구권이 소멸되었다고 한다면 그 소멸 이유는 무엇인가? 끝.

33. 조용묵 민원

1. 1974年5月3日

서울市 도봉구 미아3동 476-143

(前日氏名 宇田川龍治) 趙龍默

外務部

金東祚 長官 貴下

事實照會 依賴願

本人이 終戰의 餘波로 在勤現地와 日本國서는 □常混亂中에 在하엿음으로 起因하여 日本國에서 받을 權利金을 받지 못하고 自動的으로 日本政府에 기탁하고 있든 中

1973年 5月11日 日本外務大臣 官房 人事課長發 人恩第8483號로 日本國 外務省과 東亞省에 在職한 履歷書를 添付한

人恩第8484號 證明書에 趙龍默은 그 退職 後 一時 恩給金을 받은 事實이 업다를 證明하여 보내여왓슴으로, 權利金 請求의 節次에 必要하오니 下記의 要旨을 日本國에 照會하야 주시기을 바랍니다.

照會하시고 照會하신 照會書의 寫本을 本人에게도 보내여 주시기를 바랍니다.

照會要旨

(1) 本人이 退職후 받은 事實이 업는一時恩給金이 退職當時 日貨로 얼마이며, 現在 日貨로 換算하면 얼마의 價値에 相當하는가

(2) 本人은 지금 日本國에 對하야, 그 請求權이 尙在하는가? 萬若 그 請求權이 消滅되엿다고 主張하면, 그 消滅된 原由를 解明하야 주시요, 以上

本件前에 照會 又는 依賴하엿든 經過

(1) 在韓日本大使館에 照會

1974年1月22日 大使館에 回答 要旨

(當館에서는 本件個要請에 應치 않으니 貴下는 貴政府를 通하여 要請하시압

(2) 財務部에 照會依賴

1974年1月31日 管理課長 代決 回答 要旨

(當部에서는 本件 貴下가 要求한대로 日本國에 照會할 事件이 안임으로 不應합니다.)

(3) 外務部長官에게 照會依賴

1974年3月19日 □□□ 장기안씨 代決로 回答要旨(願人이 本件을 직접 日本國에 照會함이 可하다.)라고 依賴에 不應하시다.

34. 외무부 공문-민원회신

외무부
번호 북일700-
일자 1974.5.24.
발신 외무부 장관
수신 조용묵(서울.도봉구 미아3동 476-143)
제목 민원 회신

1. 귀하의 5.3.자 진정에 대한 회신입니다.
2. 귀하가 요청하신 일본 정부에 대한 귀하의 퇴직금 청구권의 존속 여부 및 퇴직금의 규모에 대해서 주일대사로 하여금 일본 정부에 지급 조회하고 그 결과를 보고토록 지시하였는 바, 동 결과를 접수하는대로 즉시 귀하에게 통보할 예정이오니 양지하시기 바랍니다.
3. 귀하가 요청하신 조회서의 사본은 주일대사로 하여금 일본 정부에 조회토록 한 아래사항을 명시함으로써 동 사본에 대신코저 하오니 양해하시기 바랍니다.

                -아래-

가. 조용묵이 퇴직후 받은 사실이 없는 은급금이 퇴직 당시 일화로 얼마이며, 현재 일화로 환산하면 얼마의 가치에 상당하는가?

나. 조용묵의 일본 정부에 대한 은급금 지불 청구권은 현재도 행사할 수 있는가? 만약 동 청구권이 소멸되었다고 한다면 그 소멸 이유는 무엇인가? 끝.

외무부 장관

35. 외무부 공문(착신전보)-민원 회신에 대한 회보

외무부
번호 JAW-05605

일시 301920
발신 주일대사
수신 장관

　　대: 북일700-10193

　　대호건에 관하여 외무성 관계관(인사과 차석)과 접촉한 결과는 다음과 같음.

　　1. 조용묵의 일시 은급금은 434엔으로 일시은급금(12년 이하 근무자 퇴직시 일시 예치금)은 은급금(12년 이상 근무자 퇴직시 연차적으로 화폐가치 변동에 따라 증감)과 달라 현재가치로 환산할 수 없고 지급할 경우 당시의 액수대로 지급한다고 함.

　　2. 동인의 은급을 받을 권리는 "실효은급규정" 제5호 은급권의 소멸시효(은급금 지급사유가 생긴 날로부터7년) 및 제9조 은급권의 상실 사유(국적의 상실)에 해당함으로 현재 행사할 수 없다고 함. (일정 북일)

36. 외무부 공문-민원 회신

외무부
번호 북일700-
일시 1974.5.31
발신 외무부 장관
수신 조용묵(서울.도봉구 미아3동 476-143)
제목 민원 회신

　　1. 북일700-22066(74.5.25.)의 관련입니다.

　　2. 일본 외무성에 의하면 귀하의 일본 정부에 대한 일시 은급금 지불 청구권은 "실효 은급 규정" 제5조 은급권의 소멸시효(은급금 지급 사유가 생긴날로부터7년) 및 제9조 은급권의 소멸시효(은급금 지급 사유가 생긴날로부터 7년) 및 제9조 은급권의 상실사유(국적의 상실)에 해당함으로 현재 행사할 수 없다고 함을 통보하오니 양지하시기 바랍니다.

3. 아물러 귀하가 받을 수 있었던 일시 은급금은 434엥으로 일시 은급금(12년 이하 근무자 퇴직시 일시에 지급)은 은급금(12년 이상 근무자 퇴직시 연차적으로 화폐가치 변동에 따라 증감)과 달라 현재의 가치로 환산할 수 없으며, 만약 지급받을 수 있는 경우라 가정하더라도 당시의 액수대로 434엥이 지급될 수 밖에 없다함을 첨언합니다. 끝.

외무부 장관

37. 보건사회부 공문-제2차 대전중 전몰한 유골봉환에 따른 협조요청

보건사회부
번호 환위1435-108674
일시 1974.6.14.
발신 보건사회부 장관
수신 외무부 장관
제목 제2차 대전중 전몰한 유골봉환에 따른 협조 요청

　　1. 제2차 대전중 전몰한 재일본 한국인의 유골봉환에 있어 기히 일본국으로부터 통보된 유골명단에 없는 자의 유족이 일본국 후생성으로부터 발급받은 별첨과 같은 사망증명서를 첨부하여 당부에 진정서를 제출하고 있는 바, 대일교섭시 이점에 대한 일본국 정부의 처리방안을 확인하여 주시기 바랍니다.
첨부: 사망증명서 사본1부 끝.
*유골봉환 문제와 關係 全無하고 擧論될 性質이 아님은 보사부 환경위생과에 口頭說明함.

보건사회부 장관

38. 제2차 대전중 전몰 한국인 유골 봉환

제2차 대전중 전몰 한국인 유골 봉환

1. 현황

　가. 제2차 세계대전중 한국인으로서 일본의 군인, 군속으로 징병 또는 징용
　　된 수는 약242,000명이며, 이중 약 22,000이 전몰하였음.

　나. 상기 전몰자 유골중 회수된 것은 전체 전몰자의 1/3인 약 8,300주에 불
　　과하며 그중 6,000주는 1948년2월과 5월2차에 걸쳐 연합국 총사령부에
　　의해 봉환되었으며 잔여 2,331주의 유골은 일본 후생성에서 보관하여
　　왔음.

　다. 1969년에 있은 제3차 한일 정기 각료회의시에 2,331주의 유골중 가족
　　관계가 분명한 분에 대하여는 가족의 요청에 따라 개별적으로 인도할
　　것에 관해 양측간에 양해가 성립되었으며, 이에 따라 유가족이 개별적
　　으로 2주를 인수하였고 1971.11.20. 재단법인 "부산영원"(74.8.21. 보사
　　부에서 사업 승인함)이 246주를 인수해 옴으로서 현재 일본 후생성의
　　감독하에 동경 소재 사찰 "유덴지"에 안치되어 있는 유골은 2,083주임
　　(동2,083주의 유골중 1주가 중복된 것이 있어 사실상 유골수는 2,082
　　주임)

　라. 2,082의 유골을 징병, 징용 당시의 출신자별로 보면 남한 출신이 1,647주,
　　북한 출신 435주인 바 각 출신도별 현황, 유족의 유골 인수 희망여부 현
　　황은 다음과 같음.
　　(74.10.18. 현재)

구분 시도별	유골수	신고 유가족수	인수 희망수	인수 불희망	기타 (반송무표시)	비고
계	2,082	969(57)	625	81	263	
서울	40	116(42)	62	16	38	
부산	36	37(3)	15	2	20	
경기	179	96(2)	63	8	25	
강원	83	29(2)	21	3	5	
충북	144	85	61	6	18	
충남	218	113	72	8	33	
전북	142	84	65	7	12	

전남	248	135	94	5	36
경북	318	154(1)	98	13	43
경남	199	76	41	13	22
제주	40	32	24	-	8
본부	-	12(7)	9	-	3
이북	435				

* ( ) 숫자는 본적이 이북인자 임.

2. 한일 양국의 입장

　　가. 아측 입장

　　　　1) 아국의 기본 방침은 남북한 출신 구별없이 일괄 인수한다는 것이었으나 일측의 반대로 우선 남한 출신 유골 전부 및 북한 출신 유골중 남한에 연고자가 있는 유골의 봉환으로 방침을 변경함.

　　　　2) 그러나 일본측이 끝까지 유족주의를 내세워 남한 출신자분 일괄 인도에 불응하고 있으므로 정부로서는 2,082주의 유골 전부에 대한 교섭을 계속하는 한편 유족이 신고한 분만이라도 우선 인수할 방침으로 대일 교섭에 임하여 왔음.

　　　　3) 유족이 신고한 분만을 인수하는 경우에도 아측에서 작성한 유족 명부를 일측에 제시하는 수속만으로서 인수토록 함.

　　　　4) 유족이 신고한 유골을 제외한 잔여 유골에 대하여는 "대한민국 정부 책임하에 일괄 인수"라는 기존 방침을 관철하도록 대일 교섭을 계속함.

　　나. 일측 입장

　　　　1) 남북한 출신 구별없이 국내법의 유족주의에 따라 유족이 확인된 것만을 인도함.

　　　　2) 아측이 이에 반대함에 따라 일측은 법률상 난점 및 관계 부처간의 합의의 난점 등이 많으나 최종 해결 촉진책을 검토하여 새로운 제안을 하겠다고 약속하였음.

　　　　3) 일측은 상금 본건 완전 해결을 위한 새로운 방안을 제안하여 오지는 않고 있으나 종전의 유족주의에 입각한 제안에서 후퇴하여 아측이 유족임을 확인하여 제시한 유족명단에 의거 유골을 봉환할 것에 합의함에 이름.

3. 교섭 경위

가. 개요

유골 봉환문제는 2차대전 종전후부터 연합국 최고사령부 및 일본측과 교섭을 하여 왔는바, 특히 1964년부터 활발히 대일교섭을 추진하여 왔음.

나. 진행 상황

그간의 교섭과정에서 일측이 제시한 안(시안포함)은 다음과 같음.

1) 1964.11.12. 북한 출신자의 일괄 인도에는 난점이 있으며, 일본국내 법령상 유가족의 동의를 얻음이 원칙이나 한국정부가 책임을 지고 인수할 경우 남한 출신자(군사분계선 이남 출신자)에 한하여 인도하는데 이의없음.(마에다 북동아과장 제시)

2) 1966.2.21. 아측에서 북한 출신자 문제를 고려, 차선책으로 무연고자 유골을 일본내에 항구적으로 매장토록 일측에 요청하였으나 일측은 연고자가 나타나서 이장하겠다고 할 경우 곤란하며 일본 국민감정상 곤란하다는 이유로 무연고자 유골의 일본내 항구적 매장에 반대하고 연고자 유무에 관계없이 한국 정부에서 일괄 인수한 후 무연고자 유골을 한국에 매장할 것을 제의함. (구로다 북동아과장 제시)

3) 아측은 일측의 경비 부담을 조건으로 내세움.

4) 1966.3.31. 일측은 (가) 한국에서 유골 명단을 공고하여 유족이 확인된 유골만을 인도하고, (나) 유족이 확인되지 않은 유골은 당분간 보관, (다) 북한에 있는 유가족이 유골의 인도를 요구할 경우 인도적 견지에서 거절할 수 없다고 함.(구로다 북동아과장)

5) 아측은 종래의 방침을 관철키로 함.

6) 1966.11.4. 아측은,

가) 남한지역 출신자 유골(유품97종 포함)은 일괄하여 정부가 인수

나) 북한지역 출신자 유골은 연고자를 찾아 그 명단을 일측에 제시

　* 연고자 범위

　　- 민법상의 친족

　　- 혈연, 인척관계자

　　- 고인과 특수한 관계자(동본, 동향, 동창, 고용관계 등)

　　- 종친회 대표자, 지역별 행정 책임자

다) 일본 정부는 일본내에서 정중한위령제를 거행하고, 고인(유골)

에 대한 표창과 한국 정부가 지정하는 한국내 장소까지 수송하는데 필요한 경비 및 편의 제공 등을 일측에 제시함.

7) 1966.11.23. 일측은 적당한 명분만 있으면 유골일체를 한국 정부에 인도하려는 입장이라고 말하고(연고자 확인은 한국정부에서 하도록) 외무성으로서는 이러한 방향으로 일본 정부 내부를 설득하고져 함. (노다 북동아과장) 주한 일본대사관 시마모도 1등서기관은 남북한 출신 구별없이 유골을 인수할 단체 또는 기관명 등 한국측이 작성할 수 있는 연고자 명부를 제시해 달라고 요청함. (가능한한 확대하도록 제의)

8) 1967.5.8. 일측은 상기1966.11.4.의 아측 제의에 대해 한국측이 제시한 내역만 가지고 북한 출신자 유골 인도는 곤란하다고 함. (노다 북동아과장)

9) 1969.8.26.-8.28. 제3차 한일 정기 각료회의시,

　가) 아측이 일괄 인도로서 문제를 종결하게 되기를 바라다고 한데 대해 일본측은 일괄 인도의 경우 정당한 유족이 소송을 제기할 때 정부가 패소하는 것을 막기위해 곤란하다는 입장을 취함.

　나) 잠정적으로 유족이나 연고자의 유골 신청이 있으면 개별 인도하는 데는 합의(일측 제의에 아측이 반대하지 않음.)

10) 1972.10.26. 외무부는 남한 출신 유골 전부와 북한 출신 유골중 연고자가 남한에 있는 것으로 확인된 유골 전부를 정부가 인수하며 개별 인수를 억제한다는 방침을 세움.

11) 1973.12.24. 유골 봉환에 따른 관계부처 회의 개최(참가부처: 경제기획원, 외무부, 내무부, 보건사회부, 총무처, 원호처 및 부산시 관계관)

12) 1974.1.21. 외무부는 다음과 같은 방침하에 일측과 교섭하도록 주일대사관에 지시함.

　가) 남한 출신 유골 전부와 북한 출신자 중 유족이 남한에 있는 유골부터 우선 정부가 인수함.

　나) 잔여 북한 출신자 유골은 상기 유골 봉환 후 다시 일측과 교섭함.

　다) 일본 정부는 한국 정부가 지정하는 장소(부산항)까지 일본 정

부 책임하에 봉환토록 함. 봉환시 일본 정부에서 정중한 예의 표시함.

13) 1974.1.24. 일본 정부의 유골 봉환시기를 가급적 3.10.로 하도록 하고 향전대를 주당1만원이상 지급토록 교섭할 것을 주일대사관에 지시함.

14) 1974.1. 보건사회부는 "재일본 한국인 유골 봉환 계획"을 국무회의에 보고함.

15) 1974.2.6. 정부는 전몰자 유골명단을 서울신문에 공고함.

16) 1974.2.6. 아측의 전몰자 명단 발표에 대해 주일대사관을 통하여 일측에 통보함. 일측은 북한 출신 유골을 인수할 연고자의 자격과 범위를 어떻게 정하고 있는지 문의함.

17) 1974.2.8.아측은 북한 출신자 연고자의 범위는 가급적 확대하도록 하되 일측이 불응시에는 민법상의 친족과 제777조 가족의 범위로 국한하여도 가하다는 것을 주일대사관에 통보함.

18) 1974.2.8. 일측은 자국 입장이 확정되지는 않았으나 연고자의 범위를 종전의 부분적 봉환시의 기존보다 확대하기는 어려울 것이라는 점이라고 말함. 일측 입장을 가급적 속히 제시하겠다고 함.

19) 1974.2.22. 일측의 입장을 조속히 제시할 것을 촉구한 바 일측은 "종래의 방식대로 남북한 출신을 불문하고 한국 민법 777조에 규정된 유족 내지 연고자 또는 그로부터 위임을 받은자에게 인도하며, 인도절차는 유족이 인도 요청, 전몰자와의 신분관계를 밝힐 수 있는 호적등본 및 현거주지 증빙서를 첨부토록 하고 이들 서류를 확인한 후 인도한다"고 입장을 밝힘.

20) 1974.2.23. 상기 일측 입장에 대하여 유골 봉환문제는 전후 처리문제로서 일본 국내법 문제로 처리되어서는 안되는 점 등 부당성을 지적하고 조속 교섭 타결토록 주일대사관에 지시함.

21) 1974.2.25. 주일대사관 윤 공사가 외무성 다까시마 아주국장을 만나 아측입장에 따라 일괄 해결을 기하도록 촉구한 바, 동 국장은 외무성으로서는 조기 타결에 한국 정부와 완전히 입장을 같이하는 바이며 관계부처의 이견 조정을 위해 노력하겠다고 함.

22) 1974.2.25. 주일대사관 우문기 1등서기관이 세오 북동아과장을 방

문 일측 입장의 부당성을 지적하고 조속한 타결을 촉구한 바 세오 과장은 과거 교섭경위의 재조사를 하고 있으므로 동 조사가 끝나는 대로 회답해 주도록 노력하겠다고 말함.

23) 1974.2.26. 동북아1과장이 주한 일본대사관 가와시마1등서기관을 불러 아측입장을 재차 설명하고 일측이 아측의 입장을 수락하도록 촉구함.

23) 1974.3.9. 일측은 유골봉환 문제에 관해 과거의 교섭경위를 면밀히 재조사한 후 다음과 같이 설명함.

　가) 한국측이 지적하는 대로 일측이 남한 출신 유골을 일괄 인도하 겠다고 발언한 적이 있는 것은 사실이나 다만 그것은 정부로서 의 결정이 아니고 사무 당국자의 시안에 불과하였음. 그후 68.11.6. 일측이 남한출신분 일괄 인도를 정부로서 양승한 적 은 없었음을 분명히 하였음.

　나) 이와 같은 일측 입장을 유골 봉환문제가 거론될 때마다 이관하 여 취해졌음.

　다) 48년6,000주 봉환시에도 연합국 총사령부가 유족이 38도선 이 남 거주자에 한한다고 하여 유족주의에 의거 처리하였음.

　라) 북한과는 법률관계 불확립으로 일괄 인도하는 경우, 세인의 관 심대상이 되면 여러가지 잡음이 발생하므로 곤란함.

　마) 일측으로서는 여러가지 난점이 많으나 최종 해결 촉진책을 검 토하여 새로운 안을 제안하겠다고 약속함.

24) 1974.4.15. 일측의 대안을 기다려 볼 것이나 일측이 끝까지 유족주 의를 내세워 남한 출실분 일괄 인도에 불응할 경우 아측은 유족이 신고된 분만이라도 인수할 방침이며, 이 경우에도 아측에서 작성한 유족명부를 일측에 제시하는 수속만으로서 인수토록 교섭할 방침 임을 주일대사에게 통보함.

　* 4.10. 현재 신고되어 작성된 유족명단은 957명임.

25) 1974.4.16. "야기 노부오" 일한 문화협회 이사장 겸 태평양전쟁 전몰 한국인 위령사업 협찬회 이사장은 "야마다" 외무성 정부차관이 "한 국인 전몰자 유골을 일괄해서 한국에 인도하되 북한에 관계되는 유 골에 대하여 북한 거주 유족에 의한 청구가 있을 경우에는 한국 정

부가 북한에 인도하도록 한다는 일본측의 희망을 조건으로 하여 처리하면 될 것이다"라고 말하였다고 주일대사관에 제보하여 왔음.

26) 1974.4.23. 일측의 새로운 제안의 조속 제시를 촉구함.

27) 1974.5.22. 평양방송이 유골중 수백주는 북한 거주 가족의 유골이므로 북한과 교섭하여야 한다고 방송함.

28) 1974.5.24. 유골 문제에 관한 북괴 방송으로 말미암아 외무성은 이를 새로운 요소로 보고 이에 대하여도 검토하지 않을 수 없다고 말함. (세오 북동아과장)

29) 1974.10.15. 한국측이 제시한 유족명단(988명)을 검토한 결과 850명은 유족으로 확인되어 이들의 인도는 별문제 없을 것으로 보나 138명은 성명 착오 등으로 계속 검토중임. 동138명의 검토가 끝난 후 명부에 없는 유골의 처리문제를 후생성에서 검토토록 되어 있다함. (세오 북동아과장)

30) 1974.10.19. 유족으로 확인된 850명분에 대한 인도 방식은 미정이나 결정되면 한국측에 통보할 것임. (세오 과장)

31) 1974.10.26.(1) 한국측이 제시한 유족명부를 후생성에서 검토한 결과 성명, 본적지 및 유족관계가 후생성의 전몰자 명부와 일치하는 것이 835주, 미확인분113건 및 인도불능(이중 신고, 후생성의 전몰자 명부에 없는 것 등)이 40건이라고 알려옴.

(2) 일본 정부는 종래의 일측의 인도방침(유족주의)을 바꾸어 한국 정부 책임하에 한국 정부가 조사, 작성한 유족명부에 따라 전기 835주를 호적등본 등의 서류 첨부없이 한국 정부를 통하여 유족에게 인도한다는 것이 일측의 최종 방침인 바 유골 인도후 파생되는 문제에 대하여는 한국 정부가 책임진다는 조건하에 인도코저 한다고 통보함.

(3) 또한 확인되지 않은 113건에 대하여는 한국 정부가 성명 착오분은 동일인임을 증명하고 본적지의 상이는 그 변경 이유를 명시하고 관계 불명분은 친족임을 확인해 주면 전기 인도방식과 같이 인도할 방침임을 첨가함. (세오과장)

32) 1974.11.8.(1) 유골 봉환 문제에 관한 정부 입장은 잔여 유골 처리에 대한 전례를 형성하지 않는다는 것을 조건으로 유족 명단에 수록된

분을 우선 해결키로 하고 해결지침을 하달함. (2) 잔여 유골에 대하여는 "대한민국 정부 책임하, 전 유골 일괄 인수"라는 입장을 취하도록 지시함. (본부)

33) 1974.11.13. 현재까지 확인된 835주의 유골 인도가 잔여 유골처리의 전례가 되지 않으며 한국 정부 책임하 전 유골의 일괄 인수라는 한국 정부의 기존 입장에 변함이 없음을 일측에 통보함. (주일대사관)

34) 방일중인 우문기 동북아1과장과 세오 북동아과장 간에서 74.12.4. 향전금은 종전의 2배인 20,000원으로 하고, 일측 호송책임자는 후생성 정무차관으로 하고, 전세특별기편으로 수송하는데 합의함.

35) 1974.12.9. 미확인분 113주중 보건사회부에서 재확인한 75주에 대한 유족 명단을 외무성에 수교하고 835주 봉환시 동시에 봉환하도록 요청함. (주일대사관)

36) 1974.12.11. 유골 봉환일을 12.20.로 확정하였음을 일측에 통보 지시(본부)

37) 1974.12.10. 한국측이 제시한 75주의 추가 명단이 후생성에서 확인되었으므로 835주와 함께 총 910주를 봉환할 것을 통보함. (세오과장)

38) 1974.12.11. 일측이 통보한 835주는 행정상 착오이며, 1주가 추가되어 836주가 되었고 따라서 봉환 확정수는 911주임을 통보함. (세오과장)

4. 결정 사항

가. 한국측이 확인하여 일측에 제시한 유족 명단 중 일측이 보관하고 있는 전몰자 명단과 일치하여 봉환이 확정된 유골수는 911주임.

나. 유골 봉환일은 74.12.20. 로함

다. 유골의 봉환을 위해 일측은 74.12.19. 일본내에서 위령제를 거행하고(동경소재 유덴지에서) 일본 후생성 정무차관이 호송책임자가 되며, 전세비행기를 이용 아측이 지정한 공항(수영공항)까지의 호송 등 정중한 예우를 다한 후 한국측에 인도함.

라. 유족에 대한 향전금은 과거246주 봉환시에는 10,000한국원을 지불하였으나 금번 봉환시에는 20,000한국원을 지불토록 함.

마. 74.12.20. 부산 수영공항에서 유골을 인수한 후, 12.21. 부산시 금정중
학교 교정에서 보건사회부 주최로 위령제를 거행하고 유족에게 유골을
인도함.

39. 한국인 전몰자 유골 봉환문제 진전상황

한국인 전몰자 유골 봉환문제 진전상황
1964. (당초 한국측 방침)
　남북한 출신 구별없이 일괄 인수
1964.11.12. (일측 입장)
　1. 유골의 실제 인도에는 관계법령상 유가족의 동의를 득함이 원칙이나 한
국정부가 유가족에게 책임인도 한다면 일괄 인도에 이의없으나, 남한출
신에 국한하지 않을 수 없다. 남한출신, 1,815주(육군, 군인군속 1,073
주, 해군 군인군속686주, 일반인 56주)
　2. 일본정부는 유골 봉송의 수송편의, 포장, 위령제등 편의제공(마에다 북
동아과장)
1966.2.21. 무연고 유골의 일본내 매장이 어려우므로 연고자 유무에 관계없이
한국정부에 일괄 인도후 무연고 유골을 한국내 매장토록 제의했으나 경비
문제로 미합의(구로다 북동아과장)
1966.11.23. 명분만 있으면 유골 일체를 한국정부에 인도하는 입장(노다 북동
아과장)
1966.11.4. (외무부 방침)
　1. 남한 지역 출신자 유골 1,862주(및 유품 97종)는 일괄하여 정부가 인수
함.
　2. 북한지역 출신자 유골469주를 연고자를 찾아 그 명단을 일측에 제시(연
고자 범위: 친족(배우자, 혈족, 인척), 고인과 특수관계(동창, 친교, 고용
관계)종친회 대표, 지역별 친목단체, 지역별 행정책임자)
　3. 일본정부는 일본내에서 정중한 위령제, 유골자의 포장, 한국정부가 지정
하는 한국내의 장소까지 수송하는데 필요한 비용 및 편의제공

1967.5.8. 상기 1966.11.4. 아측제의에 북한 출신자 유골을 인도하기에는 곤란
(노다 북동아과장)

1972.10.26. (외무부 방침)

1. 남한 출신 유골 1,614주와 북한 출신 유골 469주 중 연고자가 남한에 있는 것으로 확언된 것을 정부가 일괄 인수함. 개별인수는 억제함.

1974.1.21. (외무부 지시)

1. 남한 출신 유골전부와 북한출신자 중 유족이 남한에 있는것부터 우선 정부가 일괄 인수함.
2. 잔여 북한출신자 유골을 상기 유골봉환시 다시 일본정부와 교섭함.
3. 일본정부가 지정하는 장소(부산항)까지 일본정부 책임하에 봉환토록 함. 봉환시 일본정부에서 정중한 예의 표시

1974.2.9. (외무부 통보)

1. 남북한 출신 구별없이 일괄 인수
   단. 북한 출신자분(유족이 남한에 있는 것 제외)은 문제의 최종적 해결시까지 인수를 보류
2. 남한 출신분은 연고자 유무에 관계없이 북한출신자분은 연고자가 있는 것을 단시일내 봉환
3. 북한 출신자 연고자의 범위는 가급적 확대하되, 일측이 불응시 민법상의 친족과 가족의 범위내 국한도 가함.

1974.2.2. (최근 일본의 방침)

종래의 방식대로 남북한 출신을 불문하고 한국민법707조에 규정된 유족 내지 연고자 또는 그들로부터 위임받은 자에게 인도하며 인도절차는 유족이 인도요청, 전몰자의 신분관계를 밝힐 수 있는 호적등본 및 현 거주지 증빙서를 첨부토록 하고 일측이 이를 확인 후 인도한다.

1974.3.9.

1. 일측이 과거 남한출신 유골을 일괄 인도하겠다고 발언한 적은 있으나 이는 정부로서의 결정이 아니고 사무당국의 "시안"에 불과했다.
2. 1968.11.16. "다데" 북동아과장은 "일측이 남한 출신분 일괄 인도를 정부로서 양승한 적은 없었다."고 분명히 했고 그후 계속 이러한 입장을 취해왔으며, 69년 한일 각료회의시에도 이러한 "유족주의"입장을 설명했다.
3. 기본적으로 종래 방식을 바꿀 수 없다. 일측도 조속한 해결을 바라므로

가능한 해결방법을 찾기□□ 노력하겠다.

4. 최종적 해결촉진책을 검토하여 결론이 나는대로 다시 제안하겠다.

5. 유족 조사결과를 알려달라. (세오 북동아과장)

40. 태평양 전쟁중 전몰자 유골 봉환 현황

태평양 전쟁중 전몰자 유골 봉환 현황

1. 태평양 전쟁중 약242,000의 한국인이 일본 군인 군속으로 징병 또는 징용되어 그중 약22,000명이 전몰하였음.

2. 전몰자 유골중 회수된 것은 전체 전몰자의 1/3인 약8,300주에 불과하며 그중 6,000주가 1948년2월 및 5월의 2차에 걸쳐 봉환되어 2,331주를 남겨놓고 있었음.

3. 1969년의 제3차 한일 정기 각료회의시 2,331주의 유골 중 가족관계가 분명한 분에 대해서는 가족의 요청에 따라 개별적으로 인도할 것에 관해 양측간에 양해가 성립되어, 이에 따라 유가족이 개별적으로 2주를 인수하였고, 71.11.20. 재단법인 "부산영원"(71.8.21. 보사부에서 사업 승인)이 246주를 인수해 옴으로써 잔여분은 2,083주가 됨.

4. 2,083주의 유골은 현재 일본 후생성 감독하에 동경 소재 사찰에 보관되어 있는바, 그중 징병, 징용 당시의 출신별로 남한적이 1,614주, 북한적이469주임.

41. 외무부(발신전보)-유골봉환 유족명단 정정 요청

외무부

번호 WJA-10221

일시 191240

발신 외무부 장관

수신 주일대사

대: JAW-10374

1. 대호 보고에 의하면 일측은 아측에서 제시한 유족명단이 988명이라 하는바 아래와 같이 본부에서 파악하고 있는 유족의 수와 차이가 있으므로 일측에 문의하여 동 숫자를 재확인, 보고바람.

2. 지난 74.4. 유족명단을 일측에 제시하였을 당시에는 957명이었으며 그 후 추가 신고된 분을 포함하여 74.10.18. 현재 총 969명임을 참고로 첨언함.

(북일-)

42. 외무부(착신전보)-유골봉환에 관한 일측의 새 제안 보고

외무부
번호 WJA-10470
일시 191300
발신 주일대사
수신 외무부 장관

대: WJA-10190, 10198, 연: JAW-10374

10.18 하오 이동익1등서기관은 세오 북동아과장을 방문 유골봉환 문제에 관한 일측의 새로운 제안의 시기 및 내용, 아측이 제공한 988명의 유족에 대한 검토의 내용 및 처리 방안 등에 관하여 문의 타진한 바를 다음과 같이 보고함.

1. 동과장은 지난3.8 우문기1등서기관에게 일측이 유족주의에 입각하고 있으므로 유족이 유골의 인도를 요청하면 유족과 전몰자와의 신분관계를 밝힐 수 있는 호적등본 및 유족의 현 거주지에 관한 증빙서를 첨부토록 하여 아측이 이를 확인한 후 인도한다는 종래의 방식을 변경할 수는 없으나 한국측이 일측의 이러한 방식을 받아들이지 않으므로 일측도 조속한 해결을 바라는 입장에서 최종적 해결책을 검토하여 결론이 나오는대로 다시 제안하겠다고 말한 것을 시인하고 이러한 약속에 따라 이문제의 주관 기관인 후생성으로 하여금 다시

검토토록 한 바 있으나 후생성의 검토가 외무성이 바라는 것보다 훨씬 지연되고 있던 중 지난8월초(JAW-10374)의4월중순은 착오라고 함) 한국측으로부터 유족명부(988명분)를 제공받아 이를 후생성에 이첩하여 검토케 한 것이라고 말하면서, 검토하겠다고 한 것은 한국측이 제공할 유족명부와 관련지워 말한 것은 아니지만 유족명부를 제공받고 난 후 유족이 판명된 부분을 우선적으로 처리해야 한다는 생각에서 988명의 유족에 대하여 전몰자 명부와 대조하여 확인케 한 것이며 따라서 결과적으로는 확인된 부분에 대한 처리가 선행하게 되었다고 그간의 경위를 설명하였음.

2. 현재 진행중인 988명의 유족에 대한 검토 결과가 판명되고 이들에 대한 인도방식이 정해진 후에 잔여 유골 전체(2,083주중 유족이 확인된 것을 제외한 잔여를 말함)에 대한 검토가 이 문제에 관한 주관기관인 후생성에서 행해질 것이므로 일측의 새로운 제안의 내용이나 시기를 현재는 말할 수 없으나 외무성으로는 최선을 다해서 후생성과 협의하고 있으니 이해하여 달라고 말함.

3. 한국측이 제공한 988명의 유족명부에 따라 유족이 판명된 850주를 그대로 한국측에 인도한다거나 종래 일측의 주장인 증빙서류(호적등복, 거주증명 등)를 첨부토록 한다든가 하는 인도방식은 아직 결정한 바는 없으며 988명의 유족 명단을 전몰자(2월초에 한국측에 제공한 것)와 대조한 결과 우선850주는 양 명부상으로 번호, 성명, 본적지, 가족관계등이 일치 또는 거의 일치(본적지의 동단위의 명칭에 상위가 있는 정도)하는 것으로 판명되엇고, 나머지138명의 유족의 성명의 차이가, 가족관계불명(예 :기타로 기재된 것)등으로 계속 검토를 하고 있는 바 내주말경까지는 이들138명의 유족에 대한 검토가 끝나서 988명의 유족명부를 유족이 확인된 유골수, 한국측과 협의하여 확인한 유골수, 전연 확인이 안된는 유골수로 3분된 검토 결과를 한국측에 알려줄 계획으로 추진중이라고 말함.

4. 988명의 유족에 대하여는 유족관계를 최대한도로 해석하고 있으므로 현재까지 확인된 850주의 유골수는138명에 대한 검토가 끝나면 늘어날 수도 있어 988명의 유골 중 확인된 유골을 850주로 단정하는 것은 아니며 988명의 유골 중 확인된 유골의 인도는 방침이 결정되는대로 내주 말경에는 한국측에 알려 줄 수 있도록 후생성과 협의하겠다고 말함.

5. 연호850명이란 아측이 제공한 유족명부850번까지를 말하는 것이 아니며, 유족988명에서 전술한 방법으로 확인된 유골수이며 유족988명 중에는 이중으

로 기재된 것도 있어 유족988명과 확인된 유골수가 일치하지 않을 것도 예상 된다고 말함. (일정-북임)

43. 외무부 공문(발신전보)-유골봉환문제

외무부
번호 WJA-11103
일시 081440
발신 외무부 장관
수신 주일대사

대: JAW-10650
유골봉환문제
1. 합의에 도달한 835주에 대하여는, 대호2항의 일측 제의를 수락하나, 다음을 제의, 합의하시기 바람.
　가. 봉환시기에 관하여는 관계부처와 협의중인 바 결정되는대로 추보하겠 음.
　나. 일측은 아측의 최소한 5일전 통고로 봉환할 수 있도록 만반의 사전 준 비를 취하여 둠. (개별 유골함 제작 등)
2. 상금 합의에도 도달하지 못한 113주에 대하여는, 관계기관을 통하여 조사를 개시하였는 바, 이와 관련하여 다음에 관해 합의토록 하시압.
　가. 835주 봉환일 5일전까지 동일인 임이 확인된 것은 835주와 함께 봉환 하며,
　나. 그 이후에 확인된 것은 원칙적으로 최단시일내에 봉환하는 것으로 하고 그 일시는 추후 양국이 협의 결정함.
3. 봉환 절차에 관하여 다음사항을 일측과 교섭하시고 결과 보고 바람.
　가. 일본으로부터 국내 지정 지점까지 일본 정부 책임하에 봉환함.
　나. 봉환시 일본 정부 고위관계자를 봉환 책임자로 하는 등 정중한 예의를 표시해야 함.

다. 봉환 수송편은 항공편으로 하고 봉환 지점을 수영공항으로 함.

라. 71.11.의 246주 봉환시 일측은 1주당 향전금 10,000원씩을 지급하므로서, 국내에서 물의를 자아내게 한 바 있음. 서울 근교 공원묘지 1기당 가격은 대체로 10-12만원임에 비추어 금번 봉환시 일측은 향전금 및 매장비로 1주당 12만원을 지급토록 함.

마. 유골봉환전에 일본 정부에 의한 위령제가 거행되도록 함.

4. 일본 정부는 향전금 및 매장비 이외에 예컨데 "위로금" 등을 지급할 용의가 있는지? 있다면 어느정도로 고려하고 있는지 타진바람.

44. 외무부 보고사항– 제2차 대전중 전몰 한국인 유골봉환 교섭

외무부 보고사항
번호 북일700-1564
일시 1974.11.8.
발신 외무부 장관
수신 국무총리
제목 제2차 대전중 전몰 한국인 유골봉환 교섭

다음과 같이 보고합니다.

1. 1974.2.25.자 북일700-234호와 관련된 보고입니다.

2. 유골봉환 문제에 관하여 당부는 남한 출신 유골 전부 및 북한 출신 유골 중 연고자의 남한 거주분의 일괄 인수를 주장하는데 대해, 일측은 남북한 출신 구별없이 유족 내지 연고자가 관계 서류를 제출하는 분만을 봉환할 것을 주장하고 있음은 기히 보고드린 바 있읍니다.

3. 일측은 74.10.26. 아측의 일괄 인수 주장을 받아 드림으로써 우리 정부가 일측에 제공한 유가족 신고자 명부에 따른 일괄 인수·인도에 원칙적인 합의를 보게 되었읍니다.

4. 당부는 74.11.2. 관계부처(내무부, 보건사회부, 부산시) 실무자 회의를 소집, 아측이 일측에 제공한 968명의 명부 중 일측 자료와 일치되는 835주에 대

하여는 우선 일괄 인도를 받고 잔여분은 양국간의 착오가 보정되는 대로 인도받은 것으로 의견을 조정하였습니다.

5. 당부는 관계부처간의 합의 또는 견해를 종합하여 74.11.6. 다음과 같은 교섭 지침을 주일대사에게 훈령하였습니다.

　가. 835주의 봉환시기는 관계부처와 협의하여 후보함.

　나. 일측은 아측의 최소한 5일전 통고로 봉환할 수 있도록 사전준비를 취하여 두어야 함.

　다. 상금 합의에 도달치 못한 113주에 관하여는 아래와 같이 합의토록 할 것.

　　1) 835주 봉환5일전까지 동일인임이 확인되는 것은 835주와 함께 봉환하며,

　　2) 그 이후에 확인되는 것은 원칙적으로 최단시일내에 봉환하는 것으로 하되 그 일시는 양국이 추후 협의 결정함.

　라. 봉환 절차에 관하여는 다음과 같이 교섭할 것.

　　1) 일본으로부터 국내 지정 지점까지는 일본 정부 책임 하에 봉환함.

　　2) 봉환시는 일본 고위 관계자가 봉환 책임자로 되는 등 정중한 예의 표시가 있어야 함.

　　3) 봉환 수송편은 특별기편으로 하고 착륙 지점은 수영 공항으로 함.

　　4) 금번 봉환시 일측은 향전금 및 매장비로 1주당 12만원을 지급토록 함.

　　5) 봉환 전에 일본 정부에 의한 위령제가 거행되도록 함.

　마. 일본 정부가 향전금 및 매장비 이외에 위로금 등을 지급할 용의가 있는지 타진할 것.

　　외무부 장관

45. 한일간 장기 미제 현안 처리

한·일간 장기 미제 현안 처리

1. 한일 양국간에는 1945.8.15. 또는 그 이후의 시점에서 다음의 문제가 발생되여 현재까지도 미제인 채로 현안으로 남어 내려오고 있으며, 문제별 상세내용, 교섭경위, 현황은 별첨하는 바와 같은 바, 우리로서는 현안별로 다음과 같은 문제점이 있음.

　가. 태평양 전쟁 전몰 한국인 유골 봉환

　　1) 조기 인수의 긍정적인 면

　　　- 유골 봉환 사업비로 3,000만원을 보사부에서 확보하여 두었는 바, 74년 중에 봉환이 실현되지 않는 경우, 명년에 또 다시 본건 사업비를 여비비에서 확보하여야 함.

　　　- 아측이 유족의 현존함을 확인한 969주의 명단을 일측에 제시하였던 바, 일측은 74.10.15. 현재 850주 분에 대하여는 유족임을 확인하였으나 138주 분에 대하여는 유족 여부를 확인치 못하고 있다함.

　　　- 총 2,083주 중 938주를 제외한 1,095주의 처리 방안에 관하여는 후생성에서 검토중이라 함.

　　2) 조기 인수의 부정적인 면

　　　- 보상금 문제는 한·일간 청구권 협정에 비추어 정부간 교섭에서 취급되지 않고 있음.

　　　- 유족중 일부는 유골봉환에는 보상금 지급이 수반되어야 한다는 생각을 가지고 있는 바, 불연인 경우 사회소요도 야기시킬 가능성 배제할 수 없음.

　나. 재사하린 교포 귀환 문제

　　- 본 건의 해결은 쏘련의 대한 자세의 완화 및 일본 경유 대쏘 교섭 경로의 다소의 실효를 인정할 수 있게 됨.

　　- 경제불황 및 학원 불안하에서 새로운 보안, 구호의 문제가 가중됨

　　- 일본은 201명 귀환 이후 잔여인원에 대하여도 성의를 갖고 교섭에 임할 것인지 의심됨.

　다. 해저 전선 분할 문제

　　- 현재 불할 대상으로 되여있는 징수 예치중인 사용료는 총액13억5천만엥인 바, 한일 쌍방의 인수액은 아측 방식에 따르면 한·일 공히 6억7천5백만엥씩이고, 일측 방식에 따르면 한국 8,300만엥, 일본 12

억6천7백만엥임.

- 본 건 해결내용은 금후 한·일간에 신설되는 해저전선 사용료 징수의 준칙이 됨.

- 아측은 한·일간 통신량 증가에 따라 한일간에 해저전선을 시급히 신규 증설할 계획인 바, 본건 해결 지연으로 부설하지 못하고 있음.

라. 원폭 피해자 구호 문제

- 아측이 자료부족으로 곤란하다면 일측 비용 부담하에 아측 조사요원을 방일 초청하겠으며, 자료 수집에도 협력하겠다는 제안 있었으나 보사부에서 파일하지 않았음.(이유 불명)

- 일본 외무성이 대장성, 후생성 등을 설득할 수 있는 합리적이고 완벽한 계획의 제시를 요구하는 바에 따라 이를 74.4.26.부로 보사부에 작성 요청하였으나 74.10.15. 현재 작성되지 못하고 있음.

- 일측 실무진은 한국측 계획이 제시되기 이전에는 본건은 전혀 진전시킬 수 없다는 입장임.

마. 해난구조 및 긴급피난 협정

46. 외무부 공문(발신전보)−유골봉환일과 절차에 관한 건

외무부
번호 WJA-11185
일시 141900
발신 외무부 장관
수신 주일대사

연: WJA-11103
대: JWA-11322

1. 유골 봉환일은 금 11.14. 관계부처간 회의에서 잠정적으로 12.20. 토 내정하였으나 국무회의의 승인을 받아야 확정됨. 확정 즉시 추보 위계임

2. 12.20. 봉환 내정은 귀관만의 참고로 하고 일자 확정시까지 대일교섭에 있어

서는 12.15.-25. 기간중 한국 정부가 희망하는 시일에 봉환하는 것으로 하시기 바람.

3. 본건에 관하여 국내에서 최우선적으로 고려되는 사항은 보상금 문제로 인한 유족의 난동 가능성을 최소화하는 것임. 따라서 봉환 사실이 공지되는 것을 가능한한 지연시키려 하며, 또한 최소한 5일전 통고로 봉환 가능토록 제의한 것임.

4. 3항과 관련하여 봉환일 3일전에 유족에게 통고할 예정인 바, 일본에서도 그 이전에 본건이 보도되지 않도록 하여줄 것과 또한 대호 "3. 마"항의 일본 정부에 의한 위령제도 봉환3일전서부터 봉환일 사이 기간중에 거행하도록 요청바람.

5. 미확인분 113주에 대하여는 보사부의 확인 결과를 11.26.까지 당부에 통보토록 되었으니 참고바람.

6. 유골함은 전번 246주 봉환시의 유골함과 동일하게 외측 칫수가 높이 21센치, 가로21센치, 세로24센치가 되도록 하고 상자에는 성명, 군별, 유골번호, 군번, 생년월일, 전사장소를 기입하고 유골함 포장(비단) 밖에는 전번예에 따라 한국명(OOO지령)만을 기입토록 할 것.

7. 보사부는 봉환시 호송을 위해 관계관을 파일 예정인 바, 파견자의 직급은 일측 호송책임자의 직급을 감안하여 결정하겠다하니 대일 교섭에 참고바람.

8. 유골은 일단 정부가 인수하여 정부 주최의 위령제를 거행한 후 유족 개개인에게 인도하여 유족이 개별적으로 매장키로 되어 있음. (북일~)

47. 외무부 공문(착신전보)-유골 봉환문제 아측제의 설명

외무부
번호 JAW-11431
일시 161700
발신 주일대사
수신 외무부 장관

대: WJA-111815

금 11.6. 상오 이동익1등서기관은 세오 북동아과장을 외무성으로 방문 대호 유골 봉환 문제에 관한 아측 제의를 설명하고 12.15-25. 기간중 실현되도록 촉구한 바 동과장은 금차 인도는 숫적으로 많아 준비에 상당한 시일과 금액이 소요될 것으로 생각되어 한국측이 희망하는대로 될지는 현재로서는 말할 수 없으나 후생성과 서둘러 협의 검토하여 알려주겠다고 말함. (일정-북일)

48. 전언통신문—유골 봉환

전언통신문
번호 북일700-9
일시 1974.12.2.
발신 외무부 장관
수신 보건사회부 장관
제목 유골 봉환

　　일본 정부로부터 별첨과 같이 귀부에서 작성한 유족명단 중 본적지, 성명 등 착오로 확인되지 않은 113건의 명부를 송부하여 왔으므로 이를 송부하오니 재확인후 당부에 통보하여 주시기 바랍니다. 끝.
첨부: 미확인 명부1부 끝.

1974.12.2. 13:35
송화자: 진관섭
수화자: 이기하

49. 보건사회부 공문—유골봉환에 따른 유가족명부 송부

보건사회부

번호 환위1435-77
일시 1974.12.5.
발신 보건사회부 장관
수신 외무부 장관
제목 유골봉환에 따른 유가족명부 송부

    1. 북일 700-9(74.12.2.)호와 관련됩니다.
    2. 대호로 송부하신 명단에 의거 본적, 성명등 착오로 확인되지 않은 113주
의 명부에 대하여 유족으로부터 확인증명을 제출받어 당부에서 재확인한 75주
에 대하여 별첨과 같이 확인명단을 작성하여 송부합니다.
첨부: 제2차 세계대전 중 전몰한국인 유가족 신고자명부 중 미확인분에 대한
확인 명단3부 끝.

보건사회부 장관

50. 외무부 공문(착신전보)–유골 봉환 관련 아측제의에 대한 일측 공식회담 요청 회신

외무부
번호 JAW-12199
일시 091550
발신 주일대사
수신 장관

    대: 북일 700-1648
    연: JAW-11431
금일 12.9. 이동익1등서기관은세오 북동아과장을 외무성으로 방문, 대호 75주
의 유족 명단을 수교하고 동75주가 기확인된 235주와 함께 금차 봉환에 포함
되기를 요청하는 동시에 연호 유골 봉환에 관한 아측의 제의에 대한 일측의 공
식회담을 요구한 바 동과장은 다음과 같이 말함.

1. 미확인분 113주중 한국측의 확인분 75주의 명단은 곧 후생성에 이첩 확인케 할 것인바 후생성에서 확인되면 금차 인도에 포함되도록 하겠으며 113주중 이중신고4주를 제외한 34주에 대하여는 금차 인도에서 제외하는 것으로 이해하겠다.

2. 일본정부로서는 한국측의 요청대로 12.20을 목표로 하여 유골을 인도토록 준비를 진행하고 있으므로 12.20. 인도될것으로 보나 준비를 촉진하기 위하여 유골상자에 기입하는 성명, 군번등 한국측의 기재요청 사항중 상자 상부에 가능한대로 성명등 꼭 필요한 사항만을 기입코자하니 이해하여 달라.

3. 유골 인도전 일본에서의 위령제는 외무성 뿐 만 아니라 후생성도 거행에 이의가 없으나 조총련계의 방해등으로 거행하는 것이 거행하지 않는 것보다 정중한 것이 못된 결과가 되지 않을까 염려하여 거행여부 및 거행시의 방법등에 관하여 경찰 당국과 현재 협의를 진행중이다.

4. 유골을 운반할 전세비행기에 관하여는 JAL측과 협의한 결과 12.20. 오전중의 부산(수영공항) 도착편은 불가능하고 유골의 하양등 작업을 위해 도착이 늦은 감이 있으나 오후3시경 수영도착편이 가능하다고 하니 동3시 도착편이 어떤지 한국측의 의견을 회시해 주기 바란다.

5. 향전금에 관하여는 전회246주 봉환시의 1만 한국원과 동일하게 해야한다고 후생성에서 결론이 난 바였으나 외무성으로서는 성의를 다하여 1주당 2만 한국원을 주한대사와 촌지란 명칭으로 지불키로 하였으니 이해하여 주기 바란다.(동 과장은 1주2만원의 촌지는 외무성의 예산에서 지급하게 된 것이라고 부언함) 지급방법으로서는 전액을 수표 한장으로 만들어 주한대사가 수영공항에서의 유골인도시 한국측이 거행할 위령제시 또는 별도의 장소란 세가지 경우를 생각하고 있는 바 이에 대한 한국측의 의견이 있으면 알려주면 좋겠다.

6. 유골 봉환시의 일측 호송책임자로서는 실무진에서는 직무상 후생대신을 대리하여 후생성 정무차관이 되는 것을 검토하고 있으나 신내각이 발족된 후 임명될 동차관의 사정등이 있을 것이므로 현재로서는 유동적이다.

7. 유공봉환시는 일본정부로서는 수영공항에서 유골을 전부 하양하는 시점까지 일본정부의 책임으로 할 것임을 전세항공기에는 작업부까지 동행시킬 예정이나 도착시간이 늦으므로 작업을 촉진키 위해 하양작업에 한국측이 협력하여 주며 좋겠다.(일정-북일)

51. 신문자료

동아일보⑦ 74.12.13. 在日韓人遺骨 9百22位20日還國

52. 외무부공문-유골봉환

외무부
번호 북일700-
일시 1974.12.11.
발신 외무부 장관
수신 보건사회부 장관
제목 유골봉환

　　　연: 북일700-1661
　　1. 작 12.10. 일본 외무성으로부터 아측이 제시한 75주의 명단이 후생성에서 전부 확인되었으므로 동75주와 기확인분 835주를 합친 910주를 오는 12.20. 봉환할 것이라고 통보하여 온 바 있습니다.
　　2. 또한 금 12.11. 일측은 전몰자의 성명과 본적지 상이분의 중복건수가 3건이 아니라 4건으로 확인되어 미확인수가 112건이고 따라서 확인된 수가 835주에서 836주로 되었으며, 금차 봉환총수는 911주로 확인되었다고 통보하여 왔으므로 이를 알리오니 봉환업무수행에 참조하시기 바랍니다. 끝.

　　외무부 장관

53. 외무부공문(발신전보)-신문기사 보도 경위 조사 지시

외무부
번호 WJA-1219
일시 131415
발신 장관
수신 주일대사

　　금 12.13. 동아일보는 박경석 특파원 발신기사로 재일한국인 유골 봉환에 관하여 자세히 보도하였는 바, 동 기사가 보도되게 된 경위를 조사 보고바람.
(북일-)

54. 외무부공문(착신전보)—봉환 일자 및 인도분 확정 관련 보고

외무부
번호 JAW-12278
일시 121156
발신 주일대사
수신 외무부 장관

　　대: WJA-12138, 12151
　　1. 금 12.12. 이동익1등서기관은 외무성 관계관에게 아측은 유골 봉환일자를
12.20.로 확정하였음을 통보하고 지난4월 제시한 유족 명부와 8월 제시한 명부
의 유골수가 20주 차가 있으므로 외무성이 4월명부를 기준으로 한 경우 금차
인도에 20주를 포함하도록 요청한 바, 동 관계관은 8월의 명부를 기준으로 하
여 911주가 확인된 것으로 되어있다고 말함.
　　2. 이에 대하여 이서기관은 4월의 명부에는 이중 신고등이 있어 외무성이 지적
한대로 유족이 988명으로 되어있으나8월 명부에는 이중 신고분 등을 삭제하고
유골수로 969주가 명시되어 있음을 지적하고 이를 확인하여 줄 것을 다시 요
청한 바 요청대로 확인된다 하드라도 사무적으로 또는 시간적으로 금차 인도
911주는 변경할 수 없게 되었다고 말함. (일정-북일)

55. 외무부공문(착신전보)—부산도착 편명 및 봉환책임자 보고

외무부
번호 JAW-12312

일시 131657
발신 주일대사
수신 외무부 장관

연: JAW-12199

1. 12.13. 세오 북동아과장에 의하면 12.20의 유골 봉환 준비는 예정대로 진행되고 있으며 유골 봉환 전세기에 관하여 JAL과 재절충한 결과 12.20. 아침 9시경 동경발, 11시경 부산도착편이 마련되었다고 함.

2. 일본에서의 위령제는 12.19. 소규모로 거행할 예정이며(한국대사 초청예정) 봉환책임자는 후생성 정무차관이 될 것이 거의 확실해졌다고 함.

3. 동 정무차관이 호송할 경우에도 동 차관은 비행장에서 유골을 인도한 후 바로 전세기로 귀국케하고 한국에서 거행될 위령제에는 우시로꾸 대사 또는 부산총영사를 참석케하는 방향으로 검토하고 있다고 함. (북일)

56. 외무부 공문(착신전보)–유골봉환 교섭 대외 공표 시기 관련 조정

외무부
번호 JAW-12321
일시 140915
발신 주일대사
수신 외무부 장관

대: WJA-12192

1. 대호 기사는 최근 내일중인 정기영 부산영원 이사장으로부터 취재한 것이라고 함.

2. 당관 유골 봉환 교섭의 대외 공표를 일정한 시기까지 삼가할 것을 일측과 양해한 바에 따라 당지 태평양 전쟁 한국인 전몰자 봉환회(회장 강위중)에 대하여는 기사를 제공하여 한일 교섭에 지장을 주는 일이 없도록 하는 것을 요청하는 등 필요한 조치를 취하고 있었음. (일정, 북일)

57. 외무부 공문(착신전보)–전몰자 위령제 참석차 강위종 회장 출발

외무부
번호 JAW-12380
일시 161816
수신시간 74.12.17. 06:00
발신 주일대사
수신 장관

당지의 태평양전쟁 한국인 전몰자 봉환회 강위종 회장은 전몰자 위령제에 참석차 12.18. 0915시발 "쟐"편으로 출발 귀국한다고 당관에 알려왔음. (일정-북일)

58. 전언통신–제2차 세계대전 중 전몰한 재일본 한국인 유골봉환에 따른 관계 실무자 회의

전언통신
번호 환위1435-17477
일시 1974.12.17.
제목 제2차 세계대전 중 전몰한 재일본 한국인 유골봉환에 따른 관계 실무자 회의
내용
제2차 세계대전 중 전몰한 재일본 한국인 유골이 74년12월20일 봉환하게 되어 이에 따른 관계 실무자회의를 다음과 같이 개최코자 하오니 참석하여 주시기 바랍니다.
1. 회의제목: 유골봉환에 따른 세부계획
2. 일시: 1974.12.18. 10:30
3. 장소: 보건사회부 위생국장실
4. 참석범위: 보건사회부 위생국장
　　　　　　　외무부 동북아1과장

내무부 지방국 지방행정담당관
내무부 치안국경비 담당관

송화자: 송용호
수화자: 정현애

59. 외무부 공문(착신전보)–일측 요원 한국 파견 관련 보고

외무부
종별 지급
번호 JAW-12429
일시 181615
수신시간 NOV.18. PM.5.14.
발신 주일대사
수신 외무부 장관

유골봉환을 위해 일측은 다음과 같이 사전 협의 요원3명과 유골 호송요원12명을 파한하기로 하였다고 함.
1. 사전 협의원 12.19. 11:30 부산도착 JAL 971편
   가. 외무성 북동아과 미야시다 사무관
   나. 외무성 북동아과 이께다 사무관
   다. 후생성 간사 사무관
2. 호송요원 12.20. 11:00 부산도착 특별기편
   가. 후생성 정무과장 야마시다 도꾸오
   나. 후생성 조사과장 이시다 다께오
      후생성 보좌 오사와 히로아이
   다. 외무성 북동아과 사께가비 사무관
   라. 후생성 정무차관 비서 하야시 겐고
   마. 후생성 직원(작업부) 7명 계12명, 일정(북일)

60. 외무부 공문(발신전보)– 봉환 관련 문서 일반 문서 취급 지시

외무부
번호 WJA-12275
일시 191300
발신 장관
수신 주일대사

1. 911주 유골 봉환에 관한 공문서(전문포함)는 12.19.부터 특별히 보안 유지를 요하는 사항을 제외하고는 일반 문서로 취급 바람.
2. 잔여 유골의 봉환에 관한 교섭 사항들은 계속 3급비밀로 하시기 바람
(북일-)

61. 유골봉환 요청에 관한 대일 구술서(안)

번호 북일-1349

유골봉환 요청에 관한 대일 구술서(안)
외무부는 일본 대사관에 대하여 경의를 표하며, 태평양 전쟁중 구 일본 군인, 군속으로서 사망한 한국인의 유공에 관하여 언급하는 영광을 가지는 바이다.
대한민국 정부는 일본 정부가 보관하고 있는 위에서 언급한 한국인의 유골을 조속한 시일내에 대한민국에 봉환하도록 요청하여 왔다. 특히, 별첨 명부에 수록된 자는 대한민국 정부가 유족들의 신고를 받아 관계 법정서류를 통해 심사한 결과 사망자의 유족임을 확인하였으며, 동인들은 관계 유골을 지체없이 인수할 수 있을 것을 희망하고 있으므로 이를 대한민국 정부에 조속히 인도하여 줄 것을 일본 정부에 요청하는 바이다.
대한민국 정부는 별첨 명부에 수록되어 있지 않은 일본 정부보관하의 한국인 유골도 조속히 인도하여 줄 것을 일본 정부에 촉구하는 바이다.

외무부는 이 기회를 이용하여 일본대사관에 대하여 경의를 표하는 바이다.

첨부: 유족명단1부

韓国側の日本側あて口上書(案)

「今後、旧日本軍人・軍属として戦ぼつした者の遺族より、韓国政府に対し、日本政府の保管する戦ぼつ者の遺こつ等のうち自分に関係のあるものを日本政府より引取つてもらいたい旨要請致したところ、これらの者につきこ籍とう本及び主民票に基づき調査の結果別添の名簿の者は日本政府がその遺こつ等を保管している戦ぼつ者の正当な遺族と認められたので、関係遺こつ当の引渡し方要請する。韓国政府は日本政府から受領した遺こつ等を速やかに当該遺骨に引渡すものである。」

MINISTRY OF FOREIGN AFFAIRS REPUBLIC OF KOREA

OAT-1349

The Ministry of Foreign Affairs presents its compliments to the Embassy of Japan, and has the honour to refer to the remains of the Koreans who died during the Second World War as members or civilian components of the Imperial Japanese Armed Forces.

The Government of the Republic of Korea has been requesting the Government of Japan to return to Korea at an early date the said Korean remains which are in the custody of Japanese Government.

As regards those Koreans who are listed in the enclosure, the Korean Government examined the relevant legal documents submitted by bereaved family members and found that the said bereaved family members are authentic.

As these bereaved family members are hoping to take over the respective remains without further delay, the Korean Government wishes to request the Japanese Government to transfer the remains to the Korean Government at an earliest possible data.

The Korean Government has further the honour to request the Japanese Government to return the remains of Korean which are in its present custody and not listed in the enclosure.

The Ministry of Foreing Affairs avails itself of this opportunity to renew to the Embassy of Japan the assurances of its highest consideration.
Enclosure: List of Bereaved Family Members

19 December 1974
Seoul

62. 주한 일본 대사관 발송 구상서

EMBASSY OF JAPAN, SEOUL
No. P-439

NOTE VERBALE

The Embassy of Japan presents its compliments to the Ministry of Foreign Affairs and has the honour to acknowledge the receipt of the latter's Note Verbale 북일-1349, dated December 19, 1974, and to inform the latter that the Government of Japan will return those ashes which have been requested by the Government of the Republic of Korea in the above-mentioned Note to the Korean Government at Pusan on December 20, 1974.

The Embassy has further the honour to request that the Korean Government will without delay transmit those ashes the bereaved families.

The Embassy of Japan avails itself of this opportunity to renew to the

Ministry of Foreign Affairs the assurances to its highest consideration.

December 19, 1974.

63. 외무부 공문(착신전보)-유덴지 위령지 거행 보고

외무부

종별 지급

번호 JAW-12447

일시 191617

발신 주일대사

수신 외무부 장관

연: JAW-12429

1. 금12.19. 하오2시 유덴지에서 예정대로 후생성 정부차관(원호 국장대리), 외무성 정무차관, 본직, 보사부 환경 위생과장 및 관계단체 대표 약5명이 참석한 일본정부 주최 위령제는 거행되었는 바 동 위령제에서는 후생성 정무차관 외부성 정무차관 및 본직 순의 추도사와 헌화로 간소하나 정중하게 약30분만에 무사히 끝났으며 곧이어 유덴지 주최 위령제가 약1시간에 걸쳐 불교의식으로 엄숙히 거행되었음.

2. 유골봉환 전세기는 예정대로 후생성 정무차관의 호송과 보사부 환경위생과장의 안내로 12.20. 오전9시경 당지를 출발 11시경 부산에 도착한다고 하며 911주의 유골명단은 금주중으로 인쇄되어 유골인도시에 수교하게 된다고 함. (일정 북일)

64. 신문자료

동아⑦ 74.12.20. "在日韓人유골 9百11位 釜山 도착"

65. 신문자료

동아일보⑦ 74.12.23 "遺骨引受싸고 소동-還國英靈위령제 保社部직원에 뭇매도

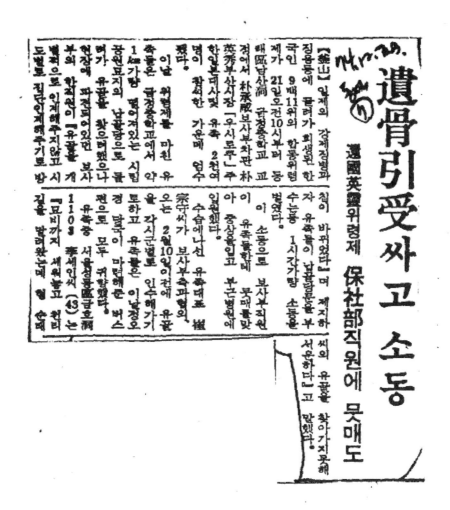

66. 유골봉환에 관련한 민간인표창

遺骨奉還에 關聯한 民間人表彰

강위종氏 천거 理由

1. 同人은 1956.11 大平洋戰爭 韓國人戰歿者 遺骨奉還會를 창설하여 現在까지 會長으로 在職하면서 遺骨奉還의 早速한 實現을 爲하여 진력

2. 慰靈祭를 1957-73년까지 8回에 걸쳐 거행함

3. 日側關係者로 하여금 遺骨保存에 誠意를 갖게하였고 日本各界에 韓國人의 故人에 對한 추모와 同胞愛의 情이 깊음을 認識시킴.

강 위종씨 서훈 추천

1. 추천일: 1974.12.20. (북일-700-53694)

2. 추천훈격: 국민훈장 동백장

3. 인적사항

   성명: 강위종(1909.4.25. 생)

   주소: 일본 동경도 스미다구 하찌히로 4-26-6

   소속 및 지위: 태평양 전쟁 한국인 전몰자 유골봉환회 회장

4. 공적사항

   가. 동인은 재일한국인으로서 1945년 광복과 더불어 한국 건설 동맹 준비 위원으로 활약하는 한편 동년12월에는 한국 순국 열사 유골봉환회를 결성하여 윤봉길, 이봉창, 백정기 3열사의 유골을 한국에 봉환함에 공헌하였으며,

   나. 1956.12.에는 태평양 전쟁 한국인 전몰자 유골봉환회를 결성, 동회 회장으로서 매년 재정상 기타 여러가지 고경을 극복하여 가면서 전몰자 위령제를 성대히 거행하여 이국땅에 방치된 원귀의 영을 위로하여 왔으며, 74.12.20. 911주의 영령 봉환에 지대한 공헌을 하였음.

67. 기안—한국인 전몰자 유골봉환과 관현 강위종 서훈 추천

분류기호 문서번호 북일700-

기안일자 1974.12.20.

기안자 동북아1과 진관섭

경유수신참조 총무처 장관
제목 한국인 전몰자 유골봉환과 관현 강위종 서훈 추천

　　　　태평양전쟁 한국인 전몰자 유골 봉환회 회장 강위종(姜渭鐘)은 재일한국인
으로써 1945.12. 윤봉길, 이봉창, 백정기3열사의 유골을 봉환하였으며, 1957년
이후 매년 전몰자 위령제를 거행하여 이국땅에 방치된 원귀의 영을 위로하여
옴과 더불어, 74.12.20. 911주의 영령 봉환에 지대한 공헌이 있음을 감안, 별첨
공적조서를 첨부하여 동인에게 훈장 서훈을 추천하오니 필요조치를 취하여 주
시기 바랍니다.
　　첨부: 1. 공적조서 2부.
　　　　　2. 이력서 2부. 끝

68. 외무부 공문─한국인 전몰자 유골봉환과 관련 강위종 서훈 추천

외무부
번호 북일700-
일시 1974.12.20.
발신 외무부 장관
수신 총무처 장관
제목 한국인 전몰자 유골봉환과 관현 강위종 서훈 추천

　　　　태평양전쟁 한국인 전몰자 유골 봉환회 회장 강위종(姜渭鐘)은 재일한국인
으로써 1945.12. 윤봉길, 이봉창, 백정기3열사의 유골을 봉환하였으며, 1957년
이후 매년 전몰자 위령제를 거행하여 이국땅에 방치된 원귀의 영을 위로하여
옴과 더불어 74.12.20. 911주의 영령 봉환에 지대한 공헌이 있음을 감안, 별첨
공적조서를 첨부하여 동인에게 훈장 서훈을 추천하오니 필요조치를 취하여 주
시기 바랍니다.
　　첨부: 1. 공적조서2부.
　　　　　2. 이력서 2부.　　끝

외무부 장관

첨부—공적조서

공적조서

본적	제주도 남제주군 안덕명 창천리	근무기간	1945-현재
주소	일본 동경도 스미다구 하찌히로 4-26-6	수공기간	〃
소속	태평양전쟁 한국인 전몰자 유골 봉환회 회장	과거 대훈관계	
직위 및 직급	태평양전쟁 한국인 전몰자 유골 봉환회 회장	추천훈격	국민훈장 동백장
성명	강위종	사정훈격	
생년월일	1909.4.25. 생		

공적사항

1. 동인은 재일한국인으로서 1945년 광복과 더불어 한국 건설동맹 준비위원으로 활약하는 한편 동년12월에는 한국순국 열사 유골봉환회를 결성하여 윤봉길, 이봉창, 백정기3열사의 유골을 한국에 봉환함에 공헌하였으며

2. 1956.12에는 태평양 전쟁 한국인 전몰자 유골 봉환회를 결성, 동회 회장으로서 매년 재정상 기타 여러가지 고경을 극복하여 가면서 전몰자 위령제를 성대히 거행하여 이국땅에 방치된 원귀의 영을 위로하여 왔읍니다. 한편 일본정부 관계자들과도 유골봉환에 관해 꾸준히 또한 적극적으로 접촉하여 세인의 관심으로부터 멀어진 채 방치된 유고렝 대하여 일본 정부 관계관들의 주의를 환기시킴과 동시에 금차911주의 영령이 봉환됨에 있어서도 크게 공헌하였읍니다.

이력사항

1930.3. 일본 대판시 남화상업고등학교 졸업

1935. 명치대학 문학부 중퇴

1935. 동아협조회 결성, 부위원장 취임

1942.4. 동양정공 주식회사 설립. 대표취체역 취임

1945.8 재일본 조선인연맹 창립위원 취임

1945.11 동 연맹 탈퇴

　　　　한국 건설동맹 준비위원 취임

1945.12. 한국 순국열사 유골봉환회 결성, 동 대표위원 취임

1946.3 한국인 문화단체 연합회 회장 취임

1946.5 윤봉길, 이봉창, 백정기 3열사의 유골을 봉환

1956.12 태평양전쟁 한국인 전몰자 유골 봉환회 결성, 회장 취임

위와같이 상위 없음을 확인함.

서기 1974년 12월 10일

조사담당관

직위직명 동북아1과 외무서기관

성명 진관섭

69. 외무부 공문(발신전보)

외무부

번호 WJA-12344

일시 241200

발신 장관

수신 주일대사

1. 12.20. 911주의 유골을 일측으로부터 인수하여 12.21. 보건사회부 주최로 부산에서 합동위령제를 엄수하였음.

2. 금차 봉환을 위해 적극 활동해 온 유골봉환회 강위종 회장에게 유골봉환 특별활동비로 송금한 $4,000중에서 $300을 지급하고 잔여 유골 1,171주의 조속 봉환을 위한 활동비로 사용하시기 바람. (북일-   )

제2부
재일한인 교육재단 설립 및 교육정책

해방이후 재일한인 외교문서 해제집

┃제4권┃ (1970~1974)

이 문서철들은 1965년 이후에 전개되는 일본 내의 조총련과의 교육 관련 움직임에 대한 내용 중에서도 특히 「조선교육재단 관련 재산 환수 소송」에 대한 기록을 다루고 있으며, 한국 정부의 재일본 한국교육재단 설립 관련 내용, 1973-74년도의 한국 정부가 재일국민교육 정책 수립을 위하여 작성한 재일교포 교육 기본정책과 관련한 기록을 다루고 있다.

우선 외교통상부 보존문서의 동북아1과에 기록되어 있는 「일본 내 조선교육재단의 재산환수 소송(1965-74)」에 관한 내용을 보자면 당시 한일기본조약 후의 일본 내의 한국과 조총련계의 대립 고조 분위기를 '조선교육재단'을 통해서 엿볼 수 있다.[1] 실질적으로 이 재단의 명칭은 1941년에 '조선장학회'로 개칭하게 되는데, 이 문서에서는 '조선교육재단'으로 기록하고 있다. 이 재단은 1900년에 도쿄의 한국공사관에 파견된 조선의 관비·사비 유학생을 독려하는 차원에서 설립된 역사가 있는 장학기관이다. 조선교육재단은 1910년의 한일 병합 뒤, 조선총독부의 「유학생 감독부」 등의 명칭 변경을 거치면서 1926년 4월에 신주쿠로 이전한다.[2] 1941년 2월에 「조선교육회 장학부」를 해소하고 새로이 「조선장학회」라는 명칭으로 개조하여 1943년 10월에 일본민법에 의한 「재단법인 조선장학회」의 인가를 받는다.[3] 그 뒤, 1945년 8월에 해방이 되었으나 재일동포사회는 기존의 이념 갈등과 동족간 전쟁인 한국전쟁 발발 등으로 인하여 우여곡절을 겪게 된다. 1956년 7월에 일본 문부성의 니시다 키쿠오(西田亀久夫) 학생과장이 「이사회의 재건 방침으로 재일조선인의 총의를 결집하는 의미에서 재일본조선인총연합회에서 3명, 재일본대한민국거류민단에서 3명, 그리고 일본인 학식경험자에서 3명의 이사를 추천하여 이사회를 구성(추천은 당초 1회에 한함)하고, 그 이후에는 이사회가 자주적으로 타의 간섭을 받지 않고 운영할 수 있도록」하라는 통달을 받고 1957년에 이사회를 재건하여 일본의 동포학생을 위하여 그 공익성을 견지하며 소속과 사상, 신조와 무관하게 한국 국적과 조선적 이사가 취임하여 민족적 통일 동포학생 원호단체의 형태를 갖추고, 일본 학식 경험자가 참가하여 장학사업을 추진해 오고 있다.[4] 1963년에 요요기(代々木)에 장학회관 별관을 설립 후 1966년에 장학회관본관(신주쿠 빌딩)을 준공한 뒤, 이 건물을 기본자산으로 운영하여 장학사업의 자원을 확보하여 왔다.

---

1) 「일본 내 조선교육재단의 재산환수 소송(1965-74)」 pp.3-27 참조.
2) 1974년의 외교통상부 보존문서에는 도쿄소재 토지 및 건물 취득은 1927년2월로 기록되어 있다.
3) 일본 공익재단법인 조선장학회 공식웹사이트 참조.(2023년5월29일 열람). http://www.korean-s-f.or.jp/01-01.htm
4) 위와 같음.

문서철의 기록을 보자면 이러한 과정 중인 1960년에 조총련계 조선장학회가 도쿄의 토지 및 건물을 조선교육재단으로부터 무상 양도를 받은 것처럼 사문서를 위조하였기에 1965년 10월에 한국 정부가 재산환수 소송 지원을 결정하였고, 그 해 12월9일에 조선교육재단은 일본인 변호사 2인을 선임하여 조총련계 조선장학회 소유 택지 510평(시가 약70억엔)에 대한 환수 소송을 제기하기에 이르렀다. 5)

이러한 소송의 의견에 대하여 1965년 6월 22일의 한일기본조약에 조인된 재산 및 청구권에 관한 문제 해결과 경제협력에 관한 협정 제2조 제3항에 의한 규정에 대한 한국 정부의 입장 및 그 내용들이 문서에 수록되어 있다. 관련 조항을 인용하자면 "동조 제2항의 규정에 따르는 것을 조건으로 하여 일방 체약국 및 그 국민의 재산, 권리 및 이익으로서 본 협정 서명일에 타방 체약국의 관할하에 있는 것에 대한 조치와 일방 체약국 및 그 국민의 타방 체약국 및 그 국민에 대한 모든 청구권으로서 동일자 이전에 발생된 사유에 기인하는 것에 관하여는 어떠한 주장도 할 수 없다"는 규정이 되어 있으므로, 구 조선교육재단의 재일 재산은 현상이 구 조선장학회의 재일 재산임이 명백하면 위의 제2항에서 규정된 바 영향이 미치지 않는 범주 외의 것으로 볼 수 있기에 협정 규정이 대상이 되는 재산이라고 외무부장관 이동원이 문교부 장관 등에게 회신하고 있다.6)

한편, 주일대사는 문교부 장관에게 이 소송에 불리하게 조총련과 관련하여 이적 행위를 하는 일본 마루베니사 관계자에 대한 대응 요구, 1972년 2월에 동경민사지법에서 원고 청구를 기각(혐의 불충분 판결로 인한 한국측의 패소), 72년 3월 8일의 제17회 국무회의 보고를 통하여 소송 대리인 박종근 변호사와의 계약 체결로 항소 제기에 착수한 내용이 보고되고 있다.7) 이에 대해 1973년 7월 13일에 문교부는 항소에 필요한 증인8) 등을 확보하는 등 국내 지원의 움직임을 보이고 있다.

이러한 내용을 통하여 당시 일본 내에서 공유해온 조선교육재단의 해방 후 재산 환수 문제를 둘러싼 한국과 조총련 조직과의 법정 소송의 배경에 일본의 기업도 관련된 것을 엿볼 수 있다.

이러한 움직임 속에 한국 정부는 재일동포 교육에 대한 필요성에 의하여 1973년

---

5) 「일본 내 조선교육재단의 재산환수 소송(1965-74)」 p.3, pp.18-19참조.
6) 「일본 내 조선교육재단의 재산환수 소송(1965-74)」 pp.4-5 참조.
7) 「일본 내 조선교육재단의 재산환수 소송(1965-74) 」pp.10-17 참조.
8) 1949-1950년에 주일대표부에 근무하며 조선교육재단 관련 업무 연락을 수행했던 임윤영 대사의 증인 요청 등.

2월 1일에 일본 문부성으로 부터 재일본 한국교육재단의 법인 허가를 받고[9] 같은 해 4월 12일에 도쿄서 창립총회를 가지게 된다. 이에 앞서 재단법인 한국교육재단의 모체인 재일한국인교육후원회 서갑호 회장, 허필석 이사장을 비롯한 209명 회원(고인 3명 포함) 전원에 대한 민관식 문교부 장관 및 주일대사에 의한 감사패, 표창패, 표창장을 수여하기로 하였으니 정부측에서 제작 송부해 달라는 요청을 보내고 있다. [10] 그로 인해 동경상은신용조합회관에서 개최된 재단법인 한국교육재단 창립총회 참석차 도일하는 장관 및 수행원의 활동경비 등 당시 한국교육재단 창립총회 관련의 상세한 내용이 기록되어져 있고, 정부로부터의 재단 지원금 45,000불(1973년도 국고 보조액) 외에 창립총회에 참석했던 민관식 장관이 40,000불을 재단 이사장에게 전달한 것으로 기록되어 있다. [11]

당시 한국 정부로서는 조총련계와 이념 대립이 한참이었던 만큼 재일동포의 교육을 통한 국가 위상 및 국민 교육의 기반이 될 한국의 교육재단 창립총회를 개최한 것은 일본에서의 하나의 위업을 달성한 것과 다름 없었고, 한국계 재일동포들의 공헌으로 설립된 이 재단의 창립대회에 일본의 오쿠노 세이스케(奧野 誠亮,1913-2016)문부대신 등이 참가하여 축하한 것은 명실공히 한국계 동포들의 성장 발전을 확인하는 자리가 된 셈이었다.[12]

이 문서에서는 후원회 및 재일동포들의 기부 현황 및 한국교육재단의 조직 구성원(고문 21명, 평의원 43명, 이사 18명, 감사 3명, 선고위 15명), 재단 설립의 경과 보고서 및 사업계획서 등이 자세하게 기록되어 있으며, 한국계 재일동포 학생들에 대한 지원계획을 통해서 1970년대의 동포 차세대 교육 상황을 엿볼 수 있다.

한편, 이러한 움직임과 더불어 한국 정부의 재외국민 교육에 대한 기본정책도 체계적인 작업에 들어가는 것을 볼 수 있는데, 특히 1973-1974년의 재일국민교육정책이 어떻게 이루어지고 있는지 「재외국민 교육 기본정책, 1973-74」를 통해서 확인할 수 있다.

1973년-1974년 당시의 한국정부는 재일동포 교육문제에 대하여 ①재일동포집단

---

9) 주일대사 발신에 의하면 1973년2월3일에 설립 허가장을 수령. 「재일본 한국교육재단 설립, 1973」 pp.4-6 참조.
10) 표창 동포 명부 포함. 「재일본 한국교육재단 설립, 1973」 pp.4-27 참조.
11) 「재일본 한국교육재단 설립,1973」p.28, p.34 참조.
12) 당시의 시대적 상황과 재일동포들의 차세대 동포교육에 대한 의지 및 기대 등은 민관식 문교부장관 및 허필석 이사장의 축사에서 확인할 수 있다. 「재일본 한국교육재단 설립, 1973」 pp.37-67 참조.

은 머지않아 소멸할 것이다. ②재일동포 어린이는 일본인 학교에 취학한다는 기본적인 정책을 가지고 있었다. 그러나 1965년 협정영주권을 취득한 이후 일본으로의 귀화자 수는 감소하였고, 한국의 학교에 취학을 희망하는 동포가 증가하였다. 또 협정영주권을 획득하여 생활이 안정되면서 동포들은 한국인으로서 혹은 재일동포(자이니치)로서의 정체성을 자각하면서 조국과 그 문화에 더 관심을 갖게 되어 모국에서의 교육 기회를 얻고자 하는 경향이 두드러졌다. 거기에, 한일협정 이후 조직 이탈자가 늘어나는 상황에서 조총련의 프로파간다 활동이 거세어지고 있었다. 이러한 상황의 변화에 따라 한국 정부의 재일동포 교육정책도 국민 교육에서 재일국민 교육의 기본 방향을 현지에서의 적응 능력 배양으로 정립한다는 변화를 보인다.[13]

재외국민교육정책심의위원회는 「재일교포교육개선에 관한 연구」에 토대한 계획 수립을 위하여 당시의 재일동포 학령기 아동 취학 상황을 파악하고 있는데, 한국계 학교 4개교: 2,173명(1.5%), 조총련계 학교 95개교: 35,679명(36.5%), 일본계 학교: 96,758명(72%)으로 나타났다.[14] 또한 다음에서 보듯이 한국학교 학생수와 교원수, 교지 및 교사 확보율 등을 자세히 기록하고 있다. [15]

가. 한국학교 학생수

도쿄 학교:	소-247 중-187 고-251	계 685
교토 학교:	중-75 고-81	계 156
오사카학교:	소-225 중-117 고-145	계 487[16]
건국 학교:	소-193 중-246 고-406	계 845
합계:	소-665 중-625 고-883	총계 2,173명

나. 한국학교 교원수(괄호 안의 수자는 파견교사)

도쿄한국학교:	30(5)
교토한국학교:	16(3)
오사카한국학교:	30(4)

---

13) 「재외국민 교육 기본정책, 1973-74」 p.9.
14) 「재외국민 교육 기본정책, 1973-74」 p.7.
15) 「재외국민 교육 기본정책, 1973-74」 pp.7-8.
16) 여기서 말하는 「오사카학교」란 금강학교를 가리키는 것으로 사료됨.

다. 교지 및 교사 확보율(법령 기준의 %)

도쿄한국학교:	교지 11.5%	교사 43%
교토한국학교:	17.5%	52.8%
오사카한국학교:	9.5%	61.5%

한편, 현지 동화 경향에 있는 차세대 교육을 위해 한국학교를 폐지하고, 조총련을 통한 적화 공작의 가열화에 대응하기 위한 대규모 교육문화센터를 건립하여 민족의식을 고취시킨다는 계획안을 내걸고 있다. 이 부분은 조총련계 학교(소위 조선학교)의 재학생 수에 비하면 한국계 학생 수가 현저히 적고, 열악한 교육환경의 학교 운영에 1972년까지 국고에서 $1,667,190의 보조금이 지출되어온 점을 감안하여 한국계 학교의 존폐를 검토하고 있음을 알 수가 있다.[17] 재일교포 교육의 기본 방침으로 대규모 교육문화센터를 설립하고(관동·관서 각 1)[18], 현존 한국학교에 대한 신규 시설투자는 지양하고 ○학년도부터의 신입생 모집을 중지하며, 국내에서의 교포교육, 특히 민단의 중견지도자를 중점적으로 양성하며, 조국에 대한 확고한 귀속감을 갖게 하기 위해 모국 유학기회의 확대, 민단 지도자 단기 양성, 하계 학교의 운영을 강화하고, 국내에서의 교포교육을 효율적으로 수행하기 위한 국내 수용태세 확립에 관련한 내용을 상세히 기록하고 있다.

한편, 1973년 11월 1일에 문교부 장관이 외무부 장관에게 보낸 재일교포 교육 개선방안에 관한 통첩 및 시달, 의뢰 내용·의뢰 문서(제579호)를 보면, 김대중 사건 이후 한일관계가 악화된 상황에서 교포를 안정시키고 북한의 책동을 저지하기 위하여 정부당국이 적극적으로 교포교육에 대한 대책을 마련할 것이 요구되어지고 있으며, 북한은 재일교포 자녀를 공산 혁명요원으로 양성하기 위하여 연간 12억엔을 투입하여 113개 조총련계 학교를 운영하고 있는데 비하여, 한국정부의 교포 교육지원은 유명무실하고 한국계 학교는 8개교에 불과하며 재일교포 자녀 13만4,000여명 중 한국계 혹은 중립계 학교에 재학하고 있는 학생은 2,200여명에 지나지 않아 교포 2, 3세는 일본인화되거나 공산화될 우려가 있으므로 다음과 같은 장기적인 대책이 요망된다고 기술하고 있다.

---

17) 「재외국민 교육 기본정책, 1973-74」 pp.10-23참조.
18) 증설 계획안: 1973년 35개소, 1974년 40개소, 1975년 이후 51개소. 소요 예산은 연총액 885,632,000원.

· 교포의 모국유학 기회를 확대하기 위하여 서울대학교 안에 3년제 단기대학을
  설립할 것
· 일본인 학교에 재학중인 교포 자녀를 위하여 휴일 또는 야간을 이용한 과외학
  교를 설립하고 모국 방문 학습 기회를 만들도록 대책을 강구할 것
· 외교관 자격이 있는 교육 담당 공사를 파견하고 연차적으로 일본인 학교에 손
  색 없는 고등학교를 설립할 것
· 장학관실과 문화센터를 강화하고 재일국민청 신설을 검토할 것
· 재일동포를 조총련과 대항하는 세력으로 육성하여 조국에 기여할 수 있는 2세
  교육을 위해 혁신적인 대책을 수립할 것

같은 해 12월13일의 외무부 장관 앞으로 보낸 주일대사의 문서를 보면, 재일한국
학교의 폐지는 현시점에서 곤란하며, 현존 학교의 유지가 필요하다는 점, 문화센터
증설 혹은 규모 확대는 적극 추진, 국내 국립대학에 교민 교육과정(2년제)을 개설하
고 전원 장학생으로 유학할 수 있도록 추진해야 하며, 이러한 내용[19]은 민단 중앙
본부 단장(김정주), 도쿄 단장(정동순), 오사카 단장(강계중), 교토 부단장(박재헌)
의 의견을 청취한 결과이며, 주일대사관 및 각 지역영사관 총영사의 의견도 민단
단장들의 의견도 청취했다고 기록하고 있다.[20]

당시 문교부가 추진한 재일교포 교육 개선안의 골자는 한국계 학교의 폐지와 함
께 대규모의 교육문화센터의 신설, 교포 자녀의 모국 수학 기회의 확충이었다. 개선
안이 최종적으로 어떻게 정리되었고 국가정책으로서 혹은 문교부 시책으로서 어떻
게 시행되었는지에 대해서는 이 문서철에서는 확인할 수 없었다. 전문에 포함되어
있는 「재일국민교육현황 1973.4.30 현재」에서도 정책이나 시책의 변화는 읽혀지지
않고있다. 1974년 이후의 재일교포 교육 상황과 아울러 볼 때 민단계 구정주자 관
계자들의 자신들이 세운 학교에 대한 강한 자긍심과 차세대 동포교육의 장의 절실
한 필요성이 작용하여 한국계 학교의 폐지안은 전면적으로 백지화되었다고 볼 수
있다. 도쿄한국학교[21] · 오사카 건국학교(백두학원)[22] · 오사카 금강(인터내셔널)

---

19) 앞의 내용은 1974년 1월 14일에 외무부 장관이 문교부 장관 앞으로 송부한《재일국민교육 정상화
   방안에 대한 의견 회보》와 같은 내용.
20) 「재외국민 교육 기본정책, 1973-74」 pp.24-34 참조.
21) 〒162-0056　東京都新宿区若松町2-1
22) 〒558-0032　大阪市住吉区遠里小野2-3-13

학교[23]·교토국제학교[24]는 오늘날에도 역사와 전통을 자랑하며 건재하고 있다.

재일동포들은 민족의 비극인 동족간 이념 갈등 속에서 일본 각지에 산재한 조총련계의 조선학교에 지지 않는 차세대 교육의 장을 마련하기 위하여 투쟁적인 노력을 해왔다. 그러한 노력에 격려를 하며 한국계 학교 지원을 북돋워줘야 할 모국의 문교부가 한국계 학교의 존폐를 거론한다는 것 자체가 당시의 한국정부의 재외동포 정책에 대한 교육적인 면의 단견이라고 지적할 수 있다. 무엇보다도 이들 학교의 설립 주체는 한국 정부가 아니었다. 도쿄한국학교는 재일동포 차세대 교육을 위하여 민단이 설립한 「각종학교」[25]이고, 오사카 건국학교·오사카금강학교·교토국제학교는 재일동포들이 간사이 지역의 차세대 동포아동교육을 위하여 건립한 사립학교재단 설립의 「일조학교」[26]로 운영방식을 취해온 것이다.

도쿄한국학교는 한국 정부와 특별한 관계를 맺어온 한국계 임의단체인 민단이 설립한 것이기 때문에 한국 정부로부터 보조금을 받고 있으며, 교장을 비롯하여 상당 수의 교사를 문교부가 공식적으로 파견하고 있다. 오사카 및 교토의 간사이 지방에 있는 건국학교·금강학교·교토국제학교는 한국 정부로부터의 지원비와 일본 정부로부터 사립학교 조성비를 받고 있으며, 사립학교로서의 독자적인 운영 태세를 갖추고 있다. 이 세 학교는 최근의 저출산 학령기 아동 감소 및 시대적 다양성을 반영한 운영 방침으로 최신 ICT교육과 한국어, 일본어, 영어 교육을 통한 글로벌 인재 육성에 역점을 둔 한국계 인터내셔널 스쿨 체제로 바뀌고 있다.

한편, 당시 문교부의 한국계 학교 폐지안은 1965년에 체결된 한일기본조약의 연장선에서 나온 것이라고 볼 수 있다. 조약체결을 위한 한일회담에서 일본측으로부터 재일한국인 자녀의 일본인학교 취학안이 상정되었고 한국은 이에 동의하였다. 그리고 일본 문부성은 조약이 비준되자 곧 "한국 국적의 조선인 청소년의 일본인 학교에의 취학을 제도화한다."는 통달을 지방자치단체에 보내고 있다.[27] 당시 한국 정부는 일본이 상정한 한국 어린이의 일본인학교 취학을 재일한국인의 교육권 보장으로 보았고, 더 근본적으로는 재일한국인 집단은 어차피 머지 않은 장래에 소멸할 것이므로 현지적응(동화)을 위한 일본인학교 취학이 바람직하다고

---

23) 〒559-0034 大阪市住之江区南港2丁目6番10
24) 〒605-0978 京都市東山区今熊野本多山町1
25) 지방자치단체장이 인가하는 일반학교에 준하는 교육시설의 총칭으로 전문 직업학교가 많다.
26) 일본의 학교교육법 제1조에 나열되어있는 일반학교를 칭함.
27) 藤島宇内·小沢有作(1966)『民族教育―日韓条約と在日朝鮮人の教育問題―』, 도쿄, 青木新書, pp.42-43.

보았던 것이다.[28]

조총련과의 대립과 갈등 구조 속에서 전개되는 다양한 교육 관련의 움직임을 기록한 이 문서철은 조선대학 및 조선학교를 지역 커뮤니티의 구심점으로 삼으며 일본 각지에 세력을 확대하여 나가던 조총련과 한국 정부 및 한국계 재일동포 사회의 1965년 이후의 갈등 내용을 볼 수 있는 기록이다. 특히 「조선교육재단 관련 재산 환수 소송」을 둘러싼 법정 소송 전개 및 한국측의 대응과 일본 기업의 존재, 재일본 한국교육재단 설립에 주력했던 재일동포들의 의지와 한국 문교부 장관의 축사에서 보는 정부의 독려, 그리고 1973-74년도의 재일교포 교육 기본정책의 내용을 통한 차세대 동포 교육의 발자취는 물론, 재일동포들의 정체성 정립을 위한 학교 건립과 당시의 한국 정부측의 재일교포 교육 정책 등의 기록을 확인할 수 있는 중요한 문서철이다.

▎관련 문서 ▎

① 일본 내 조선교육재단의 재산환수 소송, 1965-74
② 재일본 한국교육재단 설립, 1973
③ 재외국민 교육 기본정책, 1973-74

---

28) 한일회담에 임하는 한국측 주요 인사들(김종필, 이동원, 김동조 등)은 수십년내에 재일한국인 집단이 소멸할 것이라고 공언하고 있었다는 증언이 있다. 보다 상세한 내용은 다음 논문에서 확인할 수 있다. 李修京・權五定(2022)「在日コリアンの'共生に生きる'という主体的な選択(3)－在日コリアンの共生を求める「相近」努力―」『東京学芸大学紀要人文社会科学系Ⅰ』제72집, pp.95-108 참조.

① 일본 내 조선교육재단의 재산환수 소송, 1965-74

○ ○ ○

기능명칭: 일본 내 조선교육재단의 재산환수 소송, 1965-74

분류번호: 791.79JA, 1965-74

등록번호: 7760

생산과: 조약과/동북아1과

생산연도: 1974

필름번호: P-0014

파일번호: 09

프레임번호: 0001~0027

1. 기안-조선교육재단 재산환수를 위한 소송에 관련되는 의견 조회에 대한 회신

분류기호 문서번호 외아북722
기안년월일 65.8.2.
기안자 동북아과 김태지
발신 장관
협조자성명 조약과장 통상국장
경유수신참조 문교부 장관
제목 조선교육재단 재산환수를 위한 소송에 관련되는 의견 조회에 대한 회신

　　문예국1068.1-2889(65.7.20.)로 조회하신 바에 대하여 당부의 의견을 아래와 같이 회신합니다.
　　"1965.6.22. 한·일 양국간에 조인된 재산 및 청구권에 관한 문제의 해결과 경제협력에 관한 협정 제2조 제3항에 의하면 "동조 제2항의 규정에 따르는 것을 조건으로 하여 일방 체약국 및 그 국민의 재산, 권리 및 이익으로서 본 협정 서명일에 타방 체약국의 관할하에 있는 것에 대한 조치와 일방 체약국 및 그 국민의 타방 체약국 및 그 국민에 대한 모든 청구권으로서 동일자 이전에 발생된 사유에 기인하는 것에 관하여는 어떠한 주장도 할 수 없다" 라고 규정되어 있는 바, 본건 구조선 교육재단의 재일 재산은 현상이 구조선 장학회의 재일 재산임이 명백하면 동조 제2항에서 규정된 바 영향이 미치지 않는 범주 외의 것으로 볼 수 있으므로 협정 규정의 대상이 되는 재산이 된다." 끝

2. 외무부 공문-조선교육재단 재산환수를 위한 소송에 관련되는 의견조회에 대한 회신

외무부
번호 외아북722
일시 1965.9.2
발신 외무부 장관 이동원
수신 문교부 장관

제목 조선교육재단 재산환수를 위한 소송에 관련되는 의견조회에 대한 회신

　　문예국1068.1‒2889(65.7.20.)로 조회하신 바에 대하여 당부의 의견을 아래와 같이 회신합니다.
　　"1965.6.22. 한·일 양국간에 조인된 재산 및 청구권에 관한 문제의 해결과 경제협력에 관한 협정 제2조 제3항에 의하면 "동조 제2항의 규정에 따르는 것을 조건으로 하여 일방체약국 및 그 국민의 재산, 권리 및 이익으로서 본 협정 서명일에 타방체약국의 관할하에 있는 것에 대한 조치와 일방체약국 및 그 국민의 타방체약국 및 그 국민에 대한 모든 청구권으로서 동일자 이전에 발생된 사유에 기인하는 것에 관하여는 어떠한 주장도 할 수 없다."라고 규정되어 있는 바, 본건 구조선 교육재단의 재일재산은 현상이 구조선 장학회의 재일 재산임이 명백하면 동조 제2항에서 규정된 바 영향이 미치지 않는 범주 외의 것으로 볼 수 있으므로 협정규정의 대상이 되는 재산이 된다". 끝

　　외무부 장관 이동원

3. 외무부 공문(착신전보)–조선장학회 소송건 관련 지시 요청

외무부
번호 JAW-09517
일시 271106
수신시간 1965.SEP.27. PM12:08
발신 주일대사
수신 장관

　　다음을 문교부 장관에게 전하여 주시기 바람.
　　조선 장학회 소송건에 대하여는 관계 기관과 합의중으로 사료하오나 신속 삘딩의 준공이 박두하여가는 현상에 비추어 조속 지시하여 주시기 바랍니다. (주일장학)

4. 조선교육재단의 재산

朝鮮敎育財團의 財産

一. 問題의 發端

朝鮮敎育財團 財産인 東京所在 土地(795坪)은 解放后 그 所屬이 問題되어 왔으나, 1860.12.24. 朝總聯의 影響을 强하게 받는 朝鮮獎學會가 文書를 僞造하여 그 名義로 登記 移轉함. (住所. 東京都 新宿区 角筈 貳丁目94~7

二. 我側의 對策

64.4.7. 朝鮮敎育財産 理事會를 構成(理事長은 文敎部長官)하였으며, 朝鮮獎學會가 丸紅 飯田會社와 契約하여 삘딩을 建造함으로 我側은 1965.12.17. 所有權 確認訴訟과 同時에 土地, 建物의 讓渡, 債權, 抵當權, 賃貸借를 禁止하는 假處分 申請을 日本法院에 提起하였음.

三. 同財産의 現況

現在 삘딩이 完工되었으나 1966.2.17. 의 假處分 決定으로 賃與치 못하고 있음.

四. 財産還收의 利益

同財産을 還收되면 삘딩 管理로 年間 日貨 5억원 程度의 利益을 가저올 것임.

一. 事件의 發端

二. 財産의 內容

三. 訴訟 現況

조선 교육 재산환수 소송

제기 일자:

현관리자:

원인: 조선교육재단 재산 조선장학회(조총련의 영향)

60.12.24 문서 위조.

소유권 이전 등기됨. 환수를 위하여 소유 확인 소송 제기.

63.6.22 外務部에서 이송

64.4.7. 조선교육재단 이사회 구성 이사장 문교 □□

65.10.19. 국무회의 소송제기 결의

65.12.17. 제소

66.2.17. 가처분결정(가처분 공탁금 일화 1억원) 81,296,203.25 추정 요
청 중

년간 수익 일화 약 5억원으로□ 丸紅飯田会社가 삘딩 건조중

가처분 결정, 양도저당관 임차권 신사□□ 각□

1. 총평수 795평
2. 위치 新宿区 角筈貳丁目94~72
3. 본소와 가처분을 같이 제기했는지 그 일자

5. 외무부 공문(착신암호전보)–마루베니 회장에 대한 항의 요청

외무부
번호 JAW-10061
일시 051410
수신시간 1986.OCT.5. PM3:17
발신 주일대사
수신 장관

다음 전문을 문교부장관에게 전달하여 주시기 바람.
1. 조선교육재단 재산환수 소송에 관련한 마루베니회사와의 해결 문제에 대하
여 다음과 같이 건의합니다.
2. 현재 일본경제인 한국시찰단원중의 일원으로서 마루베니 이이다 회사 회장
이찌까와씨가 서울 체재중인 바 다음 사항에 의한 설득을 하여 당면 문제해결
을 촉구하여 주시기 바람.
가. 마루베니의 현재의 태도 1) 66.2.4. 마루베니와의 비밀협정에 의하여 소송
진행 및 빌딩 관리에 관하여 전폭적인 협력을 약속하였음에도 불구하고, 2)

66.2.21. 가처분 결정후 빌딩 관리 등에 관한 제2차 협정 체결 요구에 불응할 뿐 아니라 조선장학회 측의 집요한 공작과 동회사 건설부 간부들의 적측과의 내통 등과 아울러, 3) 마루베니 회사 대리인 변호사 "다데"씨의 마루베니회사 이익만을 위하여 중립적 입장에서 소송 결과만 기다리는 태도로 인하여, 4) 마루베니 측 단독 행세로 우리 승인 없이 주택공단을 입주시키고 있으며 또한 우리측 가처분 중 임차금지조항 취소의 이의신립신청을 적측과 타협적으로 제기하는 등 실로 용인 못할 배신 행위를 감행하고 있음.

나. 이에 대하여 우리측에 대한 적대행위로 규정하고 그 배신행위를 규탄하는 항의와 이의 신립취하를 강경히 요구하는 일방 거류 민단 조선 장확회문제 실행대책위원회로 하여금 동회사 건설부장 등에 대하여 실력행사도 불사한다는 태도로 강력항의중에 있으나 아직 뚜렸한 시정태도를 보이지 않고 있음.

다. 따라서 이찌까와 회장에게 위에 적은 사실을 인식시키고 마루베니 회사로 하여금 다음 행위를 취하도록 강력히 요구하여 주시기 바람.

1) 마루베니 회사는 적 공산당계와 공공연히 합작하여 우리와의 약속을 위반하고 이적 행위를 하고 있다.

2) 가처분 내용 중 임차금지조항 취소의 이의 신립을 즉각 취하하라

3) 적측과 내통하고 있는 건설부 직원을 즉시 처분하고 다데 변호사를 교체하여라

4) 소송 제기 후 특히 가처분 후 적측과 비밀 결탁한 모든 사실을 백지화하고 우리측과 조속히 빌딩 관리 등 제문제에 대한 2차 협정을 체결하라

5) 만일 이상의 요구가 관철되지 않은 경우는 현재 대사관 출입, 국내 신문 특파원에게 마루베니의 배신 행위를 발표하고 겸하여 강력한 투쟁을 전개하겠다. (민단 대책위원회는 실력 투쟁의 각오를 하고 있으며 국내 신문 특파원들은 본 건에 주목 자료 제시를 요구 중에 있음)

6. 외무부 공문(착신전보)–소유재산환수 기소건 중 일부 불기소 처분 보고

외무부

번호 JAW-04331

일시 151602
수신시간 71.4.15. 13:50
발신 주일대사
수신 외무부 장관

문교부 장관에 전달 바람.
1. 조선교육재단 소유재산환수를 위한 법적 투쟁 중 동경 지방 검찰청에 계속
중인 신홍식 외 9명에 대한 사기 사문서 위조 등 형사고소 사건(1966.2.9자 고
소)은 동 검찰청 담당 이와다 검사로부터 1970.4.7 불기소 처분하였다는 통지
를 받았음.
2. 불기소 이유는 혐의 불충분이라 하는 바 구체적 이유는 추후 보고하겠음.
3. 대책으로는 상급 검찰청에 대한 불복 신립과 검찰 심사회에 심사 청구가 있
으나 공소시효가 1970.4.30 이면 모두 완성된다는 점을 감안할 때 실익이 없음.
(장학관)

7. 외무부 공문(착신전보)–판결에 대한 변호사의 판단 보고

외무부
번호 JAW-01418
일시 271505
발신 주일대사
수신 장관
참조(사본) 문교부 장관

연: JAW-01396(71.1.26)
1. 오는 2.19일 13시 예정인 조선교육재단 재산환수 소송 제1심 판결선고에 대
한 당시 소송 대리인 변호사의 판단은 다음과 같음.
2. 승소 가능성 원고 승소 판결을 선고함으로써 공소심에서 원 피고가 화해를
할 것을 기대한다.

3. 패소 가능성 소송 대상인 현 건물을 철거하라는 판결을 내리는 것이 일반적 타당성을 결여한다(즉 원고의 권리 남용이라는 이론)고 판단한다면 원고가 전면 패소할 것임.

4. 일부 승소의 가능성은 없음.

5. 대책

가. 승소할 경우 상대방(피고)이 공소할 것이므로 후에 응소만 하면 됨.

나. 패소할 경우 공소하여야 하는데 인지대 805,000엥 제비용(조사비 잡비 여비) 1,000만엥 및 증인 대책비 등 소요됨. (주일장학)

8. 외무부 공문(착신전보)-소유권 확인 등 청구 패소 보고

외무부
번호 JAW-02368
일시 211050
수신시간 72.2.21. 14:10
발신 주일대사
수신 장관
참조(사본) 법무부 장관

원고 조선교육재단 피고 조선장학회 외 2명에 대한 소유권 확인 등 청구 사건에 관하여 2.19일 오후 1시 동경 지방 법원헤서 원고 청구 기각의 판결이 선고되어 우리측이 패소하였으며 아직 판결문은 송달이 되지 않았음.(법무)

9. 외무부 공문(착신전보)-1심 판결 관련 서류 송부

외무부
종별 지급

번호 JAW-02491
일시 261210
수신시간 72.2.23. 7:54
발신 주일대사
수신 장관
참조(사본) 문교부 장관(법무부)

　　대: WJA-02310
　　1. 제1심 판결문 사본 1부 판결요지 및 이에 대한 의견 소송 위임장 4부 및
소송 위임예정자(변호사) 약력 1부를 72.2.26. 수신하였으니 법무관으로 EXPRESS
AIR MAIL로 송부하였으니 조속 조치 회보 바람.
　　2. 정관은 수송 위계임.(주일장학)

10. 외무부 공문(착신전보)-2심 상소 기한 보고

외무부
종별 지급
번호 JAW-03033
일시 031410
수신시간 72.3.3. 15:43
발신 주일대사
수신 장관
참조(사본) 문교부 장관(법무관)

　　연: 일학57-1080(72.2.26)
　　1. 제2심 상소 기한은 72.3.10 임.
　　2. 상소에 따른 조치 지급 회보 바람.(주일장학)

11. 외무부 공문(착신전보)-2심 변호사 계약 비용

외무부
번호 JAW-05020
일시 011705
수신시간 72.5.2. 7:17
발신 주일대사
수신 장관
참조(사본) 문교부 장관(법무관)

    1. 재단법인 조선교육재단 재산환수 소송 제2심 대리인 박종근 변호사와의 보수계약을 다음과 같이 체결코저 하니 조속 승인 바람.
가. 착수금: 3,000,000엥
나. 조사비 및 제비용: 7,000,000엥
다. 성공사금: 50,000,000엥
    2. 증인 유지비용은 동계약에는 포함되지 않이 하였으며 별도로 집행되어어야 할 것임.
(주일장학) 끝

12. 조선교육재단 재산환수 소송 문제

조선교육재단 재산환수 소송 문제

    1. 소송 당사자
      원고: 조선교육재단
      피고: 조선장학회(조총련계)
    2. 소송 대상물
      조총련계의 조선장학회가 점유하고 있는 동경 소재(신주꾸) 택지 510평(시가: 일화 약70억 엥)

3. 소송 목적

   피고 점유 소송 대상물의 환수

4. 제1심 판결(1972.2.19 동경민사지방법원)

   원고의 청구를 기각함.(원고 패소)

5. 항소 제기

   1972.3.8일 제17회 국무회의의 결정에 따라 1972.3.9일 동경민사고등법원
   에 항소 제기

   (소송 대리인: 박종근 변호사)

6. 경위

   (1) 1927.1.8. 설립된 조선교육재단은 1927.2.17. 동경시 신주꾸 소재 토
       지 795평(그 후 도시계획으로 인해 510평으로 감소)과 건물을 취득하
       였음.

   (2) 1945.8.15. 이후 동 법인은 휴면 상태에 있었고 공습으로 등기부가 소실
       되었는데, 일본 국내 법인인 재단법인 조선장학회(1943.10. 설립)는
       1960.12.13. 상기 재산을 조선교육재단으로부터 무상양도 받은 것처럼
       사문서를 위조하여 소유권 보존 등기를 필하였음.

   (3) 조선교육재단은 임시 이사를 선임하고(1964.3.20. 서울민사지방법원의
       결정) 상기 재산환수를 위한 소송을 제기하기로 결정한 후 정부의 지원
       을 요청하였음.

   (4) 정부는 동 소송을 지원하기로 결정하고(1965.10.19. 제92회 국무회의),
       조선교육재단은 일본인 변호사 2인을 선임하여 1965.12.8. 소송을 제
       기함.

   (5) 동경민사지방법원은 1972.2.19일자의 판결에서 아래와 같은 이유로 원
       고의 청구를 기각함.

       가. 한 · 일간의 "재산 및 청구권에 관한 협정 실시에 따른 대한민국 등
           의 재산권에 대한 조치에 관한 법률 "제2항"에 의하여 조선장학회
           는 본건 물건의 보관자로 볼 수 있고, 따라서 본 건물건은 소화40년
           (1965) 6.22자로 조선장학회에 귀속된다.

       나. 원고 조선교육재단은 소화39년(1964) 12.31.까지 일본국내에서 활
           동한 사실이 없으므로 거주자라 할 수 없다.

         * 법률 제2항: "일본국 또는 그 국민은 소화40년 6월 22일에 있어서

보관하는 한국 또는 그 국민의 물건으로서 협정 제2조 3의 재산 권리 및 이익에 해당하는 것은 동일에 있어서 그 보관자에게 귀속된 것으로 한다. …"

(6) 문교부는 1972.3.8. 제17회 국무회의에 대한 보고를 통하여 조선교육재단이 아래와 같은 이유에서 항소를 제기하도록 조치함(소송 대리인: 박종근 변호사)

가. 1심 패소 이유가 조약과 국내법, 조약의 해석 문제에 관련된 것이므로 최고재판소의 판결을 받아 볼 필요가 있다.

나. 본건이 재일교포의 사기앙양과 우리 국민의 재일재산권 분쟁에 큰 영향을 미친다.

(7) 항소제기 후 구두변론이 계속되어 오다가 최근에는 74.5.8. 제10회 구두변론이 있었고 차기 공판은 74.6.26. 또는 7.10.로 예정하고 있는 바, 원고측 변론 요지는 아래와 같음.

가. 조선교육재단이 본건 소송 대상 부동산을 무상 양도한 사실이 없음.

나. 조선교육재단이 1964.12.31일 이전에도 일본에 거주하면서 재단 활동을 한 사실이 있음.

다. 1964년 이전 조선교육재단 관계자 및 주일대표부 관계자를 원고측 증인으로 신립함.

7. 임윤영 전주태 대사의 증인 채택 문제

(1) 73.7.13. 문교부는 아래와 같은 이유로 임윤영 대사가 본건에 관한 원고측 증인으로 채택되었다고 통보하면서 73.10.3일 동경 민사고등법원에 출두 증언할 수 있도록 협조 요청함.

증인 채택 이유: 임윤영 대사는 1949-1950년의 기간동안 주일대표부에 근무하면서 조선교육재단 소유 토지 및 지상 건물의 관리에 관하여 미 군정청과 업무 연락을 수행하였으므로 1945년 8월 이후 조선교육재단이 일본에서 거주하였다는 사실을 입증하는데 필요한 증언을 할 수 있다는 것임.

(2) 당부는 임윤영 대사의 증인 출두 문제에 관하여 1973.7.26일 문교부에 다음과 같이 통보함.

가. 현직 특령정권 대사는 그 신분상 외국 법정 출두를 원칙적으로 피하고 있음.

나. 임윤영 대사 대신 다른 증인 신청 문제를 검토하고 임윤영 대사의 증언이 소송 진행상 반드시 필요한 경우에는 법정의 서면 질문에 대하여 서면으로 답변하는 방법 강구.

(3) 문교부는 73.9.20일 임윤영 대사의 증인 채택을 타인으로 대치하는 문제와 서면 답변 문제가 모두 불가능하므로 임대사의 법정 출두, 증언을 다시 요청함.

(4) 문교부는 임윤영 대사의 증인 심문이 73.12.5일로 연기 결정되었음을 1973.10.4일 당부에 통보함.

(5) 당부는 상기 문교부의 요청에 따라 1973년 10월 임윤영 대사에게 본건 증인 출두 문제에 관한 의견을 문의하였는 바, 아래와 같이 회보함. (1973.11.7일자 전문 보고)

　　가. 1973년 2월 본건 원고측 소송담당 변호인 박종근이 태국을 방문하여 1949-50 기간 동안 그가 주일대표부에 근무할 당시 SCAP와 소송 대상 재산환수를 위한 교섭을 가진 일이 있는지를 문의한데 대하여 당시 동 재산환수를 위한 조치를 취한 바 없었다고 답변함.

　　나. 그는 증인 용의를 박종근 변호사에게 밝힌 바도 없고 박 변호사로부터 증인으로 필히 출두하여 줄 것을 요청받은 일도 없음.

　　다. 국가 이익을 위한 지시라면 일본 법정에 출두, 증언함에 주저하지 않겠으나 사실과 상위한 증언에 대한 사후 문제(피고측 반대 심문, 법원의 심문에 회답할 수 없게 되는 경우)를 고려하지 않을 수 없음.

(6) 당부는 1973.11.9일 문교부에 상기 임윤영 대사의 전문 보고 사본을 전달하고, 임 대사의 증인 채택 문제를 추진하지 않는 것이 좋다는 의견을 제시함.

8. 참고사항

(1) 정부 지원 소송 경비 총액: $230,241(1965-1974.5.20)
　　(문교부 예산에 반영된 74년도 예비비 $39,287)

(2) 박종근 변호사의 인적사항(별첨)

(3) 주일대표부 근무자(1955년까지) 명단(별첨)

13. 외무부 공문(착신전보)—공소심 10회 일정과 증인 관련 보고

외무부
종별 지급
번호 JAW-05169
일시 101136
수신시간 74.5.10. 14:00
발신 주일대사
수신 장관
참조(사본) 문교부 장관(법무관 참조)

1. 조선교육재단 재산환수 소송 공소심 제10회 구두 변론 공판이 74.5.8. 15:00 동경 고법 제5호 법정에서 있는 바.
2. 본건 부동산 무상양도 사실 없음(소유권 확보)에 대한 계광순의 증언은 소송 수행에 유리하였을 것으로 추정됨.
3. 차기는 일본에 거주하면서 재단 활동을 한 사실을 입증해야 하므로 61-64년 사이 주일 장학관으로 재직한 장준한을 증인 선정하여 채택되었으며,
4. 다음 구두 변론은 74.6.26. 이나 7.10. 예정이며 자세한 것은 서류보고 할 것이나 물적 증거로 시급히 요청됨. (주일교육)

14. 외무부 공문(착신전보)—증인 장중한과의 면담 요청

외무부
번호 JAW-05404
일시 221150
수신시간 74.5.22. 14:35
발신 주일대사
수신 장관
참조(사본) 문교부 장관(법무관 참조)

연: 일학296-3172

1. 조선교육재단 재산환수 소송 74.6.26. 변론 공판중인 장준한과 사전 협의차 박종근 변호사가 5.24. 09:30 하네다발 NWA편으로 입국하는 바

2. 가능한한 동 24. 15:00에 장준한과 면담할 수 있도록 조치바라며 다음 증인 채택 등 제반 협의에 협조해 주시기 바랍니다.

(주일교육)

15. 외무부 공문(착신전보)-2심 예측과 현황 보고

외무부
번호 JAW-07009
일시 011420
발신 주일대사
수신 장관
참조(사본) 문교부 장관(법무관 참조)

1. 조선교육재단 재산환수 소송 2심이 중요한 종반단계에 이르고 있으며 탐문한 바에 의하면 재판장 이시다가 금년 12월에 정년 퇴직됨에 그 이전에 결심 판결할 가능성이 많음.

2. 아측으로서는 거주자(실질적인 보관장)의 구두 변론과 병행하여 동입증 자료의 제시가 시급하므로 관계자료의 수집, 발굴 등 작업을 관계 기관과 충분한 협의를 거처,

3. 증인 한종석으로 하여금 우선 1차 단계(6.28. - 7.4.)의 작업을 착수케 하였음.

4. 법무관 내일시에 거주자 입증에 관련되는 자료(65년 이전의 것)가 있으면 지참 바라며 기타 자세한 것은 법무관께 설명 위계임.

(주일교육)

16. 외무부 공문(착신전보)–장준환 증언 종료 보고

외무부
번호 JAW-07181
일시 111036
수신시간 74.7.11. 13:56
발신 주일대사
수신 장관
참조(사본) 문교부 장관(법무관 참조)

1. 조선교육재단 재산환수소송 공소심 제11회 구두 변론 공판이 74.7.10. 13:00 동경 고법 제5회 법정에 개정되었는바
2. 장준한 의원의 증언이 무사히 종료되었으며 자세한 내용은 추후 서면 보고 하겠음.
(주일교육)

② 재일본 한국교육재단 설립, 1973

○ ● ○

기능명칭: 재일본 한국교육재단 설립, 1973

분류번호: 791.252, 1973

등록번호: 6590

생산과: 재외국민과

생산년도: 1973

필름번호: P-0012

파일번호: 09

프레임번호: 0001~0111

1. 외무부 공문(착신전보)–한국교육재단 설립허가 통과

외무부

종별 지급

번호 JAW-01388

일시 291535

수신시간 73.1.30. 7:37

발신 주일대사

수신 장관

참조(사본) 영사국장, 문교부 장관(사회교육국장)

 연: JAW-12417(72.12.28)

1. 72.12.27. 당지 문부성에 접수한 재단법인 한국교육재단 설립허가 신청은 73.1.29. 금년도 최초로 열린 법인심사회를 통과하였음을 보고함.

2. 따라서 동 허가 신청에 대하여는 앞으로 행정적인 절차를 거처 불원허가 될 것임. (주일장학)

2. 외무부 공문(착신전보)–한국교육재단 설립허가장 수령

외무부

종별 지급

번호 JAW-02□45

일시 031242

수신시간 73.2.5. 7:44

발신 주일대사

수신 장관

참조(사본) 영사국장, 문교부 장관, 사회교육국장

 연: JAW-01388(73.1.29)

1. 연호로 보고한 재단법인 한국교육재단 설립허가 신청에 대하여 73.2.1. 자로 당지 문부성에 의하여 허가되었으며, 73.2.3. 허가장을 수령하였음.
2. 허가장 사본 및 기타 사항에 대하여는 73.2.6. 정기 파우치편으로 보고서를 송부하겠음. (주일장학)

3. 주일대사관-한국교육재단 허가

주일대사관
번호 일학 65-0595
일시 1973.2.6.
발신 주일대사
수신 외무부 장관(영사국장 참조)
참조 문교부 장관(사회교육국장 참조)
제목 재단법인 한국교육재단 설립허가 보고

대: 국교 1068-4600(72.12.8)
1. 대호로 사전승인을 받아 72.12.2자로 당지 문부성에 허가 신청한 바 있는 "재단법인 한국교육재단"에 대하여,
2. 73.2.1.자로 별첨사본과 같이 허가되었음을 보고합니다.(허가서 73.2.3 수령)
3. 본건 법인설립에 따른 등기를 지체없이 행하고 등기부 등본 첨부하여 추후보고 하겠습니다.

첨부: 1. 허가서 사본 1부
2. 장학금 규정 및 연구조성금 급부규정 승인서 사본 10부.
3. 법인운영에 관한 통달사본 10부.
4. 설치취지서, 기부행위(재산목록, 사업계획서 첨부) 장학금 규정, 연구 조성금 급부규정 각 3부. 끝.

4. 주일대사관 공문—법인 창립총회

주일대사관
번호 일학85-0622
일시 1973.2.8.
발신 주일대사
수신 외무부 장관(영사국장 참조)
참조 문교부 장관(사회교육 국장 참조)
제목 재단법인 한국교육재단 창립 총회 개최에 따른 문교부 장관 초청

연: 일학 65-0595(73.2.3)
　　1. 연호로 보고한 바와 같이 본건 재단법인 한국교육재단이 73.2.1자로 허가됨에 따라 동법인 이사회는 73.2.5 동경상은 신용조합 이사장실에서 법인 창립총회 준비위원회를 개최하고(참석자: 이사장 허필석, 이사 정동순, 동 이회건, 상무이사 유성림, 감사 인성율, 동 운담용, 및 재일한국 거류민단 중앙본부 문교국장 김병식 동 7명),
　　2. 본건 법인설립은 재일한국인 교육진흥의 획기적인 전기를 마련할 기회이므로, 73.3.20경(23 예정) 법인 창립총회를 동경에서 개최하기로 결의하는 한편, 취임이래 동 법인 설립을 강력히 추진하여 온 민관식 문교부 장관을 동 총회에 임석하시도록 초청하여 법인발전을 격려하여 주시도록 결의한 바에 따라, 별첨과 같이 초청장을 송부하오니 임석하시도록 배려하여 주시기 바랍니다.
　　3. 총회개최 임자를 우선 73.3.20 경으로 내정하고 있는 바, 준비가 진행되는 대로 확정된 일자, 장소, 및 기타사항을 계속 보고하겠읍니다.
　　첨부: 재단법인 한국교육재단 창립총회 임석 초청장 1부. 끝.

5. 주일대사관 공문—한국교육재단 창립총회

주일대사관

번호 일학91-0699

일시 1973.2.10.

발신 주일대사

수신 외무부 장관(영사국장 참조)

참조 문교부 장관(사회교육 국장 참조)

제목 재단법인 한국교육재단 창립총회 개최에 따른 요청

연: 일학 85-0622 (73.2.8)

1. 본건에 관하여 연호로 문교부장관 내외분의 임석을 요청하는 초청장을 송부한 바 있거니와,

2. 동 총회에 즈음하여 재단법인 한국교육재단의 모체인 재일한국인 교육후원회 회원 전원(209명, 교인 3명 포함)에 대하여 문교부 장관 및 대사의 "감사패" 및 "표창패"와 기금조성에 실적이 다대한 파견교육 공무원 등에 대하여 "표창장"을 수여코자 하오니 제작 송부하여 주시기 바랍니다.

　　가. 재일 한국인 교육후원회 회장 "서갑호"(徐甲虎)에 대한 "감사패"(문교부 장관)

　　나. 재일한국인 교육후원회 이사장 "허필석"(許弼奭)에 대한 "감사패"(주일대사)

　　다. 재일한국인 교육후원회 특별 회원이며, 재단설립허가 추진에 있어 노고가 큰 "윤달용"(尹達鏞)에 대한 "표창패"(주일대사)

　　라. 재일한국인 교육후원회 회원 중 최고액(각 2 백만엥) 기부자 "주낙필"(主洛弼) 및 "김상숙"(金尙叔)에 대한 "감사패"(문교부 장관)

　　마. 재일한국인 교육후원회 회원 중 고인 3명(朴俊男, 洪勻杓, 李昌漢)에 대한 "감사패".

　　바. 파견교육 공무원(책임조성액 달성자)에 대한 "표창장" 실적 및 대상자 명단 추출 송부) (문교부 장관)

　　사. 재일 한국인 교육후원회 기타 회원에 대한 "감사패"(202명) (문교부 장관)

3. 또한, 동 총회에 행할 문교부 장관의 처사를 다음과 같이 인쇄 제본하여 송부바랍니다.

　　가. 규격: 16절지 크기

나. 용어: 국어 및 일어번역문 동첨

　　다. 수량: 500부

　4. 이상: "감사패", "표창패", "감사장" 및 치사를 늦어도 73.3.15.까지 당관에 도착토록 송부하여 주시기 바라며,

　5. 현재 확정되지 않았으나, 동 총회 종료 후 문교부 장관의 초대 만찬회를 개최코자 하는 바, 이 자리에서 행할 연설문도 미리 준비하여 주시기 바랍니다.

　6. 현재로서는 총회 일시를 73.3.22. 14:00로 계획하고 있으며 동경상은 신용조합 회의실에서 기행할 예정인 바, 변동시에는 수시 보고 하겠읍니다.(참고: 3.21인 "춘분일"로서 일본 공휴일임)

첨부: 1. 재일한국인 교육후원회 회원 명단 1부.
　　　 2. 예문안

6. 예문안

(감사패 문안) 1

　　감사패
　　서갑호 (徐甲虎)
　　귀하는 우리나라 재외국민 교육의 중요성을 깊이 인식하시고 1963년 이래 재일한국인 교육후원회 회장직을 역임하면서 재일한국인 교육재단 설립의 기반을 공고히 구축하여온 노고를 치하하여 이에 감사의 뜻을 표합니다.
　　1973년 3월 22일
　　대한민국 문교부 장관 민관식 관인

(감사패 문안) 2

　　감사패

한글 성명 (한문 성명)

   귀하는 우리나라 재외국민 교육의 중요성을 깊이 인식하시고 재일한국인 교육후원회 특별회원으로 가입하시어 귀중한 정재를 다액 기부하심으로써 재일 한국인 교육재단 설립의 기반을 공고히 하는데 크게 이바지하였기 이에 감사의 뜻을 표합니다.

1973년 3월 22일

대한민국 문교부 장관 민관식 관인

※ 이상 주락필, 김상숙에 대한 감사패 문안임.

(감사패 문안) 3

감사패

허필석 (許弼奭)

   귀하는 재일한국인 교육의 항구적인 기반을 조성하기 위한 모체로서 구성된 재일한국인 교육후원회 이사장직을 시종 역임하는 동안, 1973년 2월 1일 설립된 재일 한국교육재단의 기초를 공고히 구축하여 온 노고를 치하하여 이에 감사의 뜻을 표하나이다.

1973년 3월 22일

주일본국 대한민국 특명전권 대사 이호 관인

※ 인영 별첨

駐日本國 大韓民國 特命全權大使

(官印影)

(표창패 문안) 4

표창패

윤달용(尹達鏞)

　귀하는 재일한국인 교육의 중요성을 깊이 인식하시고 일찍이 재일한국인 교육후원회 특별회원으로 가입하시어 다액의 정재를 기부하였을 뿐 아니라, 특히 재단법인 한국교육재단 설립에 있어 시종 이를 적극 추진한 노고를 치하하여 이에 감사의 뜻을 표하나이다.

1973년 3월 22일

주일본국 대한민국 특명전권대사 이호 관인

(감사패 문안) 5

감사패

고 (한글성명) (고 한문성명)

　고인은 애석하게도 유명을 달리하였으나 일찍이 재일 한국인 교육의 중요성을 깊이 인식하시고 재일 한국인 교육후원회 회원으로 가입하시어 1973년 2월 2일 설립된 재단법인 한국교육재단의 기반조성에 이바지한 공을 기리어 이에 감사의 뜻을 표하나이다.

1973년 3월 22일

대한민국 문교부 장관 민관식 관인

(감사패 문안) 6

감사패

한글 성명 (한문 성명)

　귀하는 우리나라 재외국민 교육의 중요성을 깊이 인식하시고 재일 한국인 교육후원회 회원으로 가입하심으로써 재단법인 한국교육재단 설립기금 조성에 크게 이바지하였기 이에 감사의 뜻을 표합니다.

1973년 3월 22일
대한민국 문교부장관 민관식 관인

*회원 202명분.

(표창장 안) 7
(소속 및 직위)
한글성명 (한문성명)
　　위의 자는 근무지의 재일 한국인 사회에 대하여 교육의 중요성을 적극 인식
시켜 재한법인 한국교육재단 기금 조성에 기여한 공이 타에 뛰어남으로 이에
표창함
1973년 3월 22일
문교부 장관 민관식 관인

7. 창립총회 회순

재단법인 한국교육재단
창립총회 회순 (제1차안)
1. 개회 선언
2. 국민 의례
3. 허필석 이사장 식사
4. 이호 대사 처사
5. 문교부 장관 처사
6. 래빈 축사
7. 법인 설립 경과 및 사업계획 개요 보고
8. 포상(감사패, 표창제 및 표창장 등 수여, 기념품 증정)
9. 임원 소개
10. 동경한국학교 학생 민속연기

11. 만세 삼창

12. 폐회

행사 및 시간 계획(제1차안)

행사	일시	장소	소요 시간
창립 총회 (인원: 150-200 예정)	3. 22. 14:00	동경상은 회의실	(140분) 회순 1-2: 5분 3-6: 50분 7: 20분 8: 15분 9: 20분 10-12: 30분
창립 축하 리셒숀 (인원: 150-200 예정)	3. 22. 16:30	〃	(분)
문교부 장관 초대 만찬회 (인원: 100-120 예정)	3. 22. 18:30	Palace Hotel	(120-150분)

※ 예산계획은 추후 보고 위계임.

8. 외무부 공문(착신전보)–도쿄 교육장 한국 인사 초청 요망

외무부

번호 JAW-02142

일시 100955

수신시간 73.2.10. 12:31

발신 주일대사

수신 장관

참조(사본) 영사국장, 참조, 문교장관(사회교육 국장)

1. 73.2.9. 당관 유성림 수석교육관은 재단법인 한국교육재단 설립 허가
(73.2.1.) 인사차 동경도 교육장 히나다 요시유끼 씨를 방문하였는 바.

2. 그 자리에서 동 교육 위원회는 73.4.6. 사이에 문교부 장관 및 서울시 교
육감 외 1명을 동 교육장 명의로 초청하고자 예산 요구중임을 밝히고 만일 문
교부 장관의 응락이 어려운 경우에는 서울시 교육감외 2명을 초청코자 하는 바
초청 응락 가능성 여부와 적합한 시기를 사전에 비공식적으로 알기를 희망함
으로 우선 보고하니 회보 바람. (주일장학)

9. 주일대사관 장학관실 공문

주의
본 공문서는 시급을 요하여 문교부에 직송하는 것이니, 경유문서 처리 절차에
따라 외무부를 경유하여 처리 바랍니다.

주일대사관 장학관실

10. 외무부 공문(발신전보)-창립총회 일본 검사총장 초청지시

외무부
번호 WJA-03127
일시 101120
발신 장관
수신 주일대사
참조 교육관

　　　재단법인 한국 교육재단 창립 총회에 아래 사람을 기필 초청토록 조치
바람.

-아래-
일본 검사총장 오오자와 이찌로. (문교부) (외민)

11. 문교부 공문—창립총회 일본 검사총장 초청 지시

문교부
번호 국교1068-776
일시 1973.3.8.
발신 문교부 장관
수신 외무부 장관
참조 영사국장
제목 타전 의뢰

　　　다음 전문을 주일대사(주일교육관 참조)에게 타전 바랍니다.
　　　　　(전문)
　　　　재단법인 한국교육재단 창립 총회에 아래 사람을 기필 초청토록 조치 바람.
　　　일본 검사총장 오오자와 이찌로 끝.

12. 주일대사관 공문—창립총회 표창관련 요청

번호 일학189-11677
일시 1973.3.22.
발신 주일대사
수신 외무부 장관(영사국장 참조)
참조 문교부 장관(사회교육 국장 참조)
제목 재단법인 한국교육재단 창립총회 개최에 따른 요청(3)

연: 일학 91-0699(73.2.10)

　　일학 154-1160(73.3.7)

1. 73.3.22. 13:30 국제전화로 호명 보고한 바 있는 본건 재단 기금 납부자 (교육후원회 가입자) 22명의 명단을 송부하오니 문교부 장관 감사패 제작에 참고하시기 바랍니다.

2. 연호로 추후 송부하기로 한 기금조성액 달성자(교육문화센터 소장)의 명단을 송부하오니 문교부 장관의 표창장을 총회 개회시 수여할 수 있도록 조치 바랍니다.

　　(표창 대상자)

　　아께다센터 소장 김공칠(金公七)

　　※ 현재 이와테센터 소관의 이와테현을 동 소장이 관할할 시 조성하였으므로 실적자에게 수여함.

　　나가노센터 소장 김정협(金正協)

　　도지기센터 겸 복진억(卜鎭億)

　　이바라기센터 소장

　　□□센터 소장 한송오(韓送五)

　　요꼬하마센터 소장 정진방(鄭鎭邦)

　　시즈오까 〃 박태식(朴胎植)

　　미에 〃 김인호(金仁顥)

　　고오베 〃 이택노(李宅魯)

　　오까야마 〃 양봉운(梁奉云)

　　다까마쯔 〃 박철우(朴喆雨)

　　히로시마 〃 김창곤(金昌坤)

　　시마네 〃 김상진(金商珍)

　　이상 12명.

첨부: 1. 기금 납부자 추가 명단 1부.

　　　2. 기금 조성 상황(표창자 명단) 1부. 끝.

韓国教育財団 基金納付者 （73. 3. 20 現在）

県別	会員区分	姓名	住所	
北海道	準	[illegible]	釧路市栄町4丁目1番地	
〃	〃	孫在永	美唄市東一条南二丁目	
〃	〃	呉光殷	旭川市四条通14丁目右7号	
〃	正	都正煥	旭川市東三条6丁目	
愛知	特	姜信石	名古屋市中村区鷹羽町2-2	
広島	準	張奉熙	大津市1-3-33	
〃	〃	張泳德	福山市三元丸町8-9	
〃	〃	曺成均	広島市中広町1-5-12	
〃	正	黄炳文	佐伯郡五日市町海老塩浜1227-1	
〃	準	張南基	安芸市府中町5613-2	
〃	正	[illegible]	広島市東観音町1-15-7	
〃	〃	全石周	広島市[illegible]	

県別	会員区分	姓名	住所	
広島	正	鄭奈浩	広島市東観音町20-24	
〃	準	金永達	広島市己斐上1-7-21	
島根	正	鄭粉德	邑智郡邑智町大字浜原407-1	
〃	準	朴健一	松江市朝日町447番10号	
〃	〃	崔云沢	江津市大字郷田1288-4	
〃	〃	黄瑾性	江津市大字郷田879-2	
山口	〃	李斗厚	下関市上田中町3-4-10	
福岡	正	孫明秀	福岡市博多区堅粕町1-25-31	
兵庫	特	故徐正浩	神戸市東灘区本庄町青木竹株173	
大阪	正	故金敎鶴	大阪市阿部野区北畠中2-21	

13. 주일대사관 공문-재단법인 한국교육재단 창립총회 개최

주일대사관
번호 일영725-1904
일시 1973.4.13.
발신 주일대사
수신 외무부 장관
참조 영사국장
제목 재단법인 한국교육재단 창립총회 개최

　　1. 작 4.12. 당지 동경상은 신용조합 회관에서 재단법인 한국교육재단 창립 총회가 개최되었음을 보고합니다.

　　2. 동 총회에는 본국에서 오신 민관식 문교부 장관과 일본측에서 "오꾸노" 문부대신이 임석한 가운데 일본전국에서 모인 민단간부 및 유지 약 300명이 참석하여 성대히 거행하였음.

　　3. 동 창립총회에서는 식순에 따라 교육재단 설립에 이르기까지의 경과보고와 앞으로의 사업계획 발표가 있었으며 유공자에게 감사패가 수여되었음. 또한 민 문교부 장관이 동재단 보조비로 미화 40,000불을 재단 이사장에게 전달하였음.

　　4. 동 재단에 관한 참고자료는 별첨과 같으오니 참고 바랍니다.

　　첨부: 동재단에 관한 참고자료 끝.

14. 창립총회 자료

創立総会

　　日程

　　(1973. 4 .12)

財団法人 韓国教育財団

人事의 말씀

　希望에 부푸는 新春을 맞이하여 万物이 躍動하기 始作하는 봄기운과 더불어 誕生한 韓国教育財団의 発展을 祝福하여주시기 위하여国務多忙 하심에도 멀리서 親히 枉臨하옵신 閔寬植文教部長官님, 그리고 内外貴賓여러분께 깊이 感謝의 뜻을 表하는 바입니다.

　오늘 이 뜻깊은 創立記念総会를 契機로 우리在日同胞子女教育은 劃期的인 새로운 第一歩를 내디디게 됨에 実로 感慨無量 한 바이오며 本財団役員一同과 함께 重且大한 責任感을 느끼며 韓国教育財団을 아껴주시는 여러 어른들과 함께 財団의 앞날에 無窮한 発展을 祈願하면서 倍前의 指導와 鞭撻을 바라 마지 않는 바입니다.
理事長 許弼奭

　ごあいさつ

　万物が蘇り躍動と生気に充ちた新春を迎え、ここに誕生した「財団法人韓国教育財団」の発展を祝福して下さるため、国務御多忙にも拘らず、遠方より親しく御光臨下さいました閔寬植文教部長官をはじめ、内外貴賓の皆さまに、深く感謝の意を表するものであります。

　きょう、この意義深い創立総会を契機に、わが在日同胞子女教育が画期的な新しい第一歩を踏み出したことは、まことに感無量であり、本財団役員一同と共に、重にして大なる責任を感ずる次第であります。

　財団法人韓国教青財団を慈しみ、育んで下さる皆さまと共に、本財団のかぎりない将来の発展を念願し、倍旧の御指導・御鞭撻を賜わりますようお願い申し上げます。

　理事長 許弼奭

日程表(財団法人韓国教育財団創立総会)

	行事別	日時	場所	会順
1	第1回臨時理事会	4月12日(木)午前11時~正午まで	東京商銀信用組合本店4階役員室	開会 人事紹介 案件討議 閉会
2	創立総会	4月12日(木)午後2時~4時20分	東京商銀信用組合本店7階大会議室	閉会 国民儀礼 理事長式辞 経過報告 事業計劃概要報告 褒賞 祝辞 来賓祝辞 役員紹介 東京韓国学校学生合唱 閉会
3	創立祝賀 Reception	4月12日(木)　午後4時30分~5時30分	東京商銀信用組合本店 5階	

註　日程表を御参照の上、同封返信葉書に行事別に御出欠の程を4月5日までに、
　　ご通知下さるようお願い申し上げます。

축사－한국교육재단 창립총회 문교부 장관 축사

財團法人 韓國教育財團 創立總會

(一九七三年四月十二日)

　祝辭

大韓民國 文教部長官

尊敬하는 許弼夷 理事長을 비롯한 財團任員 여러분! 그리고, 奧野誠亮 文部大臣을 비롯한 內外貴賓과 在日韓國人指導者 여러분!

오늘, 在日本 大韓民國 國民敎育의 後援機關인 特望의 財團法人 韓國敎育財團의 創立을, 文敎責任을 맡고 있는 本人으로서, 衷心으로 慶賀해 마지않습니다.

아울러, 異城萬里 이곳 日本에서, 많은 苦衷과 어려운 與件에도 不拘하고, 지난 十年동안, 或은 貴重한 淨財를 喜捨하시고, 或은 東奔西走 온갖 心血을 기울이시어, 오늘의 結實을 거두어 주신 本財團任員과 在日韓國人指導者 여러분에게 眞心으로 뜨거운 感謝를 드리며, 特히 在日韓國人敎育의 重要性을 깊이 理解하시고 快히 本財團設立에 積極 協助해 주신 奧野誠亮 文部大臣과 이곳 現地에서 아낌없는 指導와 鞭撻을 다해주신 李澔 大使님께 深甚한 敬意와 感謝를 드리는 바입니다.

돌이켜보면, 오늘날까지 本國의 支援에 크게 依存해 오던 在日韓國學生敎育財政 基盤을 自主的으로 確立、運營하기 위하여, 지난 一九六三年 在日韓國人敎育後援會가 發足한 以來, 그 동안 十年間이나 篤志家 여러분들이 불타는 愛國衷情으로 基金造成에 努力해 왔으나, 正式 法人體가 아니었으므로 免稅特惠를 받지 못하여, 基金造成에 支障이 많았던 것입니다.

그러던 것이 今年二月一日을 期하여 正式 法人으로 認可됨으로써、앞으로 基金造成이 順調로와질 것이며, 따라서 本財團이 目的한 바 在日韓國學生에 對한 奬學金支給과 學生指導經費 및 學術研究費의 補助, 敎職員研修經費 支援 등, 自主的인 敎育運營에 劃期的인 成果를 거둘 수 있게 됨으로써, 여러분은 韓國敎育史에 永遠히 記錄될 자랑을 남기게 되었읍니다.

周知하시는 바와 같이 最近의 國際情勢는, 漸增되어 가는 和解무으드와 多極化體制속에, 自國의 利盆追求와 民族結束의 氣運이 浮刻되는 새 秩序로 編成되어 가고 있읍니다.

解放後 우리의 國土와 民族은 他力에 依해 南北으로 갈라진 채, 오늘도 우리는 平和的인 統一과 民族의 繁榮을 痛切히 祈願하고 있으며, 더우기 故國을 멀리 떠난 이곳 在日同胞 여러분은, 꿈속에서도 祖國을 잊지 못하고 民族을 그리는 마음이 그 누구보다도 뼈에 사무칠 줄 믿습니다.

이와 같은 狀況 아래서, 우리는 지금 偉大하신 民族의 領導者 朴大統領閣下의 卓越하신 領導下에, 維新課業途行에 힘차게 邁進하고 있읍니다.

『十月維新』은 이에 새삼 說明할 必要도 없이, 우리의 周邊에서 非能率과 非生産等 一切의 不條理를 一掃함으로써, 우리의 國力을 더욱 튼튼히 培養하고 이것을 組織化하자는 것이며, 나아가서 밖으로는 激變하는 國際情勢에 能動的으로 主體性 있게 對處하고、안으로는 分斷된 國土를 平和的으로 統一함으로써、우리의 祖國을 平和와 繁榮의 土臺위에 올려 놓자는, 우리 民族 至上의 課業인 것입니다.

尊敬하는 在日同胞 여러분!

그리고、在日韓國人教育者 및 學生 여러분!

우리는 서로 東海와 大韓海峽이라는 바다를 사이에 두고 멀어져 살아 간다 하더라도, 우리는 半萬年 歷史와 悠久한 傳統을 이어받은 한 핏줄기 大韓 겨레의 子孫인 것이며, 우리가 몸과 마음을 바쳐 忠誠을 다해야 할 우리의 祖國은, 둘이 아니고 오직 『大韓民國 하나』뿐인 것입니다.

우리는, 우리 民族이 連綿히 이어져 내려온 民族史와 더불어 어떠한 苦難과 試鍊 앞에서도 職業과 宗派, 그리고 派閥을 超越하고 『하나로 團結』하여, 이 苦難과 試鍊을 克服함으로써 五千年 歷史를 秋毫의 變化도 없이 살아온 오직 『하나의 民族』인 것입니다.

이와 같은 올바른 民族史觀의 確固한 바탕 위에서, 우리는 眞實로 大韓民國의 民族史的 正統性을 그대로 이어받은 榮譽로운 主人公이요, 또한 자랑스러운 矜持를 지닌 使命의 國民들인 것입니다.

在日同胞 및 教育者, 學生 여러분!

이곳 海外의 特殊한 環境 속에서, 來日의 希望을 그리며 살아 가는 여러분에게 恪別히 要請되는 『國民의 길』은, 무엇보다도 特히 우리말과 우리 歷史를 힘써 배우고 日常生活化함으로써, 우리 民族의 正統性과 國家觀에 基礎를 둔 『國籍있는 教育』을 强力히 實施함과 아울러, 여러분의 앞날을 스스로 開拓하고 繁榮할 수 있도록, 이곳 社會에 있어서의 賢明한 適應力을 기르는 데 있읍니다.

그 동안 여러분은, 이곳 어려운 逆境 속에서 이루 말할 수 없는 苦衷과 悲哀를 오직 꿋꿋한 民族意識과 强靭한 鬪志로써 克服해 왔으며, 第二世國民教育에서도 많은 熱誠을 기울여 왔읍니다만, 여러분이 處해 있는 歷史的 環境的 背景의 特殊性을 생각할 때, 여러분은 子女教育에 있어서도, 떳떳한 獨立國家의 國民으로서의 矜持와 襟度를 가지고, 『精神的 國籍』의 强調라는 根本問題의 解

決과 함께, 環境에의 適應 및 生活의 安定에 寄與할 수 있는 『主體性과 適應性을 培養하는 敎育』에 무엇보다도 힘써야 할 것입니다.

在日韓國人敎育에서 積極 心血을 기울여야 할 또 하나의 課題는, 우리는 『하나의 民族』이라는 共同運命體意識을 더욱 强調하는 敎育, 卽 祖上의 빛나는 얼과 民族의 文化遺産을 强調함으로써, 協同·團結하는 民族精神을 크게 昂揚하는 敎育이 되어야 하겠다는 것입니다.

이것은 바로, 여러분이 이곳 海外에 安住하시면서 떳떳한 大韓民國의 國民으로서 世界를 向해 雄飛하기 위한 새 韓國史 創造에 貢獻하고, 아울러 길이 後孫에 물려줄 榮光된 統一祖國을 이룩하는 데 寄與하는 民族敎育이 될 것입니다.

이와 같은 觀點에서, 本財團의 創立은 앞으로 그 동안 宿題로 남아 오던 在日韓國學生들의 敎育과 生活向上 課題를 自主的으로 解決하는 데 크게 寄與할 것을 確信하고, 이곳 韓國人敎育發展의 使命完遂에 創意的이고 開拓的인 努力을 傾注해 주실 것을 懇曲히 당부하는 바입니다.

政府는 그 동안 膨大하는 財政需要에도 不拘하고、在外國民敎育과 여러분의 地位向上 및 安定된 生活條件의 改善을 위해서, 많은 努力을 기울여 오고 있으며, 앞으로도 繼續 이를 더욱 强化해 나갈 方針입니다.

새삼 말할 必要도 없이, 우리 國民은 지난 十餘年 동안 一, 二次 經濟開發五個年計劃의 成功的인 推進으로 國力을 알차게 蓄積해 왔으며, 이에서 얻은 自信과 勇氣를 밑거름으로 삼아, 다시 三次 經濟開發計劃을 推進해 가고 있으며, 特히 온 國民은 그 어느때보다도 굳게 團合하여, 八十年代初 百億弗輸出, 千弗國民所得의 希望찬 祖國의 未來像을 志向하고. 民族中興의 原動力이며 또한 在外韓國人 여러분의 地位를 든든히 뒷받침해 줄 國力을 培養하기 위해서, 維新課業과 새마을運動 및 全國民의 科學化運動을 힘차게 推進해 가고 있읍니다.

바라건대, 在日同胞 여러분도 民族의 새 歷史創造를 위한 이 擧族的인 隊列에 欣然히 自進 參與해 주실 것을 懇切히 期待해 마지않습니다.

끝으로, 在日韓國人敎育에 獻身的인 貢獻을 하고 계시는 敎育文化센터 및 韓國學校敎職員 여러분의 그간의 功勞를 높이 致賀하고, 異國에서 望鄕의 心情을 달래고 계시는 在日同胞 여러분의 幸運과 健鬪를 빌면서, 在日韓國人敎育에 劃期的인 發展을 期約하며 出帆하는 韓國敎育財團의 앞날에 無窮한 發展이 있기를 衷心으로 祈願하는 바입니다.

感謝합니다.

一九七三年 四月 十二日

文教部長官 閔寬植

축사 − 한국교육재단 창립총회 문교부 장관 축사(일본어)

祝辞

　許弼奭理事長ならびに同財団の役員各位!そして、奥野文部大臣をはじめ来賓の方々、在日韓国人指導者の皆さん!

　本日、ここに在日大韓民国国民の教育後援機関であります待望の財団法人、韓国教育財団が創立の運びに至りましたことは、文教部門を担当しております私としまして、誠に慶賀に堪えません。

　同時に、祖国から遠く離れ、事情を異にする日本におきまして、いろいろと困難な問題に直面されましたのにも拘らず、過去十年の長い間、貴重な浄財を喜捨されたり、あるいは、東奔西走、心血を注いで今日の輝かしい成果を収められた財団の役員及び在日韓国人指導者の皆さんに厚く感謝し、特に、在日韓国人教育の重要性を深くご理解のうえ、本財団の設立を積極的にご支援してくださいました奥野文部大臣、ならびに現地で誠心誠意、そのご指導、ご鞭撻にあたられた李澔大使に対しまして、この席を借りまして心から敬意と感謝の意を表するところであります。

　願みますに、これまで、本国の支援に依存してきました在日韓国人学生教育のための財政的基盤を、自主的に確立して運営していく目標のもとに、去る一九六三年、在日韓国人教育後援会が発足して以来十年の長い年月にわたって、篤志家の皆さんが愛国の一念から基金の積立てに力を尽されましたのにも拘らず、それが正式の法人団体として認められなかったために免税の特恵に与ることができず、従って、基金の準備に幾多の支障を来たしたわけであります。

　それが、幸にも、今年の二月一日を期して正式の法人として認可されまし

たので、今後の基本金の調達が順調に捗って、いよいよ本財団が目指してきた在日韓国人学生に対する奨学金の支給や、学生指導の経費、学術研究費の補助、教職員研修の支援など、自主的な教育運営の面で画期的な成果がもたらされることを思うと、皆さんの功績は、韓国教育史を飾る記録として永遠に残るに違いありません。

ご承知のように、最近の国際情勢は次第に高まっていく和解ムードと共に多極化の体制の中で、自国の利益追求と民族結束の気運が著しく目立つ、新しい秩序に編成されていきつつあります。

解放後、わが国土と民族は他律的に南北に分断されたまま、いまだに私たちは平和的統一と民族の繁栄を切望しており、特に、故国から遠く離れた現地の在日同胞の皆さんは、夢寐にも祖国を忘れることなく、民族を思う真心がひとしお胸にしみることと信じます。

このような実情にあって、現に私たちは、わが民族の偉大な指導者、朴大統領閣下の卓越されたご指導のもとに、維新の大業に邁進しているのであります。

『十月維新』につきましては、ここに改めて説明するまでもなく、私たちの周辺から非能率的、非生産的な一切の不条理を一掃することによって、わが国力をますます強化し、これを組織化していくことを目標としており、さらに、対外的には、激変する国際情勢に対応して能動的に主体性をもって臨み、対内的には、分断された国土を平和的に統一することによって、私たちの祖国を平和と繁栄の基盤の上に築きあげるという、わが民族至上の課業であるのです。

在日同胞の皆さん!

そして、在日韓国人教育者、ならびに学生の皆さん!

私たちは、お互いに東海と大韓海峡の海を隔てて暮していますが、五千年の悠久な歴史と伝統を受けつぎ、同じ血筋を引いた大韓民国の子孫であり、身も心も捧げて忠誠を尽すべきわが祖国は、ただ一つ『大韓民国』があるのみです。

私たちは、わが民族が連綿と引きつがれてきた民族史とともに、如何なる苦難と試練に出会っても、職業とか宗教とか派閥などを超越して『一つに固く団結』して、その苦難と試練を克服することにより、五千年の歴史を守り通しながら生き抜いてきた、まぎれもない『同じ民族』であります。

こうした、まともな民族史観の確固たる基盤の上で、私たちはそれこそ大韓民国の民族史的正統性をそっくり受けついだ栄ある主人公であり、また、誇るべき矜持を使命とする国民であるのです。

　在日の同胞と教育者、そして学生の皆さん!

　ここ、海外での特殊な環境の中で明日への希望を抱いて暮していく皆さんに、格別に要望される『国民の道』は、何よりも、わが母国の言葉と歴史を熱心に学び、これを日常生活の中に生かしていくことによって、わが民族の正統性と国家観を踏まえた『国籍のある教育』を強く実践に移すと同時に、皆さんの将来を自ら開拓して大成されますように、現地の社会に適応する能力を鍛えていくことであります。

　これまで、現地の皆さんは、恵まれない環境の中で言い知れぬ苦難と悲哀を、もっぱら確固たる民族意識と根強い闘志によって克服してきましたし、第二世の国民教育にも熱意を示されましたが、皆さんが処している歴史的、環境的背景の特殊性に思いを致した時、皆さんは子弟の教育にあたり厳然たる独立国家の国民としての矜持と襟度をもって『精神的国籍』を強調する根本問題を解決していくとともに、環境への適応と生活の安定に貢する『主体性と適応性を涵養する教育』に、とりわけ力を傾けるべきだと思います。

　在日韓国人の教育にあって、前向きに専念すべきいま一つの課題は、私たちは一つの血筋につながる『同じ民族』であるという運命共同体の意識を高める教育、即ち、祖先の気高い魂と民族文化の遺産を力説することにより、協同・団結の民族精神を一段と高揚していく教育であるべきだとのことであります。

　これこそ、皆さんが、外国の現地で安住しながら、れっきとした大韓民国の国民として広く世界に雄飛するための新しい韓国史の創造に貢献することであり、同時に末長く後裔に引き継ぐ栄ある祖国統一の実現に寄与する民族教育となることでありましょう。

　以上述べましたような観点から、本財団の創立は、これまで宿題として抱えていた在日韓国人学生の教育と生活向上の課題を、これから自主的に打開していくうえで大きく寄与するものと確信するかたわら、現地韓国人の教育発展の使命を完うするために創意的な努力を傾けていただくよう懇願してやまないところであります。

　わが政府としましては、その間、膨大な財政上の需要にも拘らず、在外国

民の教育と、皆さんの地位の向上や生活条件の安定と改善を図って、あらゆる努力を重ねてきましたが、今後とも引続きこれに拍車をかけていく方針であります。

　こと新しく取りあげて申すまでもなく、わが国民は、過去十年の間第一次及び二次にかけた経済開発五個年計画を成功裏に押し進めた結果、見違えるほど充実した国力を築きあげましたが、この經驗を通じて得られた自信と勇氣を基礎にして、さらに第三次経済開発計画を推進していますところ、特に全国民は、これまでになく一致団結、八十年代初めの百億ドル輸出、国民所得千ドルという希望に満ちた未来像を目指しており、一方、民族興隆の原動力であり、しかも在外韓国人皆さんの地位を強く裏づけする国力の増強を期して、維新の大業とセマウル(新しい村造り)運動と相俟って、全国民の科学化のキャンペンが活発に進められています。

　願わくば、在日同胞の皆さんも、民族の新しい歴史造りのために邁進していますこの挙国的な隊列に、勇んで加わっていただくよう切望してやみません。

　最後に、在日韓国人の教育に献身的な貢献を惜まれなかった教育文化センター及び韓国人学校の教職員方々の、これまでの功労に対しまして心から敬意を表し、異国の地で懐郷の思いを自ら慰めておられる在日同胞皆さんの幸とご健闘を祈るとともに、在日韓国人教育の目覚ましい発展を期して本日ここに門出する韓国教財団の前途を祝福しながら、私のご挨拶に代える次第でございます。

一九七三年 四月 十二日
文教部長官 閔寬植

식사－한국교육재단 창립총회 이사장 식사

財団法人 韓国教育財団
創立総会

(1973.4.12)

許弼奭 理事長 式辞

式辞

　本財団設立을 強力히 推進하여주시고 또 在日韓国人教育振興을 위하여 特
断의 文教施策을 展開하여주시며, 国政多忙하심에도 遠路 이자리에 枉臨하신
閔寛植文教部長官님,

　恒常 在日韓国人의 地位向上과 福利増進을 위하여 尽力하고 계시는 李澔
駐日大使님,

　그리고 在日韓国人教育의 重要性을 깊이 理解하시어 本財団設立을 快히 裁
可하여주신 奥野誠亮 文部大臣님을 비롯한 満場하신 内外 貴賓여러분,

　本人은 오늘 在日韓国人 教育史上 劃期的인 発展을 祝福하여 주시기 위하
여 公私多忙하심에도 不拘하시고 이같이 盛況을 이루어 주신데 대하여 本 財
団을 代表하여 深々한 感謝를 表하고자 합니다.

　한편, 이 뜻 깊은 자리에 여러 貴賓들을 한 자리에 모시고 所信의 一端을
披瀝하게 됨을 本人의 栄光으로 여기는 바입니다.

　在日60万 韓国人의 子女에게 祖国의 말과 글, 그리고 바른 歴史와 伝統을
가리쳐 이를 後世에 伝承케 하는 民族教育의 確立과 그 振興은 여기서 새삼 말
씀드리지 아니 하드라도 우리 全同胞의 課題인 同時에 責務라 하겠읍니다.

　한 걸음 더 나아가 国際的 視野에 立脚하여 民主市民으로서의 自覚, 科学의
振興, 文化의 向上, 社会福祉에의 貢献을 할 수 있는 훌륭한 在日韓国人으로
育成해내는 일은 時代가 要請하는 繁要한 일이라고 생각합니다.

　이와 같은 見地에서 볼 때 従来의 「在日韓国人教育後援会」를 母体로하여
本国政府의 援助와 在日同胞 各界의 支援으로 이번에「財団法人韓国教育財団」
이 発足하게 된 것은 참으로 意義깊은 일이며 民族教育 百年의 大計를 위하여
여러분과 더불어 真心으로 기뻐하여 마지않는 바입니다.

　이 機会에 解放後 20余年에 걸쳐 民族教育을 위하여 献身 努力하여오신 関
係諸位를 비롯하여 本国政府 要路에 대하여 衷心으로 깊은 謝意를 表하여 마
지 않습니다.

　教育財団의 今後의 할 일은 各地의 民族教育機関을 強化하는데 寄与할 것
임은 勿論, 奨学金制度를 더욱強化하여 経済的으로 不遇한 優秀学生을 되도록

多数 援助할 것이며, 各種研究助成金을 交付하는等 在日韓国人教育의 劃期的인 새 局面을 터 나갈 것을 理想으로 하고 있읍니다.

同胞学生 가운데서 「奨学金規程」에 該当하는 学生들은 充分히 利用하시기 바라며, 또한 本国과 本財団의 育英精神을 理解하고 참다운 韓国人으로서의 自覚과 矜持를 높여 "훌륭한 韓国人"으로서 国家, 民族, 社会에 有為한 人材가 되어 주실것을 懇切히 바라 마지 않습니다.

오늘 教育財団의 発足에 즈음하여, 各界의 보다 많은 支援을 바라면서 式辞에 代하고자 합니다.

1973年 4月 12日
財団法人 韓国教育財団
理事長 許弼奭

식사－한국교육재단 창립총회 이사장 식사(일본어)

許弼奭 理事長 式辞
(日語 訳文)

式辞

本日、財団法人韓国教育財団の創立総会にあたりその間本財団の設立を強力に御推進され、また在日韓国人教育の振興のため格別の文教政策を御展開くださり、国政御多忙にもかかわらず遠路はるばるここに御参席いただいた閔寛植文教部長官、

つねに在日韓国人の地位の向上と福利の増進のために尽力していらっしゃる李澔駐日大使、

そして在日韓国人教育の重要性を深く御理解の上本財団の設立をこころよく御裁可くださいました奥野誠亮文部大臣をはじめとする満場の内外貴賓のみなさま、

わたくしは今日在日韓国人教育史上に画期的な発展をお祝いくださるため

に公私御多忙にもかかわらずお集まりいただき、この席がこのように盛況あることに対して、本財団を代表して深甚なる感謝の意を表するものでございます。

また、この意義深い席で貴賓のみなさまがたに所信の一端を披瀝もうしあげる機会を得ましたことを光栄に存ずる次第でございます。

在日六十万韓国人の子弟に、祖国の文字と言葉、正しい歴史と伝統を教え、さらにこれを次代に受け継がせる民族教育の確立と振興は、ここに再言するまでもなく、われわれ全同胞の課題であり、責務であります。

さらに一歩を進めて、国際的視野にたった民主市民としての自覚、科学の振興、文化の向上、社会福祉への貢献をなし得る、すぐれた在日韓国人として育てあげることは、時代が要請する緊要事であるといえましょう。

この見地から従来の「在日韓国人教育後援会」を母体に、本国政府のご援助と在日同胞各界のご支援の下に、今回「財団法人韓国教育財団」が発足することになりましたことは、誠に意義深く、民族教育百年の大計のため、皆様とともに心からおよろこびもうしあげたく存じます。

この機会に解放後二十余年に亘り、民族教育に献身、努力された関係者各位をはじめ、在日韓国民の教育振興に英断を下された、本国政府要路に対し、衷心より厚く御礼を申しあげる次第であります。

教育財団の今後の仕事としては、各地の民族教育機関の強化に寄与するのは勿論、奨学金制度をより強化しまして経済的に不遇な優秀な学生をより多く援助し、各種研究助成金を交付するなどにより、在日韓国人教育に画期的な新局面を拓くことを理想としております。

同胞学生のうち「奨学金規程」に該当する諸君は、どしどし本財団を利用するよう望むとともに、また、本国ならびに本財団の育英精神を理解し、韓国人としての真の自覚と誇りを高め、"立派な韓国人"として国家・民族・社会に役立つ人材となってくれることを切に願うものであります。

教育財団の発足に当って、各方面の一層のご支援をお願いして式辞と致します。

1973年4月12日
財団法人 韓国教育財団

理事長　許弼奭

사업계획서 ― 한국교육재단 사업계획서

事業計画書
財団法人　韓国教育財団

事業計画書

　1．奨学金の給付

　　教育後援会当時年間約奨学生190名を選抜し，高校生には年額 24,000円，人文系大学生には年額60,000円，　理工系大学生には年額84,000円宛給付して来ました。

　　今後は選考委員会の審査により有為な学生を選出し奨学金の増額，拡大を計り奨学金給付によつて優秀な人材を青成したいと思います。

　　※　昭和48年度より昭和51年度までの奨学金の給付計画は次の通りであります。

年度／区別	昭和48年度	昭和49年度	昭和50年度	昭和51年度	摘要
① 高等学校生徒					1人月額2,000円
第1学年	40	40	40	40	〃
第2学年	40	40	40	40	〃
第3学年	40	40	40	40	
② 大学生					
自然科学系	20	20	25	30	1人月額7,000円
人文科学系	20	20	20	25	1人月額5,000円
③ 大学院学生					
自然科学系	20	20	20	20	1人月額7,000円
人文科学系	10	10	10	10	1人月額5,000円
合計	190	190	195	205	

2. 研究助成金の給付

学生, 教授, 学者, 研究団体は勿論, 国家人類発展に貢献出来るよう, 研究活動を積極的に後援し, 研究の結果についての活用方法も講究して研究の助成を図りたいと思います。

※ 昭和48年度より昭和51年度までの奨学金の給付計画は次の通りであります。
(単位円)

区別＼年度	昭和48年度	昭和49年度	昭和50年度	昭和51年度
自然科学系学術団体	200,000	200,000	200,000	200,000
人文科学系学術団体	100,000	100,000	100,000	100,000
合計	300,000	300,000	300,000	300,000

3. 学術交流の増進

韓日両国間, 又は国際間に於ける学問と技術の向上, 増進の為め, 学生, 教授, 学者, 文化人の交流と, 文献, 情報の交換等を助長すると共に数年来本国政府が実施して成果を挙げている教育者, 学者等の本国招請も積極的に推進したいと思います。

学生の作品交換, 展示会, 講演会, 親睦会等にも極力推進し, 既存学術団体の活動に付いても支援したいと思います。

4. 留学生の指導と保護

現在日本には約560名の本国留学生が勉学, 研究中であります。

政府の対日留学生制度実施に伴い, 相当数の増加が予想されますが, その指導対策が未だ確立されていないのが実情であります。

又日本から母国に留学する学生も毎年200余名(現在まで総1,171名)に達しています。

然し, 進学志望学校と学科の選択が不適当であつた為め, 学業を中断する事例もあり, また, 卒業後の進路についても, 不安感をもつ傾向もあります。

尚最近留学, 研究の為め韓国へ進出する日本人学生も増加していますが, この対応策の講究が基本的に整備されていたいので, これら一連の留学生等の指

導, 相談連絡の業務を強化し早急に適切な方策を樹立し万全を期したいと思います。

5. 日本校在学生の指導

在日韓国人の学生数は概算的15万名位いますが，その内，70%以上が日本校に就学中であり， その中には民族の矜持や体面を損傷するが如き素行のよくない学生もいる実情に鑑みこれら学生に対し， 民族的自覚と責任感を鼓吹する必要性を切実に感じます。

従って，これら学生の在学学校当局又は指導先生，教授等との紐帯を強化し，全国体育大会，民族文化祭等の行事にも参加するよう指導策を講究し，国家民族の国力である，在日韓国民の指導者として育成する等，青少年教育に成果のある指導を行いたいと思います。

6. 学園, 講習所教育の強化

日本国内32個処の学園と54個処の講習所は各地域指導層の熱意不足，又は受講生の意慾低調に依り所期の成果を得られない事実でありますが，今後は一層補充を行い，国語，歴史等民族教育の外音楽，舞踊，其他教養ある実用教育も併せて強化し，韓国語習得の為め，受講したき希望の日本学生，青年が近来漸増するに鑑み，この受入をも最善の努力を行いたいと思います。

7. 在日韓国人教育者研究大会の支援

在日韓国学校, 学園, 講習所の教員は300名に達しています。教員の資質向上と研究熟の助成， 親睦団合を図るととは， 在日国民教育上必要欠くことの出来ない要因であります。

そこで，毎年夏期休暇を利用し，本国の著名人士等を招請し，教養を高めると共に，各自の研究と体験を発表し，討論，又は協議等を通じて，本当に在日韓国人の教育に献身すべく努力していますが，今後はこれら等を積極的に後援することは勿論， 民団指導者修練とも提携して， 一層充実な研修行事に推進したいと思います。

8. 学生新聞等の発行

学生達の発表意懲を高め，各地に散在している学生相互間の紐帯を強化し，母国との交歓を増進さす為めに，学生新聞を発刊し，研究論文集等も刊行したいと思います。

9. 学生会館の建立運営

留学生相互間，日本又は国際学生間の友好，交流を向上せしめる為めに，中心機構となる学生会館建設の要請は以前からの宿願でありましたが，本法人は約5年計画で学生会館建立を促進し，学生達の集会場，図書館，体育施設等，本国から来日する学生，文化，体育，団体等も収容出来，従来行われて来た教授，学生等の学術，座談会を開催する等，学生達に有効適切な福利機関として運営したいと思います。

※ 昭和48年度から昭和51年度までの事業計画は次の通りであります。

◎学生会館設置基金特別会計
歳入(単位 円)

科目	48年度予算額	49年度予算額	50年度予算額	51年度予算額	計
① 寄附金収入			50,000,000	600,000,000	750,000,000
② 借入金	50,000,000	50,000,000	100,000,000		100,000,000
③ 預金利子			2,675,000	5,350,000	8,025,000
計	50,000,000	50,000,000	152,675,000	605,350,000	858,025,000

歳出(単位 円)

科目	48年度予算額	49年度予算額	50年度予算額	51年度予算額	計
① 基金積立	50,000,000	50,000,000	100,000,000	5,350,000	0
② 一般会計繰入			2,675,000		8,025,000
③ 土地購入			250,000,000		250,000,000
④ 借入金返済					
元金				100,000,000	100,000,000
利子				9,000,000	9,000,000
⑤ 財産購入費					
建築費				450,000,000	450,000,000
備品費				10,000,000	10,000,000
其他				1,000,000	1,000,000
⑥ 予備費				30,000,000	30,000,000
計	50,000,000	50,000,000	152,675,000	605,350,000	858,025,000

10. 其他諸行事の後援

政府が毎年実施している母国訪問夏期学校，修学旅行，夏期林間，臨海学校，

体育大会, 文化行事, 母国留学生, 学校父兄会等の開催にも直接, 間接, 関与, 支援し, 在日国民教育の振興に最大な努力を傾注したい所存であります。

以上財団法人発足后に於ける事業計画の概要を略記致しました。
　財政規模と事業展開の必要性に伴い, 新しい事業計画の樹立も可能であります。然し, これらの計画の遂行と成就は執行部の計画案だけでは不可能でありますので, 在日韓国人指導者各位の限りなき協力と援助, 又は日本各界指導者各位の積極的な好意と協議を重ねて御願い致し、本財団法人に対し今後の発展の為めに御鞭撻、御後援を御願い致します。

15. 기안–방일 문교부장관 업무보고

기안
분류기호 문서번호 영민 725-
시행일자 73.4.16.
보조기관 과장
경유수신참조 대통령 비서실장, 국무총리 비서실장
제목 방일중인 문교장관 업무 보고 송부

　　재단법인 재일 한국 교육 재단 창립총회 개최에 참석차 방일중인 문교부 장관의 업무 활동 보고 전문을 문교부 장관의 요청에 따라 별첨 송부합니다.
　　첨부: JAW-04247 사본 1부. 끝.

첨부－JAW-04247 사본

외무부
종별 지급

번호 JAW-04247

일시 141350

수신시간 73.4.16. 15:00

발신 주일대사, 민관식 문교부장관

수신 장관

1. 다음 방일 중인 민관식 문교부 장관의 업무보고를 청와대 홍순철 정무수석 비서관께 전달바람.

1). 4.11: 서울대학 시설확충 조사단장으로 4.25. 방한하는 아사에다 동경 대학 공학부장과 만나 협조를 요청했음.

2). 동일 오꾸노 문부대신 외 역대 문부대신 및 자민당 간부위원 등과 만찬을 같이 하면서 문교정책에 대하여 환담했음.

3). 4.12: 우에무라 교오고로 경단련 회장, 후나다 전중의원의장 등과 조찬을 같이 하면서 공업고등학교 시설 확충에 대한 협조를 요청했음.

4). 동일 오후 재단법인 한국교육재단 창립총회가 오꾸노 문부대신 외 다수 내빈과 북해도, 구주, 시고꾸 등 일본 전 지역에서 300여명의 지도층 재일 국민의 참석으로 성대하게 거행된 바, 소직의 참석을 계기로 5,000만 일본엥이 즉석 모금되었으며 이로서 교육재단 총 기금은 1,425,077불(370,000,000엥)이 되었음.

5). 동일 동경대학 하야시 총장 외 6개 대학 총장과 만찬을 같이 하면서 양국 대학 교육문제 등에 대하여 간담하였으며 특히 하야시 동경대학 총장은 10월 유신을 적극 지지한 바 있어 회의적 경향이던 일본 유식층에 끼친 영향이 컸으며 감하여 그의 방한을 권고했음.

6). 4.13: 재일 교육고문원 36명을 회집케하고 유신과업 완수와 재외국민 교육 진흥에 성심복무 할 것을 지시, 격려했음.

7). 동일 오후 오오히라 외무대신과 면담, 실업고교 확충에 대한 협력을 요청한 바 이에 대하여는 실무면의 검토 등 앞으로 계속 긴밀 연락키로 했음.

8). 금 14일 관서지방에서 내려가 현지 교육 현황 등 파악하고 16일 다시 동경으로 18일 고오노 참의원 의장 등과 면담하고 계속 기계공학 교수들과 아세아 문화교류기금 관계자와도 절충한 후 20일 귀국할 예정이오니

9). 이상 사항을 대통령 각하께 보고해 주시고 아울러 총리실에도 연락해 주시기 바랍니다. (영사국장, 청와대 홍순철 정무수석 비서관)

16. 외무부 공문(착신전보)-한국교육재단 송금액 교부

외무부
종별 지급
번호 JAW-04399
일시 231355
발신 주일대사
수신 장관

1. 국교 1068-1262(73.4.11.)로 송금한 73년도 제2차 재외국민 교육비 325,942.00 불은 73.4.12.자로 한국 외 온 동경지점에 도착 수령하였음.

2. 한국교육재단에 대한 73년도 보조금 45,000,000불(일화 11,880,000엔 환율 264:1)을 동 재단 창립총회(4.12)시 등 이사장에게 교부하였음.(대: 국교 1068-1029, 73.3.27)

3. 동경 한국인 연구원에 대한 보조금 25,000,00불(일화 6,600,000엔, 환율 264:1)은 73.4.11 교부하였음. (국교 1068-1030, 73. 3. 27) 끝

(주일장학-영사국장, 문교부장관 (교육국장))

③ 재외국민 교육 기본정책, 1973-74

o o o

기능명칭: 재외국민 교육 기본정책, 1973-74

분류번호: 791.1 1973-74

등록번호: 7732

생산과: 재외국민과

생산연도: 1974

필름번호: P-0013

파일번호: 02

프레임번호: 0001~00181

1. 문교부 공문-재일국민교육 정상화 방안 의견 문의

문교부
번호 국교1068-2695
일시 1973.7.13.
발신 문교부 장관
수신 외무부 장관
제목 재일 국민교육 정상화 방안에 대한 의견문의

　　　　재일국민교육 정책 수립을 위하여 당부 재외국민 교육 정책 심의 위원회에
서 작성된 재일교포교육 개선에 관한 연구(안)을 송부하오니 이에 대한 구체적
인 귀견을 조속히 회보하여 주시기 바랍니다.

　　　첨부: 재일교포 교육 개선에 관한 연구(안) 1부. 끝.

첨부 - 재일교포교육 개선에 관한 연구(안)

在日僑胞敎育改善에關한硏究(案)

在外國民敎育政策審議委員會

現況
　　가. 就學狀況(系別對比)
　　　　日本系學校: 96,758(72%)
　　　　朝總聯系學校(95個校): 35,679(26.5%)
　　　　韓國學校(4個校): 2,173(1.5%)
　　　　合計: 134,610(100%)

나. 韓國學校 學生現況

東京學校	小247	中187	高251	計685
京都 〃		〃 75	〃 81	〃 156
大阪 〃	〃 225	〃 117	〃 145	〃 487
建國 〃	〃 193	〃 246	〃 406	〃 845
合計	〃 665	〃 625	〃 883	〃 2,173

※ ○ 永住權申請有資格推定數 581,500(97%)

　○ 申請者數 351,955(60%)

다. 施設現況

區分\學校別	教員數	校地			校舍			備考
		基準	現況	比率	基準	現況	比率	
東京韓國學校	(5) 30	學生1人当 (70m^2) 49,000m^2	5,647m^2	11.5%	學生1人当 (10m^2) 7,000m^2	3,015m^2	43%	基準 700名
京都 〃	(3) 16	14,000m^2	2,446m^2	17.5%	2,000m^2	1,048m^2	52.8%	〃 200名
大阪 〃	(4) 30	35,000m^2	3,325m^2	9.5%	5,000m^2	3,074m^2	61.5%	〃 500名

※ ( )教員數는 派遣教師임

라. 國庫補助現況

年度別	東京韓國學校	京都韓國學校	大阪韓國學校	計	備考
計	$1,158,066 83	$374,898	$134,226	$1,667,190 83	
69年까지	$545,133 62	$324,950	$47,502	$917,585 62	
70	$108,122 07	$17,788	$24,360	$150,270 07	
71	$135,431 14	$14,280	$25,704	$175,415 14	
72	$369,380	$17,880	$36,660	$423,920	
※73計劃	172,547	90,772	78,329	341,648	

基本方向

　在日 國民 敎育의 基本方向을 現地에서의 適應能力 培養으로 定立한다.

第一案

韓國學校廢止

問題點	對策	長點	短點
1. 理事会, 學父母 및 一部僑胞社会의 反発	1. 政府 및 現地中堅指導者를 通한 說得 및 撫摩	1. 現地適應能力의 增進	1. 民族 象徵의 "學校" 不在
2. 學校財産帰属 轉用問題	2. 學校財産転用節次 講究	2. 教育費投資의 效率 增大	2. 僑胞社會의 一時的 動搖
3. 在職數員 및 在學生에 대한 措置	3. 轉職및 轉·編入學 周旋	3. 進學 및 就業의 擴大	3. 僑胞社會의 團合力 鈍化
4. 朝總聯의 逆宣傳	4. 弘報活動强化		
5. 民族敎育機關 不在	5. 大規模敎育文化센터新設(2個所)		
	6. 現敎育文化센터의 擴充强化		

第二案

韓國學校存續

問題點	對策	長點	短點
1. 上級學校進學困難	1. 學力認定取得 敎育課程改編 施設設備 補强	1. 民族的 自負心 維持	1. 現地適應能力의 鈍化
2. 法人轉入金의 減少로 學校經營難	2. 理事会의 補强	2. "學校" 中心의 僑胞 團合 維持	2. 敎育費投資의 非效率性持續
3. 無限定한 政府依存	3. 在日韓國人敎育後援会의 育成		3. 進學 및 就業의 困難継続
4. 優秀敎師의 確保難	4. 中堅指導者 國內養成		

結論

1. 在日國民의 大多數가 現地에서의 同化傾向이 있으므로 現存 適應能力을 培養하기 爲하여 現存 韓國學校는 이를 廢止한다.

2. 朝總聯을 通한 赤化工作은 加熱될 것으므로 學校廢止에 先行 大規模 敎育文化센터를 建立하여 民族意識을 鼓吹시킨다.

施行計劃

1. 方針

가. 大規模教育文化센터(關東, 關西2)를 建立하고 現教育文化센터를 擴充强化한다.

나. 現存韓國學校에 對한 新規施設投資는 止揚하고 學年度부터 新入生 募集을 中止한다.

다. 國內招致教育을 强化하여 祖國에 對한 帰属感을 確固히 하게하고 民團·重堅指導者를 重點 養成한다.

  ○ 母國留學機会擴大

  ○ 民團指導者 短期養成

  ○ 夏季學校 運營强化

라. 國內招致教育을 效率的으로 遂行하기 爲하여 受容態勢를 確立한다.

2. 細部事業

가. 大規模教育文化센터 建立

  (1) 目的

  既存教育文化센터의 中核的 機構로서 成人 및 學生들을 위한 社会教育의 橋頭堡的 役割을 担当케 한다.

  (2) 機能

  (가) 國語 國史教育을 通한 民族意識鼓吹

  (나) 迅速한 情報소통에 依한 正確한 祖國理解

  (다) 民族文化에의 理解와 愛護

  (라) 僑胞社会의 團合과 親睦

  (3) 運營

  學生: 夏季 冬季休暇中 教育實施

  成人: 短期 成人學校 開設(民團組織活用)

  中堅指導者: 講習會, 쎄미나, 懇談會, 親睦會等開催

  (4) 施設 및 所要豫算

施設規模	所要豫算
가. 建物 図書館 各種展示場	2,000坪×500,000원=1,000,000,000원 ($2,500,000)

綜合視聽覚教育施設 集會室 寄宿施設 管理室 其他附帶施設 - 2,000坪	
나. 垈地 5,000坪	5,000坪×50,000원=250,000,000 ($625,000)
小計(1個所當) 合計(2個所)	小計 12.5億원($3,125,000) 合計 25億원($6,250,000)

나. 旣存 敎育文化센터 擴充 强化

  (1) 目標

    現在 35個所 → 51個所

    (都, 道, 府 2個所 縣 1個所)

  (2) 增設計劃

    單位: us $ (400:1換算)

區分 \ 年次別	1973	1974	1975 以後	計
센터數	35 (5)	40 (5)	51 (11)	51 (16個增設)
豫算 增設費	$52,600	$163,200	$350,000	$565,800 (226,320,000원)
運營費	$283,280	$600,000	$765,000	$1,648,280 (659,312,000원)
計	$335,880 (134,352,000원)	$763,200 (305,280,000원)	$1,115,000 (446,000,000원)	$2,214,080 (885,632,000원)

    ※ '73年度 5個所 增設計劃은 兼職센터를 獨立센터로 轉換.

다. 母國留學機會擴大

  (1) 目的

    뜻있는 在日韓國人學生에게 母國留學을 勸奬하여 將次 在日 韓國人
    社會에서 中枢的 指導者로서의 役割을 担當케 한다

  (2) 年次別 計劃人員 및 所要豫算

區分		課程別	1973	1974	1975	1976
國費	人員	高校	10 (30)	10 (40)	10 (40)	10 (40)
		大學	5 (10)	(5) (15)	5 (20)	5 (20)
	豫算	高校 및 大學	9,600,000	19,800,000	21,600,000	21,600,000
自費	人員	高校 및 大學	200 (400)	300 (500)	350 (550)	400 (600)
合計		人員	215 (440)	315 (555)	365 (610)	415 (660)
		豫算	9,600,000	19,800,000	21,600,000	21,600,000

※ 1. 國費母國留學生 1人当 獎學金 月20,000~24,000원

2. 人員欄의 ( )은 當該年度 留學生 總數임.

라. 民團指導者 短期養成

(1) 目的

在日民團의 中堅幹部를 國內에 招致하여 短期教育을 實施함으로서 祖國에 대한 올바른 認識을 確固히 갖게 하고 指導者的 資質을 向上 시킨다.

(2) 教育對象

가) 民團組織의 中堅幹部

나) 民團傘下 各種機關 및 有關團體 中堅幹部

다) 教育文化센터가 必要로 하는 要員

(3) 人員(年間): 50名

(47個 都, 道, 府, 縣當 1~2名)

(4) 教育期間: 4週間

(5) 教育內容:

가) 國民教養教育

나) 國家安保教育

다) 組織 및 宣傳理論

라) 祖國發展相에 關한 見學

마) 合宿團體生活을 通한 心身鍊磨

바) 其他 指導者로서 要求되는 敎養 및 訓練

(6) 年間所要豫算(全額 國庫負擔): 9,450,000원

마. 夏季學校 運營强化

(1) 目的

在日韓國人 學生을 夏期放學中 國內에 招請 短期敎育을 實施함으로 써 發展하는 祖國의 참모습을 紹介하여 祖國을 올바르게 認識시키고 民族的 矜持를 갖게 한다.

(2) 細部計劃

(單位: 1000원)

區分 \ 年度別	1973	1974	1975	1976	計
計劃人員	500	600	700	800	2,600名
所要豫算	22,000,0	30,000,0	35,000,0	40,000,0	127,000,0
敎育對象	日本系高校 및 大學에 在學하는 在日韓國學生				
敎育時間 및 期間	7~8月의 夏季放學期間中實施(4週間)				
敎育機關	서울大				
敎育內容	語學學科 實習, 特活 古蹟見學 및 一線訪問				

바. 國內招致敎育을 위한 受容態勢確立

(1) 方針

(가) 國內招致學生中 緣故없는 者에 대하여는 寄宿施設의 便宜를 提供한다.

(나) 國內招致學生의 生活指導를 위하여 關係部処 實務者級의 善導 委員会를 構成한다.

〈假稱: 母國留學生 善導委員会〉

(다) 國內招致敎育은 各級敎育機關의 放學期間中 施設을 最大限度로 活用한다.

(라) 將次의 大規模 國內招致敎育에 對備하여 在外國民敎育硏究所의 施設 設備와 機能을 强化한다.

(2) 受容計劃

(가) 母國留學

○ 各級學校 寄宿舍施設의 優先的 提供

　　　　　　ㅇ 世界大學奉仕會等 施設利用

　　　　　　ㅇ 國內 緣故權者 家庭에 寄宿

　　　　(나) 民團指導者 短期養成

　　　　　　ㅇ 冬季放學中 各級學校 施設利用

　　　　(다) 夏季學校 運營

　　　　　　ㅇ 夏季放學中 各級學校施設利用

　　　　(라) 在外國民敎育硏究所 施設强化는 서울大學校 綜合計劃의 一環으
　　　　　　로 施設토록 推進한다.

　　사. 韓國學校 學生募集 中止

　　　　(1) 앞으로의 學校廢止를 前提로 學年度부터 學生募集을 中止한다.

　　　　(2) 民團 幹部 理事會 및 學父母에 대한 說得을 展開한다.

　　　　(3) 朝總聯의 逆宣傳에 對한 弘報活動을 强化한다.

　　　　(4) 韓國學校에 대한 新規施設 投資는 抑制한다.

　　　　(5) 學生募集 中止에 따라 失職하게 될 在職敎員의 轉職을 斡旋한다.

2. 재일교포, 2세교육강화 촉구여론 대두

번호 第579號(B)

일시 73.11.1.

수신 외무부장관

이는 維新課業을 圓滑히 推進키 爲한 事項이오니 處理하시기 바랍니다.

處理區分: 硏究

處理結果 回報與否: 回報不要

題目: 在日僑胞, 2世敎育强化 促求輿論 擡頭

　　　最近 在日僑胞들 間에는 金大中事件以後 韓日關係가 惡化되어 動搖된 바
있는 在日僑胞를 安定시키고 北韓의 策動을 沮止하기 爲하여는 무엇보다 政府

当局이 積極的인 僑胞子女教育對策으로 옮겨야 한다는 다음과 같은 與論이 高潮되고 있음.

○ 北韓은 在日僑胞子女를 共産革命要員으로 養成하기 爲해 年間 約12億엔(원貨 18億원)을 投入하여 朝總聯系學校 113個校를 運營하고 있는데 反하여 우리의 僑胞子女教育支援은 有名無實化되어 韓國學校는 8個校에 不過한 實情임.

○ 이로 因해 在日僑胞子女 13萬4,000餘名中 韓國系學校와 中立系僑胞學校에 在學中인 學生은 2,200餘名에 不過하고 그外는 日本系學校나 朝總聯系學校에 就學하게 됨으로써 大部分의 僑胞子女가 日本人化되거나 또는 共産化되어 現狀態가 그대로 持續될 境遇에는 韓國系2世나 3世는 國籍上으로만 韓國人에 不過하게 될 憂慮가 있다는 것임.

○ 따라서 이들 子女들에게 民族意識을 注入시켜 韓國支持勢力을 確保하기 爲하여는 다음과 같은 長期的인 對策이 樹立될 것을 要望하고 있음.
   ▲ 在日僑胞指導者養成을 爲해 國立서울大學校內에 3年制短期大學을 倂設하여 母國에 留學할 수 있는 機会를 賦与
   ▲ 日本系學校에 就學中인 子女들을 爲해 休日 또는 夜間을 利用한 課外學校와 母國訪問對策을 講究
   ▲ 外交官資格이 있는 教育担当公使를 派遣하는 한편 年次的으로 日本學校에 遜色없는 高等學校를 設置
   ▲ 現在의 獎學官室과 各地에 散在된 "文化센타"를 強化하는 同時 在外國民 問題를 管掌하는 "在日國民庁"

新設 檢討
○ 在日僑胞2世 教育強化問題는 長期間에 걸친 對政府宿題事業인데도 不拘하고 아직까지도 解決되지 못하고 漸次 朝總聯系에 圧倒当하는 傾向까지 보이고 있는데 이는 政府가 財政資金負担 過重으로 이를 疎外한데 起因되고 있으므로 政府는 앞으로 在日僑胞를 朝總聯과 對抗하는 勢力으로 育成하여 母國에 寄与시키기 爲하여는 2世教育強化等 보다 革新的인 對策을 樹立하여야 할 것으로 評価됨.

3. 주일대사관 공문—재일국민교육 정상화 방안 의견 회보

주일대사관
번호 일영725-6435
일시 1973.12.13.
발신 주일대사
수신 장관
참조 영사국장
제목 재일 국민 교육 정상화 방안에 대한 의견 회보

　　　대: 영민725-473호
　　재일 국민 교육 정상화 방안에 관하여 73.12.7. 동경에서 개최된 공관장회의에서 하기와 같이 정부에 건의하기로 결정하였음을 보고 하나이다.
　　　　　-기-
　　1. 재일 한국학교의 폐지는 현시점에서 곤란하며, 예산문제 등 난점이 많을 경우 확대설립은 당분간 보류한다 하드라도 현존 학교의 유지는 필요한 사항이다.
　　2. 전 일본지역에 문화센터를 증설 또는 규모의 확대 등은 계속적으로 적극 추진하여야 한다.
　　3. 일본인 학교이든 한국학교이든 고등학교를 졸업한자들에 대해서는 모국 유학의 길을 광범위하게 확대 개방하는 조치가 필요하다.
　　4. 국립대학에 교민 교육과정(2년제) 등을 설립, 재일 교민 사회의 장학자금을 총동원 가급적 전원 장학생제를 추진하여, 이들 가운데서 교민사회의 지도자를 발굴 양성해 가야 할 것임. 끝.

4. 기안—캐나다 아동 입양 관련 문의

기안
분류기호 문서번호 영민725-

시행일자 73.12.19.
보조기관 과장
협조 영사과장
기안책임자 김항경
경유수신참조 보사부 장관, 사회국장, 부녀아동국장
제목 아국 아동 카나다 이주에 관한 문의

　　1. 주한 카나다 대사관으로부터 보내온 별첨 공한에 의하면, 카나다 정부는 18세 이하 미성년 외국 아동, 혼열아들을 카나다인을 보호자로 하여, 카나다 이민(Children under the Foster Care)으로 입국시킬 것을 검토 중이라 하며, 아국에 동 대상 아동이 있을 것으로 예상되는 바, 이에 관하여, 아국의 아동 해외 이주 제도상 여하한 문제점과 조건이 있는지를 문의하여 왔읍니다.
　　2. 당부를 방문한 주한 카나다 대사관 관계관의 구두 설명에 의하면, 상기 카나다 정부가 검토하고 있는 외국 아동 이주는, 법적인 국제 입양과는 별개이나, 대상 아동이 18세가 되기까지는 정해진 카나다인 보호자가 부모에 준하는 부양, 보호, 교육, 기술 양성 등을 하며, 18세 이후 부터는 아동 본인의 의사에 따라 정식 입양 또는 독립할 수 있다고 합니다.
　　3. 당부로써는 정부가 현재 아국인의 대 카나다 이주는 장려하고 있고, 그 간 국내 고아, 혼열아들의 구주제국(스웨덴, 스위스, 놀위이 등)으로의 해외 입양에 문제점이 있었던 점에 비추어, 상기 카나다 정부가 추진하고 있는 제도가 아국 고아, 혼열아 해외 이주 대책에 유리한 것으로 판단되는 바, 이에 관한 귀부의 의견과 주한 카나다 대사관이 문의하고 있는 점에 관하여, 조속 회보하여 주시기 바랍니다.
첨부: 주한 카나다 대사관 공한 사본(No.23). 끝.

5. 요지-아국 아동 카나다 이주에 관한 문의

요지

1. 카나다 정부는 13세 이하 미성년 외국 아동들을 카나다인을 보호자로 정하여, 카나다에 입국시킬 것을 검토하고 있음.

2. 이는 이미 카나다 이민법에 의하여, 카나다인에게 법적으로 입양되는 것과는 별도임.

3. 한국에 이러한 미성년 아동이 있을 것으로 생각되어, 주한 카나다 대사관은 본국 정부로부터, 이러한 아동의 카나다 이주에 관한 한국 정부의 견해를 타진해 보도록 지시를 받고 있음.

4. 한국 어린이, 또는 혼혈아가 이러한 형식으로 카나다인에게 입양될 경우, 한국의 해외 이주 제도상 어떠한 문제점이 있는지 제반 조건을 제공하여 주기 바람.

서류처리경위

　　1973. 7. 17. 접수
　　　　　7. 18. 주일대사관에 의견 문의 문교부 공한 경유 발송
　　　　　7. 18. 문교부 국제 교육과장에게 사실과 약간의 시일 소요될 것임을 통보(전통)
　　　　10. 19. 주일대사관에 독촉
　　　　11. 15. 주일 양참사관에게 독촉(출장 귀임시)
　　　　11. 11. 본국 연수차 귀국한 재일거류민단 김정주 단장, 정동순 동경 단장, 강계중 대판단장, 경도 박재헌 부단장 등의 의견 청취
　　　　11. 20. 문교부 국제교육과장에게 전통
　　　　12. 12 – 24. 송과장 일본지역 출장 시, 복강, 대판, 삿포로 총영사 등의 의견 청취

6. 의견청취–주일 한국 학교 폐쇄 반대

의견청취

1. 중앙 단장 등 의견
    가. 현존 한국 폐지는 반대함.
    나. 민족 상징의 교포 학교 부재로 교포 사회가 동요하고 민족 자부심이 없
       어진다.
    다. 교포들의 단합도 둔화 우려있다.
2. 주일대사관 및 각급 영사관장들 의견
    대체로 상기 단장 의견과 같음.

7. 문교부 공문-재일교포 교육개선안 회보 요청

문교부
번호 국교1068-23
일시 1974.1.7.
발신 문교부 장관
수신 외무부 장관
제목 재일 국민교육 정상화 방안에 대한 의견문의

    1. 국교1068-2695(73.7.13) 및 국교1068-4272(73.10.18)와 관련입니다.
    2. 재일 국민교육의 정상화 방안을 수립하기 위하여 재외국민교육 정책심
의회가 작성한 "재일교포 교육개선에 관한 연구(안)"에 관한 귀견을 제출하여
줄 것을 요청한 바 있아오나 아직 회보가 없어, 재차 요청하오니 조속 회보하
시기 바랍니다. 끝.

8. 기안-재일국민 교육 관련 회보

기안
분류기호, 문서번호 영민725-46

시행일자 74.1.14.

보조기관 차관보, 국장, 과장

기안책임자 금병목, 재외국민과

협조 정무차관보, 아주국장

경유수신참조 문교부 장관

제목 재일 국민 교육 정상화 방안에 대한 의견 회보

　　　　대: 국교1068-2695

　　대호, 귀부가 시안한 "재일 국민 2세 교육 정상화 방안"에 대하여, 주일 각급 공관장 및 재일 교포 지도자 간부들의 의견을 종합, 검토한 결과 다음과 같이 당부의 의견을 통보합니다.

　　　　　-다음-

1. 현존 한국 학교 폐지는 부적당하며, 오히려 현존 한국 학교의 시설 및 내용을 강화하므로써 보다 많은 교포 2세들이 취학토록 함.

2. 교포 2세의 모국 유학을 용이하게 하는 제도 및 우수자에 대한 장학금 급여 제도를 강화함.

3. 대규모 교육 문화 센터(관동, 관서 2) 건립은 가능한 한 추진함이 가함. 끝

9. 문교부 공문–재일국민 교육현황 자료 요청

문교부

번호 국교1068-449

일시 1974.2.14.

발신 문교부 장관

수신 주일대사

경유 외무부 장관

참조 교육관

제목 재일 국민 교육 현황 자료 요청

1. 당부 업무 수행을 위해 재일 국민 교육 현황에 관한 최신자료가 필요하오니,

2. 별첨 1973.4.30 현재로 작성된 재일국민교육 현황의 내용을 검토하시고, 동 현황을 73.12.31. 현재를 기준으로 재작성 조속 송부하여 주시되, 기수록 이외에 추가할 자료가 있을 시는 이를 첨부하여 주시기 바라며,

3. 1974학년도 신학기에는 기 제출자료(학생수, 교원수등)에 변동이 있을 것이므로 74.4.30 현재의 현황을 추후 작성 재제출하시기 바랍니다.

첨부: 1973.4.30. 현재 재일국민교육 현황

첨부—재일국민교육현황

在日國民敎育現況
73 4.30. 現在

文敎部

目次

1. 在日韓國人 子女敎育

　가. 在日韓國人子女就學狀況

区分	學校別	學校數	學生數	就學率
民團系	國民學校	3	623	1.6
	中學校	4	509	
	高等學校	4	833	
	計	11	1,965	
朝聯系	小學校	51	11,336	26.5
	中學校	34	13,223	
	高等學校	9	10,170	
	大學	1	950	
	計	95	35,679	
日本系	小學校	22,547	50,157	71.9
	中學校	11,068	26,516	
	高等學校	4,185	15,893	
	高等專門學校	54	45	
	短期大學	451	356	
	大學	369	3,797	
	計	38,671	96,758	
合計		38,809	134,402	

　나. 在日 韓國學校 現況

學校名	施設	教員	区分	學級數	學生數
東京 韓國 小·中·高等學校 (1955.2.3 設立) 理事長 安聖出 校長 黃哲秀 (派遣)	校地 1,708坪 建物(4層) 912坪	派遣教師 5 現地採用 26 計 31	小 中 高 計	6 3 3 12	195 127 254 576

大阪 韓國 小・中・高等學校 (1946.4.1 設立) 理事長 徐甲虎 校長(派遣) 李英勳	校地 1,006坪 建物(3層) 930坪 普通教室 14 特別教室 7 管理室等 8 計 28	派遣教師 4 現地採用 24	(幼) 小 中 高 計	(2) 6 3 3 14	(57) 238 108 135 481

學校名	施設	教員	区分	學級數	學生數
東京 韓國 中高等學校 (1946.9.20 設立) 理事長 崔永吾 校長(派遣) 李燾善	校地 740坪 建物(2層) 317坪 普通教室 6 特別教室 3 管理室等 8	派遣教師 3 現地採用 15 計 18	中 高 計	3 3 6	61 100 161
大阪 建國 (日政府 學力認定) 小・中・高等學校 (1946.4.1 設立) 理事長 姜信吉 校長(派遣) 李慶泰	校地 3,070坪 建物(2層) 600坪 普通教室 26 特別教室 8 管理室等 13	派遣教師 2 現地採用 41 計 43名	小 中 高 計	6 6 10 22	190 213 344 747

3. 財團法人 韓國敎育財團設立

  1. 許可年月日

    73. 2. 1

  2. 基金造成目標

    $2,000,000

    國庫補助 $1,000,000

    現地募金 $1,000,000

3. 創立總會

   日時: 73年4月12日

   場所: 東京 商銀会議室

   參加人員: 150~200名

   附隨行事: 長官致辭

   感謝牌授與(長官240名 駐日大使2名)

   表彰(教育文化센터所長 12名)

4. 任員名單(理事18, 監事3)

任員職名	姓名	現職
理事長	許弼奭	東京商銀 理事長
理事(常勤)	金山政美	國際關係共同研究所長
〃 (〃)	柳成烈	駐日 教育官
〃 (非常勤)	朴準龍	民團北海道地方本部 監察 委員長
〃 〃	李熙健	大阪商銀 理事長
〃 〃	鄭煥麒	愛知韓國學園 理事長
〃 〃	黃孔煥	神戸商銀 理事長
〃 〃	鄭建永	韓國人商工会常任顧問 體育会長(在日)
〃 〃	崔永五	京都韓國學園 理事長, 高山物産 社長
〃 〃	徐甲虎	大阪韓國學園 理事長, 阪本紡織 社長
〃 〃	徐聖銖	廣島韓國學園 理事長, 海田金屬 社長
〃 〃	鈴木一	日韓親和会 会長
〃 〃	大島正光	大島商事 社長
〃 〃	小尾虎雄	立正女子 大學長
〃 〃	倉石忠雄	衆議院議員 自民堂政調会長
〃 〃	鄭東淳	民團東京本部團長 森本建設工業 社長
〃 〃	范塤圭	東京韓國學園 理事
監事 〃	靑木一男	參議院 議員
〃 〃	安聖出	東京韓國學園 理事長, 東京興業 社長
〃 〃	尹達鏞	(鈴原会計務所 公認会計士
〃 〃	吉村二郎	公認会計士 稅理士

5. 年度基金造成實積

年度別	國庫補助($)	現地募金(¥)	備考
1963	190,274		
1964	39,861	27,172,700	
1965	40,000	20,730,000	
1966	40,000	12,600,000	
1967	40,000	7,700,000	
1968	35,659	1,200,000	
1969	76,616	1,380,000	
1970	50,000	19,615,000	
1971	0	12,900,000	
1972	0	22,190,000	
1973	45,000	50,000,000	
			(總計)
(262:1)	($749,084)	($669,800)	1,418,884
合計	$557,410	$669,800	$1,227,210
	¥196,260,101	¥175,487,700	¥371,747,801

가. 在日韓國人 敎職員現況

地区分	在職區分	派遣敎師	現地採用	其他職員	合計
關東	學校	5	28	8	41
	敎育文化센타	12	1		13
	計	17	29	8	54
關西	學校	9	88	14	111
	敎育文化센타	11	3		14
	計	20	91	14	125
計	學校	14	116	22	152
	敎育文化센타	23	4		27
	計	37	120	22	179

다. 在日韓國敎育文化센터現況

管轄公館	센터名	所長	派遣区分	管轄地区	學園		講習所	
					數	學生數	數	學生數
札幌總領事館(東北地区)	札幌센터	崔榮海	派	札幌	1	80	2	42
	釧路	李宇純	〃	釧路			2	40
	旭川	李光鍾	〃	旭川			2	30
	青森	金公七	〃	青森	1	11		
	秋田	〃	〃	秋田			4	37
	盛岡	高元勳	〃	岩手, 山形	1	28	2	20
	仙台	朴魯奭	〃	宮城	1	58	2	20
	福島	金景南	〃	福島				
	新潟	金正協	〃	新潟	1	79	2	35
	長野	〃	〃	長野	1	68	2	45
	計10個				6	324	18	269
	栃木	卜鎭億	〃	栃木, 群馬			5	85
	茨城	〃	〃	茨城			2	21

管轄公館	센터名	所長	派遣区分	管轄地区	學園		講習所	
					數	學生數	數	學生數
大使館直轄	東京	金東俊	現	東京			12	262
	千葉	韓承五	派	千葉			8	122
	埼玉	〃	〃	埼玉	1	68		
	横浜	正鎭邦	〃	神奈川	1	395		
	静岡	朴台植	〃	静岡, 山梨	1	54	8	154
	計7個				3	517	35	644
大阪總領事館(中部地区)	名古屋	民春變	派	愛知	1	136	6	122
	三重	金仁顥	現	三重, 岐阜	2	68	3	36
	福井		〃	福井, 福山, 石川			3	64
	京都	張昌植	派	京都, 滋賀	2	102	4	110
	東大阪	徐翰秀	〃	東大阪, 奈良	1	137	14	455
	大阪	任正雲	現	大阪	2	120	14	359
	和歌山	〃	〃	和歌山	1	18	1	10
	神戸	李宅魯	派	兵庫	3	285	7	134

管轄公館	센터名	所長	派遣区分	管轄地区	學園		講習所	
					數	學生數	數	學生數
	岡山 高松 計10個	將奉云 朴喆雨	派 〃 〃	岡山, 島取 德島, 香川 高知, 愛媛	1 13	97 963	8 4 64	220 45 1,555
福岡總額領事館 (西部地区)	広島 島根 下関 福岡 北九州 長崎 大分 熊本 計8個	金昌坤 金尙珍 〃 申鉉夏 〃 李炳或 金斗顥 〃	〃 〃 〃 〃 〃 〃 〃 〃	広島 島根 山口 福岡 佐賀 長崎 大分, 宮崎 熊本, 鹿児島	2 1 1 2 1 1 1 9	234 41 138 165 44 28 36 686	3 2 5	73 35 108
4個地区	35個센터	兼職센터 8個所	派 23 現 4		31	2,490	122	2,576

6. 在日僑胞敎育者 및 有功者 關係

가. 在日僑胞子女敎育 担当敎師 國內研修現況

(僑胞敎員 및 日本人敎員)

年度別	人員	敎育期間	備考
1967	14	8.5~8.21	在日僑胞敎員
1968	14	7.27~8.17	〃
1969	15	8.5~8.25	〃
1970	15	8.5~8.22	在日僑胞子女担 当日本人敎員
1971	9	8.12~8.21	〃
1972	22	8.11~8.21	〃
1973	11	1.9~2.5	在日僑胞 敎員

ㄴ. 在日僑胞敎育有功者招請狀況

(69年以後)

年度別	所属	職位	姓名	招請期間
1969	文部省 大學學術局	審議官	澁谷敬三	11.23~12.1
	〃 中等敎育課	課長	奧田眞犬	〃
	〃 管理局振興課	〃	三角哲生	〃
	中央大學校總務局學事部	部長	大西則孝	〃
	大阪府企劃部敎育文化課	課長	黑田榮次	〃
	計		5名	
1970	大阪市 北中道小學校 PTA	会長	鈴木政雄	3.8~3.14
	大阪市 北中道小學校	校長	塚本義一	〃
	〃 生野中學校 PTA	会長	鎌田充和	〃
	〃 御幸森小學校 PTA	〃	実田正男	〃
	〃 大池中學校 PTA	〃	吉川行平	〃
	〃 玉津中學校 PTA	〃	大失辛治郎	〃
	北九州市 足立小學校	校長	大村宗司	〃

年度別	所属	職位	姓名	招請期間
	北九州市 戶畑小學校	校長	沼田一男	3.8~3.14
	白頭學園	理事長	姜信吉	〃
	計		9名	
1971	文部省 初等中等敎育局	審議官	高橋恒三	9.22~9.27
	〃 大學學術局	視學官	遠藤亟	〃
	〃 大臣官房企劃室	室長補佐	內田新	〃
	文化庁 國際文化課	課長補佐	宮本繁雄	〃
	東京都 總務局學事2課	課長	小林節夫	〃
	大阪體育大學	學長	野田三郎	〃
	北九州市 苦松小學校	校長	木本伝	〃
	富士建設株式会社	社長	武蔵正道	9.24~9.26
	東京韓國研究院	院長	崔書勉	〃
	大阪市立小路 小學校	校長	上村二夫	9.22~9.27
計			11名	

年度別	所属	職位	姓名	招請期間
1972	東京都 教育町	教育長	日向美幸	6.18~6.23
	東京都 教育町企劃室	副参事	高田健三	〃
	〃 指導部	主任主事	桂公平	〃
	文部省 社会教育局	教育官	本家正文	9.20~9.25
	〃 大學學術局	課長補佐	岡田參印	〃
	文化庁文化財保護部管理課	〃	杉原信彦	〃
	北九州市 教育委員会指導部	部長	重田勳	10.11~10.16
	大阪市 教育委員会指導部	〃	立川正男	
	大阪市 教育委員会指導1課	係長	政本博	
	神奈川県 厚本南高等學校	校長	內田正直	
	計		11名	

7. 韓・日學生交流

가. 韓國入學生日本國留學狀況

學校別	學系別		性別		合計
	人文	自然	男	女	
東京大	46	32	73	5	78
早稻田大	48	19	57	10	67
東京神大	22		21	1	22
慶應大	14	3	13	4	17
京都大	1	15	13	3	16
東京工大		15	15		15
東京敎大	13	1	9	5	14
千葉大	11	1	11	1	12
其他	105	60	111	54	165
合計	260	146	323	83	406

※ 日本人學生 韓國留學生 10個大學 35名(國費6名)

나. 日本政府招請奬學生 派遣實績

資金別 \ 分野別 \ 年度別	65	66	67	68	69	70	71	72	73	計
文部省 自然	5	20	24	20	19	22	17	26	26	179
文部省 人文		5	2	5	6	3	9	6	5	41
文部省 計	5	25	26	25	25	25	26	32	31	220
其他			1	8	20	30	7	14	5	85
總計	5	25	27	33	45	55	33	46	36	305

다. 73年度 派遣計劃

1) 派遣者數

73.4.3 現在

派遣人員 分野別	担当推薦	日本政府受諾		受訓機關 確定者	備考
		正候補	副候補		
人文系	5	5		3	※受訓機關
自然系	32	26	6	22	未確保
計	37	31	6	25	6名

2) 受訓機關(大學)別 現況

大學別	人員	大學別	人員
早稻田	1	名古屋	1
東京	6	北海道	1
九州	2	大阪	2
京都	4	御茶の水	1
Hitotsubashi	1	Tokyo univ of Education	1
obihioro-college of stock Rasing	1	Tokyo Metropolitan Univ	1
Tokyo Institute of Technology	3		
		計	25

3) 韓國獎學金財團派遣日本國留學生現況

区分	內容
姓名	洪俊杓
學校名	東北大學(金属加工學科)
課程別	碩士課程
出國日字	73. 1. 5
獎學金支給	857,500엥
	弟一次: 598,701엥(72.12.11 送金)
	第二次: 228,799엥(73.5月 送金予定)
參考	千葉大學에 入學予定인 李明鎭은 出國手續中.

8. 其他事項

　가. 名譽博士 日本人 名單

授興大學	姓名	學位名	性別	授興年月日	住所 또는 職名
中央大學校	鈴木勝	法學	男	69.12.13	日本大學 總長
	青木半治	〃	〃	72.10.11	金澤医科 大学 理事 / 우리올림의 選手団長
成均館大學校	植村甲午郎	経齊	〃	73.2.28	日本経齊団体連合会会長
東國大學校	樽林皓堂	法學	〃	73.2.28	東京都世田谷区太子堂町四丁目3914号(駒澤大學總長)
漢陽大學校	時子嘃三郎	〃	〃	69.5.26	早稲田大學總長
	川端康成	文學	〃	70.6.27	노벨文學賞受賞(故人)
	金山政英	法學	〃	72.2.27	前駐韓國日本大使

授興大學	姓名	學位名	性別	授興年月日	住所 또는 職名
	船田中	法學	男	73.2.24	東京都港区青山南町5933(前日本衆議院 議長)
	加藤渉	工學	〃	73.3.3	東京都多摩市連光寺2316-12(日本大學工學部次長)
建国大学校	大森智湛	経済	〃	66.5.15	日本大學 獣医学部長
	小堀進	農學	〃	73.2.27	東京都千代田区内神田1丁目1992号(日本大學農獣医学部長)
朝鮮大學校	弓家七郎	法學	〃	67.9.29	前明治大學 大学院長
檀国大学校	三俣真雄	〃	〃	70.11.3	上武大学 理事長
韓国外国語大	鶴岡千仞	文學	〃	71.3.26	駐 유엔 日本國大使
嶺南大學校	太内信胤	経済	〃	72.5.15	東京都港区麻布狸穴町61(財団法人世界経済調査会理事長)

10. 제1무임소장관실 공문―해외동포에 관한 자료 송부

제1무임소장관실

제1. 111-55호 (70-2276)

일시 1974.3.8.

발신 제1무임소 장관

수신 외무부 장관

제목 해외 동포에 관한 자료 송부

　　해외 동포에 관한 아래 자료를 송부하오니 참고하시기 바랍니다.

　　첨부: 1. 연변기행(역초)

　　　　　2. 연변기행

　　　　　3. 해외교포의 실태와 그 교육의 과제(초) 끝.

첨부―해외교포의 실태와 그 교육의 과제(초)

海外僑胞의 實態와 그教育의 課題(抄)

特히 在日僑胞를 中心으로

　　著者略歷

　　姓名: 崔書勉

　　現職: 東京韓國硏究院 院長

　　本論文發行: 延世大學校 敎育大學院, 敎育論集(第3集)1970

目次

　　1. 序言 － 1

　　2. 海外移住의 背景및 現況 － 2

　　3. 在日僑胞의 敎育 實像 － 5

4. 僑胞 教育의 檢討와 問題點 - 10

1. 序言
　　가. 目的
　　　　韓國人의 主體的이고 自主性을 위한 教育課題中 海外 僑胞教育의 重要
　　　　性과 當面한 問題 解決에 도움이 되고자 함
　　나. 僑胞의 概念
　　　(1) 僑民(海外의 韓國人)과 잠정적 滯留者(同胞 意識이 內在)
　　　(2) 法律的, 政治的, 歷史的, 社會學的 解釋에 따라 範疇와 統計가 다르
　　　　게 나타남.
　　　　例: ①歷史的 由來나 文化傳授面 崇拜(高句麗人若光)
　　　　　　②言語的面(奈良・コウリ・ムラ)
　　　　　　③地理的面(騎馬民族征服說)
2. 海外 移住의 背景및 現況
　　가. 우리 民族의 移住史는 貧困과 亡國의 설움(政治亡命, 強制勞動, 祖國光
　　　復運動)으로 결부됨.
　　나. 海外 僑胞現況(亞洲, 南美, 北美, 歐阿地域, 日本地域등 200萬名 推算)
　　　(1) 蘇聯地域으로 強制 移住(約25萬名)
　　　　※ 哲宗時(다시켄트, 호테즘주, 가자스구단, 구주올타주)
　　　　韓國後孫을 自認・姓과 文化 風俗을 固守
　　　(2) 滿洲地域 移住民(獨立運動者亡命地)
　　　　現中共治下에 있으며 延邊 朝鮮族 自治州 長白朝鮮族 自治縣 設置
　　　　　移住民數: 約120萬名
　　　　　移住地域: 吉林, 黑龍江, 遼寧省居住
　　　(3) 日本地域: ㉠ 新迊姓氏錄 1/3이 韓國系(歸化人)
　　　　　　　　　　例: 東鄕茂德(二次大戰時 日本外相)
　　　　　　　　㉡ 日本 文化는 歷史的, 文化的으로 韓國(古代, 中世, 近
　　　　　　　　　代)의 影響을 크게 받음
　　　　　　　　㉢ 日本의 植民地的 奴隸化 政策 露骨化
　　다. 在日 僑胞 年度別 生成過程
　　　(1) 合邦前 日本居住 韓國人 統計

(日本帝國統計年鑑)

年度	人數	摘要
1885(明治18)	1	
1895(明治28)	12	清日戰爭 終結
1905(明治38)	303	露日 〃〃
1907(明治40)	459	
1908(明治41)	459	
1909(明治42)	790	

(2) 1939~1495年間의 在日韓國人(內務省 警護局 調査)

年度	人數	摘要
1939(昭 14)	961,591	國民動員 計劃
1940(昭 15)	1,190,444	職業 疏開令 實施
1941(昭 16)	1,469,230	太平洋戰爭 勃發
1942(昭 17)	1,625,054	朝鮮 徵用 實施令
1944(昭 19)	1,936,843	朝鮮 徵兵令 實施
1945(昭 20)	不明	終戰

(3) 戰爭 末期 在日 僑胞 推算

　　解放前 勞務者 徵用 役夫 200萬名

　　解放後 日本이 歸國 周旋 60 〃

　　非公式 還國數 ? 〃

　　北送數 ? 〃

　　現僑胞數 603,000 〃

라. 日本에 殘留한 僑胞 大部分은 文化的 素養이나 知識人이 全無

　(1) 現在도 日本政府의 極貧者 對策 對象임

　　　大部分 生活保護金에 依存

　(2) 社會的 不平等과 技術의 未習得으로 3次産業 從事者가 壓倒的

3. 在日 僑胞의 敎育 實像

　가. 敎育의 嚆矢

　　　朴泳孝의 親隣義塾과 旭新義塾의 創立(新政權 建設 對備. 駐日獨立派의
　　　本部로서 植民地 支配의 앞잡이 養成機關이 됨)

　나. 1954年 日本 僑胞들의 民族敎育을 위해서 東京韓國學院 設置(初等·中

等・高等部)

다. 僑胞의 意識構造에 關한 心理檢查

(롤샤하 性格 Test)

  (1) 在日 僑胞一世(日帝時代의 記憶)

    ㉠ 直觀的이고 皮相的 反應

    ㉡ 鬪爭的 反應

    ㉢ 獨創性이 缺如되고 現實性이 强한 反應

    ㉣ 慾求水準이 높은 反應

    ㉤ 行動的 反應

  (2) 在日 僑胞二世

    ㉠ 小學校 兒童

      消極的인 行動性

    ㉡ 中等校生

      劣等感을 克服했으나 葛藤狀態

    ㉢ 高校生

      現實的, 行動的, 批判性

라. 在日 僑胞 出生・就學率의 實態

  (1) 出生率: 40萬(日本出生)全僑胞의 70%

種別 ＼ 區分	民團系	朝總聯系	日本系
學生數	35校	145校	38,671校
學生數	4,027人	35,127人	97,357人
就學率	3%	26%	71%

  (2) 在日 僑胞 二大分派의 敎育分析

順位 ＼ 區分	民團系	朝總聯系
敎育 理念	大韓民國 國是尊重	北韓 共産主義 信奉
敎育 目標	自由主義 敎育 (技術과 人格陶冶 目標)	共産主義 敎育 (戰鬪團體型의 共産主義 後繼者 養成所)

教育方法	民族의 繁榮과 發展을 위한 民主主義 敎育	共産主義+金日成 思想 +革命傳統 敎養 +맑스主義者
教育形態	社會心理學的 側面(民主市民 敎育)	士官學校的 役割(北韓 紹介와 宣傳 啓蒙幹部, 指導者敎育, 朝鮮大學)
教育評價	教育學的 研究 檢討와 評價業務 繼續	軍事 및 戰鬪目的으로 一貫된 體制 維持 (下級 및 上級學校)
教育財政規模 및 後援經營	大韓民國 文敎部 豫算 (國會承認)	北韓農民 착취→日本地方敎育援助費名目→朝鮮赤十字→在日本朝鮮中央敎育委員會 (軍事費같이 調達)
教育費 補助實態	1969 現在 獎學金, 俸給, 施設 補助費 政府基金 現地基金 約 10億원	1957~1969 送金實績額 約 70億 圓
教育行政統制	文敎部 駐日獎學官室 (在日 韓國人教育委員會 後援)	在 日本 朝鮮人 敎育會 (指揮統制)
教育對象	中間層 質量 위주 (外交官 子女 包含)	下位層 僑胞위주 施設과 內容水準이 貧弱 (遠距離 通學 强要)
教育意識 構造面	受容的이고 開放的	閉鎖性 退嬰的
教育發展方向機關	Model School 寄宿舍 學校	特殊的, 造作的 敎育

4) 僑胞敎育의 檢討와 問題點

　가. 海外僑胞(特히 2,3世 敎育의 內容, 敎科面의 技術的인 研究檢討

　　例: 民族敎育과 一般敎育의 均衡 圖謀

　　　民族敎育 〉 一般敎育

　　　(民族敎育에 置重하면 學力低下 憂慮)

民族敎育 〈 一般敎育

(一般敎育에 置重하면 民族精神 缺如)

나. 海外僑胞의 高等敎育(進學問題)

(1) 每年 2,000千名이 苦悶

(2) 韓國學院의 進學 資格取得 問題에 關해서 高度의 政治交涉과 對 日
本政府와의 協議要望

(3) 또한 日本政府의 外國人 學校法 早速實施 問題(朝鮮大學을 비롯한
各級 朝總聯學校의 公開로 朝總聯系에 打擊이 큼)

다. 敎養學部 課程의 2年制大學 設置 要望

(1) 民族敎育의 機會를 廣範圍하게 賦與

(歷史, 文化, 言語, 紹介와 방대한 韓國關係資料 쎈터化·圖書館 設
置)

(2) 日本 社會에 만연된 學閥위주의 風潮에 對應키 위한 實際的인 敎育
水準의 補完

(3) 日本大學缺點을 補完하여 傳統을 尊重하는 韓·日 民族 差別敎育
解決策 마련

라. 母國 留學과 訪問

(1) 海外 僑胞學生에게 큰 자극과 民族意識과 矜持를 賦與

(2) 母國 留學生 資格向上과 實用敎育 檢討

(3) 母國 4年制 大學 分校設置는 不適當

11. 재일교포실태에 관한 참고자료

在日僑胞實態에關한參考資料　(1974.6.20 外務部 領事局)

; 교육현황 pp8-11

目次

1. 駐日各級 公館別 在外國民 現況

1973.6.30. 現在

公館別	僑民數		滯留者數		總計	
	1972	1973	1972	1973	1972	1973
駐日大使館	103,953	108,075	1,354	1,872	105,307	109,947
大阪總領事館	229,394	239,567	241	260	229,635	239,827
福岡總領事館	36,905	35,823	135	62	37,040	35,885
札幌總領事館	7,910	7,930	22	22	7,932	7,952
仙台領事館	10,971	11,092	92	47	11,063	11,139
下関領事館	31,957	31,583	18	73	31,975	31,656
神戸總領事館	78,525	78,628	65	228	78,590	78,856
名古屋總領事館	80,516	79,638	61	98	80,577	79,756
横浜總領事館	22,711	22,936	349	67	23,060	23,003
那覇領事館	-	10	-	181	-	191
計	602,842	615,302	2,337	2,910	605,179	618,212

2. 日本外國人 登錄上의 國籍表示別 統計

1972.12.31. 現在

區分 / 年月	韓國		朝鮮	
	人員	%	人員	%
1950. 3	39,418	7	495,818	93
1951. 12	77,433	14	467,470	86
1952. 12	95,157	17	465,543	83
1953. 9	116,546	20	454,462	80

1954. 12	131,437	24	424,633	76
1955. 1	138,602	25	425,620	75
1966. 3	247,422	42.4	336,466	57.6
1968. 3	271,624	45.9	320,552	54.1
1970. 3	314,407	51.0	294,082	49.0
1971. 9	344,469	57.2	257,749	42.8
1972. 12	412,774	65.5	217,035	34.4
		(추정)		(추정)

3. 在日國民 登錄現況

1973年 10月 現在

公館別	登錄單位別	日本法務省統計 韓國人數	日本法務省統計 永住權申請數	國民登錄數 當月	國民登錄數 累計	轉出者數 當月	轉出者數 累計	除籍者數 當月	除籍者數 累計	登錄在留者數
大使館	東京	72,421	34,833	141	33,068	21	147	2	51	32,870
	三多摩			13	4,346		23		6	4,317
	千葉	8,976	4,113	25	3,200	1	12		5	3,183
	茨城	3,938	1,397	3	1,158		2			1,156
	埼玉	8,918	3,419	6	3,082		26		1	3,055
	栃木	1,994	914	1	769		3			766
	群馬	2,823	1,126	4	901		1		2	898
	新潟	2,585	1,497	15	1,212		3		3	1,206
	長野	4,733	2,341	14	2,061		12		1	2,048
	山梨	1,687	1,082	4	813		4	1	3	806
	計	108,075	50,722	226	50,610	22	233	3	72	50,305

公館別	登錄單位別	日本法務省統計 韓國人數	日本法務省統計 永住權申請數	國民登錄數 當月	國民登錄數 累計	轉出者數 當月	轉出者數 累計	除籍者數 當月	除籍者數 累計	登錄在留者數
札幌	北海道	7,453	4,066	1	2,776		3		2	2,771
仙台	宮城	3,734	1,693	19	1,378		22		15	1,341
	青森	1,816	1,090	6	1,015		92		29	894
	福島	2,194	634	2	482		15		17	450
	岩手	1,575	682	3	561		33		24	504
	秋田	1,121	774	0	655		12		21	622
	山形	652	352	1	320		19		17	284
	計	11,092	5,225	31	4,411		193		123	4,095

公館別	登錄單位別	韓國人數	永住權申請數	國民登錄數 當月	累計	轉出者數 當月	累計	除籍者數 當月	累計	登錄在留者數
横浜	神奈川	28,657	14,347	137	10,567	1	47		43	10,477
	静岡	8,163	4,625	12	2,962		1		31	2,930
	計	36,820	18,972	149	13,529	1	48		74	13,407
名古屋	愛知	53,004	28,622	360	22,778	6	388	2	94	22,296
	岐阜	10,821	5,224	50	3,089		86	2	92	2,911
	三菅	7,769	4,534		3,624		88		71	3,485
	石川	3,198	1,655	6	1,092		35		50	1,007
	福井	4,686	2,196		1,284		29		41	1,214
	富山	1,920	860	12	570		54		26	490
	計	81,398	43,091	428	32,437	6	660	4	374	31,403

公館別	登錄單位別	日本法務省統計 韓國人數	永住權申請數	國民登錄數 當月	累計	轉出者數 當月	累計	除籍者數 當月	累計	登錄在留者數
大阪	大阪	177,781	112,703	637	94,007	11	2,002	11	203	91,802
	京都	43,307	23,480	178	18,726	9	317	11	66	18,343
	滋賀	6,572	3,075	18	2,146	1	19		7	2,120
	和歌山	4,901	3,249	17	2,552		80		21	2,451
	奈良	5,375	3,844	34	2,307		89		91	2,127
	伊丹			13	781		10		8	763
	計	237,936	146,351	897	120,519	21	2,517	22	396	117,606
新戸	兵庫	65,982	33,624	78	25,469		8	1	124	25,337
	岡山	7,945	4,106	5	2,891				25	2,866
	愛媛	1,978	1,286	4	813				3	810
	鳥取	1,477	699		463		1		1	461
	高知	920	494	13	381				5	376
	香川	955	515		336				2	334
	徳島	261	129		109					109
	計	79,518	40,853	100	30,462		9	1	160	30,293

公館別	登錄單位別	日本法務省統計 韓國人數	永住權申請數	國民登錄數 當月	累計	轉出者數 當月	累計	除籍者數 當月	累計	登錄在留者數
下関	山口	14,685	8,438	32	6,146	1	26	3	13	6,107
	広島	15,501	9,549	14	6,392	3	8	7	15	6,369
	島根	1,397	847	0	633			1	1	632
	計	31,583	18,834	46	13,171	4	34	11	29	13,108

福岡	福岡	25,468	15,793	163	13,351	6	251	2	172	12,928
	佐賀	1,374	941	7	759		45		18	696
	長崎	2,650	2,571	6	1,788	1	66		51	1,671
	大分	3,027	1,827	12	1,224		8		22	1,194
	熊本	1,702	1,435	2	968		82		76	810
	宮崎	1,015	816	1	689	1	72		57	560
	鹿児島	515	458		277		17		48	212
	対馬島				231					213
	計	35,751	23,841	191	19,269	8	541	2	444	18,284
那覇	沖縄	183		2	127		20		3	104
合計		629,809	351,955	2,071	287,311	62	4,258	43	1,677	281,376

4. 滯留資格別 實態

(1973.12.31. 現在)

滯留資格		僑胞數(名)	備考
協定永住權者	協定1條1項	342,909	戰前부터 居住者로 1966.1.16~1971.1.17間 申請完了
	協定1條2項	8,244	1條1項 協定永住權者의 子로 1971.1.17以後 出生者(現在도 申請中임.
	小計	351,153	
一般永住權者		3,335	日本 出入國 管理令에 依한 永住權
特別在留許可者		37,320	1972.12.31現在 日法務省 統計임.
外國人 滯留에 關한 日法律 126號2-6該當者		226,404	"朝總聯"系가 이중에 包含되어 있음.
計		618,212	

註: 上記 統計는 駐日 各級公館이 調査한 推算에 依한 것임.

5. 在日僑胞 敎育現況

가. 在日韓國人子女就學現況

1972.8. 現在

系別	學校別	學校數	學生數	系別就學率(%)
民團系	幼稚園	1	66	3.5%
	國民學校	3	621	
	中學校	4	506	
	高等學校	4	835	
	學園	31	2,808	
	計	43	4,838	

朝聯系	初級學校	51	11,366	26.0%
	中級學校	34	13,223	
	高級學校	9	10,170	
	大學	1	950	
	計	95	35,679	
	小學校	22,547	50,297	
	中學校	11,068	26,516	
	高等學校	4,185	15,893	
	小計	37,800	92,706	
日本系	高等專門學校	54	45	70.5%
	短期大學	451	356	
	大學	369	3,797	
	小計	874	4,198	
計		38,674	96,904	
合計		38,809	137,419	

나. 在日韓國學校 現況

1973.4. 現在

法人名	學校名	級別	學級數	教職員數	學生數	備考
東京 韓國學園 1955.2.3	東京 韓國學校	國	6		173	
		中	3		145	
		高	6		245	
		計	15	34	563	
京都 韓國學園 1946.9.20	京都 韓國學校	中	3		49	
		高	3		68	
		計	6	20	117	
金剛學園 1946.4.1.	大阪 韓國學校	幼	1		82	
		國	6		246	
		中	3		95	
		高	3		123	
		計	13	39	663	
句顯學園 1946.4.1	大阪 建國學校	國	6		190	
		中	6		194	
		高	12		369	
		計	24	43	753	
合計			58	136	2,096	

다. 獎學官室, 學校 및 쎈타 分布狀況

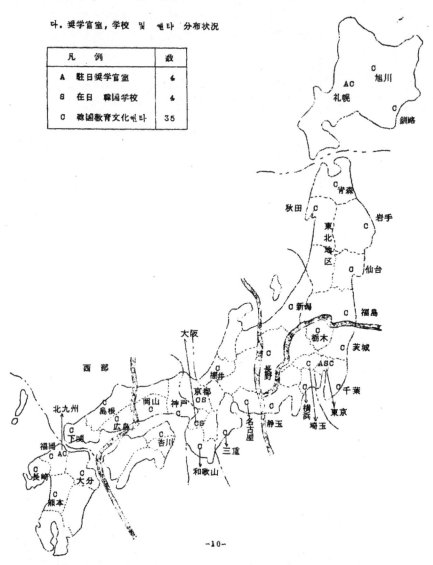

다. 奬学官室, 学校 및 쎈타 分布狀況

凡 例		数
A	駐日奬学官室	4
S	在日 韓国学校	4
C	韓国教育文化쎈타	35

6. 技術研修生 및 就業者 現況

1973.12.5.

公館別	技術研修生					就業者		備考
	確認件數	確認者數	研修生數			醫師	季節勞務者	
			男	女	計			
大使館	372	2,020	252	204	456	1		看護員118名包含
駐札幌總領事館			1		1	2		
駐仙台領事館	2	19	1		1	34		
駐横浜總領事館	37	215	25	4	29	2		
駐名古屋總領事館	60	623	17	18	35	1		
駐大阪總領事館	102	994	45	86	131	10		看護員58名包含
駐神戸總領事館	4	18	7		7	7		
駐下関領事館	2	20	18		18	5		
駐福岡總領事館	7	51	4		4	6		
駐那覇領事館							277	74.1季節勞務者 761名이 送出될 豫定임
計	586	3,960	370	312	682	69	277	1,028名

7. 在日居留民團

가. 民團의 推移

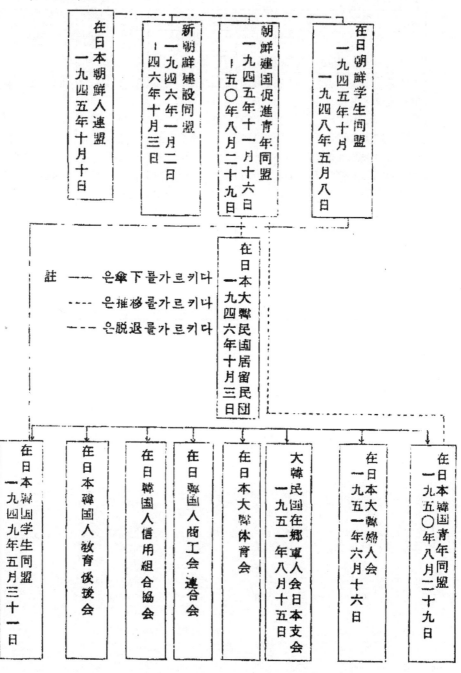

나. 民團의 組織機構

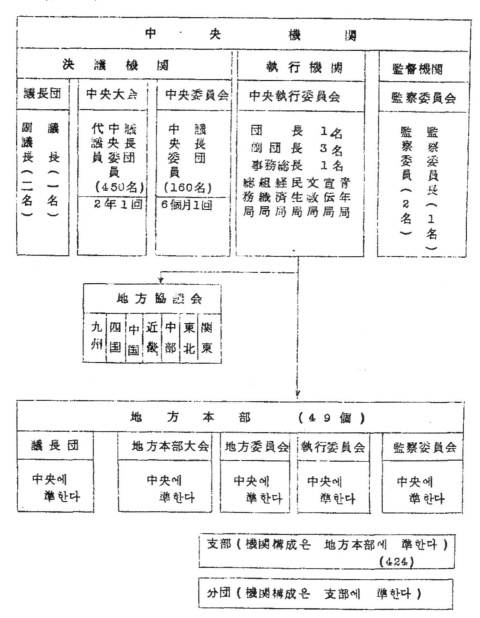

中 · 央 機 関					
決 議 機 関			執 行 機 関	監 督 機 関	
議長団	中央大会	中央委員会	中央執行委員会	監察委員会	
副議長（二名） 議長（一名）	代議員 中央委員団 議長（450名） 2年1回	中央委員 議長団（160名） 6個月1回	団 長 1名 副団長 3名 事務総長 1名 青年局 宣伝局 文教局 民生局 経済局 組織局 総務局	監察委員（2名） 監察委員長（1名）	

地 方 協 議 会						
九州	四国	中国	近畿	中部	東北	関東

地 方 本 部 （49個）				
議 長 団	地方本部大会	地方委員会	執行委員会	監察委員会
中央에 準한다	中央에 準한다	中央에 準한다	中央에 準한다	中央에 準한다

支部（機関構成은 地方本部에 準한다）　（424）

分団（機関構成은 支部에 準한다）

다. 在日韓國人諸團體의 推移와 傘下團體

| 民団系統（自由民主主義） | 朝総連系統（共産主義） |

民団系統（自由民主主義）

- 新朝鮮建国促進青年同盟　一九四五・二・一六結成　一九五〇・八・二九參解散
- 新朝鮮結成同盟　一九四六・二・一〇結成　一九四六・一〇・三解散
- 在日本大韓民国居留民団　一九四六・一〇結成
- 外郭団体
- 傘下団体

朝総連系統（共産主義）

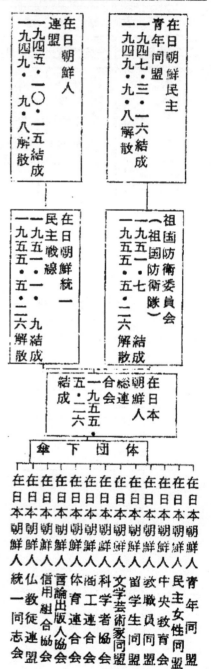

- 在日朝鮮人連盟　一九四五・一〇・一五結成　一九四九・九・八解散
- 在日朝鮮民主青年同盟　一九四七・三・一六結成　一九四九・九・八解散
- 在日朝鮮統一民主戦線　一九五一・一・九結成　一九五五・五・二六解散
- 祖国防衛委員会（祖国防衛隊）　一九五一・七結成　一九五五・五・二六解散
- 在日本朝鮮人総連合会　一九五五・五・二六結成
- 傘下団体

傘下団体（民団系統）

在日韓国人教育者協会／在日韓国人教育後援会／在日韓国人信用組合協会／在日本大韓民国青年同盟　一九五〇・八・二九結成／在日韓国青年同盟　一九五一・五結成／在日韓国学生同盟　一九五一・八・一五結成／在日大韓民国体育会／在日大韓婦人会　一九五一・六・一五結成／在日大韓民国居留民団体育会　一九五一・一二・一九結成／在日韓国人商工連合会　一九六二・一五結成

傘下団体（朝総連系統）

在日本朝鮮青年同盟／在日本朝鮮民主女性同盟／在日本朝鮮中央教育会／在日本朝鮮留学生同盟／在日本朝鮮教職員同盟／在日本朝鮮科学者協会／在日本朝鮮文学芸術家同盟／在日本朝鮮商工連合会／在日本朝鮮体育連合会／在日本朝鮮新聞出版人協会／在日本朝鮮信用組合協会／在日本朝鮮仏教徒協議会／在日本朝鮮人統一教同志会

8. 其他 在日僑民團體

　가. 在日韓國人商工會聯合會

　　1) 創立日字: 1962.2.22

　　2) 所在地: 東京

　　3) 會長: 許弼奭

　　4) 會員: 23個 商工會

　나. 在日韓國人信用組合協會

　　1) 創立日字: 1956.6.18

　　2) 所在地: 東京(大阪에서 森多轉)

　　3) 會長: 李熙建

　　4) 會員: 33個 信用組合

　　　　　　86個 店鋪運營

　　5) 中央金庫代理業務 契約組合

　　　東京商銀, 大阪商銀, 大阪興銀

　　6) 韓信協對 朝信協 預金高 對比

　　單位: 千円

	韓信協	朝信協
62.3	7,238,715	12,016,042
65.3	18,243,641	30,052,850
70.3	20,787,500	102,634,832
72.3	115,882,835	136,846,557
73.5	166,311,263	176,358,034
74.4	204,182,000	219,191,000

　* 組合數: 韓信協 33個

　　　　　朝信協 35個

　다. 在日 大韓 婦人會

　　1) 創立日字: 1949.10

　　2) 所在地: 東京

　　3) 會長: 金信三

　　4) 會員: 約10萬名

5) 地方組織: 49個 婦人會 地方本部 設置(民間組織과 同一)

라. 樺太抑留 歸還 韓國人會

　　1) 創立日字: 1958.2.6

　　2) 所在地: 東京

　　3) 會長: 朴魯學

　　4) 會員: 2,200名(474世帶)

마. 在日大韓體育會

　　1) 創立日字: 1947.10

　　2) 所在地: 東京

　　3) 會長: 鄭建永

　　4) 會員: 約2,200名

　　5) 地方組織:

　　　　가) 在日大韓體育會 關西本部

　　　　나) 　　　 〃 　　　 九州本部

　　　　다) 　　　 〃 　　　 北海道本部(推進中)

바. 在日韓國人 醫師會

　　1) 創立日字: 1956

　　2) 所在地: 神奈川県 川崎市

　　3) 會長: 李泰永

　　4) 會員: 55名

　　5) 特記事項: 醫療奉仕團 母國無醫村 巡廻(73.4 및 74.5)

사. 在鄕軍人會 日本支會

　　1) 創立日字: 1951.3

　　2) 所在地: 東京

　　3) 會長: 李麟基

　　4) 會員: 290名(6.25 參戰 勇士들임)

　　　　　　參戰者 720名

　　　　　　戰死者 50名

　　　　　　母國滯留 220名

　　　　　　其他 行方不明 160名

　　5) 地方組織

關西聯合 分會 - 大阪

西日本聯合分會 - 下関

仙台連絡所 - 仙台

9. 僑胞言論現況

가. 僑胞言論機關

種類	機關名	發行部數	備考
新聞	韓國新聞(民團新聞)	58,000	日語版
	東和新聞	4,000	〃
	東洋經濟新聞	4,000	〃
	共同新聞	4,000	〃
	新世界新聞	2,000	國語版
	統一朝鮮新聞	15,000	日語版
通信	通信		
	KPI通信	500	
	韓國貿易通信	300	
	KEP通信	300	
	內外通信	300	
	時事評論	300	
	韓國通信(裵東湖)		反政府的態度
雜誌	漢陽	3,000	
	日韓經濟	3,000	

나. 朝總聯의 弘報努力

朝鮮新報(日刊)	國文	49,000部
〃 時報(週刊)	日語	86,000 〃
人民週報(〃)	國文	12,000 〃
人民朝鮮	英佛西語	7,000 〃
朝鮮畵報	日語	12,000 〃

朝鮮 中央藝術團 常設 75名(年177會 公演)

10. 各級 公館을 通한 僑胞의 새마을 誠金(1973年度)

單位: 韓貨원

公館名	誠金額
駐日大使館	161,666,500
駐札幌總領事館	25,262,750
駐仙台領事館	29,465,450
駐横浜總領事館	58,199,000
駐名古屋總領事館	73,813,500
駐大阪總領事館	188,538,050
駐神戸總領事館	42,265,200
駐下関領事館	36,479,000
駐福岡總領事館	54,772,850
計	670,462,300

11. 駐日各級公館 住所錄

公館名	公館長 性名	住所	電話
駐日大使館	金永善	東京都港区南麻布1-2-5	(452)-7611-3
駐大阪總領事館	鄭度淳	大阪市南区末吉橋4-23-1	(252) 4251-3
駐札幌總領事館	鄭求郁	札幌市北3條西21丁目	(621) 0288
駐福岡總領事館	鄭文淳	福岡市赤坂1-10-20	(77) 0461-3
駐横浜總領事館	李起周	横浜市中区山手町118	(201) 4531
駐名古屋總領事館		名古屋市東区大会根南1-8	(961) 9221-7
駐神戸總領事館		神戸市生田区中山手通73	(22) 4853
駐仙台領事館	盧在朝	仙台市北5番丁9-3	(21) 2751-2
駐下関領事館	朴鍾沂	下関市東大和町5	(66) 5341-3
駐那覇領事館	崔公天	伊左宜湾市伊佐宜의 604	55-3381, 82, 83, 84

제3부
사할린 교포 귀환 문제

해방이후 재일한인 외교문서 해제집

┃제4권┃ (1970~1974)

해방 이후 오랜 시간이 흘러서야 사할린 교포 귀환문제가 일정부분 의미 있는 결실[1]을 거두게 된 데에는 쉽지 않았던 지난하고 복잡한 과정이 있었고, 국내외 안팎으로 표출되었던 중층적인 문제점이 그 중심에 자리 잡고 있었음을 확인할 수가 있다. 여러 가지 이유를 들 수 있겠지만, 특히 사회적, 정치적, 역사적으로 복잡하게 얽혀있는 국가 간 이데올로기, 이해관계를 비롯한 서로 달리 처해 있는 각국의 입장의 차이는 오랜 기간 그 문제점을 극복해 나가는데 있어서 가장 커다란 장해 요인이었음을 분명히 알 수 있게 된다.

본 문서철은 1970년에서 1975년까지의 사할린 교포 귀환 문제와 관련하여 우리 정부의 대응과 관련 국가들과의 협의 사항, 사할린 교포 귀환을 위한 수많은 진정서와 사할린 교포 귀환 교섭의 과정 등의 내용을 담고 있는 외교 문서들이다. 이처럼 각 문서철은 시기와 내용을 조금씩 달리하고는 있지만, 주로 사할린 교포 귀환 문제를 둘러싼 전보다 보다 진전된 단계의 양상과 다양한 문제의식 및 해결 방안 등을 담고 있다.

따라서 사할린 교포 귀환 문제와 관련하여 1970년부터 1975년까지 각 문서철에 담겨있는 중심 내용을 바탕으로 이 시기의 전체적인 흐름과 과정에 있어서 핵심적인 사항들을 짚어 보고자 한다.

먼저 〈사할린 교포 귀환문제, 1970〉 문서철은 1970년 1월 외무부가 주제네바대사 앞 훈령을 작성하다 폐안한 기술 내용으로 시작한다. 폐안한 내용은 다음과 같다. 일본 정부는 한국 정부가 작성하여 수교한 바 있는 7,000명의 사할린 교포 귀환 희망자 명단을 1969년 8월 21일 주일 소련대사관에 제시하고 이들의 귀환을 위한 협조를 요청하였으며 소련 대사관 측은 본국 정부에 보고하겠다고 한 내용이다. 그리고 국제적십자위원회(ICRC) 당국이 우선 1,500명의 일본 귀환 희망자 구출 교섭이 현실적으로 가능성 있는 유일한 방안이라고 생각한다는 점과 관련하여 일본 귀환 희망자 1,500명이라는 숫자에 따를 경우 잔여 귀환 희망자의 귀환이 봉쇄될 우려 등을 감안하여, 일본 정부의 대소련 접촉이 진행되는 상황에서 조급히 서두를

---

1) 사할린동포 1세대 21명이 '사할린 동포 지원에 관한 특별법'의 첫 대상자로 선정돼 2021년 11월 27일 영주 귀국길에 올랐다. 외교부 당국자는 2021년 11월 25일 기자들과 만나 "금년도 사할린동포법이 시행됨에 따라 정부는 일제강점기 당시 러시아 사할린에 이주했으나, 고국으로 귀환하지 못하고 사할린에서 살아온 동포와 그 동반가족의 영주귀국 및 정착 지원 사업을 관계 부처 간 긴밀한 협업을 통해 진행해 왔다"라며 "337명이 이 사업 대상자로 지원을 받을 예정"이라고 밝혔습니다. 또한 사할린동포가 적십자사 지원으로 귀국한 적은 있지만 지난 1월 시행된 '사할린동포 지원에 관한 특별법'에 근거해 공식 정착하는 것은 이번이 처음이다.

필요는 없는 것으로 판단하고 있는 내용을 담고 있다. 따라서 1,500명을 위한 제한적 방안을 우선 보류하고 7,000명 전원 구출을 위한 일본 정부의 대소련 접촉을 지원하는 노력을 해주도록 ICRC 측에 요청을 바란다는 내용이 기술되어 있다. 이어지는 문서는 주제네바대사가 외무부에게 1970년 1월 14일 일본 귀환 희망자의 구출 문제를 우선적으로 소련 측에 제기하겠다는 요지의 ICRC 공한에 대한 입장을 조속 통지해 줄 것을 요청하는 내용을 담고 있다. 이에 외무부는 1970년 1월 22일 일본 귀환 희망자의 구출 문제를 소련측에 우선적으로 제기하겠다는 ICRC 측의 생각에 대해 다음과 같이 주제네바대사에게 회신하였다. 그 내용은 ①제1단계로 일본 귀환 희망자의 송환교섭을 시작하는 데 동의하고, ②그 수는 1,500명으로 한정하지 말고 그들의 의사를 공정한 방법으로 확인해야 한다는 것, ③일본 정착을 희망하지 않는 사할린 교포에 대하여도 ICRC의 이산가족 재회 원칙에 의거하여 지속적으로 송환교섭을 계속 추진해야 한다는 내용으로 이루어져 있다.

다음으로 〈사할린 교포 귀환관계 진정서, 1970〉 문서철은 화태억류귀환한국인회의 1970년 7월 3일 화태억류동포에 관한 성명문과 1970년 12월 17일 탄원서로 구성되어 있다. 최규하 외무부장관 앞의 1970년 7월 3일 화태억류동포에 관한 성명문은 다음과 같다. 먼저 자신들이 사할린에서 일본에 귀국하여 1958년 화태 동포의 실정을 알리고 귀환 촉진을 요청한 데 대해 일본 외무성 측은 한국 정부의 요청이 없다고 하고, 화태동포에 대한 자료가 있느냐고 질문한 바 있으나 1967년에 약 7000명의 화태동포 명단을 작성하여 제출하였더니 소련 정부에서 화태 거주 한국인 중 귀국을 희망하는 사람이 없다고 답변하였음을 설명하고 있다. 그리고 한국에 매장되어 있는 일본인 유골을 일본 후생성에서 수집하는 것을 한국 정부가 1970년 6월 24일 허가하였다는 보도에 본회와 화태억류한국인 가족들의 심정은 비통하고 유감임을 알리고 있다. 이어지는 화태동포들의 서신에는 한일회담 시 화태동포 문제에 대해 언급이 없이 조약을 맺어진데에 대한 원성이 많음을 설명하며, 전후 25년을 맞이하는 이 시점에 정부는 소극적인 교섭에서 적극적인 교섭으로 나서서 화태동포의 귀환을 촉진해 줄 것을 요망한다는 내용이 담겨져 있다.

이어지는 문서는 1970년 12월 17일 화태억류귀환한국인회 회장 박노학 외 4인의 주일대사 앞 탄원서이다. 그 내용을 살펴보면 다음과 같다. 화태동포는 강압에 의하여 반 이상이 북한 국적을 취득하였고 다음으로 소련 국적이고 나머지 소수가 무국적자라는 사실을 적시하고 있다. 그리고 현시점에서 북한이나 소련 국적자는 귀환이 쉽지 않으나 소련 정부측에서는 무국적자에 한하여 일본 정부가 입국을 허가하면 일본으로 출국허가를 하겠다는 내용을 설명하고 있다. 현재 귀환을 희망하는 사람들은 6,924명이며 그중 귀환이 가능한 무국적자가 1,450명이니, 인명이 유한하니 우선 이들만이라도 조속히 귀환할 수 있도록 노력을 바란다는 내용을 담고 있다. 이러한 상황에 대하여 외무부는 주일대사에게 현재 한국 정부가 계속 노력하고 있다는 내용의 회답을 하도록 통지하고 있다.

다음으로 〈사할린 동포 귀환문제, 1971〉 문서철은 1971년 7월 31일 주일대사가 일본으로 귀환한 사할린동포의 협정영주권 문제에 관하여 외무부장관에 대한 보고로 시작한다. 내용을 살펴보면 사할린에서 귀환한 한국인의 협정영주권 신청자 수는 401명으로 그간 일본의 법무성에 여러 번 협정영주권이 조속히 허가되도록 촉구한 바 있으며, 일본 측은 동 문제를 호의적으로 검토 중이라고 답변하였다. 7월 30일 주일대사관 이남기 총영사는 일본 법무성 에바타 입관국 차장을 방문, 귀환 사할린 동포에 대한 조속한 협정영주권 허가를 촉구하였으며 에바타 차장은 동 문제를 조속히 검토하여 처리할 것이라고 약속하였음을 우선 보고하였다. 그리고 주한 일본대사관 하시즈메 참사관은 1971년 7월 31일 외무부 동북아과장을 방문, 일본 외무성 동구1과장이 주일 소련참사관과 면담한 내용을 다음과 같이 알려왔음을 보고한다. ①동구1과장이 일본 정부가 소련 측에 수교한 7,000명의 재사할린 한국인 귀환 희망자의 출국의사를 조사하여 주기 바라며 출국을 희망하는 한국인이 있을 경우 이들의 출국을 허가할 것인지 검토해 줄 것을 요청한 데 대하여 소련 참사관은 동 의뢰가 일본 정부의 희망인지 또는 한국의 희망인지를 문의해 옴, ②동구1과장은 한국의 공식 요청은 없으나 일본은 종전부터 한국 정부가 관심이 있는 것으로 알고 있으므로 요청하는 것이라고 답변하였다.

이어지는 문서에서는 1971년 8월 12일 주일대사는 일본 법무성 입관국 에바타 차장에게 사할린 귀환 한국인들에 대한 협정영주권이 조속히 허가되도록 조치할 것을 재차 촉구한 데 대하여 동 차장은 현재 법무성에서 이들의 협정영주권 신청을 허가하는 방향으로 조치 중에 있다고 밝혔다고 외무부에 보고하는 내용이 담겨 있다.

다음으로 〈재사할린 동포 귀환관계 진정서, 1972〉 문서철은 1971년 12월 13일 해외문제 연구소 사무국장 이홍구가 박정희 대통령 앞으로 보낸 진정서 내용으로 시작한다. 내용을 살펴보면 사할린 억류 한국인의 참상을 직접 목격하고 그들의 생활을 위하여 노력하고 있는 일본인 와카사씨의 박정희 대통령 앞의 청원서 내용이 담겨있다. 이어지는 문서는 이에 대한 1972년 1월 5일의 다음과 같은 회신 내용을 담고 있다. ①진정인은 일본인으로서 인도주의 정신에 입각하여 사할린에 억류되어 있는 한국인 교포 구출과 일본으로 귀화한 사할린 교포들의 안정된 생활 영위를 위한 사회활동을 전개하고 있음에 사의를 표하며, ②정부는 사할린 내 귀환 희망 교포의 조속한 송환을 위하여 관련국인 일본 및 국제적십자사를 통한 교섭을 진행시켜 왔으나, 현재까지 진전이 이루어지지 못하고 있는 실정임을 설명하고, ③사할린에서 귀환하여 현재 일본에 거주하고 있는 교포들에 대하여 영주권을 부여하도록 일본 정부에 촉구하여 온 결과, 일본 정부는 현재 동인들에게 영주권을 부여하고 있다는 사실을 알려주고 있다. 그리고 다음 문서로 화태억류귀환한국인회 회장 박노학의 소련 외상 그로미코 앞의 사할린 동포의 조속한 귀환의 협조를 바라는 청원서가 눈에 띈다. 화태억류귀환한국인회 회장 박노학의 다양한 층위 앞의 진정서는 1970년대에도 지속되고 있었다. 그 외에도 다양한 단체에서 같은 취지의 탄원서와 진정서가 이어지고 이에 대한 한국정부의 입장을 밝히는 회신도 계속된다.

이외에도 1972년 3월 14일 사할린 억류 교포 귀환촉진회의 민간 외교단체 등록 관련 외무부 검토 내용이 있다. 사할린 억류 교포 귀환촉진회는 사할린 교포의 가족 및 연고자를 정회원으로 하여 동 회의 취지에 찬동하는 자를 명예회원으로 조직된 단체로서 외무부의 민간외교단체 등록을 신청하여 왔음을 알리고 이에 대한 검토 의견을 요청한다. 한국정부는 등록은 가능하나 민간단체의 활동이 사할린 동포의 귀환교섭에 지장을 주는 일이 없어야 함을 회신하는 내용이 담겨있다.

다음으로 〈재사할린 동포 귀환문제, 1971-1972〉 문서철은 1972년 1월 27일 일본과 소련의 각료회담을 계기로 일본과 소련의 입장과 태도의 작은 변화와 그에 따른 한국의 대응을 주요 내용으로 하고 있다.

1972년 1월 27일 일본의 후쿠다 외상과 소련의 그로미코 외상과의 회담이 있은 직후 다음날인 28일 주일대사로부터 외무부장과 앞의 착신 전보의 내용으로 시작된다. 내용을 살펴보면, 1월 28일 도쿄신문은 외무성 소식통을 인용하여 "후쿠다 외상은 그로미코 외상과의 회담에서 재소 한국인 약 7천명 가운데 귀환 희망자에 관하여는 인도상 입장에서 소련 정부가 귀국을 허가하도록 요청하였는바, 이는 소련과 외교관계가 없는 한국 정부의 요청에 따라 행한 것으로 그로미코 외상은 동문제의 검토를 약속하였다고 말한다. 그러나 소련과 북괴와의 관계로 보아 한국정부의 요청은 실현 가능성이 아주 희박하다"고 보도하였다. 이에 관하여 외무성 북동아과를 통하여 확인한바 차후 교섭의 편의를 위하여 일본측이 이야기를 해둔 것이라고 말하였다.

이후 1월 29일 주일대사 앞으로 주한일본대사 마에다 공사와 윤석헌 차관의 면담 요록을 송부하여 참고하게 한다. 면담요록 중 사할린 동포에 관한 그 내용은 다음과 같다. 마에다 공사는 "후쿠다 외상과 그로미코 외상 간의 제2차 정기 각료 회담 시 후쿠다 외상은 사할린에 있는 한인 송환 희망자의 송환이 실현되도록 하여주기 바란다고 말한바, 그로미코 외상은 검토하겠다고 답변하였다. 이것은 좋은 징조라고 생각되며 이상을 전달하여 드린다"고 하자, 이에 윤차관은 "검토하겠다는 것은 어느 쪽으로도 해석될 수 있는데, 특별히 좋은 징조로 해석할 여유가 있는가?"라고 묻자, 마에다 공사는 "종전에 이문제를 제기하면 소련측은 사할린에 송환을 희망하는 한인이 없다고 부인하던가, 그 요청을 전적으로 무시하였는데 이번에는 검토하겠다고 답변하였으므로 결과에 대하여서는 물론 예측할 수 없으나 약간의 태도 변화가 있는 것으로 해석된다"고 답한다.

그리고 이어지는 다음 문서는 1972년 2월 7일 공노명 동북아과장과 하시즈메 주한일본대사관 참사관과의 면담요록을 담고 있다. 그 내용은 하시즈메 참사관은 공노명 과장과의 오찬 석상에서 지난번 일·소정기외상회의 시 사할린 교포 송환문제에 관한 후쿠다 외상과 그로미코 소련 외상과의 면담록을 본국 정부로부터 접수하였는바, 그 내용은 다음과 같다고 알려주고 있다.

후쿠다 : 한국정부의 요청도 있으니 재화태 한국인 귀환에 협조해주기 바란다.
그로미코 : 그 국적이 어떻게 되어 있는가?
후쿠다 : 한국, 북한, 무국적 등이 있는 것 같다.
그로미코 : 외국인이라면 쏘련의 법률에 따라 처리하도록 검토하겠다.

앞의 면담요록은 외무부가 회담 내용을 번역하여 공람시킨 공문이고, 다음의 내용은 일본대사관으로부터 입수한 원문이다.

후쿠다 : 한국으로부터 부탁받은 것인데, 화태에 재주하는 조선인의 귀국에 관해 소련측의 고려를 부탁드리고 싶다.
그로미코 : 재화태조선인의 국적은 어떻게 되어 있는가?
후쿠다 : 소련적, 북조선적 및 무국적으로 나누어져 있는 것 같고, 어쨌든 일본인은 아니다. 본 문제에 관해 소련측의 호의적인 검토를 부탁하고 싶다.

그로미코 : 알겠습니다. 귀국 요청이 있으면 소련적인 사람, 외국적인 사람 등
　　각각에 관한 소련의 국내관계법규에 따라서 검토하게 되겠지요.
　후쿠다 : 아무쪼록 잘 부탁한다.

　사할린 교포 귀환 문제에 있어서 소련 정부가 일본 정부로부터 가장 확인하고자
했던 것은, 일본 정부의 사할린 교포 귀환문제 제기가 일본정부의 의지인가, 한국
정부의 요청에 의한 의견 전달인가 하는 것이었다. 소련 정부의 입장에서는 사할린
한인 문제를 일소평화회담의 한 문제로 인식하느냐 혹은 남북한 간의 문제로 인식
하느냐는 정책적 기조를 정하는 중요한 기준이었을 것이다.
　앞의 한국 외무부가 회람시킨 면담요록에서는 그 의도가 제대로 파악되지 않지
만, 일본대사관 입수 원문에서 보게 되면, 일본 정부는 소련에게 사할린 교포의 문
제가 일본의 문제가 아닌, 한국에서 부탁한 일이라는 것을 명확히 하고 있다. 이런
일본의 태도에 대해 소련은 사할린 교포 귀환 문제를 일본과 연결된 특수한 문제로
파악하지 않고 소련의 국내법적인 범위 내에서 고려한다는 원론적인 이야기에 불과
한 것이었다.
　따라서 앞의 일소외상회담의 중요한 포인트는 사할린 한인의 귀환문제는 일본이
주체가 아니라 한국의 요청에 의한 것이라는 것, 따라서 일소평화회담의 의제가 아
니라는 사실을 확인한 내용이라고 볼 수 있다.[2]
　다음 문서를 보면 한국정부도 소련의 이러한 입장을 어느 정도 파악하고 있었던
것으로 보인다. 그 내용은 1972년 2월 1일 외무부 일소외상회담 내용에 관한 첩보
문서에서 확인할 수 있는데, 그로미코가 일소외상회담에서 다음과 같은 내용의 발
언을 하였다는 첩보에 근거하고 있다. ①소련은 아세아의 정세가 어떻게 변하든지
간에 한국과의 관계를 현재로서는 변동시킬 생각이 없다. ②소련의 대북괴 태도에
도 변동이 없다. 북괴는 평화적이며 남한이 오히려 도발적이다. ③북괴의 대 중공
접근에 대하여 많은 관심을 가지고 있다. ④사할린 문제는 검토하겠으나, 현재
7000여명의 한국인이 소련 국적을 가지고 있으며 앞으로 원하는 사람은 북조선에
보내겠다.
　이처럼 소련은 사할린 문제에 대해 크게 관심이 없을 뿐만 아니라, 그 문제로 한

---

2) 한혜인(2011) 「사할린 한인 귀환을 둘러싼 배제와 포섭의 정치」『史学研究』 제102호, 한국사학
　　회, pp.183-184

국과의 관계를 새롭게 구축할 계획도 없고, 북한과의 정책기조 또한 변화가 없다는 것을 소련은 명확하게 언급하고 있었다.

하지만 한국 외무부에서는 그로미코의 발언을 기존의 출국불가라는 소련의 태도가 바뀐 것으로 해석했다.[3] 한국 언론은 한국 외무부에서 발표한 회담 내용을 근거로 소련의 정책적 태도가 적극적으로 바뀌었다고 보도했고, 사할린 교포의 귀환 가능성을 알리는 보도를 연일 내보냈다. 한국 언론은 소련의 태도가 바뀌었으므로 사할린 교포 귀환문제가 급격하게 진전될 것이라는 희망을 내보내며 사할린 교포 귀환문제는 이제 일본의 태도에 달려있다는 식으로 보도하였다. 그러나 한국의 신문보도와는 달리 실질적으로는 앞서 살펴본 바와 같이 사할린 한인 문제는 일소외상회담 속에서 진전이 있었던 것은 아니었다. 소련 또한 기존의 입장을 바꾸지 않았고 그러한 사정을 당시 한국 정부 측에서도 충분히 알고 있었다는 것이 팩트였다는 점이다.[4]

그럼에도 불구하고 한국 정부는 1972년 2월 17일 문서에서 다음과 같은 내용의 기안을 한다. 내용을 보면 한국 정부는 일제에 의해 강제 징용되어 사할린에 억류 중인 출경 희망 교포 7,000여 명의 귀환을 위한 교섭 경위 및 관계 국가와 기관의 태도를 고려하여 다음과 같은 대책에 따라 사할린 교포 귀환 교섭 추진을 건의한다. ①일·소 간 교섭에 의하여 출경 희망 교포를 일단 일본에까지 송환 후 자유의사에 따라 한국 또는 일본에 정착토록 함, ②송환된 자의 자유의사 확인 방법에 관하여는 일본 측과 교섭함, ③송환된 자의 한국 귀환 시 정착 문제 및 보안 문제 등은 관계부처와 협의함, ④출경 희망자 7,000명 중 일본 정착 예상 희망자 1,500명을 감안하여 5,500명의 한국 정착을 위한 정착금 보조에 55억 원의 예산이 필요함을 건의한다.

그리고 다음과 같이 각국과 관계 기관의 입장에 대한 분석이 담겨져 있다. 일본은 사할린 교포들은 전원 한국으로 귀환하여야 하며, 귀환 경비도 한국 측이 부담할 것을 조건으로 하고 있고, 한국이 출국 희망자 전원을 인수한다면 일본 측 소요경비 부담 조건으로 대소 접촉을 하겠다는 입장으로 1966년 10월 이후 소련과 접촉 중임을 밝히고 있다. 소련은 공식적으로는 귀환 희망 한국인이 사할린 내에 없다는 부정적 태도를 취해 왔으며, 비공식적으로는 일본 정부가 한국 정부의 요청에 의하여 교섭하고 있는 것이라는 인식하에 일본이 최종 행선지일 경우 출경을 허가하겠

---

3) 한혜인(2011), 앞의 논문, p.185
4) 한혜인(2011), 앞의 논문, p.182

다는 입장을 표명해 왔고, 1972년 1월 일·소 정기 각료회의 시 후쿠다 외상이 사할린 한국인 송환 희망자에 대한 송환 실현을 요청한 데 대해 그로미코 외상은 검토하겠다고 답변하였다. ICRC는 한국 측의 협조 요청에 호의적인 반응을 보이고 있는바, 7,000명 전원을 한국이 인수한다는 확약을 한 다음에 교섭하거나, 7,000명 전부의 일괄 귀환 교섭보다는 일본 거주 희망자 1,500명에 대한 귀환 교섭 개시가 좋다는 의견을 표명하는 한편 소련 적십자사와 접촉하겠다고 하는 입장을 면밀히 분석하여 기술하고 있다.

이어지는 다음 문서에서는 사할린 교포 귀환 문제에 관한 1972년 2월 18일 청와대, 외무부, 중앙정보부 회의후 다음과 같은 결정 사항을 확인할 수 있다.

①재사할린 교포에 대한 구출 노력은 계속되어야 함, ②일·소 외상 간의 면담 내용을 실현시키도록 일본 정부에 계속 촉구하면서, 소련의 반응을 보아 일본 정부와 입장을 절충하도록 함, ③재사할린 한국인의 사할린 체류의 역사적 경위를 고려하여 거주지 선택의 자유 및 사할린에서 출경 후 거주지 선택을 보장하고, 만약 일본이 사할린 한인들의 정착 권리를 부정할 경우 책임은 일본에 귀속함을 촉구함, ④한국 귀환 시 국내 정착을 위하여 적절한 원호 대책이 강구되어야 함에 유의하며, 일본 정부가 상당한 위로금을 지급하도록 교섭함, ⑤ICRC에 대해서는 같은 문제에 계속 관심을 갖고 협조하도록 교섭함, ⑥일본정부를 통한 교섭이 여의치 않을 경우 ICRC 주재 한, 일, 소련 3적십자 간 회담 개최 등 여타 효과적인 교섭 방안을 강구한다.

다음으로 〈재사할린 동포 귀환 교섭, 1974-1975〉와 〈재사할린 동포 귀환 문제, 1975〉 문서철에서는 앞서 살펴본 바와 같은 유사한 협상의 흐름이 재현되고 있음을 확인할 수 있다. 즉 사할린 교포의 귀환을 위해 일본 측이 소련과 교섭을 하였으나 같은 형태의 문제, 일본·소련 간의 교섭대상이 아니라는 소련 측의 반응으로 좌절되는 반복적 양상의 패턴을 확인할 수 있게 된다.

이상과 같이 1970년부터 1975년까지의 외교문서를 살펴보면 일본 정부가 외상회의나 수뇌회담 등을 통해 다양한 측면에서 소련과 교섭을 시도한 것으로 확인할 수 있다. 일본 정부는 귀환 희망자명부를 바탕으로 1971년부터 출국 허가 의사를 타진하는 가운데, 1972년에는 후쿠다-그로미코 외상회담을 통해 한인의 송환 실현을 공식적으로 요청하였다. 이에 대한 그로미코의 회답은 검토하겠다는 원론적인 수준의 것이었다. 하지만 이를 바탕으로 향후 교섭을 활발히 추진하겠다는 의사를 밝혔고,

아울러 한국 정부 측에도 적십자사를 활용해 교섭 채널을 다양화할 것을 요청하게 된다.

이처럼 이 시기에는 일본 정부가 다양한 채널을 통해 눈에 띄게 적극적인 대소 교섭을 추진했으나 소련 측의 태도는 좀처럼 변하지 않는 양상이었다. 1960년대와 달리 사할린 한인 문제를 정식 의제로 상정해 적극적으로 제기해오자 소련 정부는 의례적 답변으로 얼버무리거나 무시로 일관하지만, 사할린에 '귀환희망자는 없다'는 1973년 브레즈네프의 발언이나, 1974년 주소일본대사관의 출국 허가 요청에 대해 이 문제는 결코 '일소 간에 논의할 문제가 아니다'라며 구상서 접수조차 거부한 것에서 보듯이 기본적으로는 부정적 입장을 견지하였다.[5]

이와 같이 1970년대에는 일본 정부가 외형적으로 적극적인 태도를 보였지만, 소련의 입장은 변함이 없었고 1975년까지도 여전히 귀환자의 정착지와 정착비 부담 의무를 둘러싸고 한국정부와 마찰을 지속적으로 이어가고 있는 형국임을 확인할 수 있었고, 사할린 교포의 귀환과 같은 실질적인 결실은 맺지 못하는 지지부진한 상황이 지속되고 있었다.

┃ 관련 문서 ┃

① 사할린 교포 귀환관계 진정서, 1970
② 사할린교포 귀환문제, 1970
③ 사할린동포 귀환문제, 1971
④ 재사할린 동포 귀환문제, 1971-72
⑤ 재사할린동포 귀환관계 진정서, 1972
⑥ 재사할린동포 귀환관련 진정서, 1973
⑦ 재사할린동포 귀환 교섭, 1974-75

---

5) 이연식(2014) 「사할린한인 귀환문제에 대한 전후 일본정부의 대응」 『동북아역사논총』 제46호, 동북아역사재단, pp.329-331

① 사할린 교포 귀환관계 진정서, 1970

○ ○ ○

기능명칭: 사할린교포 귀환관계 진정서, 1970

분류번호: 791.44 1970

등록번호: 3965

생산과: 동북아1과

생산연도: 1970

필름번호: P-0008

파일번호: 12

프레임 번호: 0001~0015

1. 성명서-화태억류동포에 관한 성명문

樺太抑留同胞에 關한 聲明文

　　大韓民國정부
　　崔圭夏 外務部長官 貴下

　　東京都足立区六月一丁目三二ノ一五
　　樺太抑留歸還韓國人會
　　〒121 電話 (八八三) 八九〇八番
　　會長 朴魯學
　　外 三名

聲明文

　　　　때는 흘너 只今으로붙어 27,8年前 日帝의 强壓에 몰이겨 樺太로 끌녀간 同胞는 오날도 肉親의 情을 잊이 못해 呼天痛哭하며 발버등치고 歸鄕의 希望을 품고 幸여나 좋은 消息이나 들닐까 하고 라듸오에 귀를 기우리며 本會의 消息만을 唯一한 樂을 삼고 사는 것입니다.

　　　　生覺만 하여도 아득한 27年間 그들의 父母, 妻子, 兄弟之間의 그리운 情懷는 一筆難記이며 悲痛한 狀態입니다.

　　　　더구나 六, 二五 動亂때나 吉凶之事에는 一家의 主動力인 主人이나 子息이 樺太에 抑留되여 있으니 얼마나 그 家庭은 쓸々하고 안탁까웠겠읍닛가.

　　　　主人이나 子息이 있었은들 큰 困境을 容易하게 격겄을 것을 想像할 수 있는 것입니다.

　　　　1958年 本人들이 日本에 歸還하자 卽時 日本外務省 某 局長을 面會하고 樺太同胞의 實情을 말하며 歸還의 促進을 要請한 즉 某官의 말은 韓國 政府가 아모런 要請이 없는대 日本政府가 自進하야 歸還의 促進을 할 道理가 없다고 하며 韓國政府가 要請을 한다면 日本政府로서는 船舶이라도 準備할 用意가 있음을 말하고, 또한 樺太同胞에 對한 資料가 있느냐는 質問이 있었으나 그에 對한 答은 本會나 當時 代表部에서도 없다는 것이였읍니다.

　　　　그後 日本政府의 要請에 依하야 1967年에 約7,000名의 名單이 作成되여서

日本政府에 提出하얐으나 只今에 와서는 말하기를 소連政府서 樺太에 居住하는 韓國人은 一名도 歸國을 希望하는 者가 없다는 것입니다.

日本은 自國의 利益이 않되는 일이라면 過去의 自國의 責任이나 人道的 問題일지라도 人頭겁을 쓰고 이를 極力 回避하는 것이 常套手段임을 잘 알것임니다.

이 핑게 저 핑게 하여가며 歸還의 勞를 努力치 않니 한다는 事實이 뚜렷한 것은 1965年에 歸還한 孫鐘運氏一家의 件을 보아도 잘 알것입니다.

孫氏는 樺太□田市에서 父親이신 孫致奎씨(69才)와 一家庭內에서 同居하얐었고 日本으로 歸還할 때 致奎氏도 소連政府의 出國許可證을 所持하얐음에도 不拘하고 日本外務省局서는 致奎氏의 入國을 拒否하야 오늘날까지 歸還을 못하고 父子之間의 情을 隔離식힘은 非人間的이며 또는 非文明的의 行爲인것임니다.

또 한가지 件은 1968年 樺太豊□市에서 歸還하는 金正龍氏(47才) 一家의 事情인대, 金氏一家가 日本横浜에 入港하얐으나 金氏와 그 子女의 비사가 不備하다는 理由로 上陸을 拒否 當하고 金氏夫人(日本女性, 周作淸子)만 上陸을 許하얐지만은 20餘年 同居하든 自己主人이, 樺太로 回送된다면 自己도 主人과 같이 樺太로 가겠다고 말하니 日本政府는 하는수 없이 그 船舶(소連船 바이카루號)이 出港時刻 一分前에 겨우 金氏一家를 上陸식혔던 것을 보드라도 우리 民族을 그 얼마 蔑視하고 忌避한다는 것은 明若觀火하게 알 것이며 日本政府 까닭에 數萬名의 樺太同胞는 抑留되어 있으며 악까운 靑春을 虛送하고 있는 것을 잊어서는 않이 될 것입니다. 그 當時 우리나라 新聞을 보거나 在日同胞의 感情은 不快하기 짝이 없었든 것입니다.

우리民族이 如此한 狀態에 立脚되여 있는 此点에서 政府로서는 크게 우리民族을 擁護하여야 한다는 것을 力說하는 바입니다.

7月1日 新聞報道에 依한즉 日本政府는 第二次大戰時 韓國南海方面, 德積島와 蘇爺島에 埋葬되어 있는 日本兵遺骨를 日本厚生省에서 收集하러 가는 것을 우리政府는 6月24日付로 許可하였다고 하였습니다.

本會는 去年에 이 遺骨問題가 暗々裡에 日本民間人側에서 進行되고 있다는 것을 探知하얐는대, 이것은 樺太同胞들이 歸還後의 問題이니, 우리政府의 立場이나 우리國民의 感情으로써도 容納치 몰할 것이라고 政府要路에 懇請한 바임니다.

그럼에도 不拘하고 樺太에서 오고자 날뛰는 산사람 우리民族은 放置하고 日本人의 죽은 遺骨은 그다지 大端하고 貴重하였든 것임넜가

이것을 許諾함에 對하야 樺太同胞는 重言을 할 必要도 없거니와 本會及本國留守家族들의 心情은 悲痛하고 遺憾千萬之事이오며 國民無視의 政策을 痛憤히 思料하는 바임니다.

樺太同胞들의 書信에는 「엇지하야 韓日會談時에 樺太同胞歸還問題에 對하야 一言半句도 없이 條約을 締結하얐느냐」고 怨聲이 非一非再임니다.

某 日本人 外交官이 말하기를 條約文中에 樺太同胞歸還의 問題가 一行이라도 記錄되여 있었다며는 只今와서의 交涉이 좀더 容易할것이라고 말한 바 있었지마는, 如何間 이 問題는 人道的立場에서 韓日會談以前의 問題이고 前後25年을 마지하는 오늘날 政府는 只今까지의 消極的인 交涉에서 積極的인 交涉으로 躍進하며 人道的 問題와 經濟的 問題를 分離하야 樺太同胞의 歸還의 促進을 要望하야 마지않는 바임니다.

1970年7月3日

樺太在留歸還韓國人會

會長 朴魯學

計劃部長 沈桂燮

海外部長 李義八

顧問 張在述

2. 요약–화태억류동포에 관한 성명문 요약

要約

1. 7,000名의 歸還希望자중 無國籍가 1,450名인데, 朝鮮政府는 無國籍者에 限해서 日本政府가 許可한다면 日本으로 出國시키겠다고 함.
   人命이 有限한데 早束히 이들이 歸還할 수 있도록 努力바람.
2. 今般 陳情書는 朴魯學 (樺太抑留歸還會々長)外 駐東京韓國 牧師金周奉氏가

連名으로 提出함.

參考:

3. 주일대사관 공문–화태억류동포 귀환촉진 "탄원서" 송부

주일대사관
번호 일정 700-6957
일시 1970.12.17.
수신 장관
참조 아주국장
제목 화태억류동포 귀환촉진 "탄원서" 송부

　　　화태억류귀환 한국인회 회장 박노학 및 선린 기독교회 목사 김주봉은 12.17
오후 당관에 내방 별첨과 같은 화태억류동포 귀환촉진을 위한 탄원서를 제출
하였음으로 보고합니다.
　　　첨부: 동 탄원서 1부.　　끝.

주일대사

4. 탄원서– 화태억류동포 귀환촉진 탄원서

駐日大韓民國 大使 李厚洛 貴下

　　　歎願書

駐日大韓民國居留民團 中央本部民生局所屬
樺太抑留歸還韓國人會
會長 朴魯學
外 四名

樺太抑留同胞歸還促進呼訴

太平洋戰爭時 日帝의 强壓으로 因하야 樺太에 徵發된 數萬名의 불쌍한 우리同胞들은 戰後 25年을 經過한 오늘에도 끊임 없이 歸國을 喝望하고 있읍니다. 그들은 勞務契約期限이 끝나고서 歸還할 意思를 表하였으나 强制로 再契約을 밧고 現地徵用이 되였든 것입니다.

終戰後에는 戰爭에 協力한 우리同胞만 남겨두고 日本國民은 全部 歸還하였는데 日本이 우리國民을 樺太에 다리고 간 以上 歸還에 對한 責任은 반다시 負擔하여야 할 것이며 補償도 하여야 할 것입니다. 在樺同胞의 國籍에 對해서는 强壓에 依하야 하는수없이 半數以上이 北韓의 國籍을 取得케 되었고 다음은 소連籍이며 나머지는 少數人이 無國籍者입니다. 北韓이나 소連國籍을 取得한 者는 現段階로서는 歸還이 容易치 못하오나 無國籍者에 限해서 소連政府側에서는 日本政府가 入國을 許可한다며는 出國許可를 한다는 것입니다.

크리스도의 말씀에 "한사람의 嬰児일지라도 疎念할 수 없다"고 하였는데 1,2名도 아니고 數萬名이나 抑鬱하게 抑留되어 있는 現狀입니다.

現在 歸還을 希望하고 있는 者가 6,924名이며 그중 歸還이 可能한 無國籍者가 362世帶(1,450)名인데 于先 이사람 만이라도 歸還을 식혀야 할것이 아니겠음닛가.

우리의 血肉이 北國異域에서 믿을곳 없고 갈 바가 없이 20餘年間 彷徨하며 歸還을 哀願하는 것입니다. 國家가 없는 國民이 없고 國民이 없는 國家는 없을 것입니다. 이 問題는 韓日會談以前의 人道上問題로서 當然히 그 當時 解決하여야 할 重大問題였음을 새삼스럽게 言及할 必要가 없다고 生覚합니다.

이 問題는 本會의 活動으로 本國내와 日本의 各言論界에 與論化하여 1966年2月에 □□ 兩國政府間에 外交交涉까지 進展하였으나 交涉後 5年이 넘도록 尙今相互理解의 □□□狀態를 繼續하고 있으며, 在樺同胞는 앞으로 □□□의

歲月을 □닐□하겠음□□ □□□□ 인데 惷惷한 在樺同胞들이 어느때나 歸還케 되느냐고 □□□□□形便이오니 一時라도 速히 歸還되도록 努力하여 주시기를 바라나이다.

1970年12月17日
東京都足立區六月町一丁目三二~一
樺太抑留歸還韓國人會
電話 (八八三) 八九〇八

樺太在留歸還韓國人會
會長　　　朴魯學
企劃部長　沈桂燮
海外部長　李義八
顧問　　　金周奉
顧問　　　張在述

5. 기안-화태교포

분류기호 문서번호 아북 700
기안일시 1970.12.29
기안책임자 동북아과 한창식
경유수신참조 주일대사 대리
제목 화태교포

　　대: 일정 700-6957
　　대호로 보고하신, 화태교포 귀환문제에 대한 박노학 회장과 김주봉 목사연명의 70.12.17.자 진정서에 대하여는 귀하가 현재 우리 정부가 계속 노력하고 있다는 내용으로 적절히 회답하여 주시기 바라나이다.　　끝.

6. 외무부 공문-화태교포

외무부
번호 아북 700
일시 1970.12.29.
수신 주일대사 대리
제목 화태교포

대: 일정 700-6957
대호로 보고하신, 화태교포 귀환문제에 대한 박노학회장과 김주봉 목사 연명의 70.12.17.자 진정서에 대하여는 귀하가, 현재 우리 정부가 계속 노력하고 있다는 내용으로 적절히 회답하여 주시기 바랍니다.   끝.

외무부 장관

② 사할린교포 귀환문제, 1970

○ ● ○

기능명칭: 사할린교포 귀환문제, 1970

분류번호: 791.44, 1970

등록번호: 3966

생산과: 동북아1과

생산연도: 1970

필름번호: P-0008

파일번호 :13

프레임 번호: 0001~0010

1. 기안-사할린 억류교포 구출문제

문서번호 분류기호 아북 700
기안일자 1970.1.
기안자 동북아주과 김운택
경유수신참조 주 제네바 대사
제목 사할린 억류 교포 구출 문제

연: 아북 700-656/69.7.7. 공문 및 WGV-0704 전문
대: (1) 제네 700-199/69.7.20. 공문
　　(2) 제네 700-293/69.12.1. 공문

1. 사할린 교포 귀환문제에 관하여 일본 외무성으로부터 확인한 바에 의하면, 일본정부는 우리정부가 작성 수교한 바 있는 7,000명의 사할린 교포 귀환 희망자 명단을 1969.8.21. 주일 쏘련 대사관에 제시하고 이들의 귀환을 가능하게 하여 줄 것을 요청하였으며, 이에 대하여 쏘련 대사관측은 본국 정부에 이를 보고하겠다고 하였다 함.

2. 정부는, 쏘련측이 과거 일본이 동 문제를 제기한데 대하여 그러한 귀환희망 한국인이 없다고 일축한 일이 있기는 하나, 현주지와 성명등이 명기된 상기 명단을 접하고서도 종전과 같이 전적으로 부정적인 태도를 취할 것인지 관망한다는 뜻에서도 현재 진행중인 일본측의 대쏘 접촉의 전선을 주시하고 있음.

3. 국제적십자사 당국이 우선 1,500명의 일본 귀환희망자의 구출을 쏘련 당국과 교섭하는 것이 현실적으로 가능성있는 유일한 방안으로 생각한다는데 대하여는 상기한 바와 같이 7,000명 전원의 구출을 위한 일본 정부의 대쏘 접촉이 진행되고 있는 현 상황하에서 조급히 서두를 필요는 없는 것이라 생각되며, 특히 WGV-0704/1969.7.21. 전문에서 소상히 설명한 바와 같이

　가. 사할린 교포가 사할린으로 가게된 역사적 배경에 비추어, 귀환희망자 전원을 우선 일본까지 귀환케 한 다음 자유로운 의사 표시에 의하여 한국이든 일본이든 최종 정착지를 정하도록 하여야 하는 바, 일본 귀환 희망자 만을 처음부터 따로 특별 취급하기 어려운 원칙상의 난점이 있으며,

　나. 일본 귀환 희망자 1,500명이라는 숫자가 오래 전의 pro tempore한 의사표시에 의한 것이기 때문에 구출작업의 기준으로 삼을 만한 확실성이나

타당성을 겸하고 있고, 또 이러한 기준을 고집할 경우, 잔여 귀환 희망자는 논리상 한국 귀환을 희망하는 것으로 되기 때문에 한국귀환은 허가하지 않는다는 쏘련측의 비공식 태도로 보아 이들의 구출의 길이 봉쇄될 우려가 클 것이며,

　다. 상기 국적측의 방안이 일본에 대한 특별한 연고 관계를 일본 귀환 실현의 전제로 삼는 것으로 해석되는 바, 재사할린 교포의 대부분이 가족관계나 거주 실적면에서 현재의 일본과 특수 연고 관계가 없는 것으로 추정되고 있으니 만치, 실제상 이들 교포의 구출을 위해서 실효성 있는 방책인지 의심스러우며, 또한 상기한바 정부의 기본 입장에 대한 배려가 거의 행하여 지고 있지 않으므로 현재로서는 국적측 제의에 즉각 대응하기 어려운 점이 있음.

　4. 따라서 상기와 같은 상황하에서 국적측이 1,500명을 위한 제한적 방안을 우선 보류하고 7,000명 전원의 구출을 위한 일본 정부의 대쏘 접촉을 지원하는 노력을 적극 경주해 주도록 국적측에 대하여,

　가. 우리의 입장을 다시 설명하고,

　나. 재사할린 교포의 조속 구출을 위하여 더욱 활발한 노력을 하여야 하며, 일본 재류를 희망할 경우에는 그들의 영주를 허가하여야 할 의무가 있음을 일본 정부측에 강조하도록 요청하고,

　다. 사할린 출경을 희망하는 교포의 귀환을 조속 허가하도록 쏘련측에 촉구하도록 요청하시기 바람.

　5. 일본에 귀환한 교포의 가족으로서 사할린에 잔류하고 있는 자로 현재 본부에서 파악하고 있는 자가 1명 있는 바, 그는 쏘련측이 사할린 출경을 허가하지 않아서가 아니라 일본측이 입국을 허가하지 않기 때문에 귀환하지 못하고 있음. 그 밖에 이러한 경우가 얼마나 있는가 하는 것은 정확하게 알 수 없으니, 일본에 이미 귀환하게 된 자들이 일본 여자와의 결혼관계에 의하여 귀환한 것이며, 이들의 자녀는 당연히 동반 귀환하였고 동 결혼 이전에는 대개의 경우 독신 노동자들이었을 것이기 때문에 처자 이외의 다른 가족이 거의 없었을 것이며, 따라서 사할린에 잔류하고 있는자도 별로 없을 것으로 추정됨. 대호(2)에서 언급한 국적측의 방안도 대상자가 있을 법 하지 않다는 점, 또 있다 하드라도 일본측의 입국허가 거부로 귀환하지 못하고 있는 점을 특히 참고하시기 바람.

　6. 이스탄불에서의 제21차 국제적십자총회시 우리 대표단이 본건에 관하여

국적측과 특기할 만한 협의를 한것이 없으며, 오직 우리측이 국적측의 더욱 적극적인 협력을 요구하고, 국적측이 쏘련적십자사 대표에게 대호(2) 첨부 서한에서 언급한 바와 같은 문제제기를 하였다는 통고를 받은 정도에 불과 함. 끝.

2. 외무부 공문(착신전보)–연호 회시 지시

외무부
종별 대외비
번호 GVW-0111
일시 131630
수신시간 70.1.14. 9:26
발신 주제네바 대사
수신 장관

연: 제네 700-293(69.12.1)
연호 ICRC공한 접수후 상당한 시일이 경과되었지만 연호 청훈에 대한 본부의 회시를 받지못하여 동 공한에 대한 접수통고도 하지 못하고 있는 형편이오니 연호 청훈에 대한 조속한 회시를 바람. 아울러 본 문제에 관하여 새로운 대안 이 있으면 동시에 통지하여 주시기바람. 본직은 1월 하순 신임 ICRC 사무총장 LE FORT씨를 예방할 예정인 바 동 예방시 전기문제도 제기될 가능성이 있음 을 첨기함. (아북)

3. 외무부 공문(발신전보)–사할린 억류교포 구출문제

외무부
종별 지급

번호 WGV-0129
일시 221740
발신 장관
수신 주제네바 대사

대: (1) 제네 700-199/69
   (2) 제네 700-293/69
   사할린 억류교포 구출문제
   1. 일본 귀환희망자의 구출문제를 쏘련측에 우선적으로 제기하겠다는 국적측의 생각에 대하여 아래와 같이 회시함.
      가. 제일단계로 일본 귀환 희망자의 송환 교섭을 시작하는데 동의함.
      나. 그 수는 1,500명으로 한정하지 말 것이며, 그들의 의사를 공정한 방법으로 확인하도록 할 것.
      다. 일본 정착을 희망하지 않는 자에 대하여도 국제 적십자회의 이산가족 재회원칙에 의거 계속 송환교섭을 추구할 것.
   2. 일본에 귀환한 교포의 가족으로서 사할린에 잔류하고 있는 자는 현재까지 파악된 바로는 1명임. 부자가 같이 노역에 종사하다가 아들 "손종운"(45세)만이 일본 여인과의 결혼 관계로 65년 일본에 처자와 같이 귀환하고 그의 부 "손치규"는 쏘련측이 사할린 출경을 허가하지 않아서가 아니라 일본측이 입국을 허가하지 않기 때문에 아직 귀환하지 못하고 있음.
   3. 이스탄불에서의 제21차 국제적십자 총회시 우리대표단이 본건에 관하여 국적측과 특기할 만한 협의를 한 것이 없으며, 오직 우리측이 국적측의 더욱 적극적인 협력을 요구하고, 국적측이 쏘련 적십자사 대표에게 대호 (2) 첨부 서한에서 언급한 바와 같이 문제 제기를 하였다는 통고를 받은 정도임.
   4. 일본 외무성으로부터 확인한 바에 의하면, 일본 정부는 우리정부가 작성 수교한 7,000명의 사할린 교포 귀환 희망자 명단을 69.8.21. 주일 쏘련 대사관에 제시하고 이들의 귀환을 가능하게 하여 줄 것을 요청하였으며, 이에 대하여 쏘련 대사관측은 본국 정부에 이를 보고하겠다고 하였다 함을 참고로 알림.
   (아북)

③ 사할린동포 귀환문제, 1971

o o o

기능명칭: 사할린동포 귀환문제, 1971

분류번호: 791.44, 1971

등록번호: 4748

생산과: 동북아과

생산연도: 1971

필름번호: P-0009

파일번호: 19

프레임 번호: 0001~0006

1. 외무부 공문(착신전보)-화태귀환 한국인 협정영주권 신청수 보고

외무부
번호 JAW-07396
일시 311020
수신시간 71.7.31. 12:57
발신 주일대사
수신 장관

　　대: WJA-07243
　　1. 화태 귀환 한국인 협정영주권 신청수는 401명으로서 그간 일 법무성에 수차 동인들에 대한 협정영주권이 조속히 허가되도록 촉구한 바 있으며 일측은 계속하여 동문제를 호의적으로 검토중이라고 대답하여왔음.
　　2. 작 7.30일 이남기 총영사는 일 법무성 "에바따" 입관국차장을 방문하고 전기 사항을 다시 촉구한 바 "에바따" 차장은 동문제를 조속히 겸토, 처리할 것을 약속하였음을 우선 보고함. (일영-외민)

　　1971.7.31. 주한 일본대사관 하시즈메 참사관은 동북아과장을 방문코, 일 외무성 1과장이 주일 쏘련대사관 참사관을 초치코 재화태 한국인 귀환문제에 관하여 면담한 바를 아래와 같이 알려왔음.
동구1과장: 기왕에 일본정부가 쏘련측에 수교한 7,000명의 재화태 한국인 귀환 희망자의 출국의사를 조사하여 주기 바라며, 출국을 희망하는 한국인이 있을 경우에 이들에게 출국을 허가할 것인지 그 가능성을 검토해 주기 바람.
쏘 참사관: 당신의 의뢰는 일본정부의 희망이냐 또는 한국의 희망이냐.
동구1과장: 한국의 공식요청은 없으나, 일본은 종전부터 한국정부가 관심이 있는 것을 알고 있으므로 이를 요청하는 것이다.

2. 외무부 공문(착신전보)-화태귀환 한국인 협정영주권 허가 촉구

외무부

번호 JAW-08153

일시 121051

수신시간 71.8.13.1:20

발신 주일대사

수신 장관

대: WJA-07243

연: JAW-07388

노재조 서기관은 금 8.12.10:30-11:30까지 법무성 입관국 에바다 차장을 방문하고 연호로 보고한 화태 귀환 한국인들에 대한 협정영주권이 조속히 허가되도록 조치할 것을 재차 촉구하였던 바 동 차장은 현재 법무성에서 이들의 협정영주권 신청을 허가하여주는 방향으로 조치중에 있다고 밝혔음을 보고함.

본건 결정되는 대로 재차 보고위계임. (외민)

④ 재사할린 동포 귀환문제, 1971-72

○ ● ○

기능명칭: 재사할린동포 귀환문제, 1971-72

분류번호: 791.4, 1971-72

등록번호: 5634

생산과: 동북아과

생산연도: 1972

필름번호: P-0011

파일번호: 16

프레임 번호: 0001~0114

1. 주일대사관 공문-사할린 억류교포 귀환을 위한 탄원

주일대사관
번호 일정700-10475
일시 1971.10.16.
발신 주일대사
수신 장관
참조 아주국장
제목 사할린 억류교포 귀환을 위한 탄원

　　외무성 북동아과의 에또 분이찌로 사무관은 당관 관계관을 10.1□. 10:00 초치하여 다음과 같은 사실을 통보하고 아측의 의사를 확인하고 있는 바, 교시 바랍니다.
　　1. 사할린 억류교포 이덕림의 자 이종섭은 주한국 일본대사관을 통하여 이덕림의 귀국 주선을 위한 탄원을 제출한 바, 일본정부는 손치규씨의 예에 따라 본건에 관하여도 최선의 협조를 다하려고 하고 있음.
　　2. 일본 정부로서는 본건 처리에 앞서 이덕림의 국적, 여권 소지여부 등을 주쏘련 일본대사관을 통하여 확인할 것이라 함.
첨부 이덕림의 인적사항 1부. 끝.

주일대사

2. 재화태한국인 이덕림의 한국으로의 귀국 탄원에 관해서

　　在樺太韓国人李德林の韓国への帰国嘆願について

　　1. 帰国希望者
　　李德林(日本名　岡本德林)
　　本籍 : 大韓民国京幾道坡州郡州內面烽岩里 392

住所：ソ連サハリン

No.62 k21, SD. Holotskaya, Korsakov
(номер 62 к21. ул. Хотомская, Корсаков.
→ No.62 k.21 ホロツカヤ通り、コルサコフ)

生年月日：1913年10月15日(当58才)
　　　　(大正2年)
(注)樺太抑留韓国人帰還希望者名簿No.399

2. 嘆願者

李宗變(帰国希望者の子)

本籍：大韓民国京畿道坡州郡州內面烽岩里 392

住所：同上

生年月日：1936年5月24日(当36才)

3. 재화태교포 개별 송환에 관한 예

재화태교포 개별 송환에 관한 예

1. 손치규

　가. 1969.1월 손치규의 자 손종운이 부친의 귀국주선을 탄원하였으며, 이에
　　　따라 당부는 주한 일본 대사관과 접촉하여 손치규의 귀국주선을 일본정
　　　부에 요청하였음.

　나. 아국정부의 입장

　　　1) 인도적견지에서 귀환을 추진하기로 함.

　　　2) 재화태교포 전반의 귀환문제에 영향을 미치지 않도록 함.

　다. 일본정부의 입장

　　　1) 최종정착지를 한국으로 하며, 일단 일본으로 송환조치한 후 가능한
　　　　 한 조속히 한국에 귀환토록함(30일간의 입국사증)

　　　2) 본건을 단독 케이스로 취급한다.

　라. 일본측과의 타결

거류민단 중앙본부단장 및 화태억류귀환 한국인 회장이 손치규의 조속한 시일 내의 귀국을 전제로한 일본입국을 보증한다는 보증서를 일본측에 제출.

마. 귀국경비

여비일체를 아들 손종운이 부담한다고 했으나 사하린으로부터 일본까지의 여비는 손치규 본인이 부담하고 일본으로부터 부산까지의 여비는 정부가 보조했음.

2. 최정식 및 이덕림

일본정부는 연고자들의 청원에 의하여 손치규 귀국과 같은 조건 아래서 상기 양인의 귀국을 주선 중에 있음.

4. 재사할린한인

재사할린 한인

귀한희망자: 약 7,000명(이중 약 1,500명은 일본거주 희망자 임)

귀환조치를 위한 정부의 대일 활동

1. 68.1. 국회 대표단이 일정부, 일적십자사 등과 접촉코 동 문제 해결 촉구

2. 제2차, 제3차 한일 정기각료회의 공동성명서에서 일 정부가 노력할 것임을 확인

3. 69.6. 약 7,000명의 귀환희망자 명단을 일정부에 제시, 동년 8월에 일 정부는 동 명단을 주일 쏘련 대사관에 제시코 귀환가능토록 조치 요망

그로미코 쏘 외상 방일(72.1.23.-1.28.)

1. 일 외상은 쏘 외상에게 동 한인들의 귀국허가를 요청했으며, 쏘 외상은 동 문제를 검토하겠다고 약속했다 함.

2. 이에 관하여 1.29. 10:00 주한 일 대사관 "하시즈메" 참사관에게 문의했던 바, 동 참사관은 본국정부로부터 방금 훈령을 접수했다고 하면서, (가) 동 훈령의 내용은 상기 1항과 같고 (나) 대리대사로 하여금 윤차관님께 전달토록 되어 있다 함.

5. 외무부 공문(착신전보)—신문보고

외무부
번호 JAW-01427
일시 281035
수신시간 72.1.28. 14:00
발신 주일대사
수신 장관
참조(사본) 주일 이호대사

재쏘련 한국교포 귀환문제:
1. 금1.28 도교 신문은 외무성 소식통을 인용하여 "1.27. 후꾸다 외상은 그로미코 외상과의 회담에서 재쏘 한국인 약 7천명 가운데 귀환 희망자에 관하여는 인도상 입장에서 쏘련 정부가 귀국을 허가하도록 요청하였는 바, 이는 쏘련과 외교관계가 없는 한국정부의 요청에 따라 행한 것으로 그로미코 외상은 동 문제의 검토를 약속하였다고 말하여진다.
그러나 쏘련과 북괴와의 관계로 보아 한국정부의 요청은 실현 가능성이 아주 희박하다"고 보도하였음.
2. 이에 관하여 당관 관계관이 외무성 북동아과를 통하여 확인한 바 차후 교섭의 편의를 위하여 일 측이 이야기를 하여둔 것이라고 말하였음.
3. 상세는 추보 하겠음. (일정 아북, 정보)

6. 외무부공문—면담요록 송부

외무부
번호 아북700-
일시 1972.1.31
발신 외무부 장관
수신 주일대사

제목 면담요록 송부

　　작1.29. 주한일본대사관 "마에다"공사가 윤차관을 내방, 면담했는 바, 동 면
담 요록을 별첨 송부하오니 참고하기시 바랍니다.
　　첨부: 동 면담요록 1부. 끝.

　　외무부 장관

첨부—면담요록

면담요록
일시 72.1.29. 12:00-12:30
장소 외무차관실
면담자 윤석헌 차관/마에다 공사(주한 일본대사)
면담내용

　　마에다 공사-후꾸다 외상과 구로미코 외상 간의 제2차 정기 각료회담시, 후꾸
　　　　다 외상은 사하린에 있는 한인송환 희망자의 송환이 실현되도록 하여 주기
　　　　바란다고 말한 바, 구로미코 외상은 검토하겠다고 답변하였다. 이것은 좋은
　　　　징조라고 생각되며, 이상을 전달하여 드린다.
　　차관 - 검토하겠다는 것은 어느 쪽으로도 해석될 수 있는데, 특별히 좋은 징조
　　　　로 해석할 이유가 있는가?
　　마에다 공사 - 종전에 이문제를 제기하면 쏘련측은 사하린에 송환을 희망하는
　　　　한인이 없다고 부인하던가, 그 요청을 전적으로 무시하였는데 이번에는 검
　　　　토하겠다고 답변하였으므로 결과에 대하여서는 물론 예측할 수 없으나 약
　　　　간의 태도 변화가 있는 것으로 해석된다.
　　차관 - 이번 일·쏘 각료회담에서 어떠한 성과가 있었는가?
　　마에다 공사 - 공식통보는 받지 못했으나 신문에 보도된 바에 의하면 성과 있
　　　　는 회담이었던 것으로 보인다. 일·쏘 평화조약을 체결하기 위한 교섭이 금

년중에 시작될 것이라 하며, 경제 협력 등에 대하여 협의가 있었던 것으로 보인다.

차관 - 북방영토문제의 해결책에 전망이 섰는가? 또한 북방영토해결문제가 일본으로서 필수적 조건인가?

마에다 공사 - 북방영토문제에 대하여 쏘련이 이 문제는 이미 결정된 문제로 논의의 대상이 되지 못한다는 태도였는데 이번에는 막연한 태도를 보인 것 같다. 일본으로서는 자기사견에 의하면 북방영토 해결 없이는 평화조약 체결의 의의가 없는 것으로 생각한다.

차관 - 전에 한국에 온 일이 있는가?

마에다 공사 - 약35년전에 중학생으로서 수학여행온 기억이 있다. 한국에 부임하였으므로 한국 로비가 되었다. 한국외교에서 가장 큰 문제는 북괴문제가 아닌가?

차관 - 그렇다. 국토분단문제가 없으면 우리 외교에 큰 문제는 없었을 것이며 또한 북괴의 정책이 저와 같이 침략적이라는 점에 더욱 큰 문제가 있는 것이다. 이 점은 외국친구들이 그렇게 절실히 느끼지 못하고 있으며 가까운 인방인 일본에서도 충분히 인식 못하고 있다.

마에다 공사 - 그 점에 대해서 한국에는 일본의 유수신문의 기자들이 체류하고 있는데 이들이 한국에 대하여 좋지 못한 기사를 쓴다고 하여 문제가 되고 있으나, 이를 시정하는 가장 좋은 방법은 한국의 지도층이 이들을 만나 주던가하여 그들이 보도할 자료를 제공하여 주는 것이 좋을 것으로 생각한다.

차관 - 그 문제는 잘 검토하여 보겠다.

끝.

7. 전화메모-일·소 외상회담 내용에 관한 첩보

외무부
전화메모
시간 1972년 2월 1일 10시 00분

발신인 국무총리
수신인 외무부 장관
제목 일·소 외상회담 내용에 관한 첩보
통화내용:

　　그로미코는 일쏘 외상회담에서 아래와 같은 내용의 발언을 하였다는 첩보를 입수하였으니, 참고바람.

1. 쏘련으로서는 아세아의 정세가 어떻게 변하든지 간에 한국과의 관계를 현재로서는 변동시킬 생각이 없다.
2. 쏘련의 대 북괴 태도에도 변동이 없다. 북괴는 평화적이며 남한이 오히려 도발적이다.
3. 북괴의 대중공 접근에 대하여는 많은 관심을 가지고 있다.
4. 사하린 문제는 잘모르겠으나, 현재 7000여명의 한국인이 쏘련 국적을 가지고 있으며, 앞으로 원하는 사람은 북조선에 보내겠다.

8. 재화태교포 귀환문제

재화태교포 귀환문제
1. 문제의 배경과 실태
　　가. 재화태 한인 현황

　　　　1937~1945년간 일재에 의거, 화태□ 강제징용 등으로 화태에 가 있던 약 2만명의 한국인들은 2차대전 종료후 화태에서의 출경을 희망하고 있었음에도 불구하고 현재까지 쏘련의 출국금지로 화태에 억류되어 있는 것으로 알려짐.

　　　　그간 이들 중 일인 처를 가진 소위 일본인가족은 1957, 1958년이래 있었던 일본인 귀환에 따라 1,794명(486세대)이 일본에 귀환하여 현재 일본에 거주하고 있음.

　　　　현재 화태로부터의 출경 희망자는 약7,000명에 달하는 것으로 알려진 바, 이들의 대부분은 남한 출신으로서 쏘련이나 북괴의 적을 취득하기를 거부라고 무국적상태에 있으며(여타4,000명-쏘국적취득, 9,000명-북괴적취득), 이들 7,000명 중 약1,500명은 친척 등이 일본에 있다는 점에서 일본 정착을 희망하고 있다 함.

2. 아측 입장과 관계국 및 국적의 입장

　가. 아측 입장

　　1) 이들 교포들이 화태로 가게 된 역사적 배경으로 보아, 이들의 귀환은 전후 처리의 일부이므로 일본정부가 "복원계획"에 따라서 자국민을 귀환시켰을 때 보인 열의에 못지 않은 성의로써 귀환에 노력해야할 책임이 있음.

　　2) 그들은 종전시까지 계속 일본영토에 거주했으며, 종전과 함께 화태가 쏘련 영토로 귀속되지 않았던들 일본영토에 남아 있었을 것임에 비추어 현재의 재일 한인의 경우와 하등 다름이 없으므로 그들과 똑같은 지위와 대우를 받도록 하는 것이 당연하며, 법적지위 협정에 합치되는 것임. (제1조, 관계 "토의기록")

　　3) 쏘련은 이들이 한국으로 귀환하는 경우에는 출국을 허용치 않는다는 입장을 취하고 있으므로 우선 일측이 이들 전부를 일응, 일본으로 송환하여 일본 정착을 희망하는 자에 대해서는 일본에 거주하도록 하고, 한국으로 오겠다는 자들에 대해서는 한국에서 받아들이도록 하는 것이 우리 정부의 입장임.

　나. 일측 입장

　　1) 일측은 당초 동 한인들이 전부 한국에 귀환하여야 하며, 귀환경비도 한국측이 부담할 것을 조건으로 하여 왔으나,

　　2) 1966년 10월 이래 한국이 출경 희망자 전부를 인수한다면 일측이 소요경비를 부담하는 것을 조건으로 대쏘접촉을 하겠다고 해왔으며, 현재까지 쏘련측과 접촉하여 오고 있음.

　다. 쏘련측 태도

　　1) 공식적으로는 화태에 귀환희망 한인이 없다는 부정적 태도를 취해왔으며, 비공식으로는 일본정부가 한국정부의 요청에 의하여 교섭하고 있는 것이 아닌가에 관심을 표명하면서, 일본이 최종 행선지라야 출경 허가를 하겠다는 입장을 표명해왔음.

2) 1972년 1월 일・쏘 정기각료 회의 시 후꾸다 외상이 화태에 있는 한인 송환희망자의 송환이 실현되도록 하여 주기 바란다고 말했던 바, 그로미코 쏘 외상은 검토하겠다고 답변했음.

라. ICRC 입장

아측의 협조요청에 호의적인 반응을 보이면서 일본, 쏘련의 태도로 보아,

1) 7,000명 전부를 한국이 인수한다는 확약을 한 다음에 교섭하거나,

2) 7,000명 전부의 일괄 귀환교섭보다는 일본 거주희망자 1,500명에 대한 귀환교섭 개시가 좋다는 의견을 표명하는 한편 쏘련 적십자와 접촉하겠다 함.

9. 재화태 한국인 송환 문제

재화태 한국인 송환 문제

1972.2.7. 동북아과장은 주한 일본 대사관 "하시즈메" 참사관을 오찬에 초대했던 바, 동 참사관은 일・쏘 정기외상회의시 재화태 한국인 송환문제에 관한 "후꾸다" 일외상과 "그로미코"쏘련 외상 간의 면담록을 본국 정부로부터 접수하였음을 알려 왔으며, 이에 대하여 동북아과장은 동 면담록 사본을 송부하여 달라고 요청하였고 이에 따라 "하시즈네" 참사관은 별첨 면담록 사본을 송부하여 왔음.

10. 면담요록

면담 요록

1. 일시: 1972년 2월 7일(월요일) 13시 ~시

2. 장소:

3. 면담자: 아측 - 공노명 동북아과장

4. 내용:

하시즈메 참사관은 공노명 과장과의 오찬석상에서 지난번 일·쏘 정기외상 회의시 재화태 한국인 송환문제에 관한 후꾸다 일외상과 그로미코 쏘련 외상간의 면담록을 본국정부로부터 접수하였는 바, 그 내용은 아래와 같다고 알려왔음.

후꾸다: 한국정부의 요청도 있으니 재화태 한국인 귀환에 협조해주기 바란다.

그로미코: 그 국적이 어떻게 되어 있는가?

후꾸다: 한국, 북한 또는 무국적등이 있는 것 같다. 좌우간, 외국인인만큼 그들의 송환에 협력해주기 바란다.

그로미코: 외국인이라면 쏘련의 법률에 따라 처리하도록 검토하겠다.

끝.

11. 면담록 사본

72.2.8. 주한일본대사관으로부터 입수

別添 : 在樺太韓国人引揚問題についての大屋・グロムイコ外相会談録

福田大臣 : 韓国から頼まれたことだが樺太に在住している朝鮮人の帰回についてのソ連側の遠慮をおねがい致したい。

グロムイコ大臣 : 在樺太朝鮮人の国籍はどうなっているのか。

福田大臣 : ソ連籍大朝鮮籍および無国籍にわかれているようであり、いずれにせよ日本人ではない。本問題に関しソ連側の好意的な検討をおねがいしたい。

グロムイコ大臣 : わかりました。帰国の要請があればソ連籍の人外国籍の人等それぞれに関するソ連の国内関係法規に従って検討することになるでしょう。

福田大臣 : 何分よろしく。

12. 기안-재화태 교포 귀환교섭

분류기호 문서번호 아북700-
시행일자 72.2.17.
보조기관 차관보, 국장, 과장
기안자 동북아과 민형기
경유수신참조 품의
제목 재화태 교포 귀환교섭

　　　일제의 의거 강제징용되어 간 후, 화태에 억류되어 있는 출경 희망 교포
7,000여명의 귀환을 위한 별첨 교섭 경위 및 관계 국가와 기관의 태도에 비추
어, 아래 대책에 따라 동 교포 귀환교섭을 추진할 것을 건의합니다.
　　　　　대책
1. 일·쏘 간의 교섭에 의하여 출경 희망 교포를 일단 일본에까지 송환토록 한
　　후, 송환된 자의 자유의사에 따라 한국 또는 일본에 정착토록 함.
2. 송환된 자의 자유의사 확인방법에 관하여는 일본측과 교섭함.
3. 송환된 자의 한국 귀환시 정착문제 및 보안문제 등은 관계부처와 협의함.
4. 출경 희망자 7,000명중 일본정착 희망자 1,500명을 감한 5,500명의 한국내
　　에서의 정착을 위하여 정착금을 보조하여 주어야한 것인 바, 매 인당 100만
　　원을 보조할 경우 55억원의 예산이 필요함.
첨부 재 화태교포 귀환문제. 끝.

첨부—재 화태교포 귀환문제

　재화태교포 귀환 문제
　1. 문제의 배경과 실태
　　가. 재화태 한인 현황
　　　　1937-1945년간 일재의 의거, 강제징용 등으로 화태에 가 있던 약2만명
　　　　의 한국인들은 2차대전 종료 후 화태에서의 출경을 희망하고 있었음에
　　　　도 불구하고 현재까지 쏘련의 출국 금지로 화태에 억류되어 있는 것으

로 알려짐.

그간 이들 중 일인처를 가진 소위 일본인가족은 1957, 1953년 이래 있었던 일본인 귀환에 따라 1,794명(486세대)이 일본에 귀환하여 현재 일본에 거주하고 있음.

현재 화태로부터의 출경 희망자는 약7,000명에 달하는 것으로 알려진 바, 이들의 대부분은 남한출신으로서 쏘련이나 북괴의 적을 취득하기를 거부하고 무국적상태에 있으며(여타 4,000명- 쏘국적취득, 9,000명-북괴적취득), 이들 7,000명중 약1,500명은 친척 등이 일본에 있다는 점에서 일본정착을 희망하고 있다 함.

나. 화태에서의 생활실태

1967년 및 1968년에 일본인처가 있기 때문에 일본에 귀환한 한인들로부터 주일대사관이 소집한 재화태 한인실태를 요약하면 아래와 같음.

1) 생활정도

대부분의 교포가 기술노동자로 일하고 있으며 임금수입(200-250루불, 쏘련인 보통 노동자 180루불 수령)으로 의식주생활은 노동자로서 중류 정도는 무난하다 함. (1□□0.829루불)

대부분이 아파트보다는 독집에 거주하고 있는 바, 독집을 가지면 밭농사를 해서 부수입을 가질 수 있기 때문임.

2) 년령수준

대부분이 50세전후이며 매년 15인 정도 사망하고 있음.

3) 차별대우

무국적 및 외국인적 소지자와 쏘련적 소지자 간에 생활면에서 차별은 없으나, 무국적자들은 생활구역에서 12Km이상 여행하려면 관청의 허가를 받아야 함.

4) 북괴측의 간섭

화태에 북괴공관은 없으며 첩자가 주재하고 있다는 말은 들었다 함.

5) 귀환갈망

자유제한, 한국방송, 일인묘참단내방, 망향지정 등으로 고국에의 귀환을 갈망하고 있음.

2. 아측 입장과 관계국 및 국적의 입장

가. 아측입장

　　1) 이들 교포들이 화태로 가게 된 역사적 배경으로 보아, 이들의 귀환은 전후 처리의 일부이므로 일본정부가 "복원계획"에 따라서 자국민을 귀환시켰을 때 보인 열의에 못지 않은 성의로써 귀환에 노력해야 할 책임이 있음.

　　2) 그들은 종전시까지 계속 일본 영토에 거주했으며, 종전과 함께 화태가 쏘련 영토로 귀속되지 않았던들 일본영토에 남아 있었을 것임에 비추어 현재의 재일 한인의 경우와 하등 다름이 없으므로 그들과 똑같은 지위와 대우를 받도록 하는 것이 당연하며, 법적지위 협정에 합치되는 것임. (제1조, 관계 "토의기록")

　　3) 쏘련은 이들이 한국으로 귀환하는 경우에는 출국을 허용치 않는다는 입장을 취하고 있으므로 우선 일측이 이들 전부를 일응, 일본으로 송환하여 일본 정착을 희망하는 자에 대해서는 일본에 거주하도록 하고, 한국으로 오겠다는 자들에 대해서는 한국에서 받아들이도록 하는 것이 우리정부의 입장임.

나. 일측 입장

　　1) 일측은 당초 동 한인들이 전부 한국에 귀환하여야 하며, 귀환 경비도 한국측이 부담할 것을 조건으로 하여 왔으나,

　　2) 1966년 10월이래 한국이 출경 희망자 전부를 인수한다면 일측이 소요경비를 부담하는 것을 조건으로 대쏘접촉을 하겠다고 해왔으며, 현재까지 쏘련측과 접촉하여 오고 있음.

다. 쏘련측 태도

　　1) 공식적으로는 화태에 귀환희망 한인이 없다는 부정적 태도를 취해 왔으며, 비공식으로는 일본정부가 한국정부의 요청에 의하여 교섭하고 있는 것이 아닌가에 관심을 표명하면서, 일본이 최종 행선지라야 출경 허가를 하겠다는 입장을 표명해 왔음.

　　2) 1972년 1월 일·쏘 정기각료회의시 후꾸다 외상이 화태에 있는 한인 송환희망자의 송환이 실현되도록 하여 주기 바란다고 말했던 바, 그로미코 쏘 외상은 검토하겠다고 답변했음.

라. ICRC입장

　　아측의 협조요청에 호의적인 반응을 보이면서 일본, 쏘련의 태도로

보아,

    1) 7,000명 전부를 한국이 인수한다는 확약을 한 다음에 교섭하거나,

    2) 7,000명 전부의 일괄 귀환교섭보다는 일본 거주희망자 1,500명에 대한 귀환교섭 개시가 좋다는 의견을 표명하는 한편 쏘련 적십자와 접촉하겠다 함.

참고 귀환교섭경위

1. 1960년까지

주미, 일, 유엔, 제네바 공관 등을 통하여 관계정부, 기관에 대하여 귀환을 위한 교섭을 의뢰 해왔음.

2. 1961년 이후

가) 한·일 간의 국교가 정상화된 후, 1966년부터 우리정부는 일본정부에 대한 교섭을 적극화하여, 일본정부로 하여금 대쏘 교섭의 전개를 강력히 요청함. 이에 대하여 일본측은 쏘련이 화태에는 송환할 한인이 없다고 부정적인 태도를 취하고 있다고 말하면서 이들 송환을 위한 한·일 간 문제로서 당초(3월)에는 상기에서 언급한 바와 같이 이들이 한국에 전부 정착하여야 하고 소요경비도 한국이 부담해야한다고 주장하였으나, 동년 10월에는 송환자 전부가 한국에 정착해야 하나 소요경비는 일본측이 부담하겠다고 태도를 바꾸었음.

나) 196□년 1월에 국회의원들로 구성된 교섭대표단을 파견, 일정부, 일적 ICRC 등과 교섭을 전개함. 동 대표단에 대하여 일본 미끼 외상은 동 한국인들이 한국으로 귀환하는 문제는 쏘련 태도가 부정적이므로 난점이 있다고 말하면서 인도적 문제이기 때문에 계속 노력하겠다고 했음.

다) 1968년 4월 15일 진차관과 기무라대사 면담시,

    1) 전송환자 한국정착

    2) 소요경비 일본측 부담을 내용으로 하는 일본측 입장을 재확인.

라) 1968년 4월 23일 주일대사관 측과 일 외무성 노다 동북아과장 간에 가진 회의에서, 동과장은 아측 입장에 대하여 법무성 측과 협의중이나 별 진전이 없다고 말했음.

마) 1968년 8월 제2차 한·일 정기각료회의 공동성명서에 일본측은 "이들 한국인이 조속히 화태로부터 출경할 수 있도록 될 수 있는 한 협력할

뜻"을 표명함.

바) 1969년 5월 26일 아측의 신동원 동북아과장과 일측의 다께 동북아과장의 면담시 일측은 동 한국인 송환을 위하여 "어디로 가느냐" 문제보다는 우선 "화태에서 나오겠다"는 사람이 있음을 쏘련이 시인토록 노력하고 있으나 쏘련 측은 계속 부정적인 태도라고 함.

사) 1969년 6월에 우리정부는 일정부에 약7,000명의 귀환희망자 명단을 수교했으며, 동년 8월 21일 일정부는 주일 쏘대사관에 상기명단을 제시코 이들의 귀환을 가능토록 해줄 것을 요청함.

자) 1970년 7월 제4차 한·일 정기각료회의 개별토의시 아측이 재화태 한국인 귀환문제에 어떤 진전이 있느냐고 문의했던 바, 일측은 쏘련측이 돌아올 사람이 없다고 했다 함.

차) 1971년 7월 29일 주한 일본대사관 하시즈메 참사관은 동북아과장을 방문, 일본 외무성 동구1과장이 주일 쏘련대사관 참사관을 초치코, 기왕에 일본정부가 쏘련측에 수교한 7,000명의 재화태 한국인 귀환 희망자의 출국의사를 조사하여 달라고 의뢰하고, 동시에 이들이 출국을 희망할 경우 출국허가를 할 가능성이 있는지를 검토해달라고 요청했다고 알려 왔음.

카) 1971년 8월 제5차 한·일 정기각료회의 시 아측이 앞으로도 동문제 해결을 위하여 계속 노력해주기를 요청했던 바, 일본외상은 재삼 쏘련 정부를 통하여 개개인의 의사를 확인중이라고 답변함.

타) 72년 2월 1일 국무총리는 외무장관에게 일·쏘 외상회담(72.1.23-28)시 그로미코 쏘 외상이 한 발언에 관하여 아래와 같은 첩보를 입수했다고 통보했음. "사할린 문제는 잘 모르겠으나, 현재7,000명의 한국인이 쏘련국적을 가지고 있으며, 앞으로 원하는 사람은 북조선에 보내겠다"

13. 재 화태 교포 귀환문제에 관한 회의

재 화태 교포 귀환문제에 관한 회의

1. 일시 1972.2.18 10:00-11:30

2. 장소 청와대 신관 301호실

3. 참석자 청와대 - 최규하 특별보좌관

                함병훈   〃

                장위돈   〃

                임방현   〃

                오명호 비서관

      외무부 - 윤석헌 차관

                지성구 아주국장

                공노명 동북아주과장

      중정 -   허태현 8국장

회의내용

    최 특별보좌관 주재로 개최된 상기 회의의 요지는 아래와 같음.

  1. 회의 경과

      가. 외무부 측으로부터 재 화태 교포문제의 배경과 현황, 화태에서의 생활 실태, 그간의 교섭 경위 및 정부의 입장과 관계국(일본, 쏘련)과 국적의 각각 입장에 대한 설명이 아래와 같이 있었음. (상세 별첨 1 외무부 자료 참조)

          (1) 재 화태 한인 귀환 현황

              약 2만명의 한인이 화태에 거주하고 있는 것으로 알려진 바, 그간 일본인 처를 가진 일본인 가족 약 1,800명(486세대는 일본에 귀환하였으며, 현재 약1,000명(약1,800세대) 정도가 쏘련에서 출경할 것을 희망함. (별첨 3명단 참조) 이중 약1,500명은 일본에 정착할 것을 희망함.

          (2) 화태에서의 생활 실태

              화태에서의 생활실태

              화태에서 중류정도의 생활을 영위(월수입 200-250루불 US $1:0.829루불)하고 있음.

          (3) 우리정부의 입장과 교섭 경위

             (가) 일본이 일응 이들의 송환을 받아 그들의 의사에 따라 일본에의 정착, 또는 한국에의 귀환을 결정하여야 한다는 입장인 바, 일본정부는 전원 한국이 인수할 것을 바람.

(나) 한·일 국교 정상화 이후인 1966년 이래 일본정부는 쏘련
측과 이 문제로 절충을 시작했으며, 특히 1969년 6월 7,000
명의 명단을 아국정부로부터 받아 쏘련 정부에 전달하고
동 귀환 희망자의 출경 의사 확인을 쏘련 측에 요청하여 왔
으나, 쏘련측은 부정적 태도로 나오고 있었음.

(다) 그러나, 최근 72.1.의 일·쏘정기외상회의에서 "후꾸다" 외
상이 "그로미코" 외상에게 이들의 송환을 위하여 선처를 요
망한 바, 쏘련 외상은 "귀국 요청이 있으면 쏘련적, 외국적
등 각각 쏘련의 국내관계 법규에 따라 검토될 것이다"라고
하므로서 검토할 것을 언명함. (상세 별첨 2참조)

나. 상기의 설명에 이어 아래 문제에 관한 토의가 있었음.

(1) 귀환 문제에 관한 기본적인 정부 입장 검토

(2) 재 화태 교포 구출을 위한 교섭 방안에 대한 검토, 특히 일본국
을 통하지 않은 기타의 효과적인 교섭방안의 가능성 여부

(3) 아국 입장에 대한 검토, 특히 거주지 선택의 자유보장, 일본 정부
로부터의 위로금 지급

(4) 귀환 시의 국내적 문제(보안, 정착비 보조 등)

2. 결론

상기 토의에 따라 하기 점에 대하여 의견이 일치를 봄.

가. 재 화태 교포의 구출 노력은 계속되어야 함.

나. 이와 같은 구출 방법으로서,

(1) "후꾸다" 외상과 "그로미코" 외상간의 면담내용을 발전시키도록 일
본정부측에 본건 추진을 계속 촉구함.

(2) 쏘련의 반응을 보아가면서 일본정부측과 적절한 레벨에서 우리의
입장을 절충하도록 함.

다. 이들 재 화태 한국인의 거주지 선택의 자유와 이들이 화태에 가게 된
역사적 경위에 비추어 일본에 거주할 수 있는 권리를 보유하고 있다는
견지에서:

(1) 화태에서의 출경 후 거주지를 선책할 수 있는 길을 마련하도록 함.

(2) 만약 일본이 이들의 일본에 정착할 권리가 없다고 할 경우에는 그

거중 책임은 일본이 갖도록 함.

라. 이들의 한국 귀환 시 이들에 대한 보안문제는 중앙정보부가 중심이 되어 그 대책을 강구하도록 함.

마. 이들의 한국 귀환 시 이들의 국내에서의 정착을 위하여 적절한 원호대책이 강구되어야 할 것에 유의하며, 한편 일본정부로 하여금 상당한 위로금을 지급하도록 교섭함.

바. 국제적십자사에 대해서는 그간의 경위를 알림으로써 국적이 계속 이 문제에 관심을 갖고 협조하도록 함.

사. 일본 정부를 통한 교섭이 장차에 있어서 여의치 않을 경우에는 다른 효과적인 교섭 방법을 강구하도록 연구함. (예시 국제적십자의 주재하의 한국, 쏘련의 3적십자간의 회담 등)

14. 재화태교포의 귀환문제

在樺太僑胞의 歸還問題

1972.2.18.

外務部 亞州局

目次

1. 問題의 背景과 實態

　가. 在樺太韓人現況

1937-1945年間 日帝에 依據. 樺太로 强制徵用等으로 樺太에 가있던 約2萬名의 韓國人들은 2次大戰終了後 樺太에서의 出境을 希望하고 있었음에도 不拘하고 現在까지 蘇聯의 出國禁止로 樺太에 抑留되어 있는 것으로 알려짐.

그간 이들 中 日本妻를 가진 所謂 日本人家族은 1957, 1958年以來 있었던 日本人 歸還에 따라 1,794名(486世帶)이 日本에 歸還하여 現在 日本에 居住하고 있음.

現在 樺太로부터의 出境希望者는 約7,000名에 達하는 것으로 알려진 바, 이들의 大部分은 南韓出身으로서 蘇聯이나 北傀의 籍을 取得하기를 拒否하고 無國籍狀態에 있으며 (余他 4,000名-蘇國籍取得, 9,000名-北傀籍取得). 이들의 7,000名中 約1,5000名은 親戚等이 日本에 있다는 点에서 日本定着을 希望하고 있다 함.

　나. 樺太에서의 生活實態

1967年 및 1968年에 日本人妻가 있기 때문에 日本에 歸還한 韓人들로부터 駐日大使館이 蒐集한 在樺太韓人實態를 要約하면 아래와 같음.

　1) 生活程度

大部分의 僑胞가 技術勞動者로 일하고 있으며 賃金收入(200-250 「루블」) 蘇聯人 下級勞動者 180 「루블」 受領)으로 衣食住生活은 勞動者로서 中流程度는 無難하다 함.

大部分이 「아파트」보다는 독집에 居住하고 있는 바, 독집을 가지면 밭농사를 해서 副收入을 가질 수 있기 때문임.

　2) 年齡水準

大部分이 50歲 前後이며 每年 15人程度 死亡하고 있음.

　3) 差別待遇

無韓籍 및 外國人籍 所持者와 蘇聯籍 所持者間에 生活面에서 差別은 없으나, 無國籍者들은 生活區域에서 12Km以上 旅行하려면 官廳의

許可를 받아야 함.

4) 北傀側의 干涉

樺太에 北傀公館은 없으며 諜者가 駐在하고 있다는 말은 들었다 함.

5) 歸還渴望

自由制限, 韓國族送, 日人墓參團來訪. 望鄉之情등으로 故國에의 歸還을 渴望하고 있음.

2. 我側立場과 關係國 및 國赤의 立場

가. 我側立場

1) 이들 僑胞들이 樺太로 가게 된 歷史的 背景으로 보아, 이들의 歸還은 戰後處理의 一部이므로 日本政府가 復□計劃에 따라서 自國民을 歸還시켰을 때 보인 熱意에 못지않는 誠意로써 歸還에 努力해야 할 責任이 있음.

2) 그들은 終戰時까지 繼續 日本領土에 居住했으며, 終戰과 함께 樺太가 蘇聯領土로 歸屬되지 않았던들 日本領土에 남아 있었을 것임에 비추어 現在의 在日韓人의 境遇와 何等 다름이 없으므로 그들과 똑같은 地位와 待遇를 받도록 하는 것이 當然하며, 法的地位 協定에 合致되는 것임. (第1條, 關係討議 記錄)

3) 蘇聯은 이들이 韓國으로 歸還하는 境遇에는 出國을 許容치 않는다는 立場을 取하고 있으므로 干先 日側이 이들 全部를 一應, 日本으로 送還하여 日本 定着을 希望하는 者에 對해서는 日本에 居住하도록 하고 韓國으로 오겠다는 者들에 對해서는 韓國에서 받아들이도록 하는 것이 우리 政府의 立場임.

4) 然이나 我側은 69年 7月 동 歸還希望者 7,000名의 名單을 日側에 手交한 以來, 我國이 이들 全部를 引受할 用意가 있음을 非公式으로 表明해 왔음.

나. 日側 立場

1) 日側은 當初 同韓人들이 全部 韓國에 歸還하여야 하며, 歸還 經費도 韓國側이 負擔할 것을 條件으로 하여왔으나,

2) 1966年 10月以來 韓國이 出境希望者 全部를 引受한다면 日側이 所要 經費를 負擔하는 것을 條件으로 對蘇接觸을 하겠다고 해왔으며, 現

在까지 蘇聯側과 接觸하여 오고 있음.

다. 蘇聯側 態度

1) 公式的으로는 樺太에 歸還希望 韓人이 없다는 否定的 態度를 取해 왔으며, 非公式으로는 日本政府가 韓國政府의 要請에 依하여 交涉하고 있는 것이 아닌가에 關心을 表明하면서, 日本이 最後 行先地라야 出境 許可를 하겠다는 立場을 表明해왔음.

2) 1972年 1月 日·蘇 定期閣僚會議時「후꾸다」日外相이 樺太에 있는 韓人 送還希望者의 送還이 實現되도록 하여 주기 바란다고 말했던 바,「그로미코」蘇外相은 檢討하겠다고 答辯했음.

라. ICRC 立場

我側의 協助要請에 好意的인 反應을 보이면서 日本, 蘇聯의 態度로 보아,

1) 7,000名 全部를 韓國이 引受한다는 確約을 한 다음에 交涉하거나,

2) 7,000名 全部의 一括 歸還交涉 보다는 日本 居住 希望者 1,500名에 對한 歸還交涉 開始가 좋다는 意見을 表明하는 한편 蘇聯赤十字와 接觸하겠다고 함.

3. 對策

가. 日·蘇間의 交涉에 依하여 出境希望 僑胞를 一旦 日本에까지 送還토록 한 後, 送還된 者의 自由意思에 따라 韓國 또는 日本에 定着토록 함.

나. 送還된 者의 自由意思 確認方法에 關하여는 日本側과 交涉함.

다. 送還된 者의 韓國 歸還時 定着問題 및 保安問題等은 關係部處와 協議함.

라. 出境 希望者 7,000名中 日本 定着希望者 1,500名을 減한 5,500名의 韓國內에서의 定着을 爲하여 定着金을 補助해 주어야 할 것인 바, 每人當 100萬원을 補助할 境遇 55億원의 豫算이 必要함.

4. 參考: 歸還交涉經緯

가. 1960年까지

駐美·日,「유엔」,「제네바」公館等을 통하여 關係政府, 機關에 對하여 歸還을 爲한 交涉을 依賴해 왔음.

나. 1961年 以後

1) 韓·日間의 國交가 正常化된 後, 1966年부터 우리政府는 日本政府에 對한 交涉을 積極化하여, 日本政府로 하여금 對「소」 交涉의 展開를 强力히 要請함. 이에 對하여 日本側은 소련이 樺太에는 送還할 韓人이 없다고 否定的인 態度를 取하고 있다고 말하면서 이들 送還을 爲한 韓·日間 問題로서 당초(3月)에는 上記에서 言及한 바와 같이 韓國에 全部 定着하여야하고 所要經費도 韓國이 負擔해야 한다고 主張하였으나, 同年 10月에는 送還者 全部가 韓國에 定着해야하나 所要經費는 日本側이 負擔하겠다고 態度를 바꾸었음.

2) 1968年 1月에 國會議員들로 構成된 交涉代表團을 派遣, 日政府, 日赤 ICRC 等과 交涉을 展開함. 同 代表團에 對하여 日本「미끼」外相은 同 韓國人들이 韓國으로 歸還하는 問題는 소련態度가 否定的이므로 難点이 있다고 말하면서 人道的問題이기 때문에 繼續 努力하겠다고 했음.

3) 1968年 4月 15日 陣次官과 「기무라」 大使 面談時.

가) 全送還者 韓國定着

나) 所要經費 日本側 負擔을 內容으로 하는 日本側 立場을 再確認.

4) 1968年 4月 23日 駐日大使館側과 日外務省 「노다」北東亞課長間에 가진 會談에서, 同課長은 我側 立場에 對하여 法務省側과 協議中이나 別 進展이 없다고 말했음.

5) 1968年 8月 第2次 韓·日 定期閣僚會議 共同聲名書에 日本側은 "이들 韓國人이 早速히 樺太로부터 出境할 수 있도록 될 수 있는 한 協力할 뜻"을 表明함.

6) 1969年 5月 26日 我側의 申東元 東北亞課長과 日側의 「다때」北東亞課長의 面談時 日側은 同韓國人 送還을 爲하여 "어디로 가느냐" 問題보다는 于先 "樺太에서 나오겠다"는 사람이 있음을 소련이 是認토록 努力하고 있으나 소련側은 繼續 否定的인 態度라고 함.

7) 1969年 6月 우리 政府는 日政府에 約 7,000名의 歸還希望者 名單을 手交했으며, 同年 8月 21日 日政府는 駐日 소大使館에 上記名單을 提示코 이들의 歸還을 可能토록 해줄 것을 要請함.

8) 1970年 7月 濟4次 韓·日 定期閣談 個別討議時 我側이 在樺太

韓國人 歸還問題에 어떤 進展이 있느냐고 問□ 했던 바, 日側은 소련 側이 돌아올 사람이 없다고 했다 함.

9) 1971年 7月 29日 駐韓日本大使館「하이즈메」參事官은 東北亞 課長을 訪問, 日本 外務省 東歐一課長이 駐日 소련 大使館 參事官을 招致코, 旣往에 日本政府가 소련側에 手交한 7,000名의 在樺太 韓國人 歸還 希望者의 出國意思를 調査하여 달라고 依賴하고 同時에 이들이 出國許可를 할 可能性이 있는지를 檢討해달라고 要請했다고 알려 왔음.

10) 1971年 8月 第5次 韓·日 定期閣僚會議時 我側이 앞으로도 同 問題 解決을 爲하여 繼續 努力해주기를 要請했던 바, 日本 外相은 재삼 소련政府를 通하여 個個人의 意思를 確認中이라고 答辯함.

11) 72年 2月 1日 國務總理는 外務長官에게 日·소 外相會談(72.1.23-28)時「그로미코」소外相이 한 發言에 關하여 아래와 같은 諜報를 入手했다고 通報했음.「사할린」問題는 잘 모르겠으나, 現在 7,000名의 韓國人이 소련 國籍을 가지고 있으며, 앞으로 願하는 사람은 北朝鮮에 보내겠다"

서기 1972년 2월 17일 20부 발간
발간업체명 주식회사 배문사 26.0234~5
대표자 백인규
인가근거 내이2066-5505(1970.3.24)
참여자　　　소속 외무부 동북아주과
　　　　　　성명 민형기

15. 공람-재화태교포 귀환문제

공람
재 화태 교포 귀환 문제

지난 2.18. 청와대 외교담당 특별보좌관실에서 열린 재 화태 교포 구출에 관한 회의 결과에 대하여 대통령 각하께서 72.2.22. 자로 별첨과 같이 재가하셨음을 알려왔기 공람합니다. 끝.

별첨—재사할린 귀환문제(대통령 재가사항)

재 사하린 교포 귀환문제

1. 재 화태 교포의 구출노력은 계속되어야 함.
2. 구출방법으로서는,
    가. 후꾸다 외상과 그로미코 외상 간의 면담내용을 발전시키도록 일본 정부 측에 본건추진을 계속 촉구함.
    나. 쏘련의 반응을 보아가면서 일본정부측과 적절한 레벨에서 우리의 입장을 절충하도록 함.
3. 이들 재화태 한인의 거주지 선책의 자유와 이들이 화태에 가게 된 경위에 비추어 일본에 거주할 수 있는 권리를 보유하고 있다는 견지에서
    가. 일본에 거주할 경우에는 한·일 간의 협정영주권 대상자로 처우되어야 함.
    나. 화태에서의 출경후 거주지를 선택할 수 있는 길을 마련토록 함. 즉, 일본도착 후 한국에서의 거주를 지원하는 자는 우리정부에서 받어 드리도록 함.
    다. 만일, 일본이 이들 중에서 일본에 정착할 권리가 없는 자가 있다고 할 경우에는 그 거중책임은 일본이 지도록 함.
4. 이들의 한국 귀환 시 이들에 대한 보안문제는 중앙정보부가 중심이 되어 그 대책을 강구하도록 함.
5. 이들의 한국 귀환 시 이들 국내에서의 정착을 위하여 적절한 원호대책이 강구되어야할 것에 유의하며 한편 일본정부로 하여금 상당한 위로금을 지급하도록 교섭함.
6. 적시자 국제위원회(ICRC)에 대해서는 그간의 경위를 알림으로써 국적이 계속 이 문제에 관심을 갖고 협조하도록 함.
7. 일본정부를 통한 교섭이 장차에 있어서 여의치 않을 경우에는 다른 효과적

인 교섭방법을 강구하도록 연구함. (예: 적십자국제위원회의 주재하에 한국, 일본, 쏘련의 3적십자사 간의 회담 등)

8. 이상과 같은 방침과 방법으로 귀환문제를 계속 다루고 나가되 현 시점에서는 쏘정부측의 보다 구체적인 반응을 기다리고 있는 중이므로 이기간 중에 있어서는 조용히 기대하고 있어야 할 것으로 생각되며, 국제법을 사무서에서 지적한 방법을 표면화 시키는 것은 북괴측에 우리의 기도를 알려주는 결과가 되므로 재 사하린 교포 구출에 오히려 방해가 될 겸이 있음에 감하여 당분간 정부에서 별도 이야기가 있을 때까지는 조용히 기대하여 달라는 요지로 회답함이 좋을 것으로 생각함.

16. 외무부공문–재화태 교포 귀환문제

외무부
번호 아북 700-
일시 1972.5.1.
발신 외무부 장관
수신 주제네바 대사
제목 재화태 교포 귀환문제

일본외무성 관계관은 4.24. 주일대사관 관계관과 면담한 자리에서 표제의 문제에 관하여 별첨과 같이 일본정부가 그간 취한 조치의 내용과 앞으로 취할 방침과 의견을 제시한 바 있으므로 참고하여 이에 관한 의견을 제시하여 주시기 바랍니다.
첨부 일정700-2232 사본1부. 끝.

외무부 장관

첨부—일정700-2232 사본

요약

재 화태 교포 귀환문제에 대한 북동아과장 설명

1. 일본측 노력

　가. 귀환희망교포수 7,000명

　나. 1966. 이후 주일 쏘대사관과 비공식 접촉

　다. 1969.8. 쏘측에 명단수교, 실태조사의뢰

　라. 1971.7. 실태조사 재차 요청

　마. 1972.1. 제2차 일쏘 정기각료회의시 일외상이 쏘외상에게 송환 희망자
　　　의 송환실현 요망.

2. 쏘련측 반응

　가. 66. 및 68.에 쏘련측 송환희망 한국인이 전무하다는 비공식 회답

　나. 72.1. 쏘외상은 검토해 보겠다고 회답

3. 일정부 방침

　불원간 실무레벨에서 조속한 해결을 요청할 것인 바, 사할린에 송환희망하
　는 한국인이 있다는 것을 시인시키는 것이 요체임.

4. 아측에 대한 요청

　한적이 국적을 통해 쏘적에 협조를 요청함이 좋겠음.

주일대사관

번호 일정700-2232

일시 1972.4.25.

발신 주일대사

수신 장관

참조 아주국장, 영사국장

제목 재화태 교포귀환문제

　　1. 외무성 북동아과 엔도오 과장대리(과장은 방한 중)는 4.24. 당관 우문기
1등 서기관을 외무성으로 초치하여 재화태 아국교포 귀환에 관한 일본정부의

대쏘노력 경위와 쏘련측의 반응을 다음과 같이 설명하였읍니다.

　가. 일본측 노력:

　　(1) 1966년경 "사하린 억류 귀환 한국인회" 박노학 회장이 그가 사하린 지방인민위원회 서기로서 재직당시인 1946년에 실시된 인구조사 결과를 기억하고 있는 바로는 사하린에는 한국인 약 43,000명이 거주하고 있으며 그 중 약7,000명이 사하린으로부터 귀환하기를 희망하고 있는 바 일본정부가 귀환에 협조하여 달라는 진정이 있었고 "국적"은 쏘련적 2,000명 "조선적" 4,500명, 무국적 500명 정도라는 내용이었다.

　　(2) 1966년부터 일본정부는 주일쏘련대사관 등과 비공식 접촉을 가져오다가,

　　(3) 1969.8.에 박노학회장이 작성, 제공하여준 귀환희망자 명단을 쏘련측에 수교하면서 한국 또는 일본에 귀환하기를 희망하는 자의 유무에 관한 실태조사를 의뢰한 바 있었다.

　　(4) 쏘련측으로부터 전항에 대한 반응이 없어 1971.7.에 재차 전항의 요청을 쏘련측에 대하여 되풀이하였음.

　　(5) 1972.1. 의 후꾸다외상과 그로미코 외상간의 제2차 일·쏘정기각료회담에서 후꾸다 외상은 사하린에 있는 한인송환희망자의 송환이 실현되도록 하여주기 바란다고 말하였다.

　나. 쏘련의 반응

　　(1) 쏘련측은 1966년 및 68년에 사하린에는 약20,000명의 한국 출신이 거주하고 있으나, 현재는 전원이 쏘련적 또는 북괴적으로서 귀환희망자는 전무하다는 비공식 회답을 하여 온 바 있다.

　　(2) 전기한 72.1.의 제2차 일·쏘 정기각료회의에서의 후꾸다 외상 요청에 대해 그로미코 외상은 검토하여 보겠다는 회답이었다.

　2. 상기와 같은 설명에 이어 일본측이 알기로는 1968.1.에 대한적십자가 국제적십자사에 대해 재화태 한인귀환에 협조하여 달라는 요청을 하였으나 충분한 성과를 올리지 못하고 있는 것으로 안다고 하면서

　3. 일본정부는 불원간 쏘련측에 대하여 제2차 일·쏘 정기각료회담에서의 그로미코외상 답변을 근거로하여 본건의 조속한 해결을 실무자간 레벨에서 요청할 계획인 바, 일본측으로서는 본건해결의 요체는 우선 쏘련으로 하여금 사하린에 귀환을 희망하는 한국인이 있다는 것을 시인시키는 일이라고 본다는

의견을 제시하였읍니다.

　4. 이어서 일측은 위와 같은 여러가지 점을 감안할 때 현시점에서의 최선의 방안은 일본정부가 쏘련측에 대하여 교섭을 전개하는 것과 병행하여 한국측은 대한 적십자사로 하여금 국제적십자사를 통해 쏘련 적십자사에 협조를 요청하여 양면교섭을 전개하는 것이라고 사료된다고 하면서,

　5. 대한적십자사로 하여금 국제적십자사에 재차 협조요청케 하도록 함이 좋겠다는 일측 의견을 본국 정부에 전해 달라고 요청하여 왔기에 이를 보고합니다.

　주일대사

17. 서신(증명서)

日本大使館□□の手紙(□訳文)
1972.6.2
姓名　洪万吉
生年月日　1928.6.24
国籍　無国籍
住所　樺太洲恵須取市(アストル)クラスノアルメイスカヤー70

　　駐ソ日本大使館は上記の者を伊藤チエ子の夫である事を証明す。
　　日本大使館は上記の者が日本へ帰還するやうに証明書を作成してある
　　若し自分の妻が帰還するやうになれば一番初めに必らずソ連当局は子供らと共にソ連から日本に帰還するやうに許可する事、伊藤チエ子は(朴春子)外国向けソ連一般旅券を貰った後はこの証明書を必らず日本大使館に送って大使館の許可を貰はなければならない。

2 июня 1972 года.

Фамилия и имя: Хам Ман Гил

Дата рождения: 24 июня 1928 года.

Гражданство: Без гражданства

Место жительства: Сахалинская область, г.Углегорск, ул.Красно-
армейская, № 70.

    Настоящим Посольство Японии в СССР удостоверяет, что
вышеуказанное лицо является мужем г-жи Пак Чун Да (Ито Чиеко)
и что Посольство уже готово выдать ему необходимый документ
для въезда в Японию, если он будет сопровождать свою жену.

    В связи с этим, в первую очередь необходимо, чтобы Совет-
ские власти разрешили г-же Пак Чун Да с детьми выехать из СССР
в Японию.

    Г-жа Пак Чун Да после получения советского общегражданского
заграничного паспорта должна обратиться с просьбой выдать ей визу в Посоль-
ство Японии.

洪萬吉殿
昭和47年6月2日
在ソ連邦日本国大使館

　　拝啓、昨年3月15日付で貴殿より申請がありました。日本への渡航証明書発
給の件につきまして、今月日本政府から発給して差支えないという指示が参り
ましたので、お知らせします。但し、条件として貴殿が日本人たる妻伊藤チエ
子と同行して日本に入国することに限り発給できることとなっています。
　　ついては、ここに以上の趣を証明書(ロシア語)にして同封致しましたから、
現地□□□に提示の上貴殿の出国許可取付けに努力して下さい。それは同時に
伊藤チエ子及び子に対するソ連側の出国許可及びソ連旅券の発給がなされるこ
とが前提になっていますから、併せて、伊藤チエ子及び子に対する許可取付け

に努力される必要があります。

　　以上、お知らせ迄　　　　　敬具
(貴殿への渡航証明書発給は伊藤チエ子及び子から日本入国査証申請が当館あ
てになされた時になりますから、御含みおき下さい。)

18. 면담요록

면담요록
1972.7.3.(월) 11:00시 - 11:50 시, 외무부 차관실
면담자 운석혐 외무부차관, (기록) 김태지 동북아과장
　　　　오시다 겐조 일본 외무성 아세아 국장
내용:

　　7. 재화태교포 귀환문제
요시다국장은 이 문제를 제기하도록 자신이 건의하여 후꾸다, 그로미코 회담시
후꾸다 대신이 요청하였는데, 그로미코 외상은 이 문제를 잘 모르는 모양 같았
다고 하고, 그로미코 외상이 검토하겠다고 하였으므로 일본정부는 계속 이문제
를 추진하여 볼 생각이라고 하였음. 끝.

* 원본 724.3-5 대륙붕(3)
　3비

19. 徴用により樺太に居住させられた朝鮮人の帰国に関する質問主意書

昭和四十七年七月十二日提出
質問第二号

徴用により樺太に居住させられた朝鮮人の帰国に関する質問主意書

右の質問主意書を提出する。
昭和四十七年七月十二日

提出者　受田新吉

衆議院長　船田　中殿

徴用により樺太に居住させられた朝鮮人の帰国に関する質問主意書

　　終戦前徴用により樺太に居住させられた朝鮮が現在なお一万余人が残留
し、七千余人のものが故国(大韓民国)に帰国を希望しているといわれ、これら
帰国するもののほとんどが二十数年故国の家族と離散しているものであり、既
に老齢期に達しているものが多いといわれる。

　　しかしがら、現在大韓民国とソヴィエト社会主義共和国連邦との間に国交
がないため、両国間の直接の交渉すらできない状態のまま今日に至つている。

　　よつて、政府は、人道的、かつ戦後処理問題の解決として、これら朝鮮人
の帰国についてなんらかの使宣を供用する必要があると考えるが、その用意は
あるのか。

　　右質問する。

内閣衆質六九第二号
昭和四二七年七月十八日
内閣総理大臣　田中角栄

衆議院長　船田　中殿

　衆議院議員　受田新吉君提出
　　徴用により樺太に居住させられた朝鮮人の帰国に関する質問に対し、別紙
答弁書を送付する。衆議院議員受田新吉君提出徴用により日本から樺太に居住

させられた朝鮮人の帰国に関する質問に対する答弁書

一、□□□の質問については、日本政府としても人道的問題として真に□□を禁じえない。南樺太が日本領土であつた当時日本より朝鮮人が同地に送られて□□後現在に至るまでこれら樺太残留の朝鮮人に対しては、韓国ないしは日本への引揚げのチャンスは与えられなかつた事考えるとも、政府としては現在でもこの問題に深い関心を有するものであり、右引揚げの実現につきできる限りのことはしたいと考えている。ただ、現在樺太は日本の管轄下にないため、わが国としてなしうることには自ら限度がある。

二、日本政府としては、本問題解決のためには、まず当該引揚希望者の実態を明らかにすることが必要であると考える。この見地からソ連政府に対しても昭和四十四年八月韓国政府から提出された「引揚希望者名簿」を□し、右リストニ基づき、出国希望者の□□の調査および出国希望者の□□が展開された場合の出国許可の□□□□方を□公式に□□した。

　　　その□本件につき国会をとらえてソ連政府に対し配慮方□□を行なつてきており、今後とも続けていきたい。

三、□□□の日本政府としての便宜供与の問題は右引揚希望者の実態□□の問題が解決された後に初めて問題となるところであるが一応
　（1）日本は単に通過するのみで全員韓国に引揚げさせる。
　（2）引揚げに要する費用は一切韓国側において負担する。
　の二点をとりあえずのラインとして外務省・法務省等関係官庁において検討させることといたしたい。

20. 신문자료

72.7.15. 경향신문 "自由大韓에 가고싶다" 僑胞들 鄕愁病에, 北韓서온 勞動者 蘇罪囚와 함께

72.7.15. 서울신문 더 잡으려다 蘇聯 영해로, 열심히 일해 감형된 것 같다. 교포 160 여명 수용소에 망향(望鄉)에 젖어, "고국 가고파"

72.7.16. 朝鮮日報 文鍾河船長 오늘 釜山着. "사할린 僑胞 6명, 家族들에 安否"

文鍾河船長 오늘 釜山着

"사할린 僑胞 6명, 家族들에 安否"

72.7.16. 韓国日報 사할린 安否 故國家族에, 文船長에 强制勞役 韓人6명 눈물의 당부

1972.7.17. 신아일보 사할린서 안고온 安否喜悲

72.7.17. 東亞日報 34年前떠나 生死모르던 六旬의 남편 生存소식 부인에 알려

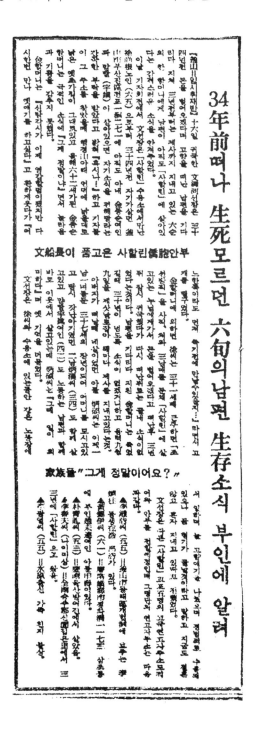

72.7.17. 서울신문 이사람 가족은 어디에? 「사할린」의 안부

「사할린」의 안부

이사람 가족은 어디에?

中央日報
<72. 7. 17>

「사할린」僑胞의 望鄕

72.7.17. 中央日報 娛樂會때 歌謠부르자 僑胞罪囚들 열광...再唱요구 僑胞6명 安否 부탁받아

中央日報(72. 7. 17)

娛樂會때 歌謠부르자 僑胞罪囚들 열광…再唱요구

72.7.17. 경향신문 船員풀어준다기에 "領海侵犯했다" 陳述 사할린僑胞들은 지쳐 울고 있어, 文船長 記者會見서 밝혀

1972.7.28. 한국일보 生死不明27년 뜻밖의 安否, 사할린에 살아있구나

한국일보
西紀1972年7月18日 (火曜日)

生死不明27년 뜻밖의 安否

사할린에 살아있구나

死亡신고내고 祭祀까지

62歲의 아내 생전에 한번 얼굴이라도

중년된 두아들, 아버지모습 기억못해

文선장이 소식 전해준

徐尙根·李鍾浩씨 가족

72.7.18. 동아일보 「사할린」僑胞의 送還交涉

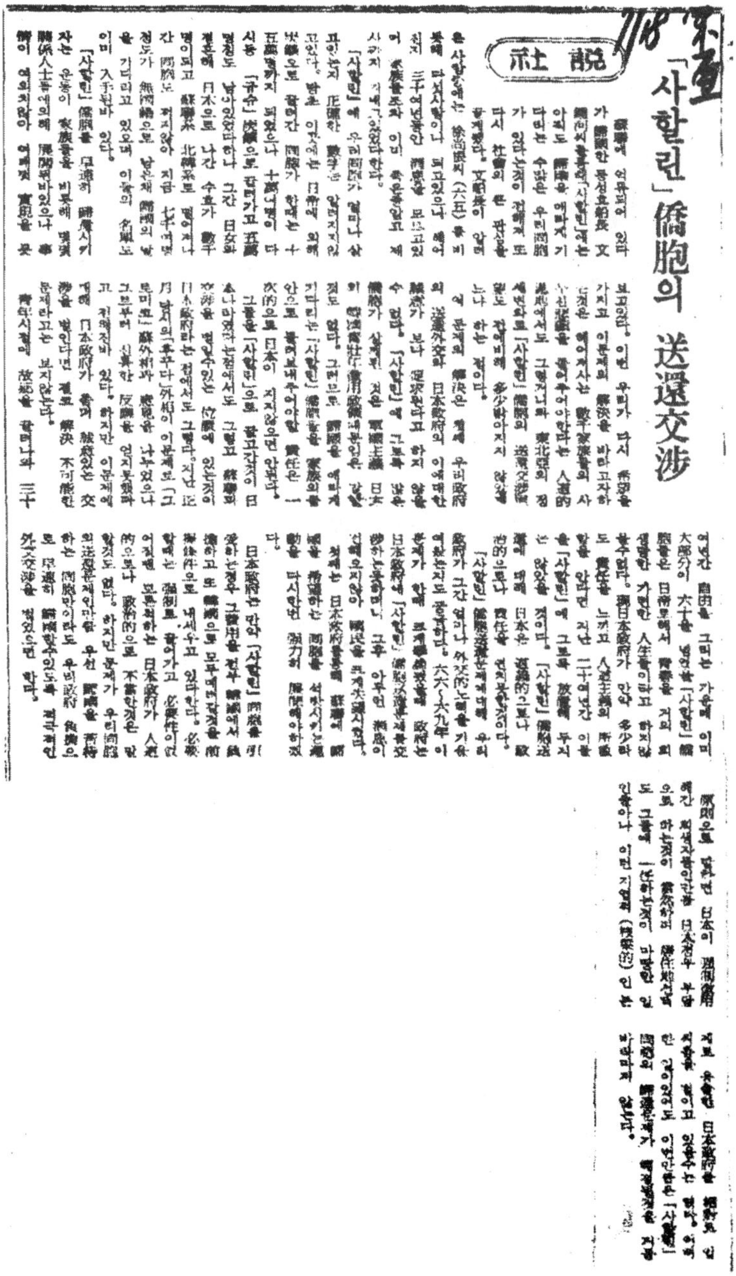
社說

「사할린」僑胞의 送還交涉

72.7.19. 경향신문 사할린僑胞 望鄕의 恨 풀릴 길은… 日仲裁誠意가 열쇠, 蘇태도에 變化엿보여

72.7.19. 신아일보 望鄕에 목메인 사할린 流民

望鄕에 목메인 사할린 流民

― 日帝희생 未歸僑胞의 장래 ―

日政府무성의 送還지연
하루품삯 3「루불」가난씹는 生活

◇눈열인 사할린의 신길을 헤치며 목재운반하는 작업에 교포들이 값싼品삯받으며 나서기도 한다.

韓國귀환希望 7千餘名
대부분高齡 無國籍者 취급
蘇·北韓국적취득 萬3千名
居住地선택 自由 주어야

21. "사할린" 억류 교포 실태

"사할린" 억류 교포 실태

**** 문종하 선장에 관한 기사 발췌 ****

1. 교포수:

   가. 중앙 7.17 사설-약 4만여명(이중 25%-소련적, 60%-북한공민권, 15%-무
   국적자)

   나. 문종하 선장 - 약3만6천여명

2. 사할린 억류교포의 직업은 대개 하루 하루 벌어먹고 사는 노동이라 함

3. 사할린 교포 죄수 수호 160여명

4. 사할린 교포의 2세는 우리말을 하지 못함.

5. 간혹 우리말 방송을 듣고 있으며, 우리 가요도 알고 있음.

6. 신문은 "레닌의 길"이란 타브로이도판 공산당 기관지가 선전용으로 배부되
   고 있음. (한글 신문)

1972.7.20. 抑留의 땅 「사할린」

22. 외무부 공문(착신전보)—이덕림 관련 증거 송부 요청

외무부
종별 대외비
번호 GVW-1019
일시 201400
수신시간 72.10.21. 11:02
발신 주제네바 대사
수신 장관

ICRC의 관계 당국자로부터, 화태 거류 교포 이덕림의 본국 송환을 위한 ICRC의 노력에 도움될 수 있도록 가족에게 보낸 서신 등 이덕림 자신이 서명한 물적증거를 이종섭(이덕림의 아들) 또는 대한 적십자사가 보유하고 있으면 이를 ICRC에 제공해줄 것을 요청받았으므로 조속 조치바람.
(방기, 아일)

23. 적십자 연맹 관계회의 참석

적십자 연맹 관계회의 참석
회의명 제89차 연맹 집행위원회 등 5개 회의
기간 1972.9.18. - 9.29.
장소 제네바
대표단 김용우 대한적십자사 총재 등 4명
참석경위
대한적십자사는 이사회 집행위원 피선(1969년 4년 임기) 기타 임원으로 피선된 연맹자문위원회, 사회개발 전문위원회 및 사업소개회의에 참가한 것임.
특기사항:
(1) 남북 적십자 회담
연맹의장 "호세. 바르소"씨는 정치적 성격을 적십자 활동에서 제외시키자고 주장하고 남북한 적십자 활동은 좋은 예라고 말함. 이 회담은 세계적 관심사로 등장하야 아국의 지위향상에 일조가 되었는 바 그간 홍보활동에 주효하였으며 앞으로도 홍보활동 계속 추진 필요

(2) 화태 교포 송환문제

Naville ICRC 위원장은 이 문제에 관하여 쏘련측과 절충하여 우선 가능한 한 한 두명이라도 송환하는 길을 트도록 노력할 것을 약속

(3) 쏘련 대표단과 접촉

적십자 연맹 사무차장보 SEMUKLA에게 한·쏘 적십자 간의 관계 공고화를 요청, 쾌락을 얻음.

(4) 일본 접십자측과 접촉

일본 적십자 "아나베" 부총재는 화태교포 귀환문제에 대하여 일본측에서 일단 사할린 교포 귀환자를 인수토록 하면 문제해결에 도움이 될 것이며 인수후 문제는 한일 간에서 적의 처리함이 좋겠다고 말함.

24. 대한적십자사 공문―적십자연맹 관계회의 참석 보고

대한적십자사
번호 한적서-1131
일시 1972.10.21.
발신 총재 김용우
수신 외무부 장관
제목 적십자 연맹 관계회의 참석 보고

　　1972년 9월 18일부터 29일까지 스위스국 제네바에서 개최된 적십자사 연맹 제89차 집행위원회와 일연의 관계회의 본사 대표단 참석 상황을 별지와 같이 보고합니다.
유첨 별지 보고서. 끝.

총재 김용우

유첨−적십자사 연맹 집행위원회 및 동 연맹 자문위원회 참가보고서

적십자사 연맹 집행위원회 및 동 연맹 자문위원회 참가보고서

1972년 10월
대한적십자사

목차
1. 대표단
2. 회의일정
3. 회의 참석 경위
4. 특기사항
5. 각종 회의 주요내용 요약
6. 기타 참고 사항

1. 대표단

성명	자격	직책
김용우	수석대표	총재
김학목	교체수석 대표	사무총장
윤여훈	대표	국제부장 직무대리
주동금	청소년 대표	청소년 적십자 단원(연세대 학생)

2. 회의일정

회의명	일정	장소
청소년 자문위원회	72.9.18-20	적십자사 연맹사무국, 제네바
보건사회 자문위원회	72.9.21-23	〃
사회개발 전문위원회	72.9.19	〃
ICRC공보회의	72.9.26	ICRC회의실
제89차 연맹 집행위원회	72.9.27-29	연맹 사무국

3. 회의참석 경위

　가. 집행위원회

　　　대한적십자사는 1969년 토이기 이스탄불에서 개최된 적십자사 연맹 이사회에서 집행위원으로 당선(임기4년)된 바 있어 이번에 스위스국 제네바에서 개최된 적십자사 연맹 집행위원회에 참석하게 되었음.

　　　집행위원인 29개국 적십자사와 그 밖에 24개국 적십자사가 "옵서버"로 참석하였음.

　나. 연맹자문 위원회

　　　대한 적십자사는 1969년 30차 연맹 이사회에서 청소년 자문 위원회(임기4년) 회원으로 재당선되었고 또한 1971년 멕시코에서 개최된 31차 이사회에서 보건사회 자문위원회(임기4년) 회원으로 당선되어 이번에 이 두 자문위원회에 각각 참석하게 되었음.

　　　상기 자문위원회 회원수는 각각16명임.

　다. 사회개발 전문위원회

　　　1971년 멕시코에서 개최된 제31차 연맹 이사회의 결의에 의거 적십자사 연맹에 사회개발 전문위원회를 설치키로 되어, 대한 적십자사 김학묵 사무총장이 전문가의 자격으로 전문위원회원으로 위촉되어 이번에 이 위원회에 참석하게 되었음.

　　　사회개발 전문위원수는 9명임.

　라. ICRC 사업소개 회합

　　　적십자 국제위원회에서는 적십자사 연맹위원회에 참가하는 모든 대표를 초대하여 ICRC의 지난 2년간의 주요사업을 소개하는 회합을 갖는 것이 상례로 되어있어 대한적십자사 대표단이 이 회합에 참가하였음.

4. 특기사항

　각종 회의의 일정, 토의내용, 기타의 개요는 별항과 같거니와 그 중 특기할 만한 사항을 요약하면 다음과 같음.

가. 청소년 자문위원회에서는 특히 대한적십자사 청소년적십자 사업 중 농어촌 보건 활동을 시범 소개해 달라는 요청이 있어 1972년 봄부터 본사에서 전개하고 있는 제주도 상피병 퇴치 사업의 개요를 시청각 자료를 이용하여 영, 불, 서반아어 사용 적십자사를 각각 대상으로 하여 우리 보건활동을 소

개한 바 많은 관심을 모았음.

나. 9월 26일 ICRC 사업소개 회합 석상에서는 "불가리아" 적십자사 대표가 "북한 적십자사 대표단이 지난번 서울을 방문하였을 때 남한 정부 당국에 의하여 부당한 대우를 받았다고 하는 바 ICRC는 이사실을 알고 있는가, 그리고 앞으로 어떻게 할 것인가 알고 싶다"는 요지의 발언이 있자 ICRC 위원장 Marcel A. Naville 씨는 "적대관계에 있던 남북한 간에 적십자사 회담을 가져 이산가족의 고통을 경감하려는 인도주의 활동을 개시한 것은 경하할 일이며 앞으로 이 회담이 성공되기를 희망할 뿐 아니라 우리가 협조하여야겠다"는 요지의 답변이 있었음.

　　　　이에 대하여 본사 사무총장은 언권을 얻어 "대한적십자사 대표단이 평양에 갔을 때 북한측으로부터 상당한 대우를 받았다. 그리고 북한적십자사 대표단이 서울에 왔을 때 모든 사람이 이들을 환영하였으며 양측 대표단은 정중하고도 화기에 찬 회담을 하였을 뿐 아니라 대한민국 정부 당국은 북한 적십자 대표단이 서울에 체류 중 모든 편의를 제공하여 북한 적십자 대표단은 이를 기쁘게 여기였다. 나는 이 기회에 한국의 모든 국민과 정부가 북한 대표단을 따뜻하게 맞도록 대한 적십자사에 협조한데 대하여 고맙게 여긴다"는 요지의 발언을 하자 참석자들은 이 발언을 환영하는 박수를 하였음.

다. 적십자사 연맹 의장은 9월 27일 집행위원회 개회사에서 남북한 적십자사 회담에 대하여 축하한다는 뜻을 표하였음.

　　　　적십자사 연맹 사무총장의 연맹 사업보고 후에 본사총재는 두 번째로 언권을 얻어 연맹의 그 간의 업적을 치하하고 대한적십자사에 대한 지원에 대하여 사의를 표하고 나서 남북한 적십자 예비 회담, 본 회담의 진행사항, 대한적십자사의 기본 태도 등에 관하여 "브리핑"한 바 참석자들의 열렬한 찬사와 박수를 받았음.

(연설문 전문 별첨)

　　　　김총재의 연설이 끝난 후 "불가리아" 적십자사 대표는 자기에 적십자사의 사업 소개를 한 끝에 남북한 적십자사의 회담 성공을 기원한다는 정중한 인사를 덧붙여 전날 ICRC 공보 회합에서의 태도와는 달리 온건한 자세를 보여주었음.

라. 10월 3일 ICRC 위원장 Naville 씨를 방문하여 남북한 적십자를 위한 지원에 대하여 사의를 표하고 회담의 현황에 대한 설명을 하고서 화태 교포 송

환에 대한 ICRC와 협조를 다시금 요망한 바 있음.

Naville 위원장은 서울에서 개최되었던 남북한 적십자사 제2차 본 회담에 자기를 초청하여 준 데 대하여 사의를 표하면서 자기가 참석치 못한 것은 일상 업무가 다망함에도 연유하나 북한측에서 하등의 초청이 없을 뿐 아니라 자기가 서울에 간다면 북한측에서 혹 ICRC를 오해할 염려도 없지 않으므로 자기로서는 신중한 태도를 취하게 된 것이니 초청불응에 대하여 깊이 양해해 달라고 하면서 대한적십자사 측이 남북한 적십자 회담을 이끌고 가는데 대하여 경의를 표한다고 하며 부디 회담을 성공하여 전 세계 적십자사의 모범을 보여줄 것을 갈망한다고 하고나서 화태 교포 귀환문제에 대하여는 ICRC에서도 노력을 계속하겠는 바 일시에 전체적인 문제를 해결하기는 어려울 것이나 금후 쏘련측과 절충하여 우선 가능한한 두명이라도 송환하는 길을 트도록 노력하겠으며 이에는 한국에 있는 관계 가족들의 집단적인 요청보다는 개별적인 요청이 이일 추진에 더욱 유효하겠다는 요지의 발언이 있었음.

한편 쏘련 대표단과도 담소를 나누었으며 적십자사 연맹 사무차장보 SEMUKHA(쏘련인) 씨에게 대한적십자사의 쏘련 적십자사 간의 관계를 공고히 해 나가는데 노력해 주시기를 요청한 바 그는 이를 쾌락하였음. 끝으로 나빌씨와 KAL기 탑승자 송환에 대하여 언급한 바 남북적십자 회담에 기대하는 것이 좋겠다는 의견 교환이 있었음.

마. 대한 적십자사는 이번 회의에 참석한 중요인사 150명에게 본사 주최 칵테일 파티 참석 초대장을 발송한 바 110명이 참석하였을 뿐 아니라 특히 동독 적십자사 총재, 항가리 적십자사 사무총장과 국제부장 내외가 참석하여 주목을 끌었으며, 파티는 화기애애하게 3시간에 걸쳤는 바, 이 초청에서뿐 아니라 일련의 공적, 사적, 접촉을 통하여 각국 적십자사 대표단과 친교를 도모하였을 뿐 아니라 특히 남북한 적십자 회담 상황을 설명하여 많은 사람들와 공감을 초래했음.

바. 귀국 도중 일본 적십자사를 방문한 바, 일본적십자사로부터 남북한 적십자 회담 진행에 대하여 치하를 받은 바 있었음.

그리고 화태교포 귀환 문제에 대하여 일본 적십자 측에 협조를 요청한 바, 일본 적십자 부총재 "다나베"씨는 물론 이 문제는 간단한 문제는 아니지만 일본 측에서 일단 사할린에 있는 한국인 귀환자를 인수토록 하면 문제

해결에 도움이 될 것이며, 인수 후에 문제는 한일 간에서 적의 처리함이 좋겠다고 하면서 자기로서는 일본 정부에 이런 뜻을 건의할 방도를 연구하여 보겠다고 발언한 바 있음.

5. 각종 회의 주요내용 요약
　가. 제89차 집행위원회
　　　집행위원회 의제는 별첨과 같은 바,
　　　(1) 연맹의장 "호세, 바로소"씨는 그의 개회사를 통하여 정치적인 성격을 띈 문제에 적십자는 개입하지 말고 적십자 기본 원칙에 입각한 노력은 더욱 강화하여야 하며 폭력을 견제하고 인간의 생명과 존엄성을 보호하기 위한 사업을 수행하는데 적십자는 충분한 능력을 발휘하여야 한다고 확신한다 하면서 남북한 적십자 활동은 평화를 위한 적십자 활동의 좋은 증거가 된다고 강조하였음.
　　　(별첨 "바로소" 의장 개회사 참조)
　　　(2) 집행위원회에서 아래와 같은 요지의 결의사항이 채택되었음.
　　　　ㄱ. 구호활동 및 그와 유사한 활동에 대한 회계감사.
　　　　　집행위원회는,
　　　　　구호 및 그와 유사한 사업을 위하여 연맹을 경유하여 전달되는 현금과 구호물자의 사용에 대하여 수원적십자는 최종 종합 보고서 제출 전에 중간 보고를 하고 그 보고서를 관계국 정부가 인정하는 계리사가 검토할 것을 요청한다.
　　　　ㄴ. 재정 상치 위원회 활동
　　　　　집행위원회는,
　　　　　재정 상치위원은 의장과 두명의 부의장, 그리고 서기로 소위원회를 구성하여 연맹 의장, 사무총장, 또는 재무총장의 요청에 따라 수시로 자문회를 개최할 것을 건의한다.
　　　　ㄷ. 발전계획 사업장기재정문제
　　　　　집행위원회는,
　　　　　1972년 발전계획 사업을 위하여 승인된 특별 예산에 대한 각 적십자사의 자발적인 현금이 대단히 미달하고 있으며 1973년 이후에도 이러한 자금난이 계속될 것을 우려하여, 각 적십자사는 앞으로 현금 기증에 대한 의향을 밝히기를 요망하며 발전계획 사업이 앞으로 예정한 대로 진행되도록 재정원조를 증가하여 줄 것을 촉구한다.

ㄹ. 적십자 역할의 재평가에 대한 연구

집행위원회는,

적십자 역할에 대하여 재평가하는 연구를 위한 연맹의 소 위원회를 적십자 국제위원회(ICRC)와 연맹의 합동위원회로 대치하는데 동의한다.

ㅁ. 적십자와 환경문제

집행위원회는,

인간환경 문제를 1973년 세계 적십자 표어로 선택한 것을 만족하게 생각하고, 환경보호를 위하여 적십자사가 정부와 협의하고 환경에 대한 세계적인 관심을 적십자의 영구 사업으로 받아드리도록 촉구하는 바이며, 적십자사 연맹은 환경문제 전문 위원회를 조직하여 정부 또는 비 정부 관계기구의 협력으로 이 문제에 대한 적십자의 실질적인 사업 형태를 확정하여 환경보호에 효과적으로 공헌할 것을 건의한다.

ㅂ. 폭력 행위에 대한 적십자의 관심

(기타 특별 의제)

집행위원회는,

세계 여러 곳에서 발생하고 있는 폭력에 대하여 진심으로 우려를 표하며 각국 적십자사는 유엔을 통하여 이러한 문제를 해결하는 길을 모색하도록 그들의 정부에 대하여 촉구하고, 상호 이해와 인간 존중의 분위기를 조성할 수 있도록 적십자 원칙을 더욱 보급하도록 노력할 것을 권한다.

나. 청소년 자문위원회(1972.9.18-9.20)

주제 어린이와 청소년의 지역사회 활동.

다. 보건사회 자문위원회(1972.9.21-9.23)

(1) 토론주제

ㄱ. 우리의 지역사회는 우리 적십자사에 무엇을 요구하는가?

ㄴ. 우리 적십자사는 연맹에 무엇을 기대하는가?

라. 사회 개발 전문 위원회(1972.9.19)

　　토론주제

　　ㄱ. 보건사회 자문위원회의 재구성

　　ㄴ. 사회 개발 문제 순위와 방법

마. 청소년 적십자 자문위원회와 보건사회 자문위원회 및 사회개발 전문위원회의 토의사항이 집행위원에 보고되어 결의 사항에 각각 반영케 되었음.

　　특히 각 자문위원회에서는 "Community Service"에 대하여 강조하였는 바 대한 적십자는 이미 청소년 적십자의 농촌 봉사에 반영 수행 중인 바 금후 지역사회 개발 또는 새마을 사업 지원과 참여에 더욱 노력하여야 하겠음.

6. 기타 참고 사항

가. 적십자사 연맹 부의장이며 적십자사 연맹 상치위원회 의장인 영국인 리머□ 백작부인과 적십자사 연맹 사무총장 베어씨가 한국의 발전 상황과 한국 적십자 사업 시찰차 명년 봄에 내한하도록 되었음.

　　상기 양인의 국제적 지위 및 한국과의 우호관계(특히 리머□ 여사는 한국 전쟁 중 내한하였고, 베어씨는 중앙의료원 창설시 준비차 내한한 바 있음)로 보아 정부 고위층의 예방 및 영예의 특전 부여를 건의하게 됨.

나. 남북적십자 회담

　　남북 적십자 회담은 우리나라에서뿐만 아니라 전세계적으로도 큰 관심사로 등장하여 대한민국의 국제적 지위향상에도 일조가 되어 있는 바 그간의 회담에 관한 해외 홍보활동이 많이 주효한 바 금후에 있어서도 신속한 홍보활동을 계속 추진함이 필요하다고 사료됨.

다. 화태교포 귀환문제는 외무부와 적십자사가 상호 협조하여 꾸준히 노력을 계속하여야 할 것이나 상당한 시일이 걸릴 것으로 보임.

라. 청소년 적십자 지도자 쎄미나

　　1973년 동기에 아세아 적십자 청소년 지도자 쎄미나의 서울 개최 가능성 여부에 대하여 검토가 필요하겠음.

마. 차기 적십자사 연맹 이사회 및 적십자 국제회의(각국 정부, 적십자사,

적십자사 연맹, 적십자 국제위원회 참석)는 "이란"의 "테헤란"에서 1973
년 10월 29일부터 약2주간 개최되는 바 특히 적십자사 연맹 이사회에서
는 연맹 집행위원회, 각종 자문위원회의 개선이 있겠는 바 본사의 임기
가 이때 만료됨으로 재선 공작을 우리 정부와 지원을 얻어 계속 실시하
여야 하겠음.

25. 기안-재화태 교포 귀환문제

분류기호 문서번호 아북700-647
시행일자 72.11.24.
기안책임자 동북아과 함명철
경유수신참조 대한적십자사 총재
제목 재화태 교포 귀환문제

    1. 재화태 교포 귀환문제에 관하여는 그간 장기간에 걸쳐 정부가 제3국정부
및 국제적십자사 등을 통하여 적극적인 노력을 기울여 왔음에도 불구하고 동
교포가 재류하고 있는 곳이 쏘련이라는 주된 이유 때문에 해결을 보지 못하고
현재에 이르고 있읍니다.

    2. 그간의 국제정세 등의 변화가 재화태 교포 귀환문제 추진을 위한 국제적
여건의 근본적인 호전을 가져왔다고 단정하기에는 때이른 느낌이 있으나, 정부
는 최근의 국제정세의 추이도 감안하여 새로운 노력을 기울임으로써 장기간
현안문제로 되어온 본문제 해결을 위하여 최선을 다할 방침으로 있읍니다.

    3. 본 문제 해결을 위한 추진방향으로서 정부는 그동안 일본정부로 하여금
쏘련정부와 접촉케하는 동시에, 민간국제기구로서 국제적십자사의 협력을 구
하여 왔는 바, 앞으로도 종래와 같은 루트로 교섭 추진의 중심 투르로 하고,
그 밖에 효과적이라고 판단되는 가능한한의 루트를 활용할 생각입니다.

    4. 그간 귀사로서도 본문제 해결을 위하여 특히 국제적십자사와의 접촉 등
을 통하여 여러가지로 노력하여 왔거니와, 앞으로도 계속 국제적십자와 긴밀한
접촉을 가져 적극적으로 협력하여 주시기 바라며, 이에 관한 교섭 진전상황을

수시로 알려주시기 바랍니다.

　　5. 아울러 주제네바 대사에게도 국제적십자사와의 교섭에 적극 협력할 것을 지시하였음을 참고로 알려드립니다. 끝.

26. 외무부 공문(발신전보)–적십자사와의 계속 교섭 지시

외무부
번호 WGV-1116
일시 251330
발신 장관
수신 주제네바 대사

　　연 아북700-289(72.5.1.)

　　1. 재화태 교포 귀환문제에 관하여는 그간 장기간에 걸처 정부가 제3국 정부 및 국제적십자사 등을 통하여 적극적인 노력을 기울여 왔음에도 불구하고 동 교포가 재류하고 있는 곳이 쏘련이라는 주된 이유 때문에 해결을 보지 못하고 현재에 이르고 있음.

　　2. 그간의 국제정세 등의 변화가 재화태 교포 귀환문제 추진을 위한 국제적 여건의 근본적인 호전을 가져왔다고 단정하기에는 때 이른 느낌이 있으나, 정부는 최근의 국제정세의 추이도 감안하여 새로운 노력을 기울임으로써 장기간 현안으로 되어온 본문제 해결을 위하여 최선을 다할 방침으로 있음.

　　3. 본문제 해결을 위한 추진 방향으로서 정부는 그동안 일본정부로 하여금 쏘련 정부와 접촉케 하는 동시에, 민간 국제기구로서 국제적십자사의 협력을 구하여 왔는 바, 정부는 앞으로도 종래와 같은 루트를 교섭추진의 중심 루트로 하고, 그 밖에 효과적이라고 판단되는 가능한 한의 루트를 활용할 생각임.

　　4. 따라서 귀하는 상기 정부방침을 염두에 두고 또한 별첨 지금까지의 교섭 경위(다음 파우치편에 송부 위계임)를 참고하여 국제적십자사 당국과 접촉하여 국제적십자사가 본문제 해결을 위한 협력을 계속 적극적으로 추진하여 주

도록 교섭하고 그 진전상황을 수시로 보고하는 동시에 교섭 추진에 필요하다고 생각되는 사항에 관하여 건의하여 주시기 바람. (아북)

27. 기안-재화태 한국인 귀환문제

분류기호 문서번호 아북700-721
시행일자 72.11.27.
기안책임자 동북아과 함명철
경유수신참조 주일대사
제목 재화태 한국인 귀환문제

　　재화태 한국인 귀환문제에 관하여 주 제네바 대사에게 별첨(1)과 같이 동 문제 해결을 위해 국제적십자사와 적극 교섭할 것을 지시하였으며 또한 별첨(2)와 같이 대한적십자사 총재에게 동문제 해결을 위해 협력을 요청하였음을 알리니 업무에 참고하시기 바랍니다.
첨부: 1. 주제네바 대사 앞 전문 사본
　　　 2. 대한적십자사 총재 앞 공문사본. 끝.

28. 기안-화태 억류교포 "이덕림"의 서한 송부

분류기호 문서번호 아북700-
시행일자 72.11.28.
기안책임자 동북아과 안세훈
경유수신참조 주제네바 대사
제목 화태 억류교포 "이덕림"의 서한 송부

　　대: GVW-1019

대호로 요청하신 화태 억류교포 "이덕림"의 자필 서한을 대한적십자사를 통해 입수하였으므로 별첨과 같이 송부합니다.

첨부 "이덕림"서한 사본 1부. 끝.

29. 기안—재화태 교포 귀환문제

분류기호 문서번호 아북700-726
시행일자 72.11.29.
보조기관 과장
기안책임자 동북아과 함명철
경유수신참조 주제네바 대사
제목 제화태 교포 귀환 문제

    1. 관련 WGV-1116(72.11.25.)
    2. 관련호의 재화태 교포 귀환문제에 관한 자료를 별첨 송부합니다.
첨부 상기 자료 1부 끝

30. 외무부 공문(착신전보)—이덕림 관련 물적 증서 송부 요청

외무부
번호 GVW-1207
일시 061700
수신시간 72.12.7. 10:52
발신 주제네바 대사
수신 장관

    대: 아북700-16040

연: GVW-1019

대호 이덕림의 서신과 관련하여 ICRC측에서는 쏘련측과 교섭하기 위해 이덕림이 모국으로 귀국할 것을 원한다는 사실이 명기된 편지 등 물적 증거를 요청하고 있으니 이종섭과 연락, 그러한 자료가 있으면 조속 추송 바람. (아북)

31. 외부무 공문(착신전보)—물적증거 미비 이유 설명 및 협조 요청 사실 보고

외무부
종별 대외비
번호 GVW-1212
일시 111830
수신시간 72.12.13. 10:52
발신 주제네바 대사
수신 장관

대 WGV-1116

1. 12.7. 국적의 담당관과 재화태교포 귀환 문제를 협의한 자리에서, 아측은 국적의 적극적인 협조를 재차 요청하였음.

2. 국적측은 이 문제 해결에 대한 동래의 동정적인 입장을 재확인하면서, 교섭 방편상 재화태 교포가 쓴 귀환을 희망하는 내용의 서신 같은 물적 증거가 있으면 쏘련 적십자사와의 교섭에 있어서 국적의 입장을 매우 유리하게 하여 줄 것이라고 말하고, 여사한 물적증거를 가급 수집, 국적에 제공하여 줄 것을 요청하였음.

3. 아측은 쏘련 영토가 된 화태의 현존 상황 밑에서는 서면으로 귀환의사 표시를 자유롭게 할 수 없기 때문에 대부분 구두 전달을 하는 경향이 있음을 설명하고, 가능한 범위내에서 이와 같은 서신을 수집토록 노력하겠으나, 물적 증거가 없더라도 국적이 쏘련 관계 당국과의 접촉을 계속 추진하여 줄 것을 당부하였음.

4. 상기 2항의 자료가 있으면 송부하여 주시기 바람. 끝 (아북)

32. 외무부 공문(착신전보)-주일쏘련대사관 접촉 결과 보고

외무부

종별 대외비

번호 JAW-12300

일시 201455

수신시간 72.12.21 □:51

발신 주일대사

수신 장관

1. 금 20일 우문기 1등서기관은 QUAKER INTERNATIONAL AFFAIRS PROGRAM 이 주최하는 월례 오찬회석상에서 주일 쏘련 대사관 KOMARVOSKY 1등서기 관에게 사하린 교포 귀환문제에 대한 쏘련측 의견을 타진하였던 바, 그들 전원 이 이미 쏘련 시민임으로 귀환문제가 있을 수 없다. 사하란 뿐만 아니고 쏘련 전국 특히 쏘련 중부지역에 많은 조선인이 살고 있다는 주장이었음을 참고로 보고함.

2. 주위 사정으로 아측 입장을 설명할 기회는 가지지 못하였으나 쏘련측은 사 하린 교포와 쏘련의 기타 지역에 거주하는 한국인이 구별될 수 없다는 입장을 취하고 있는 것을 감촉되었음.

(일정- 아북, 정부)

⑤ 재사할린동포 귀환관계 진정서, 1972

◎ ● ◎

기능명칭: 재사할린동포 귀환관계 진정서, 1972

분류번호: 791.44 1972

등록번호: 5633

생산과: 동북아과

생산연도: 1972

필름번호: P-0011

파일번호: 15

프레임 번호: 0001~0144

1. 외무부 공문–와까사씨의 진정에 대한 회신

외무부
번호 아북 700-
일시 1972.1.6.
발신 외무부 장관
수신 해외교포문제연구소 사무국장 이구홍
제목 "와까사"씨의 진정에 대한 회신

　　1. 본건은 1971.12.13.자로 귀하께서 "와까사"씨의 요청에 의하여 대통령각하에게 올린 진정서에 대한 회신입니다.
　　2. 진정인 "와까사"씨는 일본인으로서 인도주의 정신에 입각하여 사하린에 억류되어 있는 한국인 교포구출과 일본으로 귀환한 사하린 교포들의 안정된 생활영위를 위하여 사회활동을 전개하고 있음을 감사하게 생각하는 바입니다.
　　3. 정부에서는 사하린 재류 귀환 희망교포의 조속한 귀환 실현을 위하여 관련국인 일본정부와 국제 적십자사를 통한 교섭을 진행시켜왔으나 현재까지 이렇다할 진전이 이루어지지 못하고 있는 실정입니다.
　　4. 사하린에서 귀환하여 현재 일본에 거주하고 있는 교포들에 대하여 영주권을 부여하도록 그간 일본정부에 촉구하여온 결과 일본정부는 현재 그들에게 영주권을 부여하고 있음을 알려드립니다.　끝.

외무부 장관

2. 청원서

ソ連邦 外務大臣　グロムイコ殿
　　　　請願書 1972年 1月 23日

　　現在サハリンに居る朝鮮人は第２次世界大戦当時(1942~1945)日本の戦争政策

により強制的に連れて炭砿や各事業所に従事させられて今日に至る迄永い間サハリンに留っている者たちであります。

「1945年8月15日に偉大なる貴国の戦勝により私達の多年の念願であった民族解放が達せられた事を深く感謝する次第であります」

私達は日本の妻と結婚した関係上関係上日本の家族の一員として今迄2000数百の者が日本に帰って参りました。

既にご承知の事と存じますが第2次大戦後当時サハリンは40,000人の朝鮮人が行って居りましたが、戦争後26年を過ぎてか自分の故郷に帰れない事は非常に残念な事であります。それと同時に戦後このやうに多数の人民が自分の故郷に帰られないのは貴国サハリンに居る朝鮮人だけであり悲しむべき事であります。

私達はサハリンに永住を望む同胞と還させて下さいとは願っておりません。
故郷に居る父母妻子兄弟が恋しく会い度いという者だけを還させて貰うやうお願いする事であります。

1966年サハリン同胞の中に故郷に帰り度く本会に帰還の申請をしている熱望者が約7,000でありその名簿は既に1969年に日本の外務省を通じて貴国に提出されてあります。

故郷には年老いた両親や妻子、兄弟が子や夫や父の帰りを27年から30年間も待ち続けております。

ご承知の通り戦後トロント、ニュデリー、ウィン、の赤十字国際会議を通じて別れた民族を集合させる決議文が採択されましたが、その中ニューデリ会議の決議文によりますと、「戦争、内乱、国際紛争、その他事故によって、故郷に帰る事の出来ない人々を家族と再会出来るやう努力しなければならない」となっております。

人道上捨てられない赤十字精神に基づき世界大多数国の賛成であった事は云うに及ばない事であります。世界130余ヶ国中超2大国の一国であり又指導的な立場にある貴国に善良なる我が同胞が永い間両親と離れていながら帰郷が出来ないと云う事は人道上、又は赤十字精神からもはずれているのではないかと存ずるのであります。

どうぞ人道主義を尊ぶ貴国のご好意によりまして速にこの人たちが肉親の

もとに帰る事が出来ますやう寛大なるご配慮を切にお願いする次第でありま
す。

日本東京部足立区六月1-32-15

在日本大韓民国居住民団民生局所属

樺太抑留帰還韓国人会

会長　朴魯学

企画部長　沈枉复

渉外部長　李義八

顧　　問　金周奉

〃　　　孫在述

〃　　　岩狭敬吉

3. 국제 합동 법률 사무소에 대한 회답(안)

국제 합동 법률 사무소에 대한 회답(안)

　　　국제 합동 법률 사무소 귀중,

　　　귀 법률 사무소의 재화태 한국인 귀환 문제에 대한 심심한 관심에 대하여 정부로서는 감사하는 바입니다.

　　　재화태 교포 귀환문제에 관해서는 정부로서도 그간 비상한 관심을 갖고 계속 관계국 정부와 절충하여 왔읍니다마는, 이들 동포들이 쏘련정부의 관할하에 있다는 점에서 그들의 간절한 소망에도 불구하고 그 귀환이 지연되고 있는 것입니다.

　　　그러나, 최근 관계국 정부의 절충에 다소 밝은 전망이 보이고 있어, 우리 정부는 그 결과를 기다리고 있는 중입니다. 따라서, 당분간 정부로부터 별도의 이야기가 있을 때까지는 민간에서 되도록 조용히 있어 주는 것이 바람직합니다. 왜냐하면, 만약 위의 사실이 신문등에서 크게 보도되거나, 또는 외부에 널리 알려질 경우, 북괴가 이들 동포의 한국에의 귀환을 방해할 것이며, 관계국 정부에 대하여 본의아니게 불필요한 자극을 줄 우려가 있는 것입니다.

이러한 우리 정부의 충정을 참작하시어 협력하여 주시기 바라며, 귀 사무소의 변함없는 숭고한 애족정신을 높이 찬양합니다.

귀하의 건승을 빕니다.

1972.2.18.

4. 협조전–진정서 처리 의뢰

협조전
번호 총문 125-236
일시 1972.3.9.
발신 총무과 문서계 민원사무 통제관
수신 동북아주 과장
제목 진정서 처리 의뢰

1. 별첨 진정서를 민원서류 처리규정 제12조에 의하여 7일내에 처리 및 진정인에게 회신하는 동시 그 결과를 당계로 회보하여 주시기 바랍니다.

2. 진정에 대한 회신 공문 상단에 민원서류임을 표시하는 주인을 반드시 찍고 그 처리기한을 명시하시기 바랍니다.

3. 가. 대통령 민원비서실로부터 이첩, 처리의뢰된 진정서의 회신에는 진정인이 대통령 각하에게 행한 진정에 대한 회신임을 반드시 회신 공문상에 명시하고,

나. 대통령 민원비서실로부터 보고를 요청한 이첩건은 반드시 장관의 확인, 결제를 받으며,

다. 기타 보고요청이 없는 이첩건에 대하여는 최소한 국장이상으로 결재 받으시기 바랍니다.

별첨: 진정서 1통 끝.

5. 대통령 비서실-건의서 처리

대통령 비서실
번호 대비민125.1-2458
일시 1972.3.8.
발신 대통령 비서실장
수신 외무부 장관
제목 건의서 처리

    1. 별첨 건의서를 이첩하오니 적의 처리하고 그 결과를 청원인에게 회신 바랍니다.
    첨부: 청원서(23-54) 1부. 끝.

첨부-청원서

탄원서

    대통령 각하.
    국내외의 다망하신 정세에 바쁘시겠읍니다.
    본회는 「사하린」에 억류중인 우리의 부모, 형제를 하루속히 귀국시키자는 모임으로
    지금은 쏘련 영토이나 일제의 강제징용으로 끌려가신 우리의 부모 형제를 삼십년이 지난 오늘에도 소식조차 없고 세계의 여론과 국내의 여론에서 무시당하고 있는 실정입니다.
    얼마전 2월 1일 경향신문에 일본과 쏘련 외상회의에서 「사하린」에 억류중인 한국국적 소지자의 귀국문제에 대한 기사가 났었읍니다.
    대통령 각하 저의는 너무 오랜 세월을 부모 잃은 자식으로 형제 잃은 사람으로 쓰라림과 삶에 열등의식마저 지니고 살아왔읍니다.
    30년을 살아서 돌아오라고 애타게 기달리는 부모 처자를 고향에 두고 오매

불망 고향을 기달리는 「사하린」에 계신분이나

죽기전에 만나서 30년을 살아온 긴긴 옛 이야기를 나누고저 고생을 밥먹듯 하는 고향에 있는 가족들의 정상을 살펴 주십시오.

우리에게는 어떤 명예와 어떤 자랑을 바라는 모임이 아닙니다. 우리의 가족, 우리의 부모, 우리의 형제를 찾는 것만이 우리의 소원입니다.

정치적 목적도, 경제적 목적도 아니고 다만 우리에게는 만나는 기쁨이 기달리고 있을 뿐입니다.

대통령 각하

세계 정세에 맞추어 지금 좋은 때가 되었다고 생각합니다.

부디 잊고 계신 「사하린」 억류 가족 중 한국의 국적을 갖인 동포만이라도 귀국 조치 하시는데 최선의 노력을 하여 주시기를 충심으로 탄원합니다.

1972.2.29.

樺太抑留歸還促進會
釜山支部長 金赫東
釜山鎭區釜田洞535의 28
삼광철제사(□)
電話(3) 8856番

6. 외무부 공문-탄원서에 대한 회신

외무부
번호 아북 700-
일시 1972.3.14.
발신 외무부 장관
수신 화태억류귀환촉진회 부산지부회장 김혁동 귀하
제목 탄원서에 대한 회신

1. 본건은 1972.2.29.자로 귀하께서 재화태 교포 귀환에 관하여 대통령각하

께 올린 탄원서에 대한 회신입니다.

　　2. 재화태 교포 귀환문제에 관해서는 정부로서도 그간 비상한 관심을 가지고 일본정부, 국제적집사등의 경로를 통하여 교섭을 전개하여 왔으나, 이들 재화태 교포들이 쏘련의 관할하에 있기 때문에 여러가지 어려운점이 있읍니다.

　　3. 그러나 이들 재화태 교포들이 하루속히 귀국하여 고국과 가족의 품안에서 안정된 생활을 영위토록 정부는 계속 꾸준히 노력하고 있는점을 양지하시기 바랍니다. 끝.

외무부장관

7. 협조문—민간 외교단체 당부 등록

협조문
문서기호 및 문서번호 정공 751-509
발신일자 72.3.14.
발신명의 정보문화국장
수신 아주국장
제목 민간 외교단체 당부 등록

　　1. 경북 대구에 소재하는 화태억류 교포 귀환 촉진회(가칭)는 일본의 정부 강제 징용으로 쏘련령 화태(사할린)에 억류되어 30여년간 귀국치 못하고 있는 아국 교포들의 귀환을 위한 단체로 동회는 화태 교포의 가족 및 연고자를 정회원으로 하고 동 회의 취지에 찬동하는 자를 명예 회원으로 조직되어 있으며,

　　2. 상기 촉진회는 이를 추진하기 위하여 당부에 민간 외교단체로 등록 신청하여 왔는 바, 사회단체 등록에 관한 법률 제4조에 의하면 형식상 조건의 미비가 없는 한 10일 이내에 등록을 마치고 등록증을 신청인에게 교부하게 되어있아오니, 동 등록과 관련하여 다음 사항에 대한 귀견을 지급 회보하여 주시기 바랍니다.

　　　　다음
　　　　가. 화태 억류 교포 송환에 대한 정부 입장에 비추어 상기 단체의 당부

등록에 대한 귀견(당국으로서는 현재 당부에 등록된 단체중 이와 비슷한 단체가 없고 형식상의 미비도 없으므로 귀국의 반대가 없는한 등록을 허가할 방침임)

　　　나. 화태 억류 교포 실태 및 이에 대한 정부의 입장. 끝.

8. 협조문–민간 외교단체 등록

문서기호 및 문서번호 아북 700-213
발신일자 72.3.17.
발신명의 아주국장
수신 정보문화국장
제목 민간외교단체 등록

　대: 정공 751-509
　1. 대호 단체의 등록에 관하여 관계법령의 요건이 충족되어 있으면 등록을 받아들여도 무방하다고 사료합니다.
　다만, 동 단체의 등록을 받아드림에 있어서는 동 단체에 대하여 재화태 교포가 쏘련에 억류되어있어 귀환교섭에 여러가지 난점이 있음에 비추어 동 단체의 활동이 귀환 교섭에 지장을 주는 일이 없어야 한다는 점을 환기시킴이 필요하리라고 사료합니다.
　2. 참고로 "재화태 교포 귀환문제"에 관한 관계자료를 송부합니다.
첨부: "재화태 교포 귀환문제" 1부(사본 13/20).　끝.

⑥ 재사할린동포 귀환관련 진정서, 1973

○ ● ○

기능명칭: 재사할린동포 귀환관련 진정서, 1973

분류번호: 791.51, 1973

등록번호: 6593

생산과: 동북아1과

생산연도: 1973

필름번호: P-0012

파일번호 12

프레임 번호: 0001~0083

1. 기안-소재확인 협조의뢰 회답

분류기호 문서번호 아북 700-
시행일자 73.1.17.
기안책임자 동북아과 정신
경유수신참조 경북대구시중구서성로1가31 화태억류교포 귀환촉진회회장
제목 소재확인 협조의뢰 회답

　　　　경북 군위군 군위면장으로부터 송부하여 온 김학이(金學伊)의 호적등본 2
부를 전송합니다.
　　첨부 1. 군위면장 공문사본 1부
　　　　　2. 호적등본 2부. 끝.

첨부-군위면장 공문 사본

군위면
반허　호병840~39
일시 73.1.5.
발신 군위면장
수신 화태억류교포귀환촉진회장
참조 외무부 장관
제목 소재 확인 협조 의뢰 회답.

　　　　촉진 제 27호(72.12.21)에 의거. 외무부 산하 제 84호 등록에 따른 경북 군
위군 군위면 서부동에 본적지를 둔 金學伊의 호적등본 2부를 송부하오니 업무
에 참고하시기 바랍니다.
　　첨부: 호적등본2부

　　군위면장

2. 박노학 탄원서

冠省耳

　樺太二十餘 中小都市에 散在한 同胞들은 그리운 故鄕山川과 父母妻子兄弟를 맛나지 않은채 死亡하야가는 겄입니다.

　樺太 連絡의 便紙는 雙方이 모다 途中有失이 많어서 只今은 登記로 郵送을 하고 있읍니다.

　放送時間은 여러 사람의 便紙를 參酌하오니 午前四時半부터 六時半까지(韓國時間) 放送하야 주기를 바라는 것입니다. 樺太同胞 唯一의 慰安과 樂은 祖國放送임을 알아주시고 善處하야주심을 仰願하나이다

一九七二年 十二月 二九日

朴魯學 拜上

全 外務部長官 貴下

3. 전상서

신형 전상서

타국 쌍에서 신형가내 일가 다 무사하신지 두루 궁금하여 두어자 그려봅니다. 노학씨 여러 동포들게서 다 무사하신지요 □□ 우리 동포들은 아문닐 업쓰나 항상 생각은 부모형제 처자을 생각하나 약한 민족으로 힘이 부족하니 하는 수 업지요 일게월 전에 두번째 신형게서 한갑을 차라 흥분하게놀고 가정도 무사합니다

사진이 느서서 아직 편지을 못햇쓸는지 모릅니다

신형게 신세을 안즐가 하엿는데 하는 수 업시 쏘 부탁을 하니 그리 아시고 점속하게 부탁합니다 한국 대사관 주서을 점 아라 전해주시기 바람니다 그리고 신형게서 널니 생각하시고 잘 이해하시요 수년동안 수차에 편지을 박노학씨게 전해도 나한테는 무슨 말리 업고 다른 사람들에게는 편지가 잘옵니다 그래서 신형게 편지을 수차 하엿쓰나 답을 집적 못바더 보앗쓰나 소식은 알게되니까 七一년 七월 十五日날 한국정부 대통령 각하게 전해달라는 편지을 신형게서

바더서 박노학시게 전햇싸는 소식은 드럴쓰나 한국정부로 전햇는지 알 수 업쏩니다 七〇년도 七월 十五日에도 한국 대통령각하게 전해달라은 편지을 박노학씨게 전햇쓰며 우리아이들 사진까지 □여서 보냇쓰나 소식이 업써서 사하린 우편국에 가 아라보니 틀림업시 전햇싸는데 소식이 업습니다 그리고 한국 방송으로 서신연락을 전해주기 째문에 그 방송을 듯고 오도마리 독신자들을 차저단니며 고향주소 승명을 적어 명단을 맨드러 산사람 九十九名 근 백명 죽은 사람 근 백명 二百명에 명단을 한국대사관에 전햇는데 역시 무소식입니다 七二년 금년 七월 一五日 八월 十五日 두번이나 전햇쓰나 말리 업기에 나역시 명단을 중지시켯쏩니다

노학씨나 여러분들리 김영배를 무시하시는지는 모르지만 오도마리 한국동포들은 제가 귀국운동가라는 것슬 다 알고 아적까지 일년에 두세번식은 글을 상부에 써 독촉을 하나 쏘련 내무성은 일번서 달라는 말리 업쓰니 어데로 갓싸 버리겟나 바다에 버리겟나 하며 한국 정부 힘이 약하다 하며 우리들드러 글을 작구 쓰라합니다. 가라는디가 햇수로 八년째임니. 사하린 우리 동포들도 한국 정부 힘이 약한 줄 알고 七〇년 七一년 두번째나 한국 대통령게 글을 썻쓰나 중노에서 업셋는지 알 수 업쏩니다

七二 六월달레 사하린주 도경찰서장게 글을 썻쓰나 아직까지 일번서 찻지 안으며 오라는 증명만 잇쓰면 은데든지 가라는 허가을 줄 수 잇싸 하며

七二년 九월 十九日 쏘련 적십자 소장에게다 사하린 四만 동포 귀국 문제을 부탁한 결과 四十六일만에 통지가 오기을 오라하여 가니 三명에 채금자들리 하는 말리 우리는 공산주이 국가지만 한국자본주이국가라도 보낼 수 잇쓰며, 이쓰라이 유태사람들도 보낼 수 잇고 하나 당신들은 아직까지 찾는 사람이 업쓰니 어데로 가겟나 하며 일번 사람들을 낫추어 하는 말리 한국정부에서 너무 약하다 하며 보내다우 하니 할 수 업서 대답만 하지 실지로서는 아적까지 말리 업쓰니 일번이나 한국이나 글을 쓰라합니다

一九六三년 十二월 十七날 쏘련 정부에 귀국문제을 부탁한 후 一九六四, 六월 달레 쏘련정부 당 대회에서 사하린 우리 동포들 귀국 문제는 결정되엿쓰나 쏘련정부사정으로 그태을 기다리다가 一九六四 十二월 十六일날 쏘련적십자 소장게다 귀국을 부탁한 결과 一九六五년 一월 四일날 제가 사하린주 경찰서장하고 접견하여 확실리 무국적은 일번으로 갈 수 잇싸는 것슬 알게되니 너도 나도 하며 조선국적을 무국적으로 바구는 등 날리가 나니 一九六五 三월 三日날

나로부터 중단되고 말엇든 것십니다 금년 九月 十九日날 쏘련 적십자 소장게 우리 사하린 四만 동포들은 일번 신민지하에서 三十六년동안 고상을 하고 쏘련서 근 三十년동안을 고상을 하니 하루 밥비 보내주시요 하며 글을 쓰며 하나 내힘만은 약합니다 박노학씨게 일번정부에 반데모을 부탁한 닐도 잇씁니다 그리고 □신형 한국대사관에 차저가서 사실이야기을 하시든지 이 편지을 전하시든지 하시요 그리고 사하린 서한서간이 변경되엿든데 사하린시간으로 밤새벽 二시 三十五분에 드러오는데 노동자들리 고단하야 그 시간에 듯는 사람이 업쓰니 고만두던지 그러치 안으면 우리들레 생각을 하신다면 한국 문화사회 교육방송 시작할 쌔 적당합니다 우리들리 九시 출근이니까 여덜시반까지 좃씁니다 한국아침 五섯시반이면 사하린 시간 七시반 됩니다 한국보다 사하린시간이 二시간 압씁니다 □□□

한국시간으로 오후 五시 三十분 七시 三十분 이러한 시간이 우리들레 요구됩니다 한국시간 오후 五시 三十분 여기 七시 三十분 한국 七시 三十분 여기 九시 三十분 이러하니 부탁합니다

일본어 번역문

　サハリン大泊　金永培より東京　李昌圭　書信 (翻訳文)
　辛さん　他国にてご無事でしようか、１ヶ月前辛さんの２番目のお兄さんの還暦に参席して楽しく遊んできました。さて辛さんのお手数をかけまいと思いましたけれど、止む得ずお願い致します、韓国大使館の住所をお知らせ下さい。
　数年前から数回に亘つて朴魯學さんに手紙を出しましたけれど、返事がないので仕方なく辛さんにお願い致します。７１年７月１５日韓国朴大統領宛の手紙を朴魯學さんに送って下れと、辛さんの兄さんに頼んだのですが、韓国政府に届いたでしようか。
　７０年度７月１５日にも韓国大統領に伝達する手紙を朴魯學さんに送ったし、私の子供達の写真迄同封して送つたのに消息がないので、郵便局に行つて話した処、ま違いなく送つたそうですが、いまだに消息がないのであります。

今年４月３日からサハリン向けの本国の放送をきいて通信する事が出来たので、大泊居住の独身者を１人～探して故郷の住所と氏名を調べた処、生存者９９名死亡者１００名の名単を作つて大使館に送つたが、これも又消息がないのであります。

　大泊の韓国同胞は私が帰還運動をしている事は周知しており少くとも年に数回ソ連の上層部に帰還陳情や督促をしておりますが、ソ連政府が云うのには、日本政府から引揚げて下れと通知がないのに、あなた達を何処へ持つて行って捨るべきか、さもなければ海にでも投げるべきかと云ひ乍ら、韓国政府の力が弱いからではないかと云つて私達にしきりに常に陳情書を出すように云はれました、(韓日両国政府に、註者解)

　もはや引揚命令が出たのは８年前であります。

　サハリン同胞は韓国政府が積極的でないと思つて７０、７１年２回に亘つて韓国大統領に帰還陳情をしたけれど、途中有失したでしようか分かりません。

　７２年６月サハリン洲警察署長に対して陳情した処、署長はいまだに日本から引揚げの通知がこないが、帰還させてほしいと通知さえあれば何時でも帰還の許可を出す事が出来ると云つております。

　７２年９月１９日ソ連赤十字社所長にサハリン４万同胞の帰還問題を提出した処、４６日目に通知が届きました。所長の処迄来てもらうようにと云はれて面会した処、３名の責任者が話すのには我が国は共産主義国家ではあるが、韓国の資本主義国家にもあなた達を還えすことも出来るし、イスラエルのスダヤ人をも還えす事が出来るが、あなた達はいまだに探す人がないのに何処へ行くのかと云つて日本人達がみさげて云うのには韓国政府が余りにも貧弱であると云つて還して下れと云つても仕方なく答弁だけはしているものの実質的にはいまだに話がないから日韓両国政府に請願書を出すようにと云はれました。

　１９６３年１２月１７日ソ連政府に帰還問題も提出した処、１９６４年５月ソ連党大会にてサハリン我が同胞達の帰国問題が決定したが、ソ連政府の事情で中止したしたかようで、その年を待つていたが、１９６４年１２月１６日ソ連赤十字所長に帰還の請願をしたが、１９６５年１月４日私はサハリン洲警察署長に面会する事になりました。その時確実に無国籍者は日本に還える事を知つたのであります。

この事実をきいた同胞達は我れも／＼と朝鮮国籍を無国籍に変更する者が多く～大騒動になつたことがありました。が、６５年３月３日に中断されたのであります。

　今年９月１９日ソ連赤十字社所長に我が４万同胞は日本植民地の下で３６年間も苦労をし、又ソ連で３０年間苦労をしているのだから１日も早く還して下れるようにと請願もしております。

　私の力では弱いので朴魯學さんにも日本政府にデモをしても強力に帰還促進を依頼したこともありました。

　それから辛さんこの手紙を持って直接大使館に行つて話すか、さもなければ大使館に送って下さい。

　サハリン向けのラジオ放送時間が変りました(１１月１１日より夜○時３５分～１０分間１回だけ)

　韓国時間夜○時３５分は労働者が休む時間ですので、その時間にきくものはあまりいないのですから、放送を中止するか、放送をするならば韓国文化社会教育放送の始める時間が適当だと思います

　韓国よりサハリン時間は二時間前になります。

　韓国時間午後5時３０から7時３０迄の間が都合がよく、又朝は8時３０迄はよいのです。出勤時間が朝9時出勤ですから、この点放送局によるしくお伝え下さい。

　１９７２年１１月　日
　樺太大泊市　榮町　No7
　　　金永培
　日本國　東京都三鷹市上連雀　1972.12.14. 着信
　李昌圭　殿

4. 신문자료

중앙일보 '73 2月 3日 被害 속에서 30年 돌아온 사할린 僑胞

중앙일보 '73 2月5日 30년만에 이어진 母子의 對話

신아 '17 2月 3日 사할린교포 洪씨 一家 4명, 28年만에 自由의 땅 밟아

사할린교포 洪씨 一家 4명

◇사할린서 돌아온기쁨

蘇여객선便으로 日到着

"僑胞3千명 歸國희망"

蘇國籍거부 無免許 치과醫師로 生計

社說

「사할린」30年의 空白

경향 '73 2月 5日 "살았다니 빨리 오라" 사할린僑胞洪씨 老母와 국제전화

"살았다니 빨리 오라"

사할린僑胞洪씨 老母와 국제전화

[釜山] 「사할린」재정용차관 金聖洙선생 본적(洪씨군 옥산면)내 日本으로 돌아온 표류민 洪씨는 어머니 용만者(42·옥산산)와 비 직씨(45)가 4일하오 4시 이성녀씨(74)와 국제전화로

어머니는「국은줄 알았던 네가 살아있다니 꿈만 같다」면서 내가 죽기전에 만나거라」면서 울먹였고 아들 洪씨는「어머니의 모습을 단 한번이라도 좋으니 보고싶다」「어머니를 잡모셔 살자」고 말했다.

「오빠가 정말가기전에 나를 江陵으로 산양국민학교에 다니면서 기억하는냐」면서 「나는

그동안 시집와서 아이셋을 낳았고 어머니는 잘모시고 있으니안심하라」고 말하기도. 洪씨만김면는 16세때 징용 끌려오면서 그후 3남 3녀로 자랐는데 한국에 표류할것같지 않아 71년9월 그가 洪씨는 소식이 없었고 3녀 한참 만토발굴 16

(좌측 하단 컬럼)
어머니와 전화로만 용사는 아들과 누나에 가슴이터지는 목이 매어 울음주시기전 우선에서 만날수있어도 서울大표전송장에 가 녀과 꿈에그리던 모 洪씨가 가족들을 데려오려 어머니와 화자 여가옵자막도 하고 한참 울먹이는 서산고있다 경기도고양군일산본내 서산고있다

5. 메모

MEMO

1973.4.9.

美國 미시간州에 居住하고 있는 僑胞 金명준은 뜻있는 同志를 糾合 "사할린" 抑留 僑胞의 歸還을 爲해 努力할 計劃임을 表明하고, 駐美大使에게 "사할린" 抑留 僑胞數, 强徵 經緯 等 資料 提供을 要請하였음.

(駐美大使館에 資料 送付 爲計)

(駐美大使館)

6. 주미대사관 공문—사할린 포로 문제

주미대사관

번호 미정772-70

일시 1973.3.27.

발신 주미대사

수신 장관

참조 영사국장, 아주국장(동북아1과)

제목 사할린 교포문제

　　　미국 미시간주에 거주하고 있는 교포 김명준은 "사할린" 교포의 귀환에 관한 별첨과 같은 서한을 송부하여 왔음을 보고하오니 참고하시기 바랍니다.

첨부: 김명준의 서한(사본) 2부. 끝.

주미대사

첨부 - 김명준 서한

金大使님 □下

3月 2日子로 下送하신 □□을 반갑게 받았읍니다.

白□하신 글월이므로 더욱 감격했읍니다. 그래서 永久히 保管하려 합니다.

또 하찬은 저의 뜻을 깊이 諒察하시고 이를 政策□定의 參考를 爲하여 本部에까지 보내시겠다하시니 감사한 마음 比할데 없읍니다.

저의 뜻 보다도 金大使任께서 옛부터 간직한 祖國의 權威와 名譽 同□□ 戰□의 發發에 起因한 것으로 알고, 이를 격려해주심에 대하여 감사드림니다.

저가 이 글월을 드리는 것은 옛 □□時節에 大使님께서 外務部에 계셨고 그때 在日本國僑胞 北送□□가 있을 때, 大使님의 □근하심과 □□□, 또 그로 因하여 입은 結果에 對하여 대강 알고 있기 때문에 在外國大使님과의 相議보다 오히려 大□□에게 相議하는 心情으로 지금도 그런 마음으로 이 글월을 드립니다.

그러나 이는 저의 생각이지, 大使님□□ □ 때는 여러가지 立場에서 선뜻 어떻게 하라는 말씀은 못하실 줄 알았읍니다. 그□□로는 同□이 約1個月이 걸렸으니까요 (2月7日 發送, 3月8日 同□ □□)

이 말씀을 드리는 것은 金大使님의 여러 立場을 저 나름대로 생각해서 理解하고자 하는데 있읍니다. 몸은 여기 와 있으나 우리나라의 破□ 周邊 구경을 한 사람으로서 當然하지 않겠읍니까?

그러하온데 大使님, 大使님께서 外國生活을 오래하셨고 또 이 □國생활을 通하여, 여기 와 있는 사람들이 祖國에 對하여 얼마만큼 積極的인 □心을 가지고 있으며 그 度가 날로 어떻게 되어가고, 또 튼튼치 못한 살림 기반으로 因하여, 韓時的으로 돈 벌어먹고 살겠다는 外에 그 韓時的 餘裕(時間的 여유)가 얼마나 있다는 것은 저보다 더 잘 아실 것으로 압니다.

솔직하게 말삼드리자면 아모리 大義名分이 있다 해도 自己를 犧牲하면서라도 大義名分 서는 일이니 해보자고 나설 사람이 몇 있을 것 같읍니까?

저가 그들 中에 싸여서 살아오니, 그들을 나무랄 수도 없읍니다. 우리의 祖國이 지금까지 在外國民(僑胞)에게 정말 불이 번쩍나도록 알뜰한 思告한□가 있은 것 같지 않았던 것 같읍니다.

이러한 現況 속에서 "사할린 교포"의 귀환을 爲하여 無能한 우리 몇 사람이 손을 잡고 相議하고 □心하고 있아온데 막상 政府로부터 어떤 積極的인 말삼이 계신다 해도 이를 바탕으로 이곳 同胞들을 □□나일때 우리보고 "□□□ 사람"들이라고 비웃을 사람도 있을 것이다--- 하여 사실 그 成果가 얼마만큼이나 났는지에 대하여 회의를 품고 있던 것이온데 大使님의 書翰內容도 그렇고 하여, 저는 다음과 같고 □□□進行하려고 하오니 그렇게 諒察하시고 協助해 주시기를 바랍니다.

저 생각으로는 外務部 立場에서 이런 정도의 글월 하나 □□□□□ 그 反應은 뻔합니다. 政府가 그것을 몰라서 못하고 있는 게 아니니까요. 알면서 왜 안하겠느냐고 하실지 모르지만, 高級□□이 될수록 여러 立場을 생각하다보니 그런 發□을 안하는 거지요.

大使님께서 옛날 外務部 □□에 계실 때, 在日僑胞 北送□便에 對하여 그저 윗사람의 눈치만 보고 가만 앉아서 종이에 起案이나 하는 정도였더라면, 金大使님의 그때 形便이 더 좋았을는지 모르지 않습니카?

그러므로 똑같은 同志들과 □議으로서 政府와의 相議(同意)를 求하지 않고 우리 스스로 적은 일로부터 出發해서 이 일이 □上에 □을 볼 때가 數年後가 될지라도 爲先 着手하려 합니다.

大使님께서 協助를 求하고저 함은 첫째로, 그 취지文을 作成함에 있어서 必要하오니 參考資料로서 ① 언제부터 우리 同胞를 強徵해 갔으며, ② 그 數(男,女) ③ 지금 "화태地方"의 僑民數 ④ 日帝가 그만한 數의 韓人들을 끌어다가 무슨 勞役을 시켰으며 ⑤ 그기서 귀환한 人員은 얼마나 되는지를 그 外에

　（Ⅰ) 強徵 當한 全體鮮人數 〈男,女〉

　（Ⅱ) 強奪해간 金(銀) □□ □□ 等의 有□

　Ⅲ. 乙巳□復條約以後, 한일합방이 이루어지기까지의 被殺韓人數 (負傷人數)

　Ⅳ. ⓐ 3.1獨立 運動時 被殺人數

　　　　(其中 男女區別 가능한지요)

　　　ⓑ 3.1獨立運動 以後 投옥者數

　　　ⓒ 負傷者數

　Ⅴ. 그 當時 全國에서 일어난 義兵數 被殺者數

　Ⅵ. ⓐ 4.19時 죽은 學生數

　　　ⓑ 負傷者 數

둘째로 各國에 散在하고 있는 僑胞數 等의 資料입니다.

特히 사할린 교포의 數的根據를 아울러 明記해주시면 감사하겠읍니다.

大使님께 드리는 이 글월이 우리의 祖國의 權威를 爲하여 또 우리 民族의 永久한 平和와 繁榮을 爲하는 한 가지가 되기를 기원하옵고, 아울러 大使님의 平安과 온 職員 여러분의 安寧을 기원하옵나이다.

1973년 3월 8일

7. 기안-자료송부

분류기호 문서번호 북일700-
시행일자 73.4.11.
기안책임자 동북아1과 조원일
경유수신참조 주미대사
제목 자료 송부

　　대: 미정 772-702(73.3.27)
　　1. "사할린" 억류교포에 관한 자료 등을 우선 송부하오니 교포 김명준에게 전달하여 주시기 바랍니다.
　　2. 3.1. 운동으로 투옥된 국민수 등 기타 요청자료는 추후 입수하는대로 송부 하겠읍니다.
　　첨부 1. 사할린 억류 교포 현황 1부
　　　　 2. 재외국민현황 1부. 끝.

8. 기안-자료제공 요청

분류기호 문서번호 북일700-
시행일자 73.4.11.

기안책임자 동북아1과 조원일

경유수신참조 국사편찬위원회 위원장

제목 자료제공 요청

　　　재미교포 김명준(미시간주 거주)은 주미대사관을 통하여 당부에 다음과 같
은 역사적 자료를 제공하여 줄 것을 요청하여 왔으므로 이를 의뢰하오니 조속
조사하여 통보하여 주시기 바랍니다.

　　　　　다음

　　　1. 일제치하에서 일본, 화태등지로 강징되어간 국민수(남,여 구분) 및 경위.

　　　2. 한.일합방을 전후하여 전국에서 일어난 의병수 및 일제에 의해 피살된
국민수(남,여 구분)

　　　3. 3.1. 독립운동으로 투옥된 국민수와 시상자수

　　　4. 4.19. 의거시 학생희생자수. 끝.

9. 국사편찬위원회 공문-자료제공 의뢰에 대한 회신

국사편찬위원회

번호 조사1023.32-152

일시 1973.4.23.

발신 국사편찬위원회

수신 외무부 장관

참조 아주국장

제목 자료제공 의뢰에 대한 회신

　　　1. 귀부에서 의뢰한 북일 700-12275호 (1973.4.16)에 대하여 당 위원회에서
파악될 수 있는 것만을 별첨과 같이 조사 회신합니다.

　　　첨부 자료조사서 1부. 끝.

　　　국사편찬위원회위원장

(1) 한.일합방을 전후하여 전국에서 일어난 의병수는 "한국독립운동사Ⅱ" (국사 편찬위원회 발행)에 의하면

기간	1908년 9월-	1909년 8월	1909년 9월-	1910년 8월	1910년 9월-	1911년 8월	1911년 9월-	1912년 8월	1912년 -	1913년 8월
인수	34,400여명		3,400여명		390명		70명		45명	

위와 같으며 피살된 국민수에 관하여는 수록된 문헌을 발견치 못해 알려드리지 못합니다.

(2) 3.1운동으로 투옥된 국민수와 사상자수는 "朝鮮騷擾事件經過槪覽表에 의하면 被□起訴者 26,865명 중 벌금, 집행유예, 무죄면소 등을 제외한 실형선고자 총 수는 22,275명이고 사망자 397명 부상자 875명이라고 나와 있으나 (3.1운동 50주년 기념론집 371 페이지 참조) "韓國獨立運動之血史" (朴殷植 著)에는 1919년 3월 1일부터 5월말까지 被殺者 46,948명 사망자 7,509명 부상자 15,961명으로 나와 있는 것으로 보아 일본측의 통계 수자는 그들의 과소평가로 밖에는 생각할 수 없으나 정확하고 자세한 한국측 통계는 찾아볼 수 없는 실정입니다.

(3) 4. 19 의거시 학생 희생자수(사망자수)는 "4월혁명" (4월혁명 동지회간)에 의하면 185명입니다. (총 희생자수는 187명이며 그 명단도 나와있음)

(4) 일제치하에서 일본, 화태등지로 강징되어간 국민수 및 경위에 대하여는 수록된 자료나 문헌을 발견하지 못하여 알려드리지 못합니다.

10. 기안-진정서 처리에 관한 의견 조회

분류기호 문서번호 북일700-237
전결규정 27조 2항 차관 전결사항
시행일자 73.4.27.
기안책임자 조원일
경유수신참조 중앙정보부장

제목 진정서 처리에 관한 의견 조회

  재화태(사할린) 억류 교포 박형주(북한적 취득자로 2차에 걸쳐 북한 방문)
는 재일 "화태 억류 귀환 한국인회" 회장 박노학을 통하여, 비록 자신이 북한적
을 취득하고는 있으나 조국(한국)에 대한 그리움에 젖어, 귀국의 날만을 고대
하고 있다고 고백하고 한국의 발전상을 알기 위한 자료 (서울, 명승 고적 및
동인의 고향인 전남 보성읍의 전경 사진 등)를 송부해줄 것을 당부에 요청하여
왔는 바, 이를 송부하는 것이 좋을지 여부에 대한 귀부의 의견을 통보하여 주
시기 바랍니다.
첨부 박형주의 서한 사본 1부. 끝.

첨부—박형주 서한

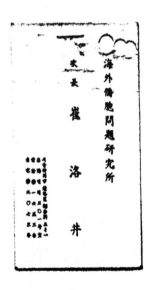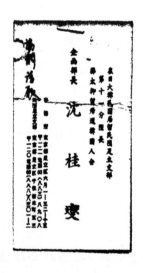

樺太抑留韓國人に関する
陳情書

樺太抑留歸還韓國人會
會長　朴魯學
外五名

日本政府外務省
外務大臣　殿

　　　　　陳情書
　現在樺太には四万と云う韓国人が余儀なく抑留されている事は既にご存じ
の事と存じます。
　第二次大戦中、日本の戦争政策によつて強制的に連れられて帰れない戦争
犠牲者達であります。
　戦後は早二六年を過ぎ私達が日本に引き揚げてから十三年間樺太同胞の引
揚げ運動をしたけれども、その進展はいまだに確実性がないのが現状でありま
す。本会の帰還陳情に対する日本政府の言分は樺太の同胞に対する資料を出し
て欲しいとの事で本会は樺太大泊の金永培と連絡をした処、一九六五年一月三
日豊原のオビル(外務関係官庁)に行つて帰還問題に対して長時間交渉した結
果、ソ連当局の係官から無国籍者は日本政府の入国許可さえあればソ連政府は
出国許可をすると言明したのであります。
　この事が全樺太の同胞に伝えられて約七、〇〇〇名の者が本会に帰還希望
の申請をしたのであります。
　一九六九年韓国政府は日本政府え正式に七、〇〇〇名の名簿を提出して帰
還の要請をしましたが、いまだに何の進展が見いだされない状態であります。
　昨年七月十日に樺太から無事に孫致奎が帰還した事は一応感謝しますが、
この件は一九六五年度既にソ連政府が、その長男孫鐘還と(妻成田あい子)一緒
に日本え帰還するやうに旅劵を出していたのを、日本政府が入国許可を出さな
かつた為めに六年間も持ち続けて、この度やつと入国許可を出して貰い帰還す
る事になつたのであります。
　自国の国策遂行の為に連れて行つた者を二十七、八年間も放置する事は余

りにも無慈悲ではないでしょうか。戦後赤十字国際会議がトロント、ニューデリ、ウイーンで開催されましたが、別れた民族を集合させる事が決議されました。中にも一九五七年ニューデリ会議の決議文によりますと「戦争内乱、国際紛争その他事故によつて故国に帰る事の出来ない人々をして家族と再会出来るやう努力しなければならない」となつております。人道上捨てられない赤十字精神に基き、世界大多数国が賛成した事は言を待たない事であります。

　一九四四年六月三十日輸送船「日錦丸」が仁川沖にて米潜水體に撃沈されて軍要人の死体が徳積島方面に漂着したのを我が島民が埋葬したのであつたのを昨年日本政府の要求によつて韓国政府は人道的立場に立脚して速やかに遺骨収集の許可をしたのであります。(別紙参照)この一例を見まするに樺太には生きている数万の同胞が日本の為に犠牲になつて帰り度くとも帰れない運命なのに、一方韓国にある日本人の遺骨は韓国政府は気持よく還すことになつたのは対照的な事であります。

　韓国に経済援助をしている口実をもつて尊い人権を無視するやうな事があつてはならないと思うのであります。経済と人権は切り離して考慮すべきではないでしょうか。抑留同胞達の手紙によりますと自分達が帰郷出来ないのは日本と韓国政府が努力をして下されないから帰れないと怨んでおります。本国の父母、妻子、兄弟は、その子その父や夫を、その兄弟を帰えられるやうにと、又、二六年以上音信さえない肉親を捜して下されるやうにと毎日の如く本会に手紙が両地方から届いているのであります。尋ね人から引揚問題、手紙の中継迄本会は正に人生の悲劇を毎日の如くなめ乍ら処理していかなければならない状態であります。

　アジアにおいて指導的立場にある日本が過去自国の責任を他山の火の如く思はずに積極的に帰還事業に取り組んで貰いたいのであります別紙孫致奎に対するソ連政府の証明書の如く、ソ連政府は無国籍の韓国人は総べて日本人と取り扱つているのであります。身分証明書の但し書きに一九四五年八月十五日最終国籍は日本と記してあるからであります。樺太から先日届いた手紙によりますと、ソ連最高常任委員会に帰還の申請を提出してもその審議が永びき各人が手紙を取るのに困難な状態であるから日本政府が入国許可を出して貰えばソ連からの出國許可は容易であると云う事でありました。要するに日本人が帰還当時と同じく、ソ連政府に無国籍の者だけでも帰還の交渉をして貰い度いのであ

ります。本会と韓国大使館が無国籍者だけの帰還希望者名簿の提出分を日本政府は韓国に帰す条件で孫致奎の件と同じく入国許可をして下されば帰還の進展の見通しが明るくなる事と信ずるのであります。

　以上述べました処無秩序な点があるかと思いますがご容赦の程をお願い致します。この段階無国籍者だけでも一日も早く帰還出来ますやう切にお願い致す次第であります。

一九七二年九月二十日

在日大韓民國居留民團中央本部民生局□□

樺太抑留歸還韓国人會

東京都足立区六月一丁目三二十一□

電話(八八三)八九〇八

会長	朴魯學
企劃部長	沈桂燮
渉外部長	李義八
顧問	金周□
〃	張在述
〃	若狭敬吉

陳情後記

　一九七一年十一月三十日外務省事務官の話によると樺太の韓国人の帰還を日本政府が入国を認めるならばソ連国籍の韓国人でもソ連政府は出国を許可する用意のある事を明かにした。

11. 기안—자료송부

분류기호 문서번호 북일700-
시행일자 73.5.2.
기안책임자 동북아1과 조원일
경유수신참조 주미대사

제목 자료송부

　　대: 미정772-702(73.3.27)
　　연: 북일700-5200(73.4.12)
　　별첨 자료를 교포 김명준에게 전달하여 주시기 바랍니다.
　첨부 한·일합방전후의 의병수 등 통계 2부. 끝.

12. 화태억류교포귀환촉진회 공문—진정서

화태억류교포귀환촉진회
번호 촉진 제44호
일시 1973.6.25.
발신 한영상
수신 외무부 장관
제목 진정서

　　본 촉진회에서는 사하린 동포의 조속한 귀환을 원하는 진정서를 별첨과 같
이 상신하오니 선처해주시기 바랍니다
　별첨 진정서 1부 끝

　회장 한영상

별첨－진정서

진정서
외무부 장관님 귀하

1973년 6월 25일
화태억류교포귀환촉진회

존경하는 외무부 장관님

무더운 날씨에도 대통령 각하의 보좌와 평화통일 외교 정책 수행을 위해 어깨가 무거우실 장관님께 또다시 저희 사하린 억류 50만 이산가족이 진정드립니다

평소에 장관님께서 사하린 억류 동포와 저의 가족들의 염원을 잊지 않으시고 한.일 각료회담 및 그 밖의 외교무대를 통해서 끊임없이 노력해주신 결실로 이제 사하린 동포의 귀환도 한발 앞당겨 지고 있습니다. 물론 장관님께서도 잘알고 계시겠지만 지난 6월 15일 일본 적십자사 □내 외사부장의 발표에 의하면 쏘련당국에서도 한국동포에 대해서 귀환을 허가하겠다 하니 이는 오로지 외무부 장관님의 위대하신 공로임을 저희 사하린 가족들은 진심으로 감사드립니다

그러나 송환이 실현되기까지는 많은 난관이 있을 줄 압니다만 60세에서 80세 사이의 고령자가 되어 1년에도 수백명씩 죽어가고 있는 우리 동포의 숙원인 가족 품안에서 죽을 수 있고 죽어서 뼈라도 고국땅에 묻고 싶어하는 애처러운 심정을 십분 양찰하시와 하루속히 귀환이 이룩될 수 있도록 주선해 주시기를 간절히 바랍니다

우리는 과거 36년간 일제 치하에서 나라없는 설움을 얼마나 겪어 보았읍니까 해방이 되어도 조국땅에 돌아오지 못하고 남의 나라에서 "비스칼이 탄스키"라는 설움속에 자유없이 30년간 살아온 이들에게도 복되고 살기좋은 독립된 조국이 있고 사랑하는 보모처자 형제가 있는 이땅에 하루 빨리 돌아와 남은 짧은 여생이나마 가족과 더불어 평화롭게 살 수 있도록 주선해 주시옵기 다시 한번 간곡히 청온하오며 아울러 장관님의 만수무강을 저희 50만 가족들은 빌겠읍니다.

1973.6.25
화태억류교포귀환촉진회

13. 신문자료

동아 73.6.26. 主人찾는 사할린 僑胞편지

중앙 73.7.2. 여러분을 故國으로 데려가겠다, 서울放送 듣고 눈물흘려

동아 73.7.2. 사하린僑胞 30年만에 故國품에

고국에 돌아온 洪씨가 30년만에 만난 노모와 얼싸안고있다.
〈고향품찾아三故國문에치펴들다〉

한국 73.7.3. 이하늘·이흙이 그리웠다, 사할린30年「돌아온 望鄕」

한국 73.7.3. 사할린서 이번에 安否편지, 吳서정씨, 日赤 통해 洪城의 兄에 "잘 있읍니다...故國의 사진을..."

조선 73.7.3. 「사할린 望鄕」 30年만의 歸國

「사할린 望鄕」30年만의 歸國

洪萬吉씨─7旬老母와 감격의 포옹

母國방송들으며 送還고대
家族과 市內관광

◇누이동생 만련씨집에서 어머니 이성
녀씨를 얼싸안고 기뻐하는 홍만길씨.

서울 73.7.3. 애끓는 "望鄕" 잇달아. 「사할린」교포들 귀국 호소 편지 보내

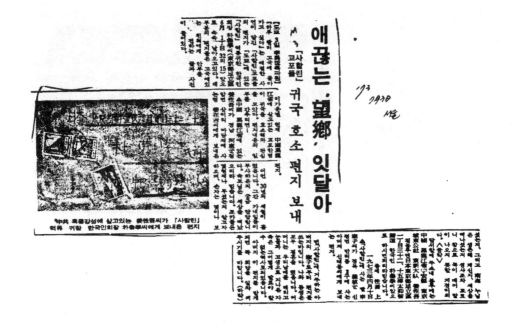

중앙 73.7.3. 사할린 父親과 寫眞대면

중앙 73.7.3. 賤待와 孤獨의 나날

동아 73.7.3. 흑룡江 □僑胞에게서도 날아온 望鄕 편지, "故國의 兄에게 내 安否를..."

조선 73.7.4. 無國籍者는 旅行도 못한다, 洪萬吉씨가 전하는 사할린 5萬僑胞의 참상

◇사할린에서의 비참했던 생활을 이야기하는 홍만길씨.

無國籍者는 旅行도 못한다

洪萬吉씨가 전하는 사할린 5萬僑胞의 참상

子女就學도 거절⋯ 醫療혜택 못받아

住居地 벗어나면 罰金

廢家⋯수용소생활

하루 10시간勞動

"죽은줄만 알았더니"

사할린僑胞소식에 家族들 감격의 눈물

찍었을때 찍은 周七룡씨의 사진을 보고있는 어머니 李云化할머니와 七룡씨의 맏형 在旺씨.

"오래살아 아들만날수있게됐다"
周七룡씨의 老母 李云化할머니

"兄弟들 소식 전해야겠다"
林俊鎬씨 家族들

동아 73.7.4. 日·蘇서 구체적인 進展 전혀없어, "韓國新聞 너무 흥분...아직 實現까지 진 거리 멀어"

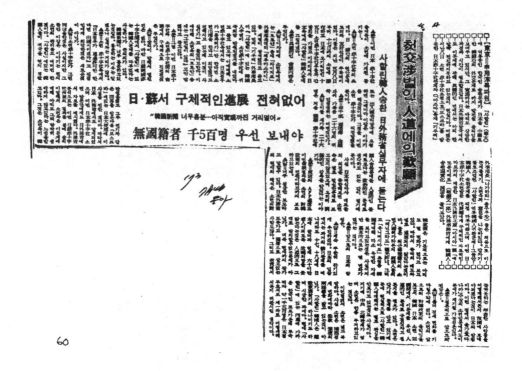

14. 초청장

초청장

本研究所 主催로 아래와 같이 세미나를 갖고져 貴下를 招請하오니 부디 參席해 주시기 바랍니다.

1. 日時: 1973.7.12 (木) 14:00~17:00
2. 場所: 韓國日報社屋 13層(紅室)
3. 主題: 사할린(樺太) 韓人의 救濟問題
4. 發表者: 裵載湜 博士

1973.7.5.

海外僑胞問題硏究所

理事長 文仁□

※ 참석여부를 알려주시기 바랍니다.

　　연락처: 75-1652

15. 기안–진정서에 대한 회신

분류기호 문서번호 북일700-
시행일자 73.7.4.
기안책임자 동북아1과 조원일
경유수신참조 경북대구시 중구 서성로1가31 화태억류교포귀환촉진회장
제목 진정서에 대한 회신

　　본건은 73.6.25.자로 귀하께서 대통령 각하 및 본직 앞으로 사할린 억류교포 귀환에 관하여 제출하신 진정서에 대한 회신입니다.

　　사할린 억류교포 귀환문제에 관해서는 정부로서도 그간 비상한 관심을 가지고 일본 정부, 국제적십자사 등의 경로를 통하여 교섭을 전개해오고 있으며 이들 교포들이 하루속히 귀국하여 고국과 가족의 품안에서 안정된 생활을 영위하도록 계속 꾸준히 노력하고있는 점을 양지하시기 바랍니다. 끝.

16. 협조문–진정서 처리

협조문
분류기호 및 문서번호 북일700-124
제목 진정서 처리

발신명의 동북아1과장
수신 감사관

　　대: 기감125-502 (73.7.5)
　　대호 대통령 비서실로부터 이첩된 진정서에 대하여 별첨과 같이 처리하였
으므로 통보합니다.
　　첨부 처리공문 사본 1부. 끝.

첨부 — 협조전-진정서 처리 의뢰

협조전
번호 기감:125-502
일시 73.7.5.
발신 민원사무 통제관 감사관
수신 재외국민 과장
제목 진정서 처리 의뢰

　　1. 별첨 진정서를 민원 사무처리 규정 제12조에 의하여 7일 내에 처리하고
진정인에게 처리결과를 회신하는 동시에 동 조치 공문사본 1매를 당실로 송부
하여 주시기 바랍니다.
　　2. 진정에 대한 회신 공문 상단에 민원서류임을 표시하는 주인을 반드시 찍
고 상기 처리기한을 명시하시기 바랍니다.
　　3. 가) 대통령 민원 비서실로부터 이첩, 처리의뢰된 진정서의 회신에는 진
정인이 대통령 각하에게 행한 진정에 대한 회신임을 반드시 회신 공문상에 명
시하고,
　　　　나) 대통령 민원비서실로부터 결과 보고를 청한 이첩 건은 반드시 장관
의 확인, 결재를 받으며,
　　　　다) 기타 보고 요청이 없는 이첩 건에 대하여는 최소한 국장 이상으로
결재 받으시기 바랍니다.

별첨: 진정서 1통. 끝.

민원 사무 통제관 감사관

별첨 - 대통령비서실 공문-민원서류 처리

대통령비서실
번호 대비민125.4-6331
일시 1973.7.2.
발신 대통령비서실장
수신 외무부장관
제목 민원서류 처리

    1. 별첨 민원서류를 이첩하니 적의 처리 바랍니다.
    첨부 민원서류(7980) 1통. 끝.

    대통령비서실장

첨부 - 진정서

진정서
대통령 각하

1973년 6월 25일
화태억류교포귀환 촉진회

존경하는 대통령 각하

무더운 날씨에도 오직 민족의 번영과 국가의 발전을 위하고 자랑스러운 유산을 후대에 물려주기 위해 전념하고 계시는 대통령 각하께 저희 사하린 50만 가족의 염원을 진정드립니다

오늘도 북극의 고도 사하린땅에서 공산주의의 쇠사슬에 억매여 매일같이 조국 땅에 돌아갈 날만을 손꼽아 기다리면서 죽지못해 살아가고 있는 4만의 사하린 억류동포의 목메인 절규가 수없이 들려오고 있읍니다

이들은 모두가 제2차 세계대전 말기인 1942년에서 1945년 사이 일본군부에 위해서 산업전사라는 허울 좋은 미명 아래 강제 징용으로 끌려간 전쟁의 희생자들입니다.

이들에게도 발전되고 살기 좋은 조국이 있고 사랑하는 부모 처자가 있으며 대한민국국민이라는 강한 의지도 있읍니다만 다만 쏘련 당국에 의해서 "주인 없는 백성"이라는 푸대접 속에 나라없는 설움을 뒤업고 있으며 심지어는 거주지 12km 이상을 벗어날 수도 없는 부자유한 생활을 감수하고 있는 것은 어느땐가는 반드시 조국이 그들을 구출해준다는 강한 신념이 있기때문에 지금까지도 역경을 이겨가고 있읍니다

그동안 대통령 각하의 배려도 우리 정부가 끊임없는 외교무대를 통해 노력한 보람이 있어 지난 6월 15일 일본 적십자사 목내 외사부장의 발표에 의하면 소련 당국에서도 사하린 억류 우리동포에게 귀한시켜줄 수 있다는 사실이 밝혀졌다고 하오니 이는 오로지 각하께서 우리동포의 구출과 50만 가족의 애타는 숙원을 풀어주기 위한 평소의 끊임없는 노력의 결과임을 업드려 감사드립니다

아직까지는 수없는 난관이 있는 줄 압니다만 오직 저희들을 잊지 마시고 하루 속히 가족이 상봉하여 이 복되고 평화로운 고국땅에서 남은 여생을 가족의 품에서 살 수 있도록 배려해 주시기를 간전히 원하옵니다

국가와 국민을 위해서 과감한 시책을 수행하시는 위대하신 민족의 횃불 대통령 각하께 신의 은총이 내려 만수무강하시기를 50만 사하린 가족은 기원합니다

1973.6.25
화태억류교포귀환촉진회

17. 신문자료

경향 73.8.8. 사할린僑胞夫婦 歸國희망, 政府에 歎願書

조선 73.8.23. 멀지않아 그리운 故國품에, 사할린僑胞 歸還추진위 고문 金周奉

경향 73.8.30. 祖國은 왜 우리를 그냥 내버려 둡니까

東亞 73.10.10. 사할린僑胞 絶望에 운다. 無國籍者는 就職·敎育差別받아, 歸國포기...北韓·蘇國籍취득늘어

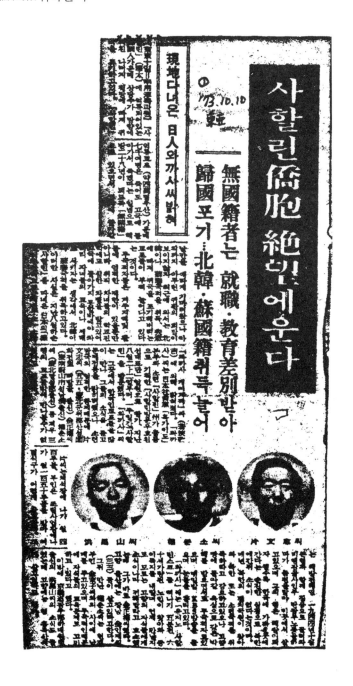

18. 면담요록

면담요록

1. 일시: 1973년 10월 22일(월요일)10:00시~   시
2. 장소: 문화관광호텔
3. 면담자: (일본)사하린무제연구소 "와까사 게이끼찌"소장. 오채기 서기관
4. 내용:

와까사-

> 1) 문화방송의 초대로 서울에 와있다. 지난번 한국을 다녀간 후 8월에 "일
> 쏘친선 사하린 방문단"의 일원으로 사하린에 다녀왔다.
>
> 2) 사하린에서는 약 30명의 한국인과 면담하였으며 면담내용을 녹음한 것
> 을 주일대사관 이상진 참사관에게 전달했다.
>
> 3) 한국사람들과 만났을 때 귀국 희망여부에 관해 물어보았는데 한국으로
> 돌아오겠다고 한 사람은 자기가 만난 사람 중 3할 정도에 불과하고 남어
> 지는 일본에서 거주하고 싶다는 희망이었다. 그것은 그들이 대부분 일본
> 여자와 결혼하고 있기 때문이다.
>
> 4) 8월에 방쏘한 일본 국회의원 방문단의 "다부찌"의원이 쏘련 외무성의 극
> 동담당 차장과 만나 사하린 한국인 문제에 관해 이야기한 내용이 발표된
> 바 있는데, 다부찌의원은 자기 친구이며 쏘련에 가면 사하린 문제를 이
> 야기하도록 자기가 부탁한 것이다.
>
> 5) 한ㆍ일의원간친회에서도 당초 사하린 교포 문제는 의제에 들어있지 않
> 았는데, 자기가 우노소오스케 의원의 비서에게 부탁하여 의제로 포함되
> 게 된 것이다.
>
> 6) 한국정부가 자기의 활동을 어떻게 평가하고 있는지 궁금하다. 현재까지
> 누구의 도움도 받지 않고 해 나오고 있는데 고충이 많다. (지원이 필요
> 하다는 시사)

오서기관 - 사하린 교포문제는 아국정부로서도 대단히 중요시하고 있는 문제이
나 이는 어디까지나 정부간 교섭사항이며 더욱이 이 문제에는 한국, 일본,
쏘련의 3국정부가 관련되어 있는만큼 아국으로서도 신중히 대처해야하는
문제다. 따라서, 문제의 성격상, 한국정부가 일본의 민간인이나 민간단체를

지원하여 일을 추진한다는 것은 어려운 일이다. 선생이 일본인으로서 인도적인 입장에서 이 문제의 해결을 위해 노력하고 일본의 세론을 환기하고 있는 점에 대하여 높이 평가하며, 앞으로도 계속 노력 바라겠다.

와까사-혼자서 노력하는데도 한계가 있다.

19. 외곽단체 승인 요망서

外郭團體承認要望書

大韓民國政府 金溶植 外務部長官 貴下

1973.11.5

只今으로부터 30年을 前後하야 日本의 戰爭政策에 依하야 當時 朝鮮總督府 命令으로써 43,000名의 僑胞가 사하린에 强制的으로 徵發되였고 2個年의 勞務契約이 畢하얐으나, 이또한 無條件 無期限으로 延長식혀 現地 徵用이 되였든 것임니다.

終戰當時 僑胞들은 日本人보다 먼저 歸國할 것이라고 깁뻐 날뛴 것은 一場의 春夢이였고 30年이라는 長久한 歲月 속에서 僑胞들은 그 얼마나 故國山川과 父母와 妻子를 그리워 하였겠습니까, 生覺만 하여도 살이 떨리는 바임니다.

本會員들은 15·6年間 사하린에서 體驗한 鄕愁心과 社會的制約의 辛苦를 忘却치 몰하야 1958年 사하린에서 歸還하야 抑鬱하게 抑留되여 있는 僑胞들을 救出하고자 15年間 努力하야 왔습니다.

如此한 緣由로 最近에는 사하린僑胞歸還問題가 韓, 日兩國의 言論界에 關心이 높아저서 隨時로 報道됨을 볼 수 있으며, 特히 10月에는 日本田中首相이 모스크와 日蘇會談에서 在사하린 僑胞歸還에 對해서 要請한 바, 브레지노브 蘇連書記長은 檢討를 約束한 바 있고 外務部長官께서도 10月 25日 國會 外務委員會에서 同問題에 對하야 朴永祿 議員의 提案의 答辯에서 또 積極的으로 推進하겠다고 言明하얐아오니 本會로써는 雙手를 들어 歡迎하는 바임니다.

韓日兩國의 見解

一. 韓國側

韓國人이 사하린에 抑留되여 있는 理由는 日本이 戰爭遂行을 爲하야 强制로 다리고 간 것이니 이것은 日本의 責任으로써 歸還식힘이 道義的이고, 그들을 一旦 日本에 上陸식힌 다음 本人의 自由意思로써 韓國에 歸還을 希望하는 者는 韓國서 引受할 것이고, 日本에 居住를 希望하는 者는 居住權을 賦與하라.

一. 日本側

1972.7. 田中首相의 答辯書(受田新吉議員質問狀) 1969年 8月에 韓國政府에서 提出한 歸還希望者 名簿에 依據하야 蘇連側에 配慮를 行하고 있고 歸還者 實態를 把握한 後에 비로소 問題되는 것인 대 大略

1. 日本은 單히 通過할 것뿐이고 全員을 韓國으로 歸還식힐 것

2. 歸還에 對한 費用은 一切韓國側에서 負擔할 것

此 2点을 라인으로 外務省 法務省 等 關係官廳에 檢討를 식히고 있다.

以上과 같이 兩國의 見解가 相異되여서 歸還事業이 遲延되였지만 最近에 와서 多少의 進展이 보임으로 本會는 앞으로 事業을 促進하기 爲하야 下記와 같이 運營方針을 建議하나이다.

理由

會長 밑 幹部役員이 夜間에 職務에 就業하고 晝間이면 一般事務와 行事를 하게 되는대 最近에 와서는 數年前보다 業務가 倍增되야 多忙하게 된 關係로 心神의 疲勞를 늣기게 되는 同時에 充分한 活動을 몯 하는 것이 實情입니다.

日本國內, 本國, 蘇連, 中國 等地의 書信中□와 發送(妻之會) 팜프렡으紙에 揭載하는 便紙의 飜譯, 投稿, 宣傳, 對人關係, 交涉, 陳情 等々 到底히 他 業務에 從事하여가며 이 事業을 遂行키 困難하오니 事務所를 設置하고 傳任事務擔當者를 數名 配慮하야 歸還事業에 万全을 期하고자 別紙와 같이 計劃書를 提出하오며 딸아서 外務部 外郭團體로 承認하야주시기를 바라나이다.

註. 妻之會 機關紙는 1974年 1月부터 本會에서 引受하야 運營할 豫定입니다.

以上

樺太抑留歸還韓國人會

東京都足立區六月1-32-15

會長　　朴魯學

副會長　　李義八
企劃部長　沈桂燮
涉外部長　李大黃
顧問　　　星島二郎
　〃　　　金周奉
　〃　　　張在述

⑦ 재사할린동포 귀환 교섭, 1974-75

○ ● ○

기능명칭: 재사할린동포 귀환 교섭, 1974-75

분류번호: 791.51, 1974-75

등록번호: 7740

생산과: 동북아1과

생산연도: 1975

필름번호: P-0013

파일번호: 10

프레임 번호: 0001~0149

1. 외무부 공문(착신전보)–재사할린 귀환 한국인에 관한 건

외무부

번호 JAW-01919
일시 221700
발신 주일대사 대리
수신 외무부 장관

    1. 외무성 세오 북동아과장은 금1.22 15시, 우문기1등 서기관을 외무성으로
초치하여 후송하는 재 사하린 교포중 한국으로 귀환희망하는 45세대202명의
명단을 수교하고, 이어서 저간의 경위를 설명한 후 다음과 같이 제안하였음.
        가. 한국으로 자비 귀환코처하는 재 사하린 한국인으로부터 주쏘 일본
대사관에 쏘련으로부터의 출경에 필요하늬 일본 입국사증을 발급하여 달라는
요지의 탄원서가 송부되 왔는바 금번 명단은 73.3.1 – 12.31. 기간중에 접수된
탄원서를 정리 작성한 것임
        나. 일본으로서는 금번 명단을 가지고 재 사하린 한국인 귀환문제에 관
한 대쏘 교섭의 돌파구로 삼을려고 하는 바, 대쏘 교섭에 착수함에 앞서 먼저
한국측으로부터 이들 202명을 한국에 받아들이겠다는 의사표시를 하여달라고
요청하면서 한국측이 구두로 그러한 의사를 표시하여 주면 이어서 일측으로부
터 구상서들을 통해 정식으로 제안하여 한국정부로부터 회답받는 절차를 취하
기를 희망함.
    2. 본건 명단은 다음 파우치편에 송부하겠는 바 일측제안에 대한 아측 입장
을 회시바람. (북일)

2. 외무부 공문–재 사하린 교포 송환 교섭

외무부

번호 북일 700-83
관리번호 24-40

일시 1974.1.24.

발신 외무부 장관

수신 대통령 각하

　　국무총리 각하

　　다음과 같이 보고합니다.

1. 일본 정부에서는 쏘련으로부터의 출경을 위하여 주쏘 일본대사관에 입국사
증을 발급하여 달라고 요청한 재 사하린 한국인 45세대 202명단을 1974.
1.22. 주일 한국대사관에 전달하고, 이들이 한국으로 자비 귀환코저하므로
일본으로서는 우선 이들부터 귀환시키도록 미쏘교섭에 임하므로써 쏘련에
대한 재 사하린 한국인 귀환교섭의 돌파구로 삼을려고 한다고 하고, 일본측
이 대쏘교섭에 착수하기에 앞서, 이들 202명이 송환되면 한국정부에서 전원
인수하겠다는 의사표시를 하여 달라고 요청해 왔읍니다.

2. 일본측이 이와 같은 제의를 해온것은,

　　가. 최근 아국 일부국민의 대일감정의 악화와 화태교포 문제에 관한 일본의
책임을 추궁하는 여론이 아국에서 점고되고 있는 실정에 비추어, 우선
가능한 것부터 빨리 촉진하므로써 아국에 대해 성의를 표시하자는 의도
인 것으로 보이며,

　　나. 다른 한편으로는 한국이 정착하기를 희망하는 자들만 분리하여 귀환토
록 함으로써 한일간에 의견이 대립하고 있는 거주지 선택의 자유문제를
회피하고 사하린 교포들에게도 한국을 최종정착지로 할 경우에만 귀환
가능하다는 인식을 주고자 하는 저의도 있는것으로 한단됩니다.

3. 그간의 대일 교섭과정에서 나타난 반응으로 보아.

　　가. 일본측은 아국이 주장하는 "거주지 선택의 자유"문제에 관하여 이를 받
아들이려는 태도를 조금도 보이지 않고 있으며,

　　나. 현재 알려진 바로는 재 사하린 교포중 귀환희망자는 약7,500명 정도
라고 하는 바, 이 숫자를 확인할 방법은 없으며 이들의 일괄 귀환교섭
은 쏘련의 북한 반발 우려등 태도에 비추어 사실상 어려울 것으로 보
입니다.

4. 이상과 같은 상황에 비추어 우선 일본정부로 하여금 대쏘교섭에 적극적으로
임하게 하고 아울러 문제해결의 계기를 마련하기 위하여 다음과 같이 조치
하고저 하옴을 건의합니다.

가. 45세대 202명의 귀환에 관하여는 그들이 일단 일본으로 온 후에 그들의 귀국의사를 확인하여 인수할 것을 일본측에 회보함.

나. 본국에 귀환할 교포들의 여비 및 정착비용에 대하여 일본정부의 재정지원문제 교섭을 계속하는 한편, 이들의 생활대책문제는 관계부처와 계속 협의함.

다. 상기 202명의 귀환문제와 병행하여 잔여 귀환희망자의 귀환교섭을 계속 강력히 추진함. 끝.

외무부 장관

3. 외무부 공문(발신전보)-회신 알림

외무부
번호 WJA-01224
일시 241405
발신 외무부 장관
수신 주일대사

대: JAW-01319
대호건에 대한 회답은 검토후 회시 예정임.(북일-)

4. 기안-화태교포 송환

분류기호 문서번호 북일 700-84
기안일자 74.1.25.
기안자 동북아1과 오채기
경유수신참조 내무부 장관, 보사부 장관, 중앙정보부장

제목 화태교포 송환

1. 1.22 일본정부는 주일 아국 대사관을 통하여, 아국으로의 귀환을 희망하는 화태교포 45세대 202명의 명단을 제시하는 동시에, 아국에서 이들을 전원 인수하겠다는 의사표시를 해주면 쏘련정부와 송환교섭을 하겠다고 제의하여 왔습니다.

2. 일측의 제의에 대해서 당부로서는 별첨과 같이 조치코저 하오니, 이에 대하여 귀부의견이 있으면 지급 회시 바라며, 동 송환이 실현될 경우에 대비하여 보안대책, 생활대책등 귀부소관 관련사항에 대해 검토바랍니다.

2. 202명의 명단은 주일대사관에서 접수하는 대로 송부하겠습니다.

첨부: 보고서 1부.   끝.

5. 외무부 공문(발신전보)–사할린 교포 귀국문제에 관한 건

외무부
번호 WJA-01319
일시 301530
발신 장관
수신 주일대사

대: JAW-01319
연: WJA-01224

1. 대호 사하린 교포문제에 관한 일측 제안에 대하여 45세대 202명의 귀환에 관하여는 그들이 일단 일본으로 온 후에 그들의 귀국의사를 확인하여 인수할 것이라고 회보하기시 바람.

2. 본 건과 관련하여 다음과 같이 대일교섭을 계속하시기 바람.

가. 본국에 귀환할 교포의 여비 및 정착비용에 대한 일본 정부의 재정지원의 범위를 타진함.

나. 상기 202명의 귀환문제와 병행, 잔여 귀환희망자 귀환교섭을 계속

강력히 추진함. (북일-)

6. 기안-재사하린교포 귀환희망자 명단

분류기호 문서번호 북일700-119
기안일시 74.1.30.
기안자 동북아1과 조원일
경유수신참조 내무부 장관, 보사부 장관, 중앙정보부장
제목 재사하린교포 귀환희망자 명단

연: 북일700-84(74.1.25.)
일본정부에서 한국으로 귀환하기를 희망한다고 제시하여온 재사하린 교포
202명의 명단의 별첨 송부합니다.
첨부: 동 명단 사본 1부

7. 내무부 공문-화태교포 송환

내무부
번호 의사2068-33
일시 1974.1.30.
발신 내무부 장관
수신 외무부 장관
참조 영사국장
제목 화태교포 송환

1. 북일 700-84(74.1.25.)화태교포 송환과 관련된 것으로서 당부 의견을 다
음과 같이 회보합니다.

2. 의견

　화태교포 송환자체게 대하여는 이의가 없으며 앞으로 이들의 송환에 대비
하여 관계부처 실무자회의를 개최, 이와 관련된 제반문제를 사전 협의하여 처
리함이 타당하다고 사료됩니다. 끝.

　내무부 장관

8. 중앙정보부 공문-화태교포 송환에 대한 의견 회신

중앙정보부
번호 중정차450
일시 1974.1.31.
발신 중앙정보부장
수신 외무부 장관
제목 화태교포 송환에 대한 의견 회신

　귀 부문의 북일 700-84(74.1.25)에 대한 당부 의견을 별첨과 같이 회신합
니다.
유첨: 화태교포 송환에 대한 의견1부.　끝.

　중앙정보부장

유첨-화태교포 송환대책에 대한 의견

　의견
　　화태교포 송환에 대한 외무부안에 원칙적으로 동의하나 하기 사항에 유의
　　해야 할 것임.

- 한국 귀환 희망교포의 송환만을 분리하여 교섭할 경우, 일본 거주 희망교포의 송환문제는 더욱 지연될 우려가 있음.
- 교포 등 문제에대한 일본의 대소교섭은 전체 화태교포 송환문제의 일환으로 취급되어야 할 것임.

9. 외무부 공문(착신전보)–사하린 교포문제 교섭 결과

외무부
관리번호 74-60
번호 JAW-0229
일시 011700
수신시간 74.2.2. PM6:11
발신 주일대사
수신 외무부 장관

대: JAW-01319   연: JAW-011319
1. 금 2.1.11시 우문기 정무과장은 외무성으로 세오북동아과장을 방문하고 대호 사하린 교포문제에 관해 교섭하였는바 일측은 대호 각항에 대하여 다음과 같은 반응을 표시하였음.
　가. 일단 일본에 도착한 후에 그들의 귀국의사를 확인하여 해당자를 아측이 인수할 것이라는데 대해 일측은 검토후 회보하겠다고 하였음.
　나. 이어서 아측이 본국귀환자에 대한 일본정부의 여비 및 정착금 지원 의사를 타진한데 대해서는 난색을 표시하면서 검토후 회보하겠다고 하였음.
　다. 또한 본건 202명 외의 잔여 귀국희망자의 귀환도 조속히 실현되도록 배전의 노력이 경주되어야 한다고 아측이 주장한데 대해서는 일측도 동의하였으며 일측으로서는 쏘련정부에 대하여 본건 202명의 귀환을 지렛대로 삼아 잔여 귀환 희망자의 귀환도 실현될 수 있도록 교섭하려는 방침이라고 답하였음.
2. 이상의 공식적 입장표시가 끝난후 양측은 서로 비공식임을 전제로 하고 다

음과 같은 질의응답을 하였음.

　가. 일측으로부터의 일본 도착후 의사를 확인하자는 뜻은 무엇인가라는 질문에 대하여 아측은 전국민의 관심대상인 이들의 귀환문제에 있어서 중요한 정착지 결정의 관건이 되는 의사 확인을 문자 그대로 한국정부가 하는 형식을 취하려는 것이라는 요지로 답하였음.

　나. 일측은 여비 및 정착금 지원은 어렵겠다는 공식적 입장을 전제하고 개인적인 견해임을 재삼 강조하면서 여비는 선임(선박편) 정도까지는 고려될 가능성이 다소나마 있을지 모르겠으나 정착금 지원이라는 것은 선례가 없는것이니만큼 가정의 문제로서 외무성이 찬성하는 경우라하더라도 대장성을 비롯한 관계당국을 설득할 수 있는 가능성이 전무하다는 것이었음. 이에 대하여 아측이 역시 개인적인 견해라고 전제하고 정착금이라는 명칭 이외의 명목, 예컨데 위로금 등으로 바꾸는 경우에는 어떻겠느냐하고 문의하면서 어떠한 명목으러던 간에 정착금지원이 있어야 함을 설명하였던 바, 일측은 종국에는 어떠한 명목으로던간에 관계당국, 특히 대장성을 설득할 수 있는 정착금 지원의 선례를 찾아보겠으나 혹시 한국측이 금번 경우에 원용할 수 있는 선례에 관해 알고 있는 것이 있으면 통보해 달라는 정도까지는 성의를 보여왔음(이러한 선례의 유무파악을 위해 당관으로서도 노력하겠으나 본부에서 파악된 것이 있으면 하시바람)

　다. 배석중인 담당관이 아측으로부터 일본에 정착을 희망하는 귀환자에 대한 대책은 수립되어 있는가 라고 질문한데 대해 일측 담당관은 비공식으로 들어달라고 하면서, 대책까지는 검토되고 있지 않으나 우선 일본정착을 허용할 수 있는 조건으로서 1) 남 가라후도에 전전으로부터 현재까지 계속 거주하여온 자로서, 2) 일본에서의 주거, 취업, 언어(일어)에 문제점이 없는 사람이라는 것이 최소한도의 조건으로 고려되고 있는 것 같다는 답변이었음.

3. 비공식임을 전제로 한 것이었으나 전기2항의 아측 발언중 시정 또는 추가해야할 사항이 있으면 지급 회시바람(일정, 북일)

10. 외무부 공문(발신전보)—정착금 지원문제

외무부

번호 WJA-0142
일시 051825
발신 외무부 장관
수신 주일대사

    대: JAW-0229
    대호건 중 정착금 지원문제에 원용할 수 있는 선례는 현재까지 파악된 바
없으나 각 공관에 통보하여 주사위계임. (북일-)

11. 외무부 공문(착신전보)-외무성 세오 북동아과장과 우문기 서기관과의 면담

외무부
관리번호 74-177
번호 JAW-03324
일시 181717
수신시간 MAR 19 AM□:22
발신 주일대사
수신 외무부 장관

    대: WJA-01319   연: JAW-02029
    1. 금 3.18 세오 북동아과장은 우문기 정무과장을 외무성으로 초치하여 대호
사하린 교포 귀환문제에 관한 아측 회답에 대하여 다음과 같이 공식 통보하여
왔음.
        가. 한국으로의 귀환 희망자는 한국이 인수하겠다는 것을 문서로 공식으로
표명하여 주는 것이 본건 202명(아래"다"항 참조)의 귀환촉진에 있어 필요하며,
한국으로부터 이와 같은 공식인수 의사표시가 있으면 일측은 곧 이어서 다음
단계인 쏘련과의 협의에 들어가겠으며 그렇게함으로서 202명에 관한한은 해결
이 촉진될 것이 가능해진다고 보임.
        나. 일측으로서는 일본도착 후 그들의 귀국의사를 확인하여 인수하겠다고

하는 한국측 입장에 동의할 수 없는 바 그 이유는 일측으로서는 한국귀환 희망자와 일본정착 희망자는 전혀 별개의 CATEGORY에 속하는 것으로 보며, 따라서 문제의 취급에 있어 이들 두가지 문제는 서로 별개의 것으로 처리되어야 한다고 생각하며, 또한 그들이 주쏘일본대사관에 보내온 서신에서 한국 귀환희망자임이 명확히 나타나고 있어 재확인의 필요가 없고, 이러한 의사표시가 쏘련 내에서 행해진 만큼 이는 상당한 용단과 결의를 나타내는 것임으로 일본도착 후에 의사에 변경이 있을리 없을것이기 때문임. 이와 관련하여 만일 한국 정부가 일측이 그들의 의사확인에 있어 기초로 삼은 그들로부터의 서신 사본을 제공요청하면 이의 제공은 검토해 볼 용의가 있음.

　　다. 일측이 전번에 제공한 45세대 202명의 명부(일정700-363참조)를 검토하여 본 한국측의 결과를 알려주기 바라는 바 동명단중 착오 및 추가가 있어 수정된 것인 47세대201명(주:2세대 추가되고 인원은 1명이 감소되었음)의 명단을 전달하며(파우치편에 송부하겠음), 본 명단은 주한 일본대사관을 통해 정식으로 한국정부에 근일중에 제시할 예정임.

2. 상기에 대하여 우정무과장은 일측입장을 본국정부에 보고하겠다고 하고 종래의 아측 입장을 다시 설명하였던 바 일측은 의사확인문제에 있어 한국측이 당사자들이 최종 확정의사라고 그것에 의해 납득할 수 있는 조사양식을 만들어 일측에 넘겨주면 일측은 이를 형식상 일본정부의 조사서류로 주모스코바 일본대사관을 통해 당사자들에게 기입케하여 한국측에 회송하는 것 까지는 고려할 수 있으나 귀국의사를 일본도착후 한국정부가 확인하여 인수하겠다는 것에는 응할 수 없다고 하였음 (일정-북일)

12. 메모-3.18 일본외무성 세오 북동아과장과 우문기 서기관과의 사할린교포 문제에 관한 면담요지

3.18. 일본 외무성 세오 북동아과장과 우문기 서시관과의 사할린 교포 문제에 관한 면담요지

　　1. 동북아과장은 한국으로의 귀환희망자 202명에 대하여 아국이 인수하겠

다는 것을 문서로 공식 표명함이 필요하다 하고

2. 일측으로서는 일본 도착후 귀국 의사를 확인하여 인수하겠다는 아국 입장에 동의할 수 없다함. 그 이유로서는 한국 귀환 희망자와 일본 정착 희망자는 별개의 범주에 속하며 상기인들은 한국귀환희망자임이 명확하여 재확인할 필요가 없다함.

3. 또한 의사확인 문제에 관하여 아국이 필요한 조사 양식을 만들어 일측에 넘겨주면 주쏘 일대사관을 통해 당사자들로 하여금 기입케하여 아국에 회송하는 것은 고려할 수 있다함.

13. 기안-재사하린 교포 귀환 교섭 및 사후대책을 위한 관계부처 회의

관리번호 74-221
분류기호 문서번호 북일700-443
기안일시 74.4.8.
기안자 동북아1과 조원일
경유수신참조 내무부, 보건사회부 장관, 중앙정보부장
제목 재사하린 교포 송환 교섭 및 사후 대책

연 : 북일700-84, 북일 700-12651

1. 일본 정부에서는 74.1.22. 한국으로의 귀환을 목적으로 일본의 입국 허가를 탄원한 201명의 재사하린 한국인 명단을 제시하고 한국 정부에서 이들을 인수하겠다고 약속하면 대쏘교섭에 응하겠다고 통보해 왔읍니다.

2. 이에 대하여 아국은 74.2.1. 연호로 기 통보한 바와 같은 선에서 이들이 일본으로 돌아온 후 귀국의사를 재확인하여 인수하겠다고 74.2.1. 일측에 회보하는 동시에 잔여 귀환 희망자의 송환 교섭도 촉진할 것을 일본정부에 강력히 촉구한 바 있읍니다.

3. 일본 정부에서는 동 교포들이 주쏘 일본 대사관에 보낸 서신에서 한국 귀환 희망을 명확히 표명하고 있음을 강조하고 3.27. 재차 구상서를 통하여 한국정부에서 인수 약속을 해 줄 것을 요청하여 왔읍니다.

4. 이상과 같은 경위와 74.4.6. 관계부처 국장회의시 논의된 내용을 참고하시고 일본측의 제의 및 아국 인수 대책 등에 관한 귀부의 의견을 당부에 지급 통보하여 주시기 바랍니다.

첨부: 1974.4.6. 관계부처 회의록1부. 끝.

14. 회의록-1974.4.6. 관계부처 회의록

재 화태교포 귀환교섭 및 사후 대책을 위한 관계부처 회의록

1. 일시 및 장소
   1974.4.6. 11:00-12:50
   외무부 회의실(중앙청420호실)
2. 참석자

외무부	정무 차관보	김정태
	아주국장	지성구
	참사관	박수길
	동북아1과장	우문기
중앙정보부	제1국장	권영백
	(담당관 1명수행)	
보건사회부	사회국장	박상렬
내무부	외사3계장	이병모
(기록)	동북아1과	조원일

3. 회의록(별첨)

김 차관보: 세계 제2차 대전시까지 남 화태에 징병, 징용등으로 끌려갔던 아국 교포중 일부가 귀환을 희망하고 있다고 알려진 이래 우리 정부가 일본 정부 등을 통하여 이들의 귀환 교섭을 해 왔으나 아직 해결되지 않고 있는데 최근 일본 정부가 재사하린 한국인중 201명이 한국으로 귀환할 것을 희망하

는 탄원서를 자국에 냈으니 이들을 한국정부에서 인수하겠다고 약속해 달라고 요청해 왔다. 일본정부의 이와 같은 구체적 제의에 대하여 아국 정부가 답변을 하기 전에 본 문제와 관련되는 관계부서의 의견을 듣고져 오늘 회의를 마련하였다.

우선, 이 문제의 그간의 경위와 최근 일본 정부의 제의내용 및 문제점 등에 관하여 아주국장이 설명해 주시기 바란다.

지성구 아주국장: 본 문제의 경위 및 일본정부의 제의 내용, 문제점 설명(별첨 자료에 따라 설명함)

김 차관보: 요컨대, 아국정부는 귀환 희망자들을 일본 정부가 책임지고 일본까지 데리고 온 후에 귀환자들의 의사를 확인하여 한국 또는 일본으로 최종 정착지를 결정하자고 주장해 온데 대하여 일본정부는 한국에서 전원 인수해야 대쏘 교섭에 임하겠다는 태도이며, 이번에 구체적으로 한국 귀환희망자201명의 명단을 제시하고 우리 정부의 인수 약속을 요구해 온 것이다.

아국 정부에서 이들을 인수하겠다고 할 경우와 그렇지 않을 경우의 문제점을 각 부처에서 지적해 주기 바란다.

지성구 아주국장: 내무부에서 이들 201명의 연고자에 관하여 조사한 것으로 알고 있는데 우선 내무부에서 의견을 말하여 주는 것이 좋겠다.

외사계장: 일본 정부에서 최초로 통보해 온 귀환 희망자들의 연고자를 조사해 본 결과 3세대가 호적에 등재되어 있지 않았고 2세대의 연고자에 약간의 문제점(1명은 실제가 월북, 1명은 4촌이 의용군으로 인민군에 입대)이 있은 외에 특이 사항이 없었다.

추후 통보해 온 5세대는 조사중에 있다.

김 차관보: 이들이 한국으로 돌아올 경우 세대주들은 대개 1910-1920년생들의 노인이므로 문제점이 크지 않으나 그들의 자녀는 대부분 청년층이므로 사상면에서 문제가 간단하지 않을 것으로 예견된다.

권영배 제1국장: 우리 정부가 이 문제를 해결하는데 있어서는 좀 더 거시적 입장에서, 최대한 실리를 추구하는 정책적 차원에서 다루는 것이 좋을 줄 생각한다. 지금까지는 한쏘간 국교가 없는 관계로 일본을 통한 간접적 해결 방법을 택해 왔으나 앞으로는 쏘련의 진의를 보다 정확하게 파악하여, 예컨데 적십자사를 통한 직접 대화 방법을 모색할 수도 있을 것이다. 아울러 우리는 이 문제를 전후 처리문제로 다루어 일본 정부에 책임이 있다고 주장하고 있지만 일본측은 한일 기본협정의 체결로 일본 정부의 책임은 끝났다고 생각하고 이 문제 해결에는 마지 못해 우리 정부의 요구에 소극적으로 응하고 있는 것으로 보아야 하지 않겠는가?

김 차관보: 이 문제는 한일 기본협정의 체결로 해결되지 않은 것 중의 하나이다. 한일 기본협정의 체결로 여러가지 문제가 한일간에 해결되었으나, 화태 교포 문제는 추후 해결되어야 할 사항으로 남았던 것이다.

권영백 제1국장: 쏘련은 북괴의 눈치를 살피느라고 소극적 자세를 취하고 있고 일본은 일본대로 도의상 마지 못해 우리 정부에 협조하고 있는 듯한 태도를 보이고 있으므로 한쏘간의 직접 대화가 좋을것으로 생각한다. 국내문제는 우리가 해결할 수 있는 것이므로 크게 문제가 되지 않는다고 생각한다.

박수길 참사관: 최근 일쏘는 평화협정 체결 움직임을 보이고 있는데 본 문제는 일본이 동 평화협정 체결의 전제 조건으로 제기하는 것이므로 이 문제의 해결은 일쏘간의 문제로도 볼 수 있으며, 그 해결은 한일쏘 3국에 모두 이익이 된다고 생각한다. 우리 정부가 현 단계에서 결정해야 할 사항은 종래 우리의 방침대로 귀환희망자 일괄 송환을 계속 주장할 것이냐 또는 우선 일본 정부가 제의해 온 201명부터 먼저 받아드릴 것이냐 하는 문제이다. 이 문제의 효율적인 해결을 위한 방법으로서 여러가지 방법을 생각하고 시도하였으나, 역시 쏘련, 북괴의 태도를 고려하여 일본을 통한 교섭이 가장 효율적이고 합리적이라고 생각되어 이 방법을 택했던 것이다. 이 문제의 해결은 정책적인 면과 실무적인 면이 일치되는 것으로 보며, 일본측의 적극적인 노력으로 해결될 것을 생각된다.

김 차관보: 이들201명을 우리가 받아드릴 경우의 득, 실점을 종합적으로 정리하여 보겠다.

첫째로, 이들을 우리가 받아드리면 그들이 공산권으로부터 우리에게 온다는 점에서 국내적으로나 국제적으로나 우리에게 유리하다고 생각되고,

둘째로, 우리는 대일관계에서 본 문제를 전후 처리의 일환으로 내세우고 이 논리에 따라 귀환후 정착지는 자유 의사에 의하여 결정하여야 한다고 주장하고 있으나 실제적인 면에서는 너무 많은 수가 일본에 남겠다고 하여도 문제점이 있다. 조총련의 이용, 한일 양국의 관계등을 고려하면 이 점은 대내

외적으로 우리에게 불리한 요인이 될 것이다.

셋째로, 201명이 한국으로 돌아오게 한다면 쏘북괴관계를 이간 내지는 최소한 나쁘게 한다는 득점이 있을 것으로 생각되며,

넷째, 우리가 인수 약속을 하지 않으면 일본 정부는 대쏘교섭을 하지 않겠다는 태도인데, 이 경우 모든 책임과 비난은 우리 정부가 지지 않으면 안된다. 이렇게 되면 지금까지 우리 정부의 노력을 이해하고 협조하여 준 국적(ICRC)에서도 우리 정부에 책임이 있다고 할 것이고 일본 정부는 더욱 좋은 구실로 삼을 것이다.

다섯째, 일본 정부에서 이들 201명이 모두 한국에 정착하기를 희망한다고 통보한 데 대하여 우리 정부가 또 다시 재확인 하여야 한다고 주장하고, 불응하면 우리는 인수치 않겠다고 하는 것은 한일 관계를 고려할 때 좀 어려운 점이 있다.

이들 201명이 일단 일본으로 돌아온 후 일본에 정착하겠다고 하면 그때 일본과 논의할 수도 있는 것이다.

여섯째, 본건 201명의 귀환을 조속한 시간내에 실현시키는 것은, 한쏘간 관계 증진의 좋은 재료가 될 수도 있다.

지성구 아주국장: 아울러10만에 가까운 재일교포가 북송되었다는 사실도 염두해 둘 필요가 있다.

권영백 제1국장: 이들을 인수하면 재일 교포들의 조국에 대한 인식을 쇄신할 수가 있고 또 쏘련의 여타 지방에 산재해 있는 많은 수의 교포 현황에 관한 자료를 입수할 수 있는 외에도 북한·쏘련 관계 이간이라는 잇점이 있기는 하나 반면에 북한이 반발할 것이므로 여타 잔류자의 길이 좁아지거나 막혀 버릴 지 모른다는 불리점이 있을 수 있다.

박상렬 사회국장: 이들이 한국으로 돌아오면 최소한 화태에 사는 것 보다는 낮게 해 주어야 할텐데 현재의 국가 재정 형편으로는 구호대상 국민에게 1일그람의 소맥분(수제비 두 그릇)밖에 줄 수 없는 형편이므로 어려운 점이 많을 것이다. 최근에는 특히 민심의 안정을 위하여 정부에서 비상한 노력을 하고 있음을 감안하여 신충하게 처리해야 될 것으로 생각한다. 국내대책은 예컨대 한적등에 종합대책본부를 설치하여 처리하는 것이 좋겠다.

박수길 참사관: 권국장께서 한쏘간의 직접 교섭방법 내지는 그 시도의 필요성

을 말하였는데 종전에 우리가 그와 같은 노력을 하지 않았던 것이 아니다. 즉 한적 총재가 작년 국적 총재를 통하여 한쏘적 총재간의 협의를 주선하여 줄 것을 요청하고72.7. 73.8. 양차에 걸쳐 쏘적 총재에게 방쏘하여 제반 문제를 협의코져 한다는 서신을 발송하였으나, 아직 쏘적측으로부터 회신이 없는것으로 알고 있다. 현 단계에서 적십자사를 통한 한쏘간의 직접 대화도 어려운 것은 쏘적이 국가기관과 같은 성격을 가지고 있으므로 쏘련 정부의 태도가 결정되기 전에는 적십자사도 아무런 행동을 취할 수가 없는 것이다.

또한 종래 귀환 희망자를 아국에서 인수키로 했던 방침을 지금에 와서 변경시킬 이유가 없으므로 받아드려야 한다는 것은 명명 백백하며, 다만 최종 정착지를 결정하는 것은 귀환자의 자유 의사로 결정하도록 일본에의 정착의 길을 터 주어야 한다. 일본에 살고 싶어하는 자들에게는 일본에서 살 수 있게 해주는 것이 국내 대책에도 이로운 점이 있다. 아울러 이러한 문제는 국내 대책 문제가 간단하지 않으므로 관계부처에서 미리 생각하고 있어야 한다. 유골 봉환문제와 같은 비교적 간단한 문제의 경우에도 국내 대책이 마련되어 있지 않아 외교 교섭이 지연되었던 것을 염두해 둘 필요가 있다.

권영백 제1국장: 우리 정부로서는 이들이 억류지인 쏘련으로부터 자유 세계로 탈출하는데 적극 도웁는 것이므로 이것으로 족하고 어디를 최종 정착지로 하느냐는 그렇게 중요한 것이 아니다. 지금으로서는 쏘련의 태도도 다소 달라졌을지 모르므로 한쏘적 간의 직접 교섭을 다시 시도해 보는 것도 좋을 것으로 생각한다.

김 차관보: 오늘 회의의 결론을 다음과 같이 맺고져 한다. 측, 첫째, 일본 정부에서 제의해 온 201명에 대해서는 앞에서 분석한 득실점에 비추어 원칙적으로 우리가 받아드리는 것으로 하여, 일본측에 한국에 오기를 희망하는 것이 사실이라면 받아드리겠다는 선으로 통보하고 추후에 나타나는 사실에 대해서는 장차 일본과 교섭토록 하고 관계부처에서 사후 대책을 강구토록 하며, 여타 화태교포 일반의 문제는 종래의 방침대로 계속 송환 교섭을 하되 권 국장이 제시한 한쏘적 직접 어프로치 방법도 계속 강구토록 할 것이다.

둘째, 본 문제의 최종적인 결정은 최고 정책 결정 기관에서 결정하도록 금일 회의 결과를 보고하겠다.

지성구 아주국장: 금일 회의에서 논의된 내용을 기초로 하여 공문을 각 부처에 내겠으니 재검토하여 조속 회보해 주는 방식으로 처리하는 것이 좋겠다.

김 차관보: 우리가 금명간 공문을 낼 테니 곧 회보하여 주시 바란다.

거기에서 나오는 결론을 기초로 상부선에서 재차 회합하여 결정토록 해야 할 것이다.

권영백 제1국장: 중앙정보부와 크게 관계가 있는 것 같지는 않다고 생각된다.

김 차관보: 다소 귀부와도 관계가 있을 것 같으니 좋은 의견을 제시하여 주기 바란다. 여러분 장시간 진지하게 논의해 준데 대하여 감사하게 생각한다. 끝.

제4부

재일교민 김희로 사건, 1970~1972

해방이후 재일한인 외교문서 해제집
┃제4권┃ (1970~1974)

김희로 사건이란 1968년 2월 20일에 재일조선인 김희로가 어음 관련 빚 독촉 문제로 시즈오카현(静岡県) 시미즈시(清水市)의 나이트클럽에서 조직폭력배 2명을 엽총으로 사살하고, 이후에 스마타쿄(寸又峽) 온천 마을의 후지미야(ふじみ屋) 여관에서 경영자와 숙박자를 포함한 13명을 인질로 잡고 88시간 동안 경찰과 대치한 사건이다. 특히, 당시 김희로는 신문 기자들과 약 20차례[1]의 기자회견을 반복적으로 전개하면서, 사살한 조직폭력배의 악행을 공표할 것과 고이즈미 이사무(小泉勇) 형사의 재일조선인 멸시 발언에 대해서 텔레비전을 통해서 공개 사과를 요구하는 등, 김희로가 생중계되는 동시대의 텔레비전을 교묘하게 이용했다는 점에서 극장형 범죄라고도 불린 사건이다.

또한, 당시 사건 현장에는 작가, 대학교수, 평론가, 변호사로 구성된 이른바 〈문화인〉 그룹이 동 사건을 단순 형사사건이 아닌 일본인의 재일조선인에 대한 민족차별이 원인이 되어 발생한 사건으로 인식하고 성명문 발표 및 설득을 위해 사건 현장까지 찾아가기도 해서 이슈화되기도 했다. 그리고 체포 후, 김희로는 8년간의 법정투쟁 끝에 1975년에 무기징역이 확정되고, 1999년에는 다시는 일본에 입국하지 않는다는 조건으로 70살에 가석방(귀국 후, 생부의 성을 따라 '권'으로 변경), 이른바 강제송환의 형태로 한국으로 귀국하게 된다.

그런데 김희로는 2010년 3월 26일, 지병인 전립선암이 악화되어 부산 동래의 봉생병원에서 사망하게 되고(빈소는 동 병원의 장례식장 2호), 유골은 본인의 유언 "선친의 고향인 부산 영도 앞바다에 뿌려 주고, 반은 시즈오카현의 어머니 묘에 묻어 달라"[2]에 따라 처리되게 되는데, 김희로 사망에 대해서 한국의 미디어는 다음과 같이 보도하고 있다.

제주시가 '권희로 무궁화 동산'을 만들어주고, 안상영 당시 부산 시장이 명예 시민 기념 금메달을 걸어주는 등 환영행사가 잇따랐다. 그러나 그는 "나는 영웅도 아니고 애국지사도 아니다. 아무런 이유없이 나 같은 동포를 차별하고 괴롭힌 못된 일본인과 공권력에 반항한 죄로 평생을 감옥에서 보낸 불쌍한 인간일 뿐이다"며 자신을 맞췄다. (중략)권씨는 삼중스님의 소개로 소년원 등을 찾아 교화활동을 펴기도 했다. 그러나 2000년 내연녀의 남편을 폭행한 사건 등

1) 伊藤・川口記者(1968.3.8)「ライフル魔と人質たち」,『週刊朝日』, p.21.
2) (2020.3.27)「한국인이라 서럽던 '전쟁같은 삶'」『한겨레신문』

31년이 넘는 옥중생활로 인한 성격장애 행동으로 보호감호처분을 받으면서 세
간의 관심에서 멀어졌다.[3]

한국 미디어의 김희로 사망 관련 보도를 살펴보면, 먼저 1992년에 개봉한 영화
『김의 전쟁』(2월 29일 개봉, 김영빈 감독, 유인촌 주연)을 경유하면서 일본의 차별
과 이른바 '전쟁'한 〈영웅〉으로 클로즈업시키고 있는데, 주목할 부분은 2000년에
발생한 내연녀의 남편에 대한 살인미수 사건(내연녀와 공모해서 남편을 살해할 계
획을 세우고, 1미터짜리 죽창으로 가해 및 방화, 2000여만원의 재산 피해)이 '옥중
생활로 인한 성격장애', 즉 일본에서의 긴 감옥생활로 인한 '장애'로 설명되고 있다
는 점이다. 이와 같은 살인미수 사건과 일본에서의 '옥중생활'과를 단락적으로 연결
시켜 해석하는 보도는 한겨레신문뿐만이 아니라, 문화일보 역시도 '일본에서의 오
랜 감옥생활에 따른 인격장애'[4]로 보도하고 있다.

그런데 주의할 점은 2000년 사건 당시에는 동 사건을 '일본에서의 오랜 감옥생활'
이라는 가해자(일본)와 피해자(한국)의 도식 속에서 보도하는 기사는 없었다는 사
실이다. 그렇다면, 왜 갑자기 김희로 사망 후에 이와 같은 반일감정을 조장하는 이
분법적인 보도가 부상하는가인데, 이와 같은 의문을 풀어주는 단서는 위 기사의 마
지막 부분에서 동 사건 이후로 김희로는 '세간의 관심에서 멀어졌다'라고 하는 부분
이다. 물론, 위 기사의 표현을 빌리자면, 귀국하는 김희로를 위해 '동산'을 만들어
주고, '명예시민 기념 금메달'을 걸어주며 환영했던 한국인에게는 그의 비상식적인
범죄행위는 충격 그 자체였을 것이고, 그 결과 '세간의 관심에서 멀어졌다'고 하는
해석은 충분히 설득력이 있다. 하지만 동 살인미수 사건을 보도하는 다음과 같은
일본의 미디어 보도를 보면, 조금 다른 해석이 가능해진다.

권희로씨가 부산 거주지에서 경찰에 체포됐다는 뉴스는 일본에서도 큰 관심
을 불러일으켰다. 주요 신문들은 4일 일제히 권씨 사건을 사회면 머리 등의 주
요기사로 다뤘다. (중략)특히 우익적 시각의 〈산케이〉는 당시 그를 '범죄자'일
뿐이라며 한국 쪽의 움직임에 강한 반감을 나타냈으며, 이번에도 사회면 머리
기사 외에 '석방된 지 1년-한국에서는 영웅시'라는 제목의 상자기사를 따로 실

---

3) (2010.3.27)「재일동포 차별에 맞선 '김의 전쟁' 끝나다」『중앙일보』
4) 김기현(2010.3.26)「고달팠던 '金의 전쟁' 끝내고 차별없는 하늘나라로……」『문화일보』

었다. 권씨의 행동은 결국 일본 우익 쪽의 주장을 뒷받침해준 꼴이 됐으며 많이 개선되긴 했으나 여전히 엄존하는 재일외국인, 특히 재일동포에 대한 일본사회의 차별적 관행문제를 모호하게 만드는 부정적 영향을 끼칠 가능성도 있다.5)

위 기사에서는 일본의 '우익적 시각'이 강한 산케이신문의 김희로 살인미수 사건과 관련된 보도 내용을 소개하고 있는데, 주의해야 할 부분은 한국에서의 살인미수자로서의 김희로에 대한 보도가 결국 '일본 우익 쪽의 주장을 뒷받침해준 꼴'(김희로는 단순 〈범죄자〉라는 주장)이 된다는 점이다. 즉, 동 살인미수 사건을 '옥중생활로 인한 성격장애'의 탓으로 해석하게 되면 그동안 김희로를 민족차별과 싸운 〈영웅〉으로 수용했던 한국인이 비난을 받게 되고, 반대로 사건 그대로를 보도하게 되면 일본 우익의 단순 〈범죄자〉설과 공모하는 결과가 되기 때문에, 동 사건 이후로 김희로는 '세간의 관심에서 멀어졌다'고 볼 수 있다. 그런데 이것은 달리 말하자면, 김희로를 보도하는 한국 미디어가 〈영웅〉과 〈범죄자〉라고 하는 이항대립적인 사고의 틀 이외에는 김희로 사건을 해석·보도할 수 있는 사유 방식을 구축하지 못했다고도 말할 수 있다.

현재, 김희로 사건과 관련된 외교문서는 사건이 발생한 1968년도에 생산된 외교문서는 존재하지 않고, 사건 발생으로부터 2년 후인 1970년부터 확인되고 있다. 예를 들면, 1970년에 재외국민과에서 생산된 『재일교민 김희로 사건, 1970』(2000년 공개)과 1971년에 생산된 『재일교민 김희로 사건, 1971』(2000년 공개), 그리고 1972년에 생산된 『재일교민 김희로 사건, 1972』(2002년 공개), 1978년부터 1979년 사이에 생산된 『재일본 교민 김희로 사건, 1978-1979』(2010년 공개)의 총 4건의 관련 외교문서가 존재한다.

먼저, 1970년에 생산된 김희로 사건 관련 외교문서는 동 사건을 서포트하는 한국의 '김희로구출서명추진위원회'(이하, 추진위원회)의 권애라 위원장 외 4인의 일본 방일에 대한 외교적 검토와 진정서 및 탄원서, 김희로 아내의 한국 국적 취득을 허가한 일본 법무성의 결과 보고, 같은 해 4월 24일에 발생한 시즈오카형무소의 간수를 통해서 식칼 등의 금지된 차입물 반입과 관련된 일본 신문의 비난 보도 스크랩이 첨부되어 있다.

---

5) (2010.9.4)「일본 주요신문들 '권씨 사건' 큰 관심」『한겨레신문』

그리고 1971년에 생산된 김희로 사건 관련 외교문서는 1970년의 금지된 차입물 반입 등의 특혜와는 반대로 미결수로 수감 상태임에도 불구하고 부당한 학대를 받았다는 진정서와 김희로 면담 및 진상 조사 보고, 그리고 당시 최규하 외무부 장관에게 보낸 김희로의 친필 서한 및 사건 검증을 위해 스마타쿄 온천 마을 현장에 입회한 모습을 전하는 신문 스크랩이 첨부되어 있다.

마지막으로, 1972년에 생산된 김희로 사건 관련 외교문서는 4년째로 접어든 김희로 공판에 증인으로 출석한 아쿠타가와상을 받은 재일조선인 작가 이회성 및 기타큐슈시(北九州市) 고쿠라(小倉)의 최창화 목사 등의 구명 운동과 시즈오카재판소의 사형 구형과 관련된 국내외의 신문 스크랩, 김희로와 옥중 결혼한 김문자의 도일과 관련해서 비자 발급 문제 등이 논의되고 있다. 그렇다면 당시 한국 정부는 동 사건에 대해서 어떻게 인식했는지에 대해서 조금 더 구체적으로 살펴보도록 하자.

　　1. 그간 당관에서 조치한 바에 의하면 "김희로 공판 대책위원회"는 일인들이 주동이 되어 일인 변호인단의 후원을 목적으로 결성된 집단이며 취지는 사상을 초월하여 김희로 구출운동을 하기 위한 것이라고 하나 동 "대책위원회" 구성 성분을 보면 좌익계열로 되어있으며 동 후원을 받고 있는 일인 변호인단 자체도 공산당, 좌익계열로 되어있음.

　　2. 다만 민단계 변호인으로서는 권일, 김판남 양씨가 관계하고 있으나 일인 변호인단과는 보조를 같이하지 않고 독단적인 입장에서 움직이고 있으며 김판남 변호사가 김희로의 협정영주권을 신청시켜 현재 영주권을 취득케한 사실이 있음.

　　3. 상기 사실을 참작하여 "김희로 구출서명운동 추진위원회"가 "김희로 공판대책 위원회"와 직결되게 된다면 좋지 못한 결과를 초래할 우려가 있는 바 필요하다면 상기 민단측 변호인과 상호 연락을 취하도록 함이 가하다고 사료됨.

　　4. 따라서 금번 권애라 등의 도일의 필요성은 없는 것으로 사료됨.[6]

위의 외교문서에서 주목해야 할 부분은 밑줄 부분인데, 이것은 필자에 의한 것이

---

6) 외교문서(2000)「수신 : 장관, 발신 : 주일대사, 1970년 3월 17일, 번호 : JAW-03208」『재일교민 김희로사건, 1970』외교통상부

아니라 원문 그대로를 옮겨놓은 것이다. 발신자가 일본 주일대사이며 수신자가 한국 외교부 장관이라는 점을 생각하면, 당시 외교 수장이 동 사건의 어디에 중점을 두고 인식하고 있었는지를 알 수 있는데, 먼저 주목할 점은 전후 일본 문단에서 높은 평가를 받고 있는 재일조선인 김달수도 깊이 관여하고 있는 일본의 '김희로공판대책위원회'(이하, 대책위원회)를 그 구성원의 정치적인 성향을 기준으로 '공산당'과 '좌익계열'로 구분하면서 견제하고 있다는 사실이다.

또 한 가지 주목할 점은 당시 한국 정부는 대외적으로는 동 사건에 개입하지 않는다고 말하면서도, 권애라(전 국회의원 고 김시현의 부인)가 중심이 된 한국의 '김희로구출서명운동추진위원회'(이하, 추진위원회)의 일본 방문을 검열 및 차단하고 있었다는 사실이다. 권애라는 김희로 구명 운동을 위해서 서울 광화문 네거리에서 간이 책상을 내다놓고 '100만인 서명'[7]운동을 펼치기도 했는데, 이와 같은 한국의 추친위원회와 일본 대책위원회와의 접촉을 '좋지 못한 결과를 초래할 우려'가 있다고 판단하고 일본 방일을 사전에 차단하고 있다. 물론 여기에서 말하는 '좋지 못한 결과'라는 것은 일본 대책위원회의 '공산당''좌익계열'과의 접촉에 대한 우려라고 볼 수 있는데, 즉 동 사건에 대한 한국 외교문서를 통해서 알 수 있는 것은 〈반공〉이라는 입장에서 한일 양국의 위원회를 검열하고 있었다는 사실이다. 그리고 다음 외교문서를 보면, 이와 같은 이데올로기 속에서 김달수 역시도 검열 대상으로 구체적으로 이름이 올라와 있다는 사실이다.

가. 김피고는 사건 발생 직후 많은 한국 사람들이(조총련포함) 자기 주변을 감싸고 변호 및 각종 친절을 베풀어 주었으나 당시는 자기자신 누구의 도움을 받아야 할 것인지에 대한 올바른 판단을 할 수가 없었다. 그러나 자신은 계속하여 한민족의 한사람으로서의 긍지를 자각하고 있으며 현재는 조총련의 친절이 한, 일 양국 간의 우호관계를 저해하고 있다는 점을 정확히 자각하고 있다. 따라서 현재에도 <u>김달수 등이 변호인단에 가입되고 있으나 그의 발언이 앞으로라도 한, 일 양국 간의 우호증진 면에서 방해가 될 적에는 그를 변호인단에서 제명토록 요구하겠다.</u>

나. 총련계에서는 <u>김일성전기 및 모택동 전기 등을 비롯하여 각종 공산계 서적 및 잡지를 차입</u>해주고 있으나 김피고는 이러한 간행물을 일체 보지 않

7) (2009.12.1)「여열사 竹稚 권애라의 생애【24】」『안동권씨종보 능동춘추』제130호, p.11.

을뿐더러 <u>차입 접수마저 하지 말도록 관계 간수에게 연락을 취하였다고 하였음.</u>[8]

위의 외교문서 속의 밑줄 역시 원문 그대로인데, 김희로는 사건 발생 직후에는 '올바른 판단'을 할 수 없어서 민단과 조총련 양쪽으로부터 도움을 받았지만, 지금은 "한민족의 한사람으로서의 긍지를 자각하고 있으며 조총련의 친절이 한, 일 양국 간의 우호관계를 저해하고 있다는 점을 정확히 자각하고 있다"고 말하고 있듯이, 김희로는 한국 정부가 요구하고 있는 〈반공〉에 맞추어 조총련 소속의 김달수의 발언 및 조총련 관련 모든 차입물까지도 꼼꼼히 보고하며 공조하고 있었다는 사실을 알 수 있다.

그리고 당시 한국 정부가 김희로 사건을 어떠한 정치적인 한일 관계 속에서 이해했는지에 주목하면, 앞서 소개한 외교문서에는 재판 중에 있는 김희로가 민단 출신 변호사(김판엄과 권일)의 도움을 받아 '협정영주권'을 신청해서 취득했다고 보고하고 있다. 위의 외교문서가 생산된 것은 1970년 3월 17일인데, 한일 양국은 1965년 국교정상화 이후에 한일법적지위협정을 체결하고 재일조선인의 외국인등록증명서의 국적란에 '조선'에서 '한국'으로 변경하는 이른바 국적변경운동을 전개한다. 이와 같은 협정영주권을 취득한 재일조선인은 중범죄를 저지르지 않는 한 본국으로 강제 송환되지 않고, 또한 본인의 의지에 따라 한국으로 귀국하는 경우에는 재산을 가지고 갈 수 있으며, 교육 및 생활보호, 국민건강보험 등의 제도적 측면에서 일본인과 동등한 대우를 받을 수 있다는 점에서 일본에 거주하는 다른 국가의 재일 외국인과 비교해서 특혜를 받게 된다.[9]

그런데 문제는 동 협정영주권 신청의 최종 마감일이 1971년 1월 16일인데, 당시 약 60만 명의 재일조선인 중에 협정영주권 체결을 통해서 '한국' 국적을 취득한 사람은 절반도 미치지 못했다는 사실이다. 따라서 한국 정부는 일본 정부에 부탁을 해서 일단 '한국' 국적으로 변경한 사람에 한해서는 재차 '조선' 국적으로 변경할 수

---

8) 외교문서(2000)「제목 : 진정에 대한 조사보고」「수신 : 장관, 발신 : 영사국장, 1971년 3월 18일, 번호 : 725-206」『재일국민 김희로사건, 1971』외교통상부

9) 外務省条約局(1965)「在日韓国人の法的地位協定」『日本外交主要文書・年表(2)』1965年, pp. 596-598. 1965년에 체결된 협정영주권은 그 대상이 자식 세대까지 한정되어 있었기 때문에, 손자/손녀 이후의 세대에 대한 문제점과 '조선' 국적의 재일조선인 및 대만 국적의 영주자들에 대한 근본적인 처우 개선이 필요했고, 이를 위해 1991년 11월 1일에 '한국' 국적의 재일조선인에 한정하지 않는 '특별영주권' 제도가 시행되었다.

없게 하는 등의 다양한 회유책을 전개해 나간다. 따라서 이와 같은 동시대의 국적 변경 문제에 주목하면, 한국 정부의 지시에 따라서 움직인 민단 출신 변호사를 통해서 김희로가 '한국' 국적을 취득하게 된 것은 이데올로기 측면에서는 〈반공〉 입장을 취하고 있다고 볼 수 있고, 또한 김희로를 '한국' 국적으로 포섭함으로써 대외적으로는 북한에 대한 한국의 우월성을 강조하는 사건으로 유용하려 했다고 해석할 수 있다.

다음으로, 김희로 사건은 극장형 범죄라고 하는 사건의 특수성과 사건 그 자체가 가지는 역사성 때문에 동시대의 많은 문학가들에게 충격적인 사건이기도 했는데, 예를 들면 사건 발생 직후에 극작가 기노시타 준지(木下順二)는 동 사건에 대해서 다음과 같이 설명하고 있다.

> 우리들은 우리들 아버지 대, 할어버지 대, 그보다 이전 시대에, 개인적인 우리들 자신과는 관계없이 저지른, 타민족과 자민족에 대한 차별의 죄로부터 도망치는 것은 불가능하다. 그것은 우리들이 짊어져야 하는 원죄이다.(중략) 우리들은 자신의 문학 작품의 등장인물들에게 종종 범죄를 저지르게 해서 살인을 실행시킨다. 다만, 그것은 단순히 범죄를 저지르게 해서 살인을 실행시키기 위해서 그렇게 하는 것이 아니다. 범행과 실행을 통해서밖에 증명할 수 없고 현실화할 수 없는 무언가를, 그와 같은 안타까운 모순을 내포한 무언가를 증명하고 현실화하기 위해서 그렇게 하는 것이다. 우리들이 작품을 집필하는 과정에서 행하는 그러한 행위를 김희로라는 인간은 현실의 행위로서 실행했다고 나는 생각한다. 단순한 '사건'이 아닌 '문학적 사건'으로서 이번 사건이 나를 생각에 잠기게 하는 이유이다.[10]

기노시타 준지는 동 사건이 가지는 역사적 책임에 대한 연속성과 언어화되지 못하는 재일조선인의 자기표상, 그리고 일본인의 타자표상을 둘러싼 권력성을 비판적으로 사유하고 있는데, 일본 문단에서는 사건 발생 직후에 동 사건을 모티브로 한 다양한 작품이 발표된다. 예를 들면, 사건 발생 직후에 발표된 작품을 시기별로 간단하게 소개하면, 가지야마 도시유키(梶山季之)의 「나는 반도인─소설·김희로」(『小説宝石』1968년 6월), 후쿠다 쓰네아리(福田恆存)의 「알기는 뭘 알아!」(『自由』

---

10) 木下順二(1968.2.29)「ある文学的事件─金嬉老が訴えたもの」『毎日新聞』

1968년 7월), 츠츠이 야스타카(筒井康隆)의 「신킨타로」(『推理界』1969년 1월), 김학영의 「시선의 벽」(『文芸』1969년 11월), 논픽션 작가 혼다 야스하루(本田安春)의 『사전』(潮出版社, 1978년), 드라마 『김의 전쟁』(フジテレビ, 비토 다케시 주연, 1991년 4월 5일 방영), 영화 『김의 전쟁』(삼화프로덕션, 유인촌 주연, 김영빈 감독, 1992년 2월 29일 개봉) 등이 있다.

먼저, 일본 문단에서 가장 빠른 시기에 반응한 작가는 1930년에 식민지 경성에서 태어난 재조일본인 가지야마 도시유키이다. 제목의 부제 '소설・김희로'에서도 알 수 있듯이, 동 작품은 실제 사건과 같이 어음 문제가 원인이 되어 야쿠자 2명을 사살한 후에 여관에서 인질극을 벌이게 되는데, 결정적으로 실제 사건과 다른 부분은 재일조선인 멸시 발언은 일본 경찰이 아니라 야쿠자가 한 것으로 변경되어 있으며, 이를 통해 역사적 존재로서의 재일조선인 마이너리티와 국가 간의 비대칭적인 권력성을 고발하려 한다. 달리 말하자면, 「나는 반도인ー소설・김희로」는 이와 같은 전략적 거리두기를 통해 사건 발생 당시에 담론화되었던 옹호론과 비판론의 두 가지 성격을 동시에 가지는 소설의 모습을 취하게 된다. 예를 들면, 야쿠자의 살인에 방점을 찍고 읽으면 식민지주의의 전후 책임을 다룬 소설로 해석할 수 있고, 반대로 인질극에 방점을 찍고 읽으면 살인 그 자체의 행위를 비판적으로 사유하려는 소설로 읽히며, 동시에 피해자로서의 재일조선인 김희로의 고발에 내재된 자기책임의 문제를 표면화한 작품으로도 평가할 수 있다.

다음으로, 사건 발생 직후 가지야마 도시유키와 함께 가장 빠른 시기에 연극 및 시나리오의 형태로 발표된 후쿠다 쓰네아리의 「알기는 뭘 알아!」는 사건 현장에 설득을 위해 직접 찾아간 이른바 '문화인 그룹'을 패러디하고, 이를 통해 동시대 일본 문단 및 지식인이 재일조선인 마이너리티를 포섭・편입시켜 나가는 프로세스를 탐색하고 있다. 동 작품에서는 주인공의 이름과 국적, 직업, 고향 등이 다를 뿐만 아니라, 사건이 발생한 장소 및 인질의 국적 및 인원, 문화인 그룹의 직업 및 인원, 결말의 불일치 등 실제 사건과 디테일한 설정이 다르게 묘사되어 있지만, 작품 속 내러티브는 마치 미시적 차이를 강조함으로써 거시적 동일성을 부각시키는 미세케치 기법과 같이 패러디를 통해서 밖에 설명할 수 없는 사건의 진실을 향해 독자를 안내한다.

특히, 주인공 무라키와 문화인 그룹 간의 '알아/뭘 알아'라는 희극적 문답 프레임을 통해 범행 동기의 정당성과 순수성 그 자체보다는 오히려 무라키의 반박에 하나같이 전복당하는 문화인 그룹의 비논리성이 부각된다. 이를 통해, 김희로 사건 당시의 인질극과 체포 직후에 표면화된 한일 언론의 노골적인 보도 변화 및 심야 회동과 호소문에 이름을 올린 수많은 문화인 그룹이 체포 이후에 더 이상 재일조선인 관련 발언을 하지 않는 지식인의 태도 및 신념의 변화에 대해서, 동 작품에서는 지식인의 언어가 가지는 권력성과 보편적인 원칙의 허구성에 대해서 코미컬한 패러디를 통해서 비판적 사유를 시도하고 있다.

이후, 일본 문단에서 김희로 사건을 다룬 소설은 사건으로부터 11개월 뒤인 1969년 1월에 발표된 츠츠이 야스타카의 『신킨타로(晋金太郎)』이다. 다만, 당시 츠츠이 야스타카의 일기에는 "3월 18일(월)—김희로 사건의 패러디 「진희로(晋喜老)」를 쓰기 시작. 올요미모노(オール讀物)에 건네 볼 생각"[11]이라고 기록되어 있듯이, 김희로 사건을 모티브로 한 소설 집필은 사건 직후였다는 사실을 알 수 있다. 다만, 초고를 완성한 직후, "4월 5일(금)—올요미모노의 스즈키 씨와 레온에서 만났다. 「진희로」의 조선인 문제의 부분, 삭제해 달라고 한다"라고 되어 있듯이, 편집 단계에서 소설 속 '조선인 문제' 설정이 문제가 되어 결국 발표되지 못했고, 결과적으로 제목 자체도 김희로 사건을 직접적으로 연상케 하는 「진희로」에서 「신킨타로」로 수정되어 전혀 다른 잡지에 실리게 된다.

동 소설의 특이점은 주인공 신킨타로는 실제 김희로 사건처럼 88시간 동안의 인질극 이후에 체포되지 않고, 사건 발생으로부터 '2개월'(4장)과 '1년'(5장) 뒤의 모습이 SF작가 특유의 유머러스와 상상력을 통해 그려지고 있다는 점이다. 특히, '2개월' 뒤의 모습에서는 방송국 디렉터에 의해서 가공된 아이덴티티가 탈각되는 과정을 그리고 있고, '1년' 뒤의 모습에서는 가공된 아이덴티티가 탈각된 현재의 자기 자신을 '지옥'으로 느끼면서 소설은 끝이 난다. 당시, 변호인 입장에서 재판의 마지막까지 김희로를 도왔던 스즈키 미치히코(鈴木道彦)가 자기 비판적인 입장에서, "고발자로서의 김희로를 진심으로 변호하는 길"이 오히려 재일조선인의 "주체 상실에 일조하는 경우가 있다는 것을 깨달았다"[12]고 회상하고 있듯이, 소설의 결말에서는 타자에 의해서 가공된 민족적 아이덴티티가 결과적으로 자기 파괴로 이어지는 프로세스를 그려내고 있다.

다음으로, 1969년 11월에 발표된 재일 작가 김학영의 「시선의 벽」은 김희로 사건 및 김희로를 주인공으로 집필한 소설은 아니지만, 민족적 아이덴티티에 대해서 '투명한 불안감'을 느끼는 재일조선인 2세 이수영이 1968년 2월에 발생한 김희로 사건

---

11) 筒井康隆(1991)『腹立半分日記』文春文庫, pp.101-106.
12) 鈴木道彦(2007)『越境の時　一九六〇年代と在日』集英社新書, p.203.

을 계기로, 재일과 일본, 한국의 '중간자'라는 포지션을 확립해나가는 프로세스를 그린 이야기이다. 특히, 김희로 사건에 대해서는 사건 발생 초기부터 김달수를 비롯한 많은 재일조선인 작가(이회성, 고사명, 김시종 등)가 재판 과정에 변호인 및 참고인의 자격으로 참가하기도 했는데, 작품 속에서 김희로 사건을 정면으로 다룬 작가는 김학영이 유일하다.

동 작품은 선행연구에서 김학영의 역사 인식 측면에서 전환기적인 작품이며, 또한 조선과 일본에 이중기반을 둔 '중간자'적 주체 구축에 성공했다고 긍정적으로 평가받아 왔다.[13] 하지만 김희로 사건에 대한 해석 과정을 살펴보면, 피해자와 가해자의 이분법적 구도에서 가해자로서의 일본인 의견만을 취사선택해서 '중간자'로서의 자기 구축의 근거로 삼고 있다. 또한, 본래 '중간자'라고 하는 포지션은 이중기반을 통해서 한일 양국을 상대화할 수 있는 장소성을 말하지만, 소설의 엔딩 장면에 삽입된 1959년의 북한송환사업에 대한 표상을 보면, 동 사건에 대한 동시대의 복잡하게 얽힌 한일 정치성의 교착 상태에 대해서는 전혀 주의를 기울이지 않고 있다.

이 밖에도, 전후문학을 대표하는 오에 겐자부로(大江健三郎)는 1958년에 발생한 이진우 사건(이른바 고마츠가와사건)과 1968년의 김희로 사건이 평화헌법 수립과 전후 민주주의를 살아가고 있는 일본인들에게 던지고 있는 물음에 대해서, "나는 그들의 정신과 행동에 대해서 분석을 시작하기 전에 먼저 우리들이 도달해야 할 지점을 제시해 두고 싶다. 그것은 조선인에 대한 것을 말하는 것이겠지라고 남의 일 말하듯이 인식되어서는 안 되기 때문이다. 이진우 소년은 우리들 일본인 자신이며, 김희로 역시 우리들 자신, 현대 일본인 자신임에 틀림없고, 우리들 자신이 강간을 하고 교수형에 처해졌으며, 우리들 자신이 다이너마이트 뭉치를 배에 감고 엽총을 난사하고 있는 것이다라고 하는 것이 최종적으로 내가 도달해야 할 지점이다"[14]라고 설명하고 있듯이, 오에 겐자부로는 사회적 마이너리티로서의 재일조선인 이진우와 김희로에 의한 사건 그 자체가 내포하고 있는 문제는 어디까지나 일본과는 무관한 '남의 일'이 될 수 없고, 오히려 전후의 전쟁책임에 대한 무반성에서 비롯되었다는 점에서 '김희로는 우리들이다'라고 강조하고 있다.

마지막으로, 미시마 유키오는 1968년 7월에 발표된 평론 『문화방위론』에서 김희

---

13) 山崎正純(2003)「金鶴泳論ー「まなざしの壁」」『戦後<在日>文学論ーアジア論批評の射程』
洋々社, p.45.
14) 大江健三郎(1968.4)「政治的想像力と殺人者の想像力—われわれにとって金嬉老とはなにか？」
『群像』, p.169.

로 사건에 대해서 언급하는 가해자로서의 일본인과 피해자로서의 일본인 모두 사실은 '수단으로서의 민족주의'에 입각해서 자의적으로 이용하고 있다고 날카롭게 지적한다. 특히, 일본은 재일조선인과의 관계에서는 가해자인 반면, 미국과의 관계에서는 피해자이기도 하다는 점에서, 김희로 사건은 전후 일본인에게 내재되어 있는 이와 같은 이중적인 내면의 구조, 즉 전후 민족주의의 4단계를 우의적으로 부각시킨 사건으로 인식하고 있다.[15]

그렇다면, 미시마 유키오의 '수단으로서의 민족주의'를 경유하면서 김희로 사건에 대한 한일 미디어의 보도방식과 한국정부의 재일조선인 인식에 대해서 살펴보도록 하자. 먼저, 사건 발생 직후의 일본 미디어에 주목해보면, 식민 유재로 남아 있는 재일조선인 문제에 호의적인 기사를 써 온 아사히신문 계열의 『주간 아사히(週刊朝日)』조차도 처음에는 김희로의 단순 범행으로 보도하고 있다.

> 김은 매스컴, 특히 텔레비전을 이용했다. 처음부터 계획한 것처럼 생각된다. '후지미야'에 도착한 김은 21일 오전 2시를 넘긴 후, 시즈오카신문사와 NHK에 전화를 해서 "나는 살인범 김이다"라고 소재를 밝히고, '전화 인터뷰'에 응했다. 그 후, 여기저기의 방송국, 라디오국, 신문사가 '후지미야'에 전화를 걸었고, 그 때마다 김은 당당하게 끊임없이 말을 토해냈다. (중략)요구가 받아들여질 때마다, 김의 태도는 점점 에스컬레이트되었다. 텔레비전을 켜둔 채, 뉴스를 뚫어져라 쳐다보고 있었고, 김에 대한 방송이 나올 때마다, 김은 기뻐하기도 분해하기도 했다. 처음에는 살인 사건에 대한 변명과 경찰의 잘못을 비난하는 의견을 반복했던 김은 이윽고 일본민족과 조선민족의 문제를 논하기 시작했다. 밖에 있는 방송국 기자를 안에 들이고, 한참동안 민족문제를 털어놓았다. 그것을 녹화해서 틀어달라는 것이었다. 본래, 김은 스타 의식이 강한 남자였다.[16]

위의 기사에서 김희로는 "매스컴, 특히 텔레비전을 이용했다", "김은 스타 의식이 강한 남자였다"라고 보도하고 있고, 또한 "처음에는 살인 사건에 대한 변명과 경찰의 잘못을 비난하는 의견을 반복했던 김은 이윽고 일본민족과 조선민족의 문제를

---

15) 三島由紀夫(2010)『文化防衛論』ちくま文庫, p.62.
16) 伊藤, 川口記者(1968.3.8.)「恐怖の88時間　ライフル魔と人質たち」『週刊朝日』, p.22.

논하기 시작했다"라고 보도하고 있듯이, 동 기사는 미디어를 자유자재로 활용하는 지능범 김희로는 '수단으로서의 민족주의'를 자의적으로 이용하면서 개인적인 단순 범죄를 공적 범죄로 둔갑시키고 있다고 비판적으로 평가하고 있다.

그리고 이와 같은 평가는 단순히 잡지 기사에 그치지 않고, 재판과정에서도 "피고인은 도주 시, 자신이 조신인이라는 사실과 본건 살인과를 연관시키고, 또한 시미즈경찰서 폭력범 담당 형사 고이즈미 이사무에게 조선인을 매도당했다며 동 사건을 세상에 고발하기로 결심하고, 이를 위해 스마타교 온천 마을에서 인질을 잡고 농성하는 것을 생각해냈다"[17]라고 김희로의 단순 범죄를 강조하고 있듯이, 검찰 측 역시 김희로는 '수단으로서의 민족주의'를 자신의 범죄를 은폐하려는 수단으로 이용하고 있다고 주장하고 있다.

또한, 주목할 점은 한국의 미디어 역시, "'전과 6범'인 김은 그의 행위가 어떤 형벌에 해당한다는 것을 알고 그로부터 자기합리화의 길을 찾고 있다"[18], "일이 벌어지고 난 뒤, 시간의 흐름과 함께 全日本이 떠들썩해지자 金嬉老의 마음 속엔 潛在的이었던 民族감정이 發酵하기 시작한 것 같고, 그로부터 비롯된 자기범행의 合理化내지는 妥当性, 나아가서는 小英雄주의의 포로가 된 느낌마저 주고 있는 형편이다"[19]라고 보도하고 있듯이, 사적 감정에서 시작된 사건을 시간의 경과에 따라 이른바 '수단으로서의 민족주의'를 적극적으로 이용하면서 공적 사건으로 '자기합리화'했다고 분석하고 있다.

하지만 주의할 점은 사건이 종료된 직후, 한국의 미디어는 "그러나 그가 늘 在日韓国人을 蔑視하고 侮辱하는 日本官憲 또는 日本市民들에게 向해 사무친 怨恨을 품고 있었고, 殺人의 動機가 어떻든 結果的으로 그런 潛在意識이 爆発加勢하여 이번과 같은 끔찍한 犯行을 저지른 것"[20]이라고 방점의 위치를 이동시키면서 '수단으로서의 민족주의'를 긍정적으로 평가하기 시작한다.

또한, 이와 같은 동시대의 한일 미디어뿐만 아니라, 한국정부 역시 '수단으로서의 민족주의'를 이용하면서 김희로사건을 인식하고 있었다는 점에는 주의할 필요가 있다. 예를 들면, 동 사건에 대한 한국정부의 최초 입장은 "日 政府는 同 事件이 明白한 殺人事件이므로 国内法 節次에 따라 裁判에 회부하고 있으며, 우리 政府로서는

---

17) (1970)「檢察官の冒頭陳述」『金嬉老の法廷陳述』三一書房, p.232.
18) (1968.2.24)「差別이 빚은 「恐怖」 김희로 사건」『조선일보』
19) (1968.2.25)「日本속의 韓国人」『조선일보』
20) (1968.2.27)「〈사설〉金嬉老事件이 告白한 今日以後의 問題」『조선일보』

同 事件이 일단 日本 国内 問題이고 正式裁判에 係留中이므로 公式的으로 관여하지 않고 있"[21]다고 말하고 있듯이, 김희로 사건을 일본 국내의 형사 사건으로 인식하고 중립적인 입장을 취하고 있었다(사건이 발생한 1968년의 외교문서가 존재하지 않는다는 사실에서도 한국정부의 적극적인 개입은 찾아볼 수 없다).

또한, 1970년 3월의 외무부 장관이 주일대사에게 발신한 외교문서를 보면, "현재 시즈오카 지법에서 재판중인 '김희로'를 구출하기 위하여 서명 운동을 추진하여온 '김희로 구출 서명 운동 추진 위원회'의 위원장인 권애라여사(전 국회의원 고 김시현의 처)는 일본에 있는 '김희로 공판 대책 위원회'로부터 3.25에 있을 김희로 사건 공판에 참석하고, 그 기회에 한일 민족 문제에 관한 토의를 위하여 도일하여 달라는 초청장을 받았다 하고, 선처를 요청하여 왔음"[22]이라고 한국 추진위원회의 도일의 필요성을 일본 주일대사에게 확인하고 있다. 이에 대해 주일대사는 일본의 대책 위원회 및 변호인단이 공산당과 좌익계열로 구성되어 있기 때문에, "금번 권애라 등의 도일 필요성은 없는 것으로 사료됨"[23]이라고 회신하지만, 외무부는 재차 "김희로가 어머니라 칭하고 만나기를 간청하고 있는 권애라"[24]의 도일에 대해서 의견을 구한다. 그러나 주일대사는 "본건에 관한 당관 견해는 연호전문 3항과 같거니와 일측 공판대책 위원회와 관련없이 도일하는 경우라할지라도 부작용을 전적으로 배제할 수 없을 것이므로 현 단계로서는 대호 3인의 내일도 적합하지 않는 것으로 사료됨"[25]이라고 보고하고 있듯이, 한국 정부는 김희로 사건에 대해서 일본과의 정치적인 문제로 부각되지 않도록 세심한 배려를 하고 있는 것처럼 보인다. 하지만 달리 생각하면, 한국의 추진위원회의 일본 방문을 검열 및 차단하고 있다고도 해석할 수 있다(권애라는 추후 김희로를 선도·위로한다는 개인 자격으로 도일).

또한, 한국 정부와 일본의 주일대사는 김희로의 옥중 결혼(상대는 서울 남산여관에서 근무하는 김문자)을 위해, "김피고자신 및 김피고 모친이 가장 호감을 갖게 되

21) 외교문서(2000)「在日僑胞 金嬉老 事件(答弁資料)」『재일교민 김희로사건, 1970』외교통상부, p.1689.
22) 외교문서(2000)「수신 : 주일대사, 발신 : 장관, 번호 : WJA-03153」『재일교민 김희로사건, 1970』외교통상부, p.1664.
23) 외교문서(2000)「수신 : 장관, 발신 : 주일대사, 1970년 3월 17일, 번호 : JAW-03208」『재일교민 김희로사건, 1970』외교통상부
24) 외교문서(2000)「수신 : 주일대사, 발신 : 장관, 1970년 3월 20일, 번호 : WJA-03204」『재일교민 김희로사건, 1970』외교통상부
25) 외교문서(2000)「수신 : 장관, 발신 : 주일대사, 1970년 4월 3일, 번호 : JAW-04084」『재일교민 김희로사건, 1970』외교통상부

어 일단 사진 중매로서 결혼을 결정케 되었다고 말하고 혼인문제에 관하여는 현재 총련계에서 대판에 있는 모여인을 짓꾸지게 주선을 하고 있는 관계로 가능하면 상기 김문자와의 결혼을 조속 결정짓고 싶다고 하였음. 한편 김피고는 김여인이 결혼목적으로 도일함에 있어 필요한 수속을 민단 시즈오까현 본부단장 조호연 씨에게도 부탁하였으나 대한민국정부가 각별한 편의를 제공해 주기 바란다고 말하였음"[26]라고 옥중 결혼 상대자의 도일을 컨트롤하고 있듯이, 한국 정부는 표면적으로 중립적인 자세를 취하면서도 김희로를 포함한 재일조선인의 특수성을 고려하지 않고, 오히려 철저하게 '수단으로서의 민족주의'에 입각해서 반공 및 한국의 우월성을 대외적으로 선전하기 위한 수단으로 이용했다고 볼 수 있다.

김희로는 재판 중인 1971년 3월 31일에 당시 한국의 외교부 장관인 최규하에게 다음과 같은 서한을 보내고 있다.

제가 본국 정부나 민족 동포의 지시에 순순히 따르는 것은 당연한 일입니다. (중략)저의 재판에서 사실 추구와 해명을 포기하고 부정의 앞에 굴복하여 추종하는 것은 불가능합니다. 그것은 자민족에 대한 배신이며, 일본인 앞에서의 모욕입니다. 역시 문제는 어디까지나 바른 모습으로 해결되어야 합니다. 저의 개인적인 일이라 대단히 실례되는 줄 압니다만, 실은 일본인 여성이었던 <u>저의 아내와 금년 1월 8일에 이혼했습니다.</u> 이런저런 이유가 있지만, 그 중에서 무엇보다도 제가 느낀 것은 민족문제로 투쟁하고 있는 자신이 자민족 여성을 거부해 온 사실에 대한 고뇌와 반성이었습니다. 저는 역시 동포 여성 중에서 아내를 맞이해서 어머니를 안심시켜 드리고 늙으신 어머니를 도와줄 사람을 아내로 삼고 싶다고 바래 왔습니다만, 이번에 동포 유지분들의 도움으로 저와 같은 경상도 출신으로, 현재 서울에 거주하고 있는 동포 여성을 아내로 정하고, 지금 그 준비를 진행하고 있습니다.[27]

위의 외교문서 속의 밑줄은 원문 그대로인데, 김희로는 한국 정부 및 민단 등의 민족 동포의 '지시'에 당연히 복종할 것이며, 비록 본인은 일본 출생이지만 민족 투

---

26) 외교문서(2000)「제목 : 진정에 대한 조사보고」「수신: 장관, 발신: 영사국장, 1971년 3월 18일, 번호: 725-206『재일국민 김희로사건, 1971』외교통상부
27) 외교문서(2000)「수신: 장관, 발신 : 주일대사, 1971년 3월 31일」『재일국민 김희로사건, 1971』외교통상부

쟁을 위해 '저와 같은 경상도 출신'의 자민족 여성을 아내로 삼기로 했으니 일본 입국에 필요한 편의를 봐달라고 부탁한다. 앞서 소개한 사건 발생 직후에 성명문 발표 및 설득을 위해 직접 사건 현장에 찾아간 문화인 그룹의 포지션 변화에 주목하면, 인질극 당시에 스스로의 자결을 강조하며 민족차별을 규탄했던 김희로 본인의 행동 및 동기의 정당성과 순수성은 위의 서한 속에서도 유지되고 있는지에 대한 재검토가 필요하며, 당시 '반공'의 입장에서 김희로를 민족차별과 싸운 영웅으로 소비했던 우리들 한국인 역시 자기 비판적인 입장에서 사유할 필요가 있을 것이다.

┃관련 문서┃

① 재일교민 김희로 사건, 1970
② 재일국민 김희로 사건, 1971
③ 재일본국민 김희로 사건, 1972

① 재일교민 김희로 사건, 1970

○ ○ ○

기능명칭: 재일교민 김희로 사건, 1970

분류번호: 791.41 1970

등록번호: 3962

생산과: 재외국민과

생산년도: 1970

필름번호: P-0008

파일번호: 09

프레임번호: 0001~0047

1. 외무부 공문(발신전보)−권애라 일행 도일 허가 여부에 대한 의견 제출 지시

외무부
종별 지급
번호 WPA-03153
일시 141455
발신 장관
수신 주일대사

    1. 현재 시즈오까 지법에서 재판중인 "김희로"를 구출하기 위하여 서명운동을 추진하여온 "김희로 구출 서명운동 추진 위원회"의 위원장인 권애라 여사(전 국회의원 고 김시현의 처)는 일본에 있는 "김희로 공판 대책 위원회"로부터 3.25에 있을 김희로 사건 공판에 참석하고, 그 기회에 한·일 민족 문제에 관한 토의를 하기 위하여 도일하여 달라는 초청장을 받았다 하고, 선처를 요청하여 왔음.

    2. 권애라에 의하면, 약40만명의 서명을 받는 한편, 김희로와 서신 연락을 하므로서 동인이 조총련의 간계에 넘어가지 않도록 하는데 많은 역활을 하였다 함(권애라는 김희로가 송부한 서신 및 혈서 등을 제시하였으며, 동 서신 및 혈서는 김희로가 대한민국에 대한 충성을 표시하는 내용을 포함하고 있음)

    3. 권애라는 "김희로 공판 대책 위원회"의 초청장에는 손녀 권소조와 서명운동에 직접 종사한 정운영도 포함되어 있다 하였으며, 금번 도일할 경우에는 다음의 각계 인사와 같이 가고자 한다 하였음.
        다음
박일봉(김의 외사촌), 조중태(기자, 광주 거주), 이인(공화당원 부산 거주) 임창재(토건업, 서울 영등포 거주), 이청담(불교승), 황충운(기독교 목사), 이종인(동국대 교수), 김을한(언론인) 및 김준원(변호사)

    4. 본건 권애라의 도일을 허가할 것인지의 여부와 허가시의 인원 범위에 관하여 현지 실정을 감안하여 3.16.까지 건의 바람. (아교-일정1, 영1)

2. 외무부 공문(착신전보)—권애라 일행 도일에 대한 반대 의견 보고

외무부
종별 지급
번호 JAW-03208
일시 171405
수신시간 70.3.17. 14:34
발신 주일대사
수신 장관

    1. 그간 당관에서 조치한 바에 의하면 "김희로 공판 대책위원회"는 일인들이 주동이 되어 일인 변호인단의 후원을 목적으로 결성된 집단이며 취지는 사상을 초월하여 김희로 구출원동을 하기위한 것이라고 하나 동 "대책위원회" 구성 성분을 보면 좌익계열로 되여있으며 동 후원을 받고 있는 일인 변호인단 자체도 공산당, 좌익계열로 되여있음.
    2. 다만 민단계 변호인으로서는 권일, 김파남 양씨가 관계하고 있으나 일인 변호인단과는 보조를 같이하지 않고 독단적인 입장에서 움직이고 있으며 김파남 변호사가 김희로의 협정영주권을 신청시켜 현재 영주권을 취득케한 사실이 있음.
    3. 상기 사실을 참작하여 "김희로 구출서명운동 추진위원회"가 "김희로 공판대책 위원회"와 직결게 된다면 좋치못한 결과를 초래할 우려가 있는 바 필요하다면 상기 민단측 변호인과 상호 연락을 취하도록 함이 가하다고 사료됨.
    4. 따라서 금번 권애라 등의 도일의 필요성은 없는 것으로 사료됨.
      (일영(1)-아코)

3. 외무부 공문(발신전보)—권애라 외 2인 도일에 대한 의견 제출 지시

외무부
종별 긴급
번호 WJA-03204

일시 191810
발신 장관
수신 주일대사

    연: WJA-03153
    대: JAW-03208
    대호와 관련하여, "김희로 구출 서명 운동 추진위" 측에서는 일측 "공판 대책위"의 성격에 비추어, 동 대책위와는 관련 없이, 김희로의 어머니라 칭하고 만나기를 간청하고 있는 권애라와 권소조 및 정운영 만이라도 도일하여 김희로를 면회, 위로 격리하고자 한다 하니, 상기 3인의 도일에 관하여 귀견을 지급 회보 바람. (아교-일영(1))

4. 외무부 공문(발신전보)-김희로 구출 서명 운동 추진위 관련 보고 지시

외무부
번호 WJA-233☐☐
일시 301655
발신 장관
수신 주일대사

    연: WJA-03204
    연호로 문의한 "김희로 구출 서명 운동 추진위"에 관해, 귀견을 지급 회보 바람. (아교)

5. 외무부 공문(착신전보)-권애라 외 2인 도일에 관한 의견 보고

외무부

번호 JAW-04084
일시 031145
수신일시 70.4.3. 13:16
발신 주일대사
수신 장관

　　대: WJA-03204
　　연: JAW-03108
　　본건에 관한 당관 견해는 연호전문 3항과 같거니와 일측 공판 대책 위원회와
관련없이 도일하는 경우라 할지라도 부작용을 전적으로 배제할 수 없을 것이
므로 현 단계로서는 대호 3인의 내일도 적합하지 않는 것으로 사료됨.
　　　　　(일영1-아교)

6. 주일대사관 공문–"김희로"사건에 대한 전문보도

주일대사관
번호 일영(1)725-1499
일시 1970.4.27.
발신 주일대사
수신 장관
참조 아주국장
제목 "김희로"사건에 대한 전문보도

　　1. 살인 피의사건으로 현재 "시즈오카" 형무소의 미결 구치감에 수감되어
있는 "김희로"의 감방에 식도, 술, 라이타 및 독약으로 보이는 백분 등이 차입
되어 있었다는 당시 각 신문보도에 관하여 다음과 같이 보고합니다.
　　　　가. "김희로"의 변호인단의 주임 변호사 "야마네 지로"가 수일 전 형무소
를 방문하였을 시 "김희로"는 자기의 자살을 종용하는 흉기 및 약물 등이 차입
되어 있다는 것을 밝히고 자기는 신변에 위협을 늦끼고 있다고 말하면서, 어떻

게 하면 좋으냐고 상의하였다 함.

　　　나. 이에 변호인단은 동 형무소에 대하여 현물 4점의 보관과, 입수경위 등의 사실조사를 신청하는 동시에 "시즈오카" 지방재판소에 대하여는 물품의 차압과 현상 검증을 신청하였다 함.

　　　다. 한편 법무성은 이의 사태를 중시하고 즉시 관계관을 현지에 파견하여 본격적인 사실조사에 착수하였다고 함.

　2. 본 사건에 관한 각 신문보도를 발췌하여 별첨 송부하며, 진상이 판명되는 대로 추보 위계임.

첨부: 신문 발췌 9매. 끝.

주일대사

KOREAN EMBASSY TOKYO 静岡刑務所　別の独房にもヤスリ　殺人被告二度も脱走図る

7. 외무부 공문(발신전보)-권애라 외 4인 도일 초청창 접수 확인 지시

외무부
번호 WJA-05121 WYO-0502
일시 111600
발신 장관
수신 주일대사 및 주 요꼬하마 영사

  "김희로 사건"과 관련 김희로의 부인으로부터, 귀관에 국내 "김희로 구출 서
  명 추진 위원회" 위원장 권애라 외4명의 도일을 위한 초청장 확인 신청을 접수
  한 바 있는지 여부, 조사 보고 바람. (아교)

8. 외무부 공문(착신전보)-초청장 반려 사실 보고

외무부
번호 JAW-05224
일시 121510
수신일시 70.5.12. 15:41
발신 주일대사
수신 외무부 장관

  대: WJA-05121.
  대호 김희로 구출 서명추진위원회 위원장 권애라 외4명의 도일을 위한 초청장
  확인신청을 접수한 바 있었으나 초청장의 공증 미비로 4.14일 반려한바 있음을
  보고함. (아교)

9. 진정서

진정서

요지:

1. 金嬉老 救出 署名運動 推進委員會 委員長 權愛羅 外 同 委員 4名은 金의 獄中面會要求에 應하기 위해 在日 金嬉老 公判對策委員會로부터 招待狀을 받았으나, 同招請狀으로 旅券을 申請할 수 없는 事情에 逢着했음.

2. 따라서 金嬉老의 妻(日本人)의 招請狀을 要求했고, 書信에 依하면 現在 駐日大使館에서 節次를 밟는 中이라함.

3. 今般 金嬉老에 關한 新聞報道와 關聯하여, 金이 本國 本委員會와 辯護人團以外에는 一切 어떤 證言도 안 하겠다 하며, 面會의 貫徹을 위해 斷食 鬪爭도 不辭하겠다함.

4. 以上의 点을 考慮하여 旅券發給에 特別善處 있기 要望.

10. 외무부 공문(착신전보)-요코하마 영사관의 도일 초청창 접수 유무 보고

외무부
번호 YOW-0504
일시 131000
발신 주 요꼬하마 영사
수신 장관

대: WYO-0502
상기 대호로 문의한 건에 대하여 당관에서 접수한 사실 없음.
(오영-아교)

11. 외무부 공문—진정서 회보

외무부
번호 아교725-
일시 1970.5.11.
발신 외무부 장관
수신 권애라 귀하
　　　서울시 서대문구 불광동 280-811
　　　김희로 구출 서명운동 추진 위원회
제목 진정서 회보

　　1. 70.4.27.자로 보내주신 탄원서는 감사히 받았읍니다.
　　2. 서신 왕래 등을 통하여, 재일교포 김희로를 손수 선도하시고, 한국 국민의 긍지를 갖게 하신데 대하여 충심으로 경의를 표합니다.
　　3. 일본에 건너가셔서 김희로를 직접 면회하시고저 하는 충정을 충분히 이해하오나, 여권발급에는 소정의 서류가 구비되고 필요한 절차를 거처야 하므로, 이에 관하여 당부와 계속 상의하여 주시기 바랍니다. 끝.

외무부장관

12. 재일교포 김희로사건(답변자료)

在日僑胞 金嬉老 事件(答辯資料)
一. 事件의 槪要
　　(가) 在日僑胞 金嬉老(43)는 1968年 2月 静岡縣清水市內 한 주점에서 日本人 2人을 射殺하고 逃走하고 10餘名의 日本人을 人質로 監禁抵抗하다가 체포되어 現在까지 静岡刑務所에 收監되어 있으며 裁判에 揭留中임.
　　(나) 金, 本人 및 辯護人團(團長戒能通者)은 同 事件의 殺人 動機가 單純한

私感이 아닌 在日 韓國人에 對한 日本人들의 差別 待遇내지는 蔑視에서 行해진 行動이라하고, 同 事件을 民族問題로 取扱하고 있음.

(다) 이에 따라 日本에서는 日本辯護士 中心으로 "金嬉老 公判對策委員會"가 構成되어 있으며, 我國에서도 1968.5.25 "金嬉老 救出 署名 運動 推進 委員會"가 組織되어 救出 署名 運動을 전개하고 있다함.

(라) 지난 4.23日 日本및 國內新聞에 金嬉老의 監房에서 부엌칼, 줄칼, 가루약, 라이터 等이 發見되었다는 보도는 事實이나, 金의 自殺이나 脫獄을 助力하기 爲해 日關係관헌이 故意的으로 同 禁止品을 差入하였다는 證據는 現在까지 나타난 바 없으며, 同 差入經緯는 日關係當局에 依해 계속 調查中임.

二. 同 事件에 對한 政府의 立場

日政府는 同 事件이 明白한 殺人事件이므로 國內法 節次에 따라 裁判에 회부하고 있으며, 우리 政府로서는 同 事件이 일단 日本國內 問題이고 正式 裁判에 揭留中이므로 公式的으로 관여하지 않고 있음.

三. 國內 "金嬉老 救出 署名推進委"의 要請

(가) 지난 3月 "金嬉老 救出 署名推進委" 會長 權愛羅 女史外 日本 "金嬉老 公判 對策委"에서 3.25에 있을 同 事件 第25回 公判에 參席하고, 그 機會에 韓·日 民族問題에 關한 討議를 하기 위해 渡日하여 달라는 招請狀을 받았다 하고, 口頭로 當部에 旅劵發給에 關한 善處를 要望하여 왔음.

(나) 駐日大使館부터 所謂 "金嬉老 公判 對策委"는 日人들이 主動이 되어 日人 辯護人團의 후원을 目的으로 結成된 集團이며, 趣旨는 思想을 초월하여 金의 救出運動을 하기 위한 것이라고 하나, 同 構成이 主로 左翼系列로 되어있으며, 同 后援을 받고 있는 日人辯護人團 自体도 共産당 左翼系列로 되어있으며, 다만 民團系 辯護人으로서 권일, 김파남 兩氏가 關係하고 있으나, 日人辯護人團과는 涉調를 같이하지 않고, 獨自的으로 움직이고 있다는 報告가 있었음.

따라서 當部는 國內 "金嬉老 救出 署名委"가 上記 "公判對策委"와 直結된다면 좋지 못한 結果를 招來할 우려가 있으므로, 必要하다면 上記 民團系 辯護人과 相互 연락을 取하도록 同 "署名推進委"에 당부하였음.

(다) 聯이어 同 "署名委"는 今般 金의 監房에 凶器差入事件을 重視하고, 金의 獄中面會를 위해 代表團5人의 渡日에 關한 旅券發給을 當部에 지난 4月27日 陳情하여 왔는 바, 上記한 바와 같이 同 事件에 關한 政府의 立場이 直接 관여할 수 없는 것이고, 現時点으로 上記人들의 渡日이 別實效를 거둘 수 없다는 駐日大使의 報告에 依해 同 眞情書에 對해 正式 旅券 發給 節次에 따라 書類를 具備하여(招請狀, 財政 保證書 等) 旅券을 申請하도록 回答하였음

(라) 上記 "署名推進委"代表團의 渡日에 關한 政府의 立場은 그들이 正式 節次를 밟아 旅券을 申請하여오면 旅券 發給 規定에 合當한 限 何時라도 旅券을 發給할 것이나, 現行 旅券 發給 規定을 違背하면서까지 그들의 旅券을 發給할 수는 없는 것임.

13. 외무부 공문(발신전보)–권애라, 정운영 면회 목적 도일 요청 관련 주일대사 의견 제출 지시

외무부
번호 WJA-0734
일시 041110
발신 장관
수신 주일대사

대: JAW-04084
대호, 김희로 사건과 관련하여, 동 "구출서명위" 위원장 권애라와 총무 정운영 (대학교수)으로부터, 현재 김이 단식 투쟁을 하고 있는 등 지난 4월과는 사정이 변했으므로, 단순히 개인 자격으로 김을 옥중 면회, 위로 선도코저 한다하고, 협조하여 줄 것을 요청하여 왔는 바, 현 시점에서 상기 2인의 도일에 관해 귀견을 회보 바람. (아교)

14. 외무부장관 귀하 탄원서

外務部長官貴下
嘆願書

金嬉老救出署名運動推進委員會
委員長 権愛羅

嘆願書
尊敬하는 外務部長官 貴下
激動하는 國際情勢속에 民族中興을 向하여 勵進하는 大韓民國의 國際外交에
精進하시는 長官님께 衷心으로 感謝를 드립니다.
　　저이들은 在日僑胞 金嬉老가 저지른 事件에 對하여 西記 1968年 5月 25日
에 金嬉老救出署名運動推進委員會를 組織하고 死境에 處한 金嬉老를 救出코저
人道主義에 立脚한 民族運動을 展開할 目的으로 街頭, 職場, 學校等에서 救出
署名을 받았읍니다.
　　이와 같이 救出署名運動을 함에 있어 때로는 兇惡犯이라고 外面하는 者, 韓
日國交에 금이 간다고 하는 小人輩, 過剩忠誠하는 不純公務員이 國民으로부터
받은 署名을 消却해버리는 事件等 許多한 難關도 있었으나 이를 克服하면서
20万名이 넘는 署名을 받아 直接 日本静岡裁判所에 送致하였아오며 現在 10余
万名의 署名도 받아 노왔읍니다.
　　그동안 獄中에 있는 金嬉老와의 交信은 數百通에 達하였고, 在日 金嬉老公
判對策委員會와도 隨時로 連絡을 取하고 있읍니다.
　　金嬉老는 어려서부터 日本人들의 蔑視와 賤待속에서 生長하면서 甚至於 國
民學校中退를 할 程度로 侮蔑을 甘耐할 形便이였고 成年이 된 後에도 民族的
私生兒로 精神形成이 되어 그의 半生에 決定的인 大事件을 招來케한 根本原因
은 在日僑胞하면 누구나도 皮膚로 늣기는 儼然한 日本人들의 蔑視였음을 否認
할 수 없는 事實입니다.
　　金嬉老는 이와 같은 環境속에 思想的으로 꼭 共産主義者가 될 充分한 素地
가 있는 者임에도 不拘하고 獄中은 勿論 그의 家族에게까지 끈질긴 朝聯側의
秋波를 一蹴하고 堂々히 大韓民國의 아들이다 라고 웨치는 그 姿勢야 말로 比

할 수 없는 榮光된 일이라 할 것입니다. 이를 爲해 저이들은 書信을 通하여 熱々히 呼訴한 보람을 늣기며 加一層 奮發하고 있읍니다.

金嬉老公判은 連23回를 繼續하면서 精神的支柱를 本國의 本委員會에 두고 있어 早速獄中面會를 要求하기에 이르렀는대, 自由의 몸이 않인 그러서 道理가 없어 在日 金嬉老公判對策委員會로부터 本委員會에 招請狀을 보내왔는 것입니다.

本委員會는 이 招請狀으로 旅券을 申請할 수 없는 事情에 逢着하여 万不得己 金嬉老의 妻(日本人)의 招請狀을 要求하기에 이르럿는대 그의 書信에 依한 즉 方在駐日大使館에 節次를 받는 中이라는 連絡을 받고 있읍니다.

그러든 中 今般 外信報道와 國內各新聞에 報道된 바와 같이 静岡刑務所內에서 發生된 事件에 對하여 全國民은 勿論 本委員會는 忿怒와 驚愕을 禁치 못합니다. 이 事件發生後 静岡居留民團側과 金嬉老家族으로부터 電話連絡을 받고 있읍니다.

電話內容인즉 金嬉老가 如何한 일이 있어도 本國의 本委員會와 辯護士가 面會하기 前에는 一切의 言動을 取하지 않겠다는 것이고 不如意하면 斷食鬪爭을 하드라도 期於 本委員會와 辯護人団의 面會를 貫徹하겠다고 하오니 民族良心으로 到底히 外面할 수 없는 일입니다.

尊敬하는 外務部長官님

大端히 罪悚하오나 在日僑胞들에게 미치는 影響과 金嬉老의 士氣回復을 爲하여 事務的으로 할 수 없는 旅券發給에 있어 特別하신 善處가 있으시기를 懇曲히 付託합니다. 旅券發給에 따르는 法節次를 無視할라는 것이 아니라 事態가 危急한 此際인지라 이 危機를 冒免키 爲하여서는 오즉 長官님의 大英斷 以外는 全혀 方途가 없아오니

金嬉老의 心情과 本委員會의 衷情을 깊히 洞察하시고 高次元의 人道主義에 立脚한 救濟가 있아옵기를 嘆願하는 바이오니 聽許있아옵기를 거듭 懇請하나이다.

記
權愛羅 本委員會委員長
鄭運永　仝　總務
任昌在　仝　財務

李亥雨 首都辯護士会副会長

龍太映　全　總務

　　　以上

西紀 1970年4月27日

서울 特別市西大門區佛光洞280-811

金嬉老救出署名運動推進委員會

委員長 權愛羅

外務部長官 貴下

15. 협조전-권애라, 정운영 도일 협조 의뢰

협조전

분류기호 아교725-238

발신일자 70.7.7.

발신 아주국장

수신 의전실장

제목 여권 발급 협조 의뢰

　　1. 재일교포 "김희로 구출 서명 운동 추진위원회" 위원장 권애라 및 동 총무 정운영은 별첨 진정서와 같이 김희로를 옥중 면회 및 위로하기 위하여 개인 자격으로 도일코저 당부에 협조를 요청하여 왔는 바, 동 양인의 여권 발급에 가능한 협조를 제공하여 주시기 바랍니다.

　　2. 재일교포 김희로는 살인 혐의로 일본 시즈오가 형무소에 수감되어 현재 재판에 계류 중인 바, 주일대사는 상기 양인이 개인 자격으로 김을 면회 위로하고 또한 현지 실정을 파악하기 위하여 도일하는 것은 무방하다는 의견을 보고하여 왔기, 참고하시기 바랍니다.

첨부: 상기 진정서 사본 및 JAW-07099 사본 각 1부 및. 결재공문 사본. 끝.

첨부—JAW-07099 사본

외무부
번호 JAW-07099
일시 061703
수신일시 70.7.7. 2:34
발신 주일대사
수신 장관

대: WJA-0734

대호 권애라 및 정운영 교수의 개인 자격으로서의 도일 요청문제는 김의 면회 및 위로를 위한 것이라면 겸하여 이곳 실정을 파악하기 위하여 도일을 허가하여도 무방하다고 사료됨. (아교)

16. 외무부 공문(발신전보)—시즈오카 민단장 초청 여부 확인 지시

외무부
번호 WYO-0804
일시 041700
발신 장관
수신 주 요꼬하마 영사

1. 김희로 구출 서명운동 추진위원회 위원장 권애라와 동 재무 임창재는 김을 옥중 면회키 위하여 도일코저 당부에 진정하여 온 바, 본부로서는 단순한 옥중 면회라는 인도적 견지에서 상기 2명의 도일을 허가키로 한 바 있음.

2. 상기 양인은 여권 수속에 필요한 초청 및 재정 보증을 시즈오까 민단장 조호연에게 의뢰하고 본인의 동의를 얻은 바 있으나, 아직 서류를 수령치 못하였다고 하는 바, 상기 조단장이 권 등 2명에게 초청 및 재정 보증서를 송부할

것인지 확인 지급 보고 바람. (아교)

17. 재일동포 김희로 사건

在日僑胞金嬉老事件

1. 事件의 內容
   가. 在日僑胞 金嬉老는 1968年2月 日本静岡県 清水市內 酒店에서 日本人2名을 殺害后, 스마다峽에 있는 温泉旅館에 留宿中인 日本人 10余名을 人質로하여 警察에 抵抗하다 逮捕되어 現在 公判에 계留中에 있음
   나. 金嬉老는 犯行動機가 民族差別에 起因한다고 主張하고 있으며, 日本內 一部에서 많은 反響을 이르킨 바 있음.
2. 그間의 經緯
   가. 現在까지 27次의 公判이 進行된 바 있음.
   나. 金嬉老監房에 差入된 私物이 発覚되어 말성이 惹起되었으며, 日本法務省次官을 爲始하여 關係者 10余名의 免職또는 轉補가 있었음.
   다. 金嬉老는 差入事件問題로 斷食鬪爭을 한일도 있었음.
3. 當部와 關聯된 問題
   가. 金嬉老 救出을 爲하여 國內에서 權愛羅 女史(故金始顯前國会議員의妻)를 中心으로 한 署名推進委員会는 日本側 辯護人團의 招請으로 渡日하여, 公判을 參觀하고, 金嬉老를 慰問하기 위하여 旅劵發給에 關한 便宜를 70年 3月 嘆願하여온바 있음.
   나. 日本人 辯護人團이 左翼人士로 構成되어 있으므로 이에 依한 招請訪日은 不適切하다는 駐日大使館의 意見에 따라 其后 權愛羅女史 및 鄭運榮總務는 單純한 慰問을 爲한 訪日을 希望하고 있음.
   다. 當部는 權愛羅女史 및 鄭運榮에 對한 旅劵發給原則을 알리고, 旅劵發給에 必要한 申請書類를 具備提出하도록 要請하였음.

18. 신문자료

1970.12.3. 동아일보 [韓國籍]신청 金嬉老씨 夫人 日法務省서 [朝鮮籍]허가

19. 외무부 공문(착신전보)–김희로 부인 국적 관련 보고

외무부
번호 JAW-22232
일시 161620
수신일시 70.12.17. 17:01
발신 주일대사
수신 외무부 장관

　　대: WJA-12□25
　　대호로 문의하신 "김희로"부인의 국적에□ 및 □□□□ 외국인 등록증 교부에
　　관하여 당관에서 조사한 결과를 다음과 같이 보고함.

1. 김희로의 처의 본명은 "치꾸바 후사꼬"(쌓을축, 마당장, 방방, 아들 자)이며 김희로 일본 통명인 "카네오카"(쇠금, 산둥성이강) 성을 따서 "카네오카 후미꼬"로 개명 사용하고 있으며 국적 이탈계에도 동 카네오카성을 사용하고 있으나 그에게 발급된 외국인등록증에는 "치꾸바"후사꼬로 표시되어 있음.

2. 동 여인의 일본국적 이탈은 금년 9월 29일로 되어있으며 동 국적이탈에 따르는 외국인 등록증은 10월 29일에 교부되었는 바, 동 등록증의 국적란에 "조선"으로 기록되어 있음.

3. 동 국적란 표시에 관하여 일본 법무성 입국관리국 및 민사국 당국에 문의하였던 바, 법무성은 대한민국의 국적 취득에 따르는 일본국적 이탈자일지라도 한국의 여권 또는 국민등록증의 제시가 없는 경우에는 재래의 관습상 "조선"표시를 사용하고 있으며 국적이탈의 관보상 고시 및 외국인 등록증 국적란 표시도 관례에 따라 "조선"으로 표시하고 있으나 이는 어데까지나 지역을 의미하는 것이지 결코 "소위 북조선의 국적"을 뜻하는 것은 아님을 해명하였음. 그리고 동 당국자는 외국인 등록상의 국적란 표시의 시정에 관해서는 언제든지 한국의 국민등록증을 제시하고 이의 시정을 요구하면 이를 시정할 용의가 있음을 말하였음.

4. 문제된 김희로 부인의 외국인 등록증의 국적란 변경을 위해서 시즈오카 민단 및 주요꼬하마 영사관에서는 동인에 대한 국민등록증을 발급토록 조치를 취하고 있으며 발급되는 대로 관계 일본 시역소에 가서 동 외국인 등록증의 국적란을 시정조치할 것임.

5. 당관에서는 법무성이 다만 국적 이탈자의 경우만이 아니고 일본귀화자, 여권, 국민등록증이 없는 한국인의 신규 외국인 등록증 발급 등에 있어서도 일률적으로 국적란 표시를 "조선"으로 표기하고 있는 사실에 비추어 이를 시정토록 일정당국에 요청하고 있음. (일영(1)-외민)

② 재일국민 김희로 사건, 1971

○ ○ ○

기능명칭: 재일국민 김희로사건, 1971

분류번호: 791.41, 1971

등록번호: 4745

생산과: 재외국민과

생산년도: 1971

필름번호: P-0009

파일번호: 16

프레임번호: 0001~0022

1. 외무부 공문-진정서 처리

외무부
번호 외민725-
일시 1971.2.8
발신 외무부 장관
수신 주일대사
제목 진정서 처리

　　국내 별첨 주소에 거주하는 조중태(趙重泰)로부터, 시즈오카(静岡)감옥에 미결수로 수감중인 재일 한국인 김희로(金嬉老)에 관하여, 별첨과 같이 김희로가 일본 관헌에게 부당한 학대를 받고 있다하고, 이를 시정토록 조치하여 줄 것을 진정하여 왔읍니다. 진상을 조사하여, 필요한 조치를 취하시고, 조치 결과를 회보 하시기 바랍니다.
　　첨부: 상기 진정서 1부.

　　외무부장관

2. 외무부 공문-진정서 회보

외무부
번호 외민725-
일시 1971.2.8.
발신 외무부 장관
수신 조중태(趙重泰) 귀하 전남 광주시 개촌동 1구 505의 834
제목 진정서 회보

　　1. 71.2.1자 귀하께서 송부하신 재일 한국인 김희로(金嬉老)씨 건에 관한 진정서에 대한 회보입니다.

2. 동 김희로씨 사건에 관하여는, 현재 재판에 계류중이므로 정부가 공식적으로 개입할 수 없으며, 귀하께서 지적하신 김희로에 대한 일본 관헌의 부당한 학대에 관하여는 자세한 진상을 조사하여 필요한 조치를 취하도록 주일대사에게 지시하였음을 우선 알려드립니다. 끝

외무부장관

3. 주 요꼬하마 영사관 공문—진정에 대한 조사보고(1/2)

주 요꼬하마 영사관
번호 요영725-206
일시 1971.3.19.
발신 요꼬하마 영사
수신 장관
참조 영사국장
제목 진정에 대한 조사보고

1. 일영 725-134호에 대한 회신입니다.
2. 김영사는 3.18일 시즈오까 지방법원 제3법정에서 개회된 김희로 살인사건 공판을 방청하였으며(10시-12시) 이어 시즈오까 형무소로 김희로를 방문하여 약 15분간 김피고와 회견하였는 바 김피고는 다음과 같은 발언을 하였음을 보고합니다.
　　가. 김피고는 사건발생직후 많은 한국사람들이(조총련포함) 자기 주변을 감싸고 변호 및 각종 친절을 베푸러 주었으나 당시는 자기 자신 누구의 도움을 받아야 할 것인지에 대한 올바른 판단을 할 수가 없었다. 그러나 자신은 계속하여 한민족의 한사람으로서의 긍지를 자각하고 있으며 현재는 조총련의 친절이 한, 일 양국간의 우호관계를 저해하고 있다는 점을 정확히 자각하고 있다. 따라서 현재에도 김달수 등이 변호인단에 가입되고 있으나 그의 발언이 앞으로라도 한, 일 양국간의 우호증진면에서 방해가 될 적에는 그를 변호인단에

서 제명토록 요구하겠다.

나. 총련계에서는 김일성전기 및 모택동전기 등을 비롯하여 각종 공산계 서적 및 잡지를 차입해 주고 있으나 김피고는 여사한 간행물을 일체 보지 않을뿐더러 차입 접수마저 하지 말도록 관계 간수에게 연락을 취하였다고 하였음.

다. 김피고는 북송된 누이동생으로부터 얼마전 중공-홍콩을 경유해서 서한을 받았는데 막심한 고생을 하고 있다는 내용이었으며 그중 한 구절에는 "내 일생동안 일본에서 먹든 맛있는 라-면을 한그릇 먹었으면 좋겠다"는 내용이 있어 참으로 불상한 생각이 들며(김피고는 눈물을 흘리며 울먹은 소리로 잠시 말을 중단하였음) 자기 어머니와 함께 매일같이 걱정을 하고 있다고 말하고 이러한 북한실정을 한국사람들에게 넓이 알리고 싶다고 하였음.

라. 김피고는 또한 현재 형무소내의 생활에 있어서는 별다른 불평은 없고 요즘은 드문 드문 형무소 소장도 자기방을 방문해 주고 있고 한 때 형무소 간수들과의 불화가 있었으나 현재로서는 별 마찰이 없다.(형무소장의 말에 의하면 매 공판 전일에는 김피고가 충분한 수면을 이루지 못하고 신경이 흥분되는 것 같으나 최근 상당히 침착성을 되찾고 있다고 하였음.)

마. 김피고는 일본부인과 이혼을 하였는데 그후 수 개처에서 혼담을 가저오고 있으나 그 중 한국의 조중태(趙重泰)씨가 중매중인 김문자(金文子) 경북의성 출신 32세로서 현재 서울 남산여관에서 일하고 있다고 함.)란 여인에 대하여 김피고 자신 및 김피고 모친이 가장 호감을 갖게 되어 일단 사진 중매로서 결혼을 결정케 되었다고 말하고 혼인문제에 관하여는 현재 총련계에서 대판에 있는 모여인을 짓꾸지게 주선을 하고 있는 관계로 가능하면 상기 김문자와의 결혼을 조속 결정짓고 싶다고 하였음. 한편 김피고는 김여인이 결혼목적으로 도일함에 있어 필요한 수속을 민단 시즈오까현 본부단장 조호연씨에게도 부탁하였으나 대한민국 정부가 각별한 편의를 제공해주기 바란다고 말하였음.

2. 장관님앞 조중태씨의 진정내용에 관한 김피고의 소감을 상기 (라)항에서 보고 드린 바와 같이 현재 형무소측과는 그간의 마찰이 와해되어 별다른 문제가 없고 김피고 자신 소소한문제에는 신경을 안쓰기로 하고 보다 대국적인 견지에서 자기행동에 대한 책임을 지는 동시에 한민족의 위신을 지키기로 하였다고 하였음. 김피고 회견후 소직은 형무소장, 부소장 및 관리부장과 약 20분

면담하고 김피고의 처우문제에 관하여 협의하였는 바 형무소장은 만3년이상 미결수로 있는 김피고를 인간적으로 크게 동정한다고 전제한 다음 부하들에게도 각별한주의를 환기시켜 김피고에 대한 친절을 다하도록 하고 있으니 그 점 안심해 주기 바란다고 하였음을 아울러 보고 드립니다. 끝.

요꼬하마 영사

4. 외무부공문-김희로 서신 송부

외무부
번호: 외민725-
일시 1971.4.10.
발신 외무부 장관
수신 주 요꼬하마 영사
제목 "김희로"의 서신 사본 송부

　　　현재 귀지 관활 시즈오카 형무소에서 살인혐의로 구속 중에 있는 "김희로"로 부터, 별첨 사본과 같은 서한을 보내왔으므로 송부 하오니, 참고하시기 바랍니다.
별첨: "김희로"의 서한 사본 1통. 끝.

외무부장관

별첨－김희로의 서신

　謹啓
陽春の候と思いました今日、此の頃ですが、祖国の山河も春がおとずれ野にも美しい花々が国土を美しく飾って居る事と思います。

長官殿におかれましては、諸外国間との交渉を始め、日夜、御多忙の中に国と民族の発展向上に多大な努力と御指導をなさい、さぞかし大変な事と遠察致して居ります。

愛する祖国は今や選挙でせわしい事でありましょうが、そうした中で日本の名古屋市内、金山□青館で、世界の注目を集めて行われて居ります、世界選手権試合で、我が韓国チームの主□な建斗ぶりは、在日同胞の私達の血肉をおどらせてくれて居ります。

特に同胞女子選手の活躍は素晴シく、日本選手はその試合内容に於いて、完敗の様子が手に取るように分り、崔正淑嬢や李エイサ嬢などのような選手を、解放独立後、日の浅い我が祖国が生み出している高いスポーツ水準はそういう処にも祖国と民族の発展、そして民族の指導的な立場の長官殿、諸□方の御苦労と御努力がこうした□で、他方面で着々と効果を生み出し、民族の高揚と自愛を高めて下さっている事は私達在日僑胞に取って、どんなに心強い支柱となる事か知れません。処で、先頃長官殿の御指示によりまして、駐日韓国大使李湖氏を経て横浜領事の金在春氏が静岡地方裁判所での私の裁判の□□、そして静岡刑務所へ調査に来て下さいました事で、在日一僑胞の身を御心配頂いてそのような御指示さして下さいました、本国の長官度のへ心より感謝いたします。

其の後、静岡刑務所側とも話し合って韓日友好を促進しているその事を考へて、過去を水に流してやって話し合いで行くようにしようい□□う事で、問題の解決を得ましたので、御安心下さい。

確かに、日本の国の機関である刑務所でも多くの色々な事がありましたし、その実情については長官殿も御推察は出来ていると思います。

しかし、それでも大局的に考へて、善意に処理して今後の様子を見てやって行くようにして居ります。勿論、まだ／＼問題はありますが、そういう事を見きわめ乍ら、韓民族の名誉を傷つけられる事を許さざる姿勢をもってやって行きます。

日本の法務省としてもどんな事をやり、それが公然化されたら、どういう事になるのかについてよく承知していますし、それだけに体面を守るに苦労しているのでしよう。

でも、本国政府の方針や外交政策などを私もよく知った処から自分の事でも国の利益に反する事はやらない事だとして居ります。

そのような訳で凶器差入る件などから、今迄刑務所の中で多くの苦痛を与へられ、それと斗って来ましたが、それも裁判所で調査して明白になりましたし、更には、そういう事をやらせていた幹部達の入れ替えも法務省でやりましたので、今後は御互に話し合ってやって行くように致しました。

勿論、だからと云って私の争っている民族問題の裁判についてはやはり事実を明らかにして斗って行くしかありませんし、それを放棄することは間違った姿の日本人達に、我が民族へ対する差別や蔑視、優越感を許す事になりますし、それは重大な事です。

裁判も五年目を迎へまして、今少しで、検察側の証拠調べが終うとして居りますが、今迄の証人調べで「金嬉老事件」が日本の官憲や暴力団による民族問題に現にしていた事が検察側の証人の口から如実にはっきりと出て居りますし、私によって射殺された暴力団も恐しく悪劣な事をやっていた事実も遂にバカにされて来ました。

そして私の事件と裁判はその当所から、日本の警察、検察側、マスコミが共同で事実を隠して単なる刑事事件、兇悪犯として葬うと計ってやったとの事実が姿が法廷で明確に立証されて来て居りますし、その事は何よりも私達に取っては重大な問題であり、日本の国の機関や□□機関が事実を故意にゆがめたり、隠したりして、在日韓国人をそのようなやり方で葬り、そこで自分たちの責任を隠し、韓民族を□みつけたところで、日本の体面を守ろうとした、そんなやり方は許されるものではありませんし、そういう事実が今迄の裁判で警察側、検察側によってやられて来たとの事が、法廷でバカにされ、追求もされて居る訳です。過去三年間、民族の名誉をかけつ□った不当、私の裁判斗争は、実に大変なもので、その間に起った事件などは日本国会で取り上げられ、その議事録に記録されるほどでした。

どのように事実をゆがめ、こまかし、隠そうとしても、やはり事実は出ましたし、そういう我が民族を□みつけた姿を許したい、それに妥協する事は断じて出来るものではありません。それは韓日友好のためにもならないものです。私は私の責任を取る事には少しも後退していませんし、その責任は私一人のものとして主□に背負うと断言して来て居ります。しかし、韓民族に対する数々の侮辱、恥辱をなした日本の官憲の姿は、やはり嘘やズルイ根性ででまかさなりで、そういう姿が過去歴史的にも大変な間違いであった事を反省して貰わない

事には私達民族は、日本民族の優越感とその前での劣等感からも永久に救われないでしよう。私は私なりの四〇年の日本の中での歴史的体験を背負って、大変な裁判にのぞんでいるのです。

日本の法務省としても、もうぼつ／＼多がついてくれる時期に来て居ると思います。裁判も検察側の作文通り、シナリオ通りには行きませんし、彼等が最も恐れた民族問題が事件の核心であった事の証言や私が射殺した暴力団についても、そうされる理由があった事も惣て検察側の証人によって明らかに立証されて来て居ります。私は近くその裁判記録を祖国へ送るべく準備して居りますが、それはあくまで嘘やでまかしの姿ではなく裸になって心からの友好を願うからこそ、本当の姿を知らせようとするものです。今迄に色々な形の暗躍があった事は大変不幸な事ですが、しかし、それが通用できなかった事は幸運でした。

長官殿にも大変御心配をお掛けしましたが、私も右のような事からまた考へから、韓民族の一人として常にキゼントとして斗って居りますから、御安心下さい。どうか今後共よろしく御指導下さい。祖国と民族の発展を祈ります。

色々と有難う御座居ました。

私の事件と裁判が結果的に韓日友好のために多少とも役立ちますように本当にお互が歓呼をよく理解して交るものであってくれるように願ってやみません。

そのために、私の裁判斗争が韓日友好のためにならないと云う事でござらば、私は祖国や民族の利益と発展のために、自分と云う小さな存在を、そのために犠牲にして、お役に多少とも役立って頂けばと思って居ります。

私が本国政府や民族同胞の指示に□□である事は当然な事です。そして、私の裁判斗争も決して日本の国側の恥部を掘り起して、それを追求したり、責める事が目的ではありません。

私の考へとしては、韓日友好は正しい互恵平等の姿で促進されるべきだと思って居ります。しかし、私の裁判で事実の追求と解明をやめて、不正義の前に屈したり追従する事は、出来ない事です。

それは自民族への裏切りであり、日本人へ対しての侮辱です。やはり問題はあくまで正しい姿で解決されなくてはなりません。

私は日本の裁判史に主□にその記録を残す事も民族的な意義が大きいと確信致

して居ります。

長官殿もどうか大きな視野から御考へになられて、私に色々と御指導を頂きたいと思います。

次に、判事で大変失礼ですが、実は日本人妻でありました私の妻と本年一月□日に離婚致しました。その理由は色々とありましたが、その中でも何よりも私が感心な事は、民族問題で争っている自分が自民族の女性を拒否して来た事実への□□と反省でした。

私はやはり同胞女性の中から妻を迎へて어머니を安心させ、その年老いた어머니を助けてくれる人を妻にしたいと願ってきましたが、此の度、同胞有志の方々のお陰様で私と同じ慶尚道の出身で現在서울に在住している同胞女性が妻として決まりまして唯今その準備を進めて居ります。此の事では金在春領事一行にも面会の際に話しまして、大変その事を喜んで頂きましたが、私も相手の方が大変苦労をされ、不幸だった人と知ってその方を少しでも支へて上げ、私も支へられるならと思って決めた次第です。

いずれこちらから招聘状を送ったりお□へには静岡県居留民団本部団長の趙□衍氏が行く事など□□決って居りますが、その節はまたお手数でも長官殿に相手の女性の方の「入国査証」について、お世話をお願いしたいと思います。

私が今の立場でありますために、どうしても長官殿のお力添へが必要であります。

唯取急ぎ相手の方を入国させるべく連絡を取って居ります。

いずれまた有士の方をもって長官殿へお願い致しますが、その節は何卒ぞよろしくお願い致します。

私事で大変失礼を申上げました事をお許し下さい。

長官殿の御健斗と外務部皆さんの御盛栄を祈ります。

敬具

一、九七一年三月三十一日

김희로

崔圭夏外務部
長官殿

5. 외무부공문(착신전보)–시즈오카현 출장 보고

외무부
번호 YOW-1104
일시 171130
수신시간 71.11.17. 15:19
발신 주 요꼬하마 총영사
수신 장관

71.11.13-15 일까지 시즈오까현에 출장하고 아래와 같이 보고함.
1. 시즈오까 현본부, 시미즈 지부, 하마마쯔 지부, 누마즈 지부를 방문하였음.
2. 시즈오까현 부지사(지사는 외국에 출장중), 시즈오까 시장, 검찰청장, 재판소장, 공안조사국장, 세무소장, 중앙경찰서장, 형무소장 등을 예방하였으며 시즈오까 현무소에서는 김희로와 10분간 면접하고 김의 건강도 안정된 모습을 관찰하였음.
상세는 주간활동보고로 제출하겠음.(외민)

6. 신문자료

1971.12.15 産経(夕刊)11면 "寸又峡88時間"再現 ライフル殺人 金嬉老の実
地検証

1971.12.15. 朝日(夕刊)⑧ 金嬉老、寸又峡へ 三月十カ月ぶり 現場検証に立会う

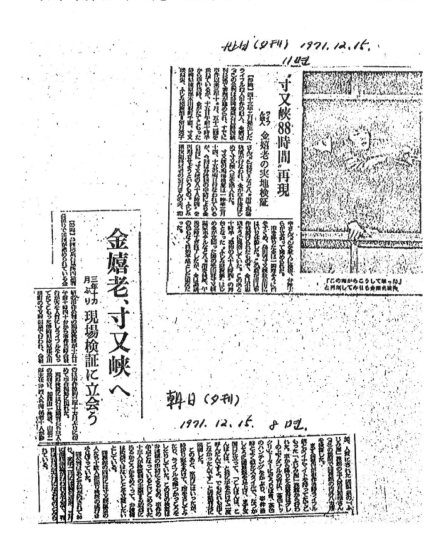

③ 재일본국민 김희로 사건, 1972

○ ○ ○

기능명칭: 재일국민 김희로 사건, 1972

분류번호: 791.41 1972

등록번호: 5629

생산과: 재외국민과

생산년도 1972

필름번호: P-0011

화일번호: 11

프레임번호: 0001-0015

1. 신문자료

1972.1.18. 신아일보 "民族的감정서 誘發" 金嬉老사건 趙重泰씨 渡日증언

1972.2.9. 한국일보 民族감정의 渦中 金嬉老公判4년

2. 외무부 공문(착신전보)–김희로 공판 예정 보고

외무부
번호 JAW-02313
일시 170930
수신시간 72.2.17. 13:24
발신 주일대사
수신 장관

　　김희로 사건
　　김희로 피고의 구형 공판은 2.16. 11:30 - 1515 간 시즈오까 지방재판소에서 진행된 바 가또오게이이찌 시즈오까 지검 검사는 사형을 구형하였고 3.21.부터 3일간 피고와 변론단의 최종변론이 있은 후 5월경 판결이 언도될 것으로 전망됨. (일영-외민)

3. 주일대사관 공문–주요기사 크리핑 송부

주일대사관
번호 일영725-910
일시 1972.2.17.
발신 주일대사
수신 장관
참조 영사국장
제목 주요기사 크리핑송부

　　2.15 나가사끼현에서 체포된 54명의 밀항자 및 2.16 시즈오까 지방 재판소에서 사형이 구형된 김희로 피고에 관한 크리핑을 별첨과 같이 송부합니다.
　　첨부: 상동 사본 2부. 끝.

　　주일대사

1972.2.17. 朝日新聞(18면) 死刑求刑 金嬉老ブ然 差別問題の反論退ける

1972.2.17. 신아 金嬉老 死刑구형 静岡 재판소 「韓國人蔑視」 考慮않아

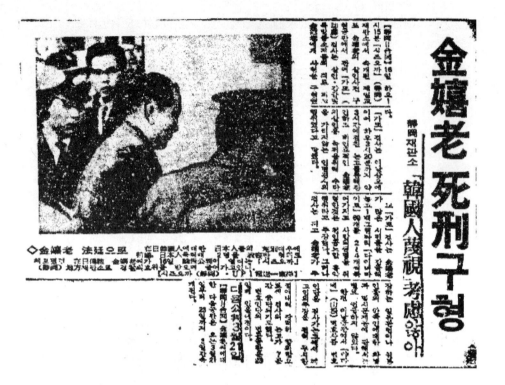

朝日新聞 金嬉老に死刑求刑 冷酷で計画的殺人 差別論は問題スリ替え

1972.6. 한국일보 "上級審의 寬大기대 60만 僑胞 「無形」의짐"

역대 외무부 장관과 주일대사 명단, 대사관 정보

해방이후 재일한인 외교문서 해제집

제4권 (1970~1974)

1. 역대 외교부장관 명단

정부	대수	이름	임기
이승만 정부	초대	장택상(張澤相)	1948년 8월 15일 ~ 1948년 12월 24일
	2대	임병직(林炳稷)	1948년 12월 25일 ~ 1951년 4월 15일
	3대	변영태(卞榮泰)	1951년 4월 16일 ~ 1955년 7월 28일
	4대	조정환(曺正煥)	1956년 12월 31일 ~ 1959년 12월 21일
허정 과도내각	5대	허정(許政)	1960년 4월 25일 ~ 1960년 8월 19일
장면 내각	6대	정일형(鄭一亨)	1960년 8월 23일 ~ 1961년 5월 20일
국가재건최고회의	7대	김홍일(金弘壹)	1961년 5월 21일 ~ 1961년 7월 21일
	8대	송요찬(宋堯讚)	1961년 7월 22일 ~ 1961년 10월 10일
	9대	최덕신(崔德新)	1961년 10월 11일 ~ 1963년 3월 15일
	10대	김용식(金溶植)	1963년 3월 16일 ~ 1963년 12월 16일
제3공화국	11대	정일권(丁一權)	1963년 12월 17일 ~ 1964년 7월 24일
	12대	이동원(李東元)	1964년 7월 25일 ~ 1966년 12월 26일
	13대	정일권(丁一權)	1966년 12월 27일 ~ 1967년 6월 29일
	14대	최규하(崔圭夏)	1967년 6월 30일 ~ 1971년 6월 3일
제4공화국	15대	김용식(金溶植)	1971년 6월 4일 ~ 1973년 12월 3일
	16대	김동조(金東祚)	1973년 12월 4일 ~ 1975년 12월 18일
	17대	박동진(朴東鎭)	1975년 12월 19일 ~ 1980년 9월 1일
전두환 정부	18대	노신영(盧信永)	1980년 9월 2일 ~ 1982년 6월 1일
	19대	이범석(李範錫)	1982년 6월 2일 ~ 1983년 10월 9일
	20대	이원경(李源京)	1983년 10월 15일 ~ 1986년 8월 26일
노태우 정부	21대	최광수(崔侊洙)	1986년 8월 27일 ~ 1988년 12월 5일
	22대	최호중(崔浩中)	1988년 12월 5일 ~ 1990년 12월 27일
	23대	이상옥(李相玉)	1990년 12월 27일 ~ 1993년 2월 26일
김영삼 정부	24대	한승주(韓昇洲)	1993년 2월 26일 ~ 1994년 12월 24일
	25대	공로명(孔魯明)	1994년 12월 24일 ~ 1996년 11월 7일
	26대	유종하(柳宗夏)	1996년 11월 7일 ~ 1998년 3월 3일

김대중 정부	27대	박정수(朴定洙)	1998년 3월 3일 ~ 1998년 8월 4일
	28대	홍순영(洪淳瑛)	1998년 8월 4일 ~ 2000년 1월 14일
	29대	이정빈(李廷彬)	2000년 1월 14일 ~ 2001년 3월 26일
	30대	한승수(韓昇洙)	2001년 3월 26일 ~ 2002년 2월 4일
	31대	최성홍(崔成泓)	2002년 2월 4일 ~ 2003년 2월 27일
노무현 정부	32대	윤영관(尹永寬)	2003년 2월 27일 ~ 2004년 1월 16일
	33대	반기문(潘基文)	2004년 1월 17일 ~ 2006년 11월 9일
	34대	송민순(宋旻淳)	2006년 12월 1일 ~ 2008년 2월 29일
이명박 정부	35대	유명환(柳明桓)	2008년 2월 29일 ~ 2010년 9월 7일
	36대	김성환(金星煥)	2010년 10월 8일 ~ 2013년 2월 24일
박근혜 정부	37대	윤병세(尹炳世)	2013년 3월 13일 ~ 2017년 6월 18일
문재인 정부	38대	강경화(康京和)	2017년 6월 18일 ~ 2021년 2월 8일
	39대	정의용(鄭義溶)	2021년 2월 9일 ~ 2022년 5월 11일
윤석열 정부	40대	박진(朴振)	2022년 5월 12일 ~ 현재

2. 역대 주일대사 명단

정부	대수	이름	임기
제3공화국	초대	김동조(金東祚)	1966년 01월 07일 ~ 1967년 10월
	2대	엄민영(嚴敏永)	1967년 10월 30일 ~ 1969년 12월 10일
	3대	이후락(李厚洛)	1970년 02월 10일 ~ 1970년 12월
	4대	이호(李澔)	1971년 01월 21일 ~ 1973년 12월
제4공화국	5대	김영선(金永善)	1974년 02월 09일 ~ 1978년 12월
	6대	김정렴(金正濂)	1979년 02월 01일 ~ 1980년 08월
	7대	최경록(崔慶祿)	1980년 09월 26일 ~ 1985년 10월
제5공화국	8대	이규호(李奎浩)	1985년 11월 14일 ~ 1988년 04월
노태우 정부	9대	이원경(李源京)	1988년 04월 27일 ~ 1991년 02월
	10대	오재희(吳在熙)	1991년 02월 19일 ~ 1993년 04월
김영삼 정부	11대	공로명(孔魯明)	1993년 05월 25일 ~ 1994년 12월
	12대	김태지(金太智)	1995년 01월 20일 ~ 1998년 04월
김대중 정부	13대	김석규(金奭圭)	1998년 04월 28일 ~ 2000년 03월
	14대	최상용(崔相龍)	2000년 04월 17일 ~ 2002년 02월
	15대	조세형(趙世衡)	2002년 02월 06일 ~ 2004년 03월
노무현 정부	16대	라종일(羅鍾一)	2004년 03월 05일 ~ 2007년 03월 17일
	17대	유명환(柳明桓)	2007년 03월 23일 ~ 2008년 03월 15일
이명박 정부	18대	권철현(權哲賢)	2008년 04월 17일 ~ 2011년 06월 06일
	19대	신각수(申珏秀)	2011년 06월 10일 ~ 2013년 05월 31일
박근혜 정부	20대	이병기(李丙琪)	2013년 06월 04일 ~ 2014년 07월 16일
	21대	유흥수(柳興洙)	2014년 08월 23일 ~ 2016년 07월 01일
	22대	이준규(李俊揆)	2016년 07월 08일 ~ 2017년 10월 27일
문재인 정부	23대	이수훈(李洙勳)	2017년 10월 31일 ~ 2019년 05월 03일
	24대	남관표(南官杓)	2019년 05월 09일 ~ 2021년 01월 17일
	25대	강창일(姜昌一)	2021년 01월 22일 ~ 2022년 06월 23일
윤석열 정부	26대	윤덕민(尹德敏)	2022년 07월 16일 ~ 현재

3. 주일 대사관 및 총영사관 창설 시기

주일본 대한민국 대사관	1965년 도쿄에 창설
주고베 총영사관	1966년 5월 창설, 1974년 5월 7일 총영사관 승격
주나고야 총영사관	1966년 5월 창설, 1974년 5월 총영사관 승격
주니가타 총영사관	1978년 4월 창설
주삿포로 총영사관	1966년 6월 총영사관 창설
주센다이 총영사관	1966년 9월 창설, 1980년 5월 총영사관 승격
주오사카 총영사관	1949년 사무소 창설, 1966년 총영사관 승격/현재 임시 청사
주요코하마 총영사관	1966년 5월 25일 창설
주히로시마 총영사관	1966년 5월 시모노세키 총영사관 창설 및 폐관(1996년 12월), 1977년 1월 히로시마 총영사관 개관
주후쿠오카 총영사관	1946년 9월 사무소 개설, 1966년 1월 총영사관 승격

4. 주일 대사관 및 총영사관 소재지

주일본 대한민국 대사관	東京都 港区 南麻布 1-7-32　(우106-0047)
주고베 총영사관	兵庫県 神戸市 中央区 中山手通 2-21-5　(우650-0004)
주나고야 총영사관	愛知県 名古屋市 中村区 名駅南 1-19-12 (우450-0003)
주니가타 총영사관	新潟市 中央区 万代島 5-1 万代島ビル 8階 (우950-0078)
주삿포로 총영사관	北海道 札幌市 中央区 北2条 西12丁目 1-4 (우060-0002)
주센다이 총영사관	宮城県 仙台市 青葉区 上杉 1丁目 4-3 (우980-0011)
주오사카 총영사관	大阪市 中央区 久太郎町 2-5-13 五味ビル (우541-0056)
주요코하마 총영사관	神奈川県 横浜市 中区 山手町 118番地 (우231-0862)
주히로시마 총영사관	広島市南区翠5丁目9-17 (우 734-0005)
주후쿠오카 총영사관	福岡市 中央区 地行浜 1-1-3 (우810-0065)

저자약력

이경규	동의대학교 일본학과 교수, 동아시아연구소 소장
임상민	동의대학교 일본학과 조교수
이수경	도쿄가쿠게이대학 교육학부 교수
소명선	제주대학교 일어일문학과 교수
박희영	한밭대학교 일본어과 조교수
엄기권	한남대학교 일어일문학과 강사
이행화	동의대학교 동아시아연구소 연구교수
이재훈	동의대학교 동아시아연구소 연구교수
한정균	동의대학교 동아시아연구소 연구교수

이 저서는 2020년도 정부(교육부)의 재원으로 한국연구재단의 지원을 받아 수행된 연구임. (NRF-2020S1A5C2A02093140)

해방이후 재일한인 외교문서 해제집
▮제4권▮ (1970~1974)

초판인쇄	2023년 06월 20일
초판발행	2023년 06월 25일
편　　자	동의대학교 동아시아연구소
저　　자	이경규 임상민 이수경 소명선 박희영 엄기권 이행화 이재훈 한정균
발 행 인	윤석현
발 행 처	박문사
등록번호	제2009-11호
책임편집	최인노
우편주소	서울시 도봉구 우이천로 353 성주빌딩
대표전화	(02) 992-3253(대)
전　　송	(02) 991-1285
전자우편	bakmunsa@hanmail.net

ⓒ 동의대학교 동아시아연구소 2023 Printed in KOREA

ISBN 979-11-92365-36-7　94340　　　　　　　　　　**정가 50,000원**
　　　979-11-92365-14-5　(Set)